何建民 编著

新编电业应用文书写作

（第二版）

中国电力出版社
CHINA ELECTRIC POWER PRESS

内 容 提 要

本书是 2001 年《电业应用文书写作》、2007 年《新编电业应用文书写作》的最新改版，以适应 2012 年 7 月 1 日开始施行的《党政机关公文处理工作条例》和《党政机关公文格式》国家标准，保证本书作为教材、工具书的规范性。

改版后本书继续保持规范、实用、精练的特点，在简洁、明快地阐述了应用文写作的基础知识、学习意义及学习途径等内容之后，系统而详细地介绍了电业员工常用的各个应用文种的内容、格式、特点及写作方法、注意事项，并附有行业特色、时代特征鲜明的规范例文，还结合实例具体介绍了更高层次的"深度写作"与"初稿的修改"等重要知识。书末附录包括电业员工应用文写作中常用的各种标准、规范（均为最新版本），以方便查阅、参照。

本书具有较强的指导性和可参照性，是电力企事业单位各级工作人员重要的工作指导书，既可作为干部、员工培训教材，也可作为自学用书与应用文写作工具书。

图书在版编目(CIP)数据

新编电业应用文书写作/何建民编著. —2 版.—北京：中国电力出版社，2013.5(2014.3 重印)
ISBN 978-7-5123-4163-0

Ⅰ.①新… Ⅱ.①何… Ⅲ.①电力工业-应用文-写作 Ⅳ.①H152.3

中国版本图书馆 CIP 数据核字(2013)第 045992 号

中国电力出版社出版、发行
(北京市东城区北京站西街 19 号 100005 http://www.cepp.sgcc.com.cn)
北京丰源印刷厂印刷
各地新华书店经售
*
2007 年 3 月第一版
2013 年 5 月第二版 2014 年 3 月北京第十二次印刷
850 毫米×1168 毫米 32 开本 17.375 印张 462 千字
印数 51001—54000 册 定价 **39.00** 元

目　录

第一章
概　　述

　　应用文是政党、国家机关、企事业单位、社会团体和人民群众在日常工作、学习、生活中为处理公私事务而经常使用的具有某种固定或惯用格式的文书的总称。广义的应用文指文学文体以外的一切文章，又叫实用文。

　　应用文种类繁多，涉及范围极广，是使用量最大的文体。据统计，人们每天接触的书面文字中，95％甚至更多的是应用文。仅本书所涉及的电业员工常用应用文，就包括机关公文、规章制度类应用文、事务文书、电力生产管理应用文、电力专业技术论文、经济活动应用文、宣传报道应用文等几大类中的诸多文种。

　　实用性是应用文的本质属性。我国最早的应用文随文字的产生而产生，一开始就表现出很强的实用性。记载商代王室资料的殷墟甲骨刻辞，铸刻周代诸王文德武功的钟鼎铭文，记载春秋战国前历代王室、贵族言论的《尚书》诸文，以及其后历朝历代处理政务的诏书、平民百姓交流情感的书信等，或公事或私事，应用文都发挥着实实在在的积极作用。进入现代社会，为了应对工作、学习与生活的各种实务，应用文的实用性越来越突出。如果一篇应用文不能满足实用的需求，不能直接作用于人的行为实践，即使写得条理清晰、富于文采，也算不得好应用文，甚至是一纸空文。因此，有没有实用性成了判断应用文写作成败的主要标准。

　　此外，应用文还具有语言的简明性，文本形式的规范性，作者与读者的特定性，内容的真实性、行业性、单一性，以及较强的时效性，思维方式的逻辑性等特点。在以后的章节中，将结合具体文种予以介绍。

21世纪是知识经济的时代，也是科技迅速发展、资讯高度发达的时代。在现代信息社会里，应用文是一种重要的传播信息的工具。尽管办公现代化将彻底改变传统的工作模式，电子计算机帮助人们解决了大量的数据处理问题，使得办公效率得到前所未有的提高；但人们从事管理工作、经济工作、科技工作等办理具体事务时，还是离不开应用文这个基本工具。同时，电视、电话、计算机及网络系统等通信工具也常常是先用应用文写好底本，再转换成其他传播方式。社会各领域发展的速度越快，各种信息量就越大，用人单位对员工撰写应用文的能力就越重视。一个人能否得心应手地撰写应用文，已成为衡量其工作能力高低的重要标准之一。近十年来国家机关公务员"申论"考试中，把报告、讲话稿、对策建议、宣传纲要等应用文种作为主试题型。大中专毕业生就业，从应聘书、自荐书到笔试、口试，几乎每处都要用到应用文写作。在电力企业，应用文写作能力是许多技术、管理及生产骨干岗位必备的任职条件之一；在全员竞聘上岗中，要竞得理想的职位，填报、笔试、竞聘演讲稿等都是应用文写作；对于各级领导干部和机关文秘人员，应用文写作能力的高低更是直接关系到他们的工作效率、工作实绩、任职水平乃至职务晋升。

　　在今后相当长一段时间内，我国将进一步完善社会主义市场经济制度。市场经济的突出特点之一，就是作为市场主体的人们之间存在着既相互竞争又相互依存的复杂利益关系；因而人们借助应用文沟通信息处理各种实际事务的能力，直接关系着他们的切身利益。上述各行业、各部门、各单位以及越来越多的人们对应用文写作能力的日益重视，正是这一社会现实的反映。除此之外，如果更深入思考，我们还会发现学习写作应用文的过程对提高人的综合素质有着不可替代的重要作用，是一种特殊而有效的自我"充电"方式。

　　首先，写作之前它逼迫你读书请教，学习写作本领；逼迫你去寻找和搜集写作资料；逼迫你动脑思考并最终产生灵感。其次，写作的时候你要将大脑的马力开足，搜肠刮肚绞尽脑汁，以求把文章写到最佳境界，这又是一种很好的"充电"，包括提高判断能力、表达能力和组织协调能力等。最后，不管写作的结果如何，都是对自己的一种激励（或正或反），这同样是"充电"。因此，经常从事应用文写作活动，能够使人养成一丝不苟、严肃认真的工作态度，培养富有条理、精密敏捷的思维能力，掌握观察、分析、研究、解决问题的科学方法，发展想象力、创造力，提升文化层次和人生观、价值观。

正由于应用文写作有自身的科学价值，有明显的社会效果，有无所不在的普遍性，所以它是现代化人才必须具备的四大核心技能（思路清晰的写作能力、熟练运用数字的能力、驾驭电脑信息科技的能力和应变能力）之一，是现代信息社会竞争、谋生的重要手段。我们电力企业的员工要充分认识应用文写作的重要性，带着工作中的问题来学习应用文写作知识，理论联系实际，在实践中学习写作，努力提高应用文写作水平。

本书所指的"电业应用文书"，指电力行业通常使用的应用文。它在文种、语体、格式及写作特点等方面与通用应用文并没有多大差别，只不过反映的是电力行业方面的内容，在语言上也有一些专业特性。严格说起来，真正属于电力行业独家所有的"电力应用文"仅是电力生产管理方面的应用文，如运行日志、异动申请、"两票"、事故报告等。因此，要写好、用好电业应用文书，其学习内容、途径、方法与通用应用文的写作学习基本相同。

第 一 节 应 用 文 的 主 题

主题又叫主旨，是作者通过文章的具体材料所表达的中心思想或基本观点。对简单的应用文来说，它陈述的主要内容就是主题。

主题是文章的统帅与灵魂，决定着文章的质量。应用文主题的形成往往是"意在笔先"，即根据撰写目的来确定主题，再根据撰写目的和主题来搜集、选择材料，确定文种，然后动笔写作。

一、主题的基本要求

应用文的主题，应尽量达到以下要求：

（1）正确。要以邓小平理论、"三个代表"重要思想和科学发展观为指导，符合国家的法律法规和党的方针政策，同时也要符合客观实际，反映客观事物的本质与规律、内部联系与发展方向，能经受实践的检验。

（2）集中。要集中表达一个主题，重点要突出。在一篇文章中，不要试图表达许多意思，也不要使用与主题无关的材料，使主题分散、零乱。有些综合性的报告、总结，虽然要写几件事情，也要抓住事物的主要矛盾，抓住共性，突出重点。

（3）鲜明。一篇文章要肯定什么、反对什么，或者介绍什么事迹、总结什么经验，观点要明确，态度要明朗，表述要明白清楚，决不能模棱两可、含糊其辞。为此，撰写者要具有清醒的头脑，对事物有深刻的认识。如果撰写者本身对事物的理解处于若明若暗、似是而非的状态，就不能写出主题鲜明、思路清晰的应用文。

（4）深刻。在反映客观社会的人、事、物的本质和规律时要达到一定深度，对所反映的事物要有一个深刻的认识，要抓住根本性的东西，揭示其本质，防止表面化、一般化。特别是撰写报告、总结、通报、会议纪要、调查报告等内容比较重要的应用文，更要求主题深刻。要善于抓住事物的主要矛盾，发掘具有实质性和倾向性的问题，提炼出规律性的认识和行之有效的工作措施。

二、表现主题的特点

在如何表现主题这一方面，应用文有以下主要特点：

（1）一文一事。应用文的实用性特点，决定其主题的表现必须集中鲜明。一文一事、篇幅短小便于读者阅读、领会、办理，可以极大地提高工作效率。因此，除了综合性报告、总结、通讯等少数大容量文种之外，在一篇应用文里一般只讲一件事情，只解决一个问题，而且要尽量把文章写得短小精悍。

（2）标题现旨。标题是文章的眼睛。应用文的标题往往直接揭示主题，并与文种相符。标题的文字要高度概括，做到言简意赅。此外，为了醒目，总结、演讲稿、调查报告与宣传报道稿等应用文的标题要尽量写得新颖、活泼，避免呆板和一般化。

（3）片言居要。应用文写作一般要提炼出一两句简明扼要的观点句，放在文章中的重要位置，以揭示文章主题或段落中心。具体有以下三种情况：①观点句在文中。如篇幅较短的函、请示、转发性通知等，在正文中安排一两句话，揭示主题。②观点句在文首。篇幅较长的应用文大都使用这种办法——在文章的开头部分用一两句话点明主题，通篇围绕观点句写作。③观点句在段首。有些文章内容较多，要从几个方面说明，这样每段往往要有揭示段落中心的观点句，放在段首（有时也放在段尾）。

第一节 应用文的材料

材料是作者为了特定的写作目的而搜集或积累的能够表现文章主题的事实或证据。一般把尚未写入文章之内，但已被作者搜集到的事实或证据称为"素材"，把写入文章里、为表现主题服务的事实或证据称为"材料"。

材料是文章的血肉。"巧妇难为无米之炊"，不占有材料，根本就写不成文章。材料如果贫乏，写出来的内容必然空洞，这是文章不可克服的致命伤。因此，写作应用文要舍得在占有材料上多下功夫，并在此基础上把握好"选择""使用"这两个环节。

一、材料的占有

从搜集渠道上看，材料可分为直接得来的材料和间接得来的材料两种，搜集的方法也各有侧重。

（1）直接材料——重在深入调研。直接材料是作者通过自身的观察、体验、感受、调查而直接得到的材料。人们的直接经验、丰富阅历，都是直接材料的积累。要获得这类材料必须深入实际，参加社会实践。一方面要在工作和生活中养成观察、积累的习惯，关心国家大事，留心身边的各种情况，注意有关部门和有关业务的最新信息。另一方面也是更重要的方面，要学会调查研究。对问题"没有调查研究，就没有发言权"，因此撰写应用文尤其是公务文书，更应该注重调查研究。要弄清事实、摸清规律，心中有数再下笔。很多预先计划研究的问题，会因调查而发现新情况，从而将研究引向深入，分析出事物的特点和规律，找到解决问题的方法。因此，要通过个别专访、问卷调查与开座谈会等各种方式，围绕撰写目的与主题，调查相关的各方面情况，了解典型事例，认真分析鉴别，找出规律性的东西，得到经验、教训或解决问题的方法、途径，并把调查研究得到的这些东西最终形成文字材料。

（2）间接材料——重在学习积累。间接材料是通过查阅现成的文字资料而获取的材料，包括读书看报、翻阅档案、查阅各种文件等获取的同类问题或相关问题的历史资料及现实资料。这些材料对撰写应用文有重要的借鉴作用和参考价值，撰写者可以从中总结他人研究这类问题的得失，从而促进对问题的深入探讨和研究，并有利于主题的确定与深化。间接材料不要仅在有了写作任务后才去搜集，而应该重视平时的学习积累。在平时的工作、学习中，只要觉得有用、有点收集价值的，就应该抄录、复制、保存。一时派不上用场没有关系，要紧是把有用的信息储存起来。保存时分类要明晰，以便翻阅、查找。材料是写作的本钱，"勤笔"可以"免思"，所以平时就要做到眼勤手勤。此外，学习、积累相关各方面的理论知识、业务知识也非常重要；因为学习和研究是不可分的，通过学习，积累了必要的知识，这些知识就是写作的材料之一，遇到问题也可以有针对性地运用这些知识去研究问题，继而解决问题。

二、材料的选择

有了材料，并不是要把所有材料都写到文章里去，只有那些能够证明或说明主题的材料，才是撰写者所需要的，其他的都应该舍弃。具体要求是：

（1）围绕主旨选择材料。初学写作应用文者常犯的毛病之一是疏于选材，不忍割爱，衡量材料的尺度不是根据主旨的需要，而是自己的偏好。采集的材料越多，这个毛病就越突出。因此，首先要紧紧围绕主旨来选材，选择与主旨有关并能有力地说明、烘托、突出主旨的材料；反之则坚决舍弃。

（2）选择典型的材料。典型材料具有广泛代表性和强大的说服力，能深刻揭示事物的本质，起到"以一当十"的作用，是确立应用文主旨的基石。因此，写作应用文要选择典型材料，避免出现因为认识水平低而不辨典型，或者因为占有材料不够而以非典型来代替典型等现象。

（3）选择真实、准确的材料。所谓"真实"，首先是指"确有其事"，它确曾活生生地在这个世界上存在过；其次是指不是偶然的表象，它应该能够反映事物的本质。所谓"准确"，就是可靠无误。应用文写作与文学写作不同，它虽然也要对材料进行加工，但只能是作者根据表现主旨的要求，对材料进行形式上的整理、语言上的选择，而不是进行艺术创作性的加工，更不允许"合理想象"乃至虚构。因此，选择材料时须对所选材料的真伪加以甄别，只有真实的、经得起核查的材料才能使用。尤其是材料中的时间、地点、人物、事件（及其过程、因果）、引文、出处及具体的数据，都要做到确凿无疑、准确无误。最好不用道听途说、间接引用的东西。

（4）选择新颖的材料。"吃别人嚼过的馍不香"，新颖的材料最能吸引人、打动人。事物在变化，生活在发展，时代在前进，写作应用文要尽量选择反映新事物、新情况、新思想，符合时代特点的鲜活材料，以引起读者的阅读兴趣和情感共鸣，给他们以思想上的启示。写作者在筛选材料时，要善于发现并使用具有时代感的、能够体现时代特征和气息、能够代表最先进文化和发展方向的人物、事件或数据。

三、材料的使用

选择好材料之后，还有个如何使用的问题。要根据应用文的不同特征，决定材料的使用方式：或者是作为撰写应用文的依据，具体材料并不写入文章（如法规性和指令性公文）；或者是作为文章的论据或写作的主体，这时材料就必须写入文章（如报告、总结、演讲稿及宣传报道稿等大多数应用文）。

使用材料还要注意次序与详略问题。要根据文章的撰写目的和主题，把选好的材料分分类、排排队，合理安排主次先后，再有条不紊地一一写来。重要的、最能表现主题的、人们较不熟悉的材料需要详写，有时还要细致展开；反之则略写，粗笔勾勒。如果平均用力，不分详略疏密，就不可能取得好的效果。

使用材料时要特别注意材料与主题的统一，所用的材料必须能够证明主题，与主题保持一致。如果事先没想清楚就下笔，很容易造成主题与材料不一致。例如某单位的一份请示，是请求上级批准引进一台大型生产设备，在陈述购买理由时，详细地叙说了该设备如何先进，价格又如何便宜。这个材料与主题显然是不一致的，因为请示的目的是要上级批准购买该设备，但陈述的却不是购买设备的理由，而是商品介绍。应当改写为：生产上急需这一设备，它可给企业带来什么效益，等。这才是购买理由，这样材料与主题才能一致。

第 三 节 应用文的结构

确立了文章的主题，解决了言之有理的问题；又占有了材料，解决了言之有物的问题。但倘若不把这些纷繁众多的材料依据表达主题的需要加以适当的编织和穿结，解决言之有序这样一个重要的表达问题的话，那么，观点归观点，材料归材料，各自游离而不能有机地统一，始终只能是一些抽象的思想、一堆零散的材料，文章就不能成形。

上文说过，主题是文章的灵魂，材料是文章的血肉；而结构，就是文章的骨骼。只有具备了坚实匀称的骨骼，血肉和灵魂才会有所依附、有所寄托，才能成为一个活生生的人。同样，一篇文章只有找到了适当的结构形式，才能按照主题的要求将选定的材料妥善地组织起来，成为一个有机的整体。因此，"布局谋篇"——安排文章的结构，是文章表现形式的一个最主要问题。动笔之前，需要匠心独运；写作之中，需要惨淡经营。

一、怎样安排结构

（1）思路必须清晰、缜密。结构是作者思路的反映。所谓思路，就是人们思想发展的脉络、道路、轨迹，是人们对客观事物的认识经过梳理之后的一个反映。文章的结构，就是直接或艺术地表达、体现着这种思路。"章贵有序"，先说什么、后说什么，是结构的核心内容。总的来讲，结构就是要解决言之有序的问题。连贯，也是结构的很重要的内容，"气不可以不贯"，文气不贯文脉也就断了。古人讲的"起、承、转、合"，其精神也正在于连贯。因此，只有思路清晰、缜密，才能带来结构的严谨、畅达。

（2）结构要做到严谨、自然、完整、统一。严谨，指结构精严细密，无懈可击；没有挂一漏万、顾此失彼，更没有颠三倒四、破绽百出。自然，指结构顺理成章，行止自如，像清水芙蓉，像行云流水，没有人工雕凿的痕迹，更不是牵强附会的拼凑。完整，指结构匀称饱满，首尾圆合；没有缺头少尾、主干不全的情况，也没有七零八落、要素残缺的弊端。统一，指结构形式和谐，格调一致，通篇一贯，浑然一体；既无前后割裂之感，也无上下乖异之病。

（3）要根据客观事物的内在联系和发展规律来安排结构。一切客观事物的发展变化都是有规律的，而文章是客观事物在人们头脑中反映的产物，所以文章的结构必须反映客观事物的内在联系和发展变化的规律。例如一件事的发展过程，可大致分为开端、发展、高潮、结局几个阶段，这个发展规律就可作为记叙事件时安排结构的客观依据。又如要解决一个问题，往往要先进行分析，然后再加以综合，指明问题的性质，给予解决的办法，这个"提出问题—分析问题—解决问题"的逻辑程序，便可以成为议论问题时展开论述的顺序。

（4）要根据表现主题的需要来安排结构。尽管文章的内容复杂多样，但只要在安排结构时抓住其主题，紧紧围绕主题来确定材料的主次详略、先后次序以及相互关系，文章的内容安排就可以做到纲举目张、井然有序。文章的结构形式可以多种多样，但不管采用哪种形式，其最终目的都是为了更好地表现主题。诸如层次安排、段落划分、开头结尾、过渡照应等，都要从表现主题的需要来考虑。

二、应用文结构安排的特点

（1）形式多样。应用文由于种类、作用、对象不一，其结构形式往往不同。即使是同一种类、对象的，由于内容不一，正文的结构形式也可能完全不同：内容少的，结构单一；内容涉及多方面问题的，结构形式就较复杂。此外，应用文正文的结构，一般采用条文式、段落式与条文段落结合式这三种形式之一，也可根据文种、对象、内容的不同而灵活运用，并不固定。

（2）"三部式"多。正如金代学者王若虚所说的，文章"大体则有，定体则无"（《滹南遗老集·文辨》），应用文的结构形式虽然多样，仍然有一种为多数应用文所采用的通常格式——"三部式"。从外部表现形式看，公文、简报等可分为版头（文头）、主体（行文）、版记（文尾）三部分，其中的主体部分又分为标题、正文、落款三部分。（其他种类的大多数应用文虽无版头、主体、版记，但也是标题、正文、落款三部分。）从一篇文章的正文看，其结构一般分为开头、主体（正文的主体）、结尾，也是三部分。

（3）逻辑性强。撰写应用文的主要目的是处理事务、解决问题，一般要写清办什么事、为什么办、怎么办等内容，因此其结构安排要有严密的逻辑性，除特别短小的文章外，一般都要体现"提出问题、分析问题、解决问题"的逻辑规律。

（4）数字标项。为了达到写作目的，提高工作效率，应用文要有条有理，层次分明。应用文的层次、条款往往要用数字标明，依层次、条款的大小，分别用"一、""（一）""1.""（1）"等表示。有的应用文则用"第一章""第一条""第一款"标明。比较复杂的应用文，常用小标题或数字加小标题来标明。

三、应用文常用的结构模式

任何应用文都是内容要素和形式要素分别通过不同的组合而形成的。上文谈应用文的结构安排主要着眼于形式要素，以下拟从内容要素着手，介绍应用文正文常用的结构模式。

应用文的内容要素有以下六方面："事"，即事实或问题，行文时主要回答"什么事情""什么问题"等；"凭"，即根据、事由，主要回答"依据什么""由于什么"等；"释"，即解释、说明，主要回答"是什么"；"析"，即分析、推理，主要回答"为什么"等；"断"即判断、综合，主要回答"有何决定、打算（包括建议、希望、要求等）"；"法"，即方法、做法，主要回答"怎么办""如何做"等。

当然，这种归纳是对各种应用文的内容要素进行综合的结果，并非任何一篇应用文都涵盖这六个方面。同时，这六个要素在不同文章中的功能和作用也有主有次，并非对等相同。

模式，是某种事物的标准形式或使人可以照着做的标准样式。应用文写作目标单一而明确，长期的写作实践形成了人们普遍认同的结构模式。形成的原因主要有二：一是"约定俗成"，在长期的写作过程中，部分格式、用语等互相仿效，代代相传，就形成了习惯样式，如书信、条据等；二是"法定使成"，由权威机构严格规定文本格式，如机关公文、司法文书等。应用文作者在结构文章时，一般不能随心所欲、自行一套，而要根据某个文种的规范模式来选择结构、安排材料。

按内容性质分，可将应用文大致分为"祈使性应用文"和

"告知性应用文"两大类。祈使性应用文是希望、请求或要求受文者做些什么；告知性应用文仅仅想让受文者知晓文书内容，并不要求对方做什么。这两大类应用文，一般情况下有其不同的结构模式。

祈使性应用文的常用结构模式是"凭—事—断"式。"凭"为"事"提供依据，以增强"事"不可动摇的严肃性和权威性。"事"一般以并列的顺序展开，围绕着中心内容，分成若干问题、若干事项加以叙述。"断"，则是在述"事"的基础上提出"希望"或"要求"。绝大多数法定公文与计划、总结等文种，一般都用这种结构模式。例如一份请示，首先要写清为什么要请示（凭），其次是请示什么问题（事），最后是希望和请求（断）。

此外，法律文书中的诉状这种祈使性应用文，使用的文本结构模式则是"断—事—析"式。"断"是根据有关事实和法律而得出的诉讼请求和结论；"事"是引起法律纠纷的事实，是典型的、有说服力的材料，是"断"的充足的论据；"析"是以某种法律条文为依据对所述事实作透彻的分析，从而论证"断"的正确性。

告知性应用文的常用结构模式是"事—析—断（法）"式。这是一种叙述和论证相结合的模式，以"事"为中心，把"事"的原委、过程叙述出来，作为"析"的对象和"断"的依据。这一模式中，"事"一般不写具体的事项，而是概括性地对情况进行叙述；"析"则是针对"事"作原因分析，不一定有完整的论证过程，也不作理论延伸；"断"也不是在"事"的基础上做出的结论，而是针对"事"和分析的结果，提出某些建议；"法"则是根据"事"和"析"，提出具体的做法和对策。报告、通报、周知性通知以及调查报告、讲话稿等，一般采用此种结构模式。

告知性应用文的另一结构模式是"断—释—法"式。"断"是中心要素，是被说明的中心；"释"主要起介绍说明的作用，不对解释对象作纯理论的分析；"法"则是一些具体的方法和要求。说明书、解说词、广告词等，常常采用这种模式。

第四节　应用文的表达方式

表达方式，就是由写作目的、对象所决定的使用语言文字的方法和形式。应用文既要记述概要，也要剖析义理，还要说明措施、提出要求，这就决定了在写作中要综合运用叙述、议论、说明三种表达方式。一般情况下，反映情况时侧重叙述，提出要求时侧重说明，阐明道理时侧重议论。但不论哪一种应用文，多数情况都是以说明作为最基本的表达方式，以达到使对方知晓情况、事理、要求、措施等的行文目的。至于描写和抒情这两种表达方式，在通讯、演讲稿和广告词中也有使用，以增强文章的生动性、形象性和感染力。

在应用文写作中，各种表达方式均有着与文学写作不同的特点，下面分别予以简要说明。

一、叙述简要、清楚

叙述是对人物的经历和事件的发生、发展、变化过程所作的叙说和交代，包括写人和叙事两个方面。在应用文写作中，叙述这种表达方式与在其他文体的写作中一样，应该具备时间、地点、人物、事件、原因、结果这六个要素。如果叙述的要素残缺，就会造成表达不清。

撰写应用文时，叙述用来介绍事件的基本情况或发生、发展、变化的过程，或者用来介绍人物的经历和事迹，介绍问题的来龙去脉，以说明原委。叙述时往往以作者的认识过程或事物的发展过程为线索，做到头绪清楚、条理分明。

应用文的叙述与文学作品的叙述有较大的区别。文学作品中的叙述要求具体、详尽，而且往往与描写结合在一起，能给读者具体的感受；为了感染读者，有时还运用了虚构、夸张的手法。应用文写作中的叙述则要求简明扼要、绝对真实，带有明显的概述性。概述是一种概括的、粗线条的叙述，不求所述的人和事的详尽、具体，不必把人物叙述得活灵活现，把环境叙述得细腻逼真。它所要求的，是用简洁的语言，扼要地叙述事实本身。有的应用文出于写作目的的需要，叙述也可以涉及多件事、多个人，但所叙述的只是这些人和事的某一方面，只求就事论事，不求面面俱到，更无需近乎描绘的铺陈叙述。

二、说明客观、准确

说明是以简明的文字将被说明对象的形态、性质、特征、构造、成因、关系、功能等解说清楚的一种表达方式。让人们认识、了解被说明对象，是运用说明这种表达方式的目的。在应用文的表达方式中，说明占的比重最大，使用率最高，几乎每一篇文章都有完整的说明文字。

应用文的说明要实事求是，客观、公正地解说事物、阐明事理，以反映事物的本来面目。同时要抓住说明对象的特征，用语要恰当，归类要正确，能够将说明对象与其他相似事物区别开来。此外，还应该注意说明的科学性，内容要正确，选择的说明方法要得当。

应用文常用的说明方法有定义说明、诠释说明、分类说明、比较说明、举例说明、引用说明、数据说明、图表说明等。在有些应用文中，还用到程序说明、比喻说明等说明方法。

如果一篇应用文整体以说明为主要表达方式，就必须讲究说明的顺序，以符合人们的认识规律。说明顺序有时间顺序、空间顺序和逻辑顺序三种。运用哪一种顺序，要根据事物本身的特征和条理。例如以说明为主要表达方式的公文，就多以逻辑关系为说明顺序；有时则以逻辑顺序为主，结合其他说明顺序。

三、议论简明、得当

议论就是说理和评断，是作者通过事实证明及逻辑推理来明辨是非、阐发道理、表明见解的一种表达方式。一段完整的议论，由论点、论据和论证三个要素构成。议论可以用来对客观事物进行分析和评论，以表明作者的观点和态度。在应用文写作中，议论也运用得相当普遍。通报、报告、总结、调查报告等文种，经常要在叙述、说明的基础上，表明对人物、事件、问题的评价，以便更鲜明、正确地表达观点。决定、决议、指示性通知、纪要等公文，也经常要用议论来阐明道理，贯彻上级的意图，更好地教育群众。

应用文写作中的议论与一般议论文中的议论有明显的区别。在一般议论文中，议论是最主要的表达方式，是贯穿全文始终的。但在应用文写作中，最主要的表达方式是说明和叙述，议论处于从属地位，一般只是在叙述、说明的基础上进行，不能作长篇大论，不需作复杂的逻辑推理，也不一定具备论点、论据、论证这样一个完整的议论过程。在需要分析论证的地方，或者采取夹叙夹议的方法，或者用三言两语议论一下，一般是点到即止，不作深入论证。

正因为基本上采用直接论证的方式，应用文常用的论证方法有：用实践的结果证明论点（事实论证），用真实典型的事例证明论点（举例论证），引用党的有关方针政策和国家的法律法规条文来证明论点（引用论证），运用对比的方法来证明论点（对比论证）等。

四、慎用描写、抒情

描写是描绘、摹写人物、事物、景物的形态与特征的一种表达方式，能收到如见其人、如闻其声、如临其境的效果，是文学创作的主要手法。在应用文写作中，很少使用描写手法（尤其是公文，一定不能用描写的方式）。但是在演讲稿、广告词和新闻报道的通讯等文种中，描写同叙述结合在一起，也经常使用。

抒情就是抒发感情，对读者有很强的感染力，因此是文学创作中重要的表达方式。应用文写作中也很少使用抒情手法（尤其是公文）。在演讲稿、广告词、通讯等文种中，可以直接抒情，也可以间接抒情（在叙述、说明、议论中蕴含感情色彩）。其他应用文种即使用到抒情，也一般采用间接抒情，很少直抒胸臆。

第五节　应用文的语言

不同的文体、不同的使用场合、不同的社会功能，形成了不同的语言特色亦即语体。语体可分为口语与书面语两大类。书面语体又可分为四类：一是文艺语体，以形象、生动为基本特征；二是科技语体，以准确、严密为基本特征；三是政论语体，以严谨、庄重为基本特征；四是事务语体，以简明、平实为基本特征。

语体不同，对同一件事情的表达效果很不一样。尤其是文艺语体和事务语体，因为一是审美的，一是实用的，写作语言便大相径庭。同是描写一场大雪，文学作品的写法和天气预报的写法显然不一样；都是说丰收的景象，诗歌的写法和调查报告的写法也有很大差别。

应用文的实用性极强，除了演讲稿、广告词、通讯报道及专业技术论文等少数文种兼用其他语体外，一般使用事务语体。这种语体的主要特点是：

一、准确

准确是写作各种文体时对语言的最基本的要求。上文所述的四种书面语体，准确鲜明均是其基本特征，只不过在不同语体中具体表现形式有所不同而已。应用文写作是实用写作，是为了解决社会生活中各种实际问题而写的，因此对语言表达的准确性要求特别高，必须切合实际、恰如其分，不能词不达意，更不能言过其实。

（1）用词确切，表义周密。撰写应用文，要弄清所用词语的确切含义，以免表义不准、言实不符。要尽量使用表义明确的词语，不用或少用"大概""可能""最近""基本"等模糊词语。要细致地区分同义词间细微的差别，把最恰当的意思正确地表达出来。对复杂的事物要作必要的修饰与限定，使概念得以明确。要杜绝用词不当、用词含混、模棱两可、自相矛盾等现象。

（2）造句恰当，不悖事理。撰写应用文必须从实际出发，不能夸大或缩小。要运用恰当的句式，把内容恰如其分地表达出来。造句要合乎语法规范，周密得体；同时也要合乎逻辑，做到合情合理。

二、简明

简明就是用简洁的语言清楚明白地把意思表达出来，使人一目了然。为了加快阅文办事的节奏，应用文用语必须简明精练，以尽可能少的文字传达尽可能完备的信息，做到言简意赅。

具体写作时可以从以下几个方面努力：思考要缜密，要突出中心，决不说与中心无关的话，尤其要摒除套话；精心提炼词语，删繁就简，力求做到一字千金、句无冗词；运用结构简洁明快的句式，选择最合适的表述形式，经常考虑"换一种说法（句式）是否更简明"，以使长话短说；适当选用得体的惯用词语与文言警句，因为这些词句要言不烦，简单明了，以少寓多，概括力强。

应该注意的是，简明不是苟简。写作时要根据行文目的和表现主题的需要，当略则略，当详也得详。如果为了压缩字句，该说的话不说、该用的词不用，弄得语气不连贯、意思不好懂，那就是简而不明了。

三、平实

平实就是平直自然、明白晓畅，朴实无华、严肃庄重。除了兼用文艺语体的演讲稿、广告词、通讯报道等少数文种，应用文的语言都必须平实质朴。

平实的语言应该达到"三易"的要求：易看、易读、易懂。因此，应用文写作不能像文学写作那样追求语言的形象性、情意性和音律美，没有形象描写，不使用"曲笔"和渲染、烘托等手法；而是实实在在地写下去，不使用华丽的辞藻、深奥古僻的词语和晦涩难懂的语句，没有"曲径通幽"，更不能矫揉造作。要采用规范化的、严肃、庄重的书面语，包括惯用的文言词语；不用口语词，也不用歇后语、双关语等"俏皮话"。修辞格的运用也要十分谨慎，许多修辞格不宜使用，更不得滥用（这个问题下一节细述）。

当然，应用文的语言也不是绝然排斥生动。如果是面对听众的各种报告、总结、演说以及广告词、新闻报道稿等，语言就要力求生动形象。可以适当运用一些新鲜、活泼、明快而富有表现力和趣味性的词语（如富有生活气息的、来自群众的俗语、民谚及各种清新话语），适当运用一些文学笔法和修辞手法，以增强文章的说服力、感染力。

四、得体

得体就是在合适的时间、合适的场合对特定的对象说合适的话。作为一种实用文体，应用文里讲什么和怎样讲，往往受到对象、场合的制约，必须准确把握。把握好了，就是得体。

应用文的语言，要与发文者、受文者的身份，所要达到的目的，文章的内容与体例，以及所处的客观环境和谐一致，恰到好处。说什么不说什么，说到什么程度，用什么语言，选择什么词汇，都要考虑实际效果，做到分寸恰当、严谨周密。

以撰写公文为例：给上级的公文用词要谦恭诚挚，以体现下级对上级的尊重与负责；给下级的公文，用词要肯定平和，以体现上级领导的权威与水平；给平行或不相隶属单位的公文，用词要谦敬温和，以体现发文单位的诚恳与礼貌。公告、通告一类公文，需登报或张贴，语言要庄重通俗、深入浅出；如果是在电台广播或当众宣读的公告、命令等公文，语言则应庄重流畅，以便于朗读。

第六节 应用文的修辞

修辞就是修饰语言，以把话说好，把文章写好，实际上是一种根据题旨、情境而进行的言语加工活动，可分为消极修辞和积极修辞两大类。消极修辞主要是锤字炼句，也包括布局谋篇，分别叫做词语修辞、语句修辞和语段（结构）修辞。积极修辞指运用修辞格（如比喻、排比等），以使语言清新优美、生动有力。应用文写作主要使用消极修辞。

因为应用文的布局谋篇问题已在本章第三节专门介绍，语段修辞的有关知识已包含在内，故下面仅简要谈谈应用文的词语修辞、语句修辞与修辞格的运用。

一、词语修辞

词语修辞即根据应用文的语体特点，按照准确、简明、平实、得体的要求，选择最贴切的词语，正确地表情达意。在这一方面，除了上节"应用文的语言"所提到的有关内容外，还要重视以下几点：

（1）熟练掌握专用语。专用语包括与应用文内容有关的专业术语（如电力应用文的专业、行业术语），也包括不同种类应用文各自常用的专门术语（如公文的称谓用语、承起用语、祈请用语、结束用语等）。专用语在应用文写作中使用频率很高，又具有很强的规范性，必须注意积累，熟练运用。

（2）适当采用文言词语。适当采用一些文言词语，不仅是为了简洁，更主要的是为了文词的庄重、典雅。因此，许多应用文尤其是公文、事务文书，都有一些惯用文言词语，如"谨悉"（恭敬地知道了）、"业经"（已经经过）、"赓即"（继续）、"函达"（写信告知）等。对这类词语要准确掌握其含义并能熟练运用；同时要防止滥用文言，以免写得半文半白。

（3）注意使用缩略语。缩略语又叫简缩语，是应用文写作中经常使用的一种高度简化紧缩的语言表现形式，如"《条例》"（原文为"《××××条例》"）、"国资委""四化""三个代表"等。简缩的办法有词语简缩和句意简缩两种，常以数字标示。使用缩略语可使表达简洁精练，但使用时要注意以下三点：要有规范性，约定俗成；表意要明晰，不可含混；一般要先作说明（如"以下简称××"等）。

（4）善于运用介词短语。介词短语过去叫介词结构，由介词和它后面的宾语组成，充当某一个句子成分。应用文写作中介词短语的使用频率也很高，并形成较为稳定的表达方式。使用介词短语可以使表达的意义更加明确、严密，因此写作者要准确理解常用介词的用法并善于运用。应用文中常用的介词有：为、为了、由于（表示目的、原因）；对、对于、关于、将、除了（表示对象、范围）；根据、依据、遵照、通过、在、随着（表示根据、方式）等。

二、语句修辞

应用文的语句修辞，除了造句通顺、句式适宜以及避免成分残缺、搭配不当、先后无序、前后脱节、关系混乱、重复啰唆等语句毛病这些普遍要求之外，还有应用文自身独特的句式特点：

（1）宜用短句，慎用长句。短句简洁明快，正适合应用文使用；而长句容量较大，表意周密，应用文有时也得使用。总的看来，应用文写作宜多用短句，少用长句。一旦出现长句，如果可化成短句而又不影响意思的表达，应尽量设法改成短句，例如把长句里的修饰语或插入语提出来变成分句等。

（2）宜用散句，慎用整句。散句指结构不同、形式错落不齐的句子。整句指结构相同或相似、排列整齐的句子，如对偶句、排比句等。整句更有形式美，表情达意更有气势，但造句难度大。为了不影响意思表达及使用方便，应用文多用散句。有时为了增强表达效果，也适当使用排比、对偶等一些整句。

（3）宜用肯定句，慎用否定句。肯定句直接从正面表述，语气较坚定，表意较明确，应用文中大量使用的是肯定句。否定句多用"不""没""无""非"等否定词，语气比较缓和，应用文中表达委婉、谦敬语气时也常用否定句。但否定句不宜多用，使用时要注意表意的确切；尤其是在使用双重、三重否定句时，要注意别把意思说反了。

（4）宜用陈述句、祈使句，慎用疑问句、感叹句。应用文的内容多为叙述事情、说明情况、表达意图、提出要求，所以一般使用陈述句、祈使句，不用疑问句、感叹句。有些文章确需使用疑问句、感叹句时，也得十分慎重。除了演讲稿、广告词及新闻报道等文种外，一般禁用情绪强烈的感叹句与反问句。

三、修辞格的运用

为了提高语言的表达效果，应用文有时也运用一些修辞格。即使是最少使用修辞格的公文，也经常用到引用、排比、对偶、层递（将两个或两个以上的词语或句子，按照所表达意思的高低、深浅、大小、重轻等层次进行组合，一种情况是递进，另一种情况是递减）等修辞格。其他应用文种，还经常运用设问、对比、比喻等修辞格。

不过，由于应用文是实用性很强的文体，语言要求简明、平实，所以总的看来比其他文体使用修辞格要少得多，不少文章（尤其是短文）完全不用修辞格。还有一些修辞格，不能在应用文中使用，如"夸张"就绝对禁用（广告除外），"双关"（包括谐音双关和语意双关）与"比拟"（包括拟人和拟物）在大部分应用文中也不宜使用。

第七节 应用文的文风

文风是使用语言文字的作风，即文章写作中带有普遍性、倾向性的风气或现象。个人的文风往往受到社会文风的影响，而社会文风又是党风与政风、民风等社会风气在文章中的反映，所以文风是特定历史条件的产物。应用文写作涉及国家科学管理、企事业单位有效运作以及政党、政府、社会团体、人际之间等现实生活的一切领域，"三百六十行，行行要写应用文"，因此应用文文风的好坏，对具体文章的实际使用效果，对工作、事业的开展乃至对社会的发展，都有直接的影响。

正如古人所说，"文如其人"，文章是作者的一面镜子。思想贫乏的人，写出文章一定空洞无物；浮华虚伪的人，写出文章必然装腔作势。因此，要树立正确的应用文文风，必须从思想作风和工作作风入手，并在此基础上进一步树立正确的写作观。具体说来：一是要提高思想政治素质和道德修养，树立正确的世界观、人生观、价值观，完善自己的人格，做一个诚实正直、追求高尚、堂堂正正的人，自觉抵制各种不正当的金钱、物质和利益的诱惑，清除拜金主义和极端个人主义的影响。二是要树立实事求是的思想作风和脚踏实地的工作作风，对工作高度负责，富有敬业精神，注意调查研究；不是热衷于各种应酬与会议，而是深入基层、深入群众、深入实际，做细致的调查研究工作，得到实实在在的材料，写出扎扎实实的文章。三是要刻苦学习，提高语文素养，练好写作基本功，撰写应用文时能始终把握文体、语体特点与实用目的，努力把文章写得准确、鲜明、简洁、平实、得体、生动。

改革开放三十多年来，我国国民经济持续快速健康发展，社会主义市场经济体制不断完善，民主法制建设继续推进，政治体制改革不断迈出新步伐，科学发展观深入人心，群众精神文化生活日益丰富……中国特色社会主义取得了丰硕的成果。应用文的文风建设也取得进展，从内容和形式上都注重为经济建设和社会生活服务，更加贴近生活，贴近群众，适应广大群众多方面的需要。但我们也不能不看到，在这个转型期的社会，由于市场经济逐步推进过程中各种经济利益不断调整、变动所出现的新情况，由于一些不正的社会风气所带来的负面影响，再加上党和国家历史上曾经存在过的一些"党八股""帮八股"恶劣文风或绪余未尽，或死灰复燃，应用文的文风仍然存在不少问题，其危害不可低估，应引起我们的高度重视。

以下对如何避免应用文不良文风进行分析，就改正办法提几点意见，供大家写作时参考。

一、不讲假话、大话

在应用文写作中，讲假话、大话的现象仍较为严重。一种情况是在材料中掺假、夸大，例如把少的说成多的，把个别的说成一般的，把偶尔的说成经常的，把无意的说成有意的，把无领导的说成有领导的，把过去的说成现在的或把现在的说成过去的，如此等。造成这种不良现象的原因，除了写作时粗心、想当然、不认真核实这一种尚属无意的情况，更多的是写作者明知事实真相，却为了达到某种目的而故意夸大、造假。不管出于什么原因，这种文章对我们的工作与事业都会造成极大的危害，必须在写作中坚决杜绝。

另一种情况则是无中生有，完全造假，就像制贩假烟假酒一样，炮制各种虚假文字，例如经济领域的假合同、假凭证、假广告及上市公司公布的假信息，教育领域的假学历、假文凭、假奖状，科技领域的假论文、假成果、假鉴定书等。还有一些虚假失实的新闻，除了通过网络传播，在传统媒体上也时有出现。炮制这种虚假文字，可以说是一种欺诈行为，将会给国家的经济建设、各方面事业的健康发展和广大人民群众的切身利益带来极大危害和损失，应追究炮制者的责任。

二、不讲空话、套话

应用文尚实，忌浮泛。而目前的应用文特别是公文与事务文书中，好讲空话、套话的现象仍十分严重。写作时不从本地区、本单位和文章内容的具体实际出发，而是从概念、意义等大原则、大道理讲起，大量摘引书报和上级文件中人所皆知的语言和材料，既无新鲜见解，又无具体内容，又长又空，干瘪无味。同时，每写一件事都先来个"在……指引下，在……领导下，在……努力下"等套话，最后再加上"我们一定要……，争取更大的辉煌（再上一个新台阶）"或"为……而贡献力量（努力奋斗）"等口号式结尾，穿靴戴帽，画蛇添足，形成套路。

造成这种空话、套话连篇的原因，主要是一个"懒"字——懒得动脑筋，懒得深入实际调查研究，懒得下苦功夫去把文章写实写好；认为说空话省事，说套话保险。这样抄袭拼凑而成的文章，自然内容空洞，毫无价值。因此，还是要从改正思想作风和工作作风这个根本抓起，才能根治这种不良文风。

三、不喜作冗文

应用文尚简约，忌冗长。多年来，应用文写作领域虽一直在提倡"短些、再短些"，可有些应用文作者（尤其是擅长写大文

23

章的"笔杆子")往往不考虑办事效率,写作时尽兴挥洒笔墨,有时下笔千言还不着边际。本来,写作内容与写作目的都只要求写篇短文即可,他却硬要长篇大论,泛泛而谈。具体写作中,要么罗列现象,堆砌材料;要么言不及义,拖沓累赘。总之,非要把文章"拉长"不可。

要改正这种不良文风,作者首先还是要改正思想作风和工作作风,提高思想理论水平和分析概括能力,同时要掌握应用文体特点,养成简明扼要写作的好习惯。在具体写作中,要尽量注意以下几点:抓住问题本质,确立文章主题;善于精选材料,围绕主题取舍;最好一文一事,确实需要写几件事、几个问题的也要分清主次;反复推敲,删繁就简,例如同类的内容合并,同样的字句舍弃,事例叙述尽量浓缩,选择最好的表述形式等。

四、不故意卖弄

"有真意,去粉饰,少做作,勿卖弄"(鲁迅《作文秘诀》)是写作的基本要求,更是应用文写作的圭臬。然而在有些同志的应用文写作中仍然存在着装腔作势、故意卖弄的不良风气。一种表现是不管内容需要与否,夸夸其谈,云山雾罩,以显示写作者水平高、博学多才、掌握材料多;另一种表现是在语言文字上,为了显示自己的高雅,用语或半文半白,或洋腔洋调,更多的情况则是喜欢堆砌华美辞藻,堆砌成语和"四字语"。所有这些不正之风,都必须克服。

五、要力避一般化

不下苦功,敷衍应付,每写文章都按照老套,抄书报,炒冷饭,改头换面,修修补补,结果是所写文章千篇一律,多年不变,这是应用文尤其是事务文书写作中又一常见的不良现象。要解决这个问题,首先是在思想上高度重视应用文的写作,树立认真负责、精益求精的态度;其次要深入实际,对所写对象与问题全面了解,深入研究;最后是写作时要努力求新,尽量写出新意。求新的具体方法包括内容和形式两方面:内容要有新意,能反映新情况,提出新问题,表达新见解;形式要在得体的前提下力求新颖、活泼，如结构灵活一些，语言尽量做到新鲜、活泼、生动等。（对应用文写作的求新问题，本书将在介绍一些文种的具体写作方法以及第十章中继续阐述。）

六、要为读者着想

上述种种不良文风的改正方法，除了以上所讲的这些之外，还有一个"为读者着想"的问题。叶圣陶先生说过，写文章要"反求诸己"，就是说提笔写文章时要把自己和读者换换位置，想一想如果你是一位读者，愿不愿意看这样的假话、大话、空话、套话，以及冗长拖沓、装腔作势、千篇一律的文章？如果你也不愿意看，就应当"己所不欲，勿施于人"。总之，要"苦心孤诣为读的人着想"（郭沫若语），要尊重、体贴读者。

第 八 节　怎样才能写好应用文

我们电力企业的有些员工写不好应用文，就简单地归因为语文基础打不好、应用文写作知识没掌握。其实这仅仅是问题的一个方面。《红楼梦》里有副对子——"世事洞明皆学问，人情练达即文章"——就说明了一个道理：文章功夫不全在文章内，也在文章外。同样，要写好应用文，作者不仅要具备较高的语文水平及应用文写作知识，而且必须全面提高自己的素养。因为从根本上讲，文章就是写作者综合素质的集中体现。

具体说来，写作者平时应该从以下几方面加以努力：

一、要有积极认真的写作态度

要写好应用文，首先取决于积极认真的写作态度。有了这种态度，即使从未写过某个文种，作者也会主动寻找教材，请教内行，模仿范文，搜集资料，想方设法写成，然后反复推敲修改，认真核稿校对。经过这样一番努力，文章也就写好了。

积极认真的态度来自写作者的思想作风、工作作风和性格修养，来自写作者对应用文写作的意义、作用的正确认识，更来自写作者的敬业精神。因为前面几个问题已在本章开头与上一节作过论述，这里仅重点谈谈敬业精神。

敬业，《现代汉语词典》的解释是："专心致力于学业或工作。"梁启超先生于 20 世纪 20 年代对上海中华职业学校学生所作的演讲《敬业与乐业》中，对"敬业"二字解说得更为透彻。梁先生说，"敬"字是古圣贤教人做人最简易直捷的法门（"法门"为佛教用语，原指修行者入道的门径，今泛指一切门径），对这个字惟有朱熹解说得最好。朱熹在《论语集注》中说："主一无适为敬。"用现在的话讲就是：凡做一件事便忠于一件事，将全副精力集中到这事上头，一点不旁骛，便是"敬"。梁先生认为："人生在世是要天天劳作的。劳作便是功德，不劳作便是罪恶。""怎样才能把一种劳作做到圆满呢？唯一的秘诀就是忠实，忠实从心理上发出来的便是敬。"因此，"一个人对于自己的职业不敬，从学理方面说，便亵渎职业之神圣；从事实方面说，一定把事情做糟了，结果自己害自己。所以敬业主义，于人生最为必要，又于人生最为有利。"最后梁先生归结说："敬业即是责任心，乐业即是趣味。我深信人类合理的生活总该如此。"

梁启超先生的精辟论述和现实生活中无数例证都告诉我们：不管是年轻的时候对待学业，还是现在的日常工作中对待职业，我们都要用专心致志、认真负责的态度对待。这种敬业精神是做好一切工作、办好一切事情的根本原因，是"人类生活的不二法门"（梁启超语）。在我国的《公民道德建设纲要》中，敬业是弘扬职业道德的前提，也是职业道德的核心。只有敬业才能爱岗，才能忠于职守、乐于奉献，才能做好工作、写好文章。因此，想写好应用文，一定要有敬业精神。

二、提高理论水平与思维能力

写好应用文需要敬业精神与主观上的重视，需要写作知识与写作能力，同时，对写作者的思想修养、理论水平、审美情趣、思维能力、观察能力、调查研究能力等各方面素质也有较高要求。

思想修养和世界观、人生观、价值观，体现了一个人的人生追求与精神境界，是个人积极努力、自我完善与单位、社会的思想政治工作综合作用的结果，其重要性及对提炼应用文主题的导向作用，自是不言而喻。而审美情趣是否高雅、知识面是否广博，对能否用好材料写好文章肯定也有影响。此外，观察是认识活动的基础，是摄取信息的第一窗口，是获得写作材料的途径之一，所以善于观察，具备敏锐的观察力，也是应用文写作者应该具备的心理素质。同时，客观世界是极其复杂的，要认识客观事物的真相，必须进行深入调查，并在此基础上进行科学的分析，才能取得正确的认识，掌握客观事物的规律。所以调查研究也是应用文写作者又一重要基本功，是他们不断观察、认识客观世界，获取信息的一条重要途径。因此，上述各方面素质都需要通过学习与锻炼不断得到提高。

不过，相对而言，一个人较高的理论水平与思维能力更是写出合格（或优质）应用文的重要因素。许多人写作时材料不会利用，主题没提炼好，文章平庸，内容苍白，主要还是理论水平低、思维能力差的问题。

理论水平的提高绝非一蹴而就，而是既有平时读书学习的长期积累，也有理论与实践相互联系、相互作用的互动效果。因此，平时就必须有意识地学点理论读点书，例如马、恩、毛、邓的著作，哲学、心理学的基本理论，辩证法与形式逻辑知识，以及书刊上的重要理论文章、学习材料等。同时要注意理论联系实际，用所学的理论帮助分析和解决工作、学习、生活中遇到的各种问题，进而检验理论的正确性，认识理论的相对性乃至谬误，在"理论—实践"的良性互动中切实提高自己的理论水平。

但是我们不可能都等到有一定理论水平后才去写日常工作、学习、生活中需要的应用文，因此有时必须采取一些"济急"的办法，如写作前尽量多读一些与所写内容有关的书籍或文章，尽可能多地占有这方面的材料，多多请教理论水平高的领导、老师与同事、同学等。不管怎样，"临阵磨刀"总比不磨来得好些。

应用文写作要解决的是社会发展过程中出现的实实在在的问

题，需要写作者对社会实际的状况和文献资料等进行深入细致的调查，再对收集到的大量文献资料和调查材料进行去粗取精、去伪存真、由此及彼、由表及里的分析研究，透过事物的现象，把握事物的本质，找出问题，分析原因，提出解决问题的办法，最后按照规范化的文体格式写成为实际需要的应用文体。因此，应用文的质量很大程度上取决于写作过程中思维的质量，只有具备了较高的思维能力，才能写出较高质量的应用文。

思维能力的提高同样并非一朝一夕之功。它与人的理论水平（尤其是逻辑知识水平）相互联系，与思维的积极程度和平时的思维方法训练更是紧密相关。因此，在努力提高自己理论水平的同时，要学习一些辩证思维、创新思维方面的知识，注意进行思维能力的锻炼，学会分析、演绎、归纳、概括。凡事要多动脑，不轻信。遇到问题不要只从表面看、单方面看，而要尽可能深入地看、多角度地看，摒弃那种单向一维的传统思维方式。

例如，对待同一个问题，就可以从以下几个方面拓展思路，进行分析。

（1）纵向展开。这是最常见的分析与思维方法，对问题进行纵向开掘，尽量深入地看，去粗取精，去伪存真，由表及里，力求把握事物的精髓。

（2）横向展开。这是发散思维的一种形式，也包含了比较分析方法。具体思路是：由对某项事物的感知引向与其相似的其他事物的联想，从它们的相似关系中发现"启发点"，萌生出崭新的见解。

（3）逆向展开。就是由此及彼，逆向思维，采取与传统思维方式相反的观点与角度，将视点和焦点转入反面进行深层次的开掘，反映事物的本质内涵。这种思维体现了"一分为二"的辩证思维，包含了矛盾分析方法，突破常规、颠倒思考是其基本特点，是创造性思维主要方式之一。

（4）多向展开。相当于所谓的"发散思维"，是创造性思维的又一主要方式。具体思路是：对某一事物进行多角度、多层次、多指向思维，变点式思考为全方位思考，"横看成岭侧成峰，远近高低各不同"，从而摆脱经验、常识造成的"心理定势"的束缚，得到全新的答案，或得到全面、深刻的结论。

21世纪是知识经济时代，比以往任何时期都更加重视人的思维能力，尤其要求善于创新思维，打破现状思维，握有这一"头脑的软件"。因此，我们要写好应用文，尤其要重视培养创新思维能力。

三、掌握相关的业务知识

各行各业各个岗位都有自己的专门业务，写不同类型应用文所涉及的业务知识也不尽相同。一个对本行业、本岗位的业务知识不甚了了的生手，写起应用文就很难避免出问题：或是拼凑材料、敷衍成篇，或是只讲各行业各单位都可套用的"通用语""共性话"，或是在涉及专门业务知识的关键地方打马虎眼，或是不懂装懂想当然地随处写出外行话……所以，要写好应用文，写作者必须努力钻研本行业、本部门、本岗位的业务，使自己尽快成为精通业务的内行。

以电力行业为例，不管是在哪一个单位，不管是处在管理岗位还是生产岗位，也不管是哪一个文种，要写好应用文一般必须具备以下基本业务知识：①电力行业的历史现状、专门技术等行业、专业基本知识；②国家相关的法律法规，党的方针政策；③上级部门或政府机关的有关规章和指示。

除此之外，撰写不同种类的应用文还必须具备相应的专门业务知识。以下述应用文种类为例，所涉及的专门业务知识大致有：

（1）机关公文：①本单位领导关于这份公文的写作意图及领导的工作作风、文章风格；②本单位的历史、现状、发展趋势等具体情况及经过认真调研而得到的基层实际情况；③公文的种类、格式、行文规则、办理程序等有关知识。

（2）事务文书、宣传报道应用文：与公文基本相同，加上相应文种（如计划、总结、消息、通讯、简报等）的写作知识。

29

（3）电力生产管理、规章制度类应用文：①从国家、部门到本单位制定的有关标准和规章制度；②本单位的生产、经营、管理状况及历史、发展等具体情况；③与所写内容有关的专业技术知识和生产管理知识；④相应文种（如"两票"、大修总结、事故报告、规章制度等）的写作知识。

（4）经济活动应用文：①本单位的生产、经营状况与历史、发展等具体情况；②与此次经济活动有关的客户、市场等经济环境情况；③与此次经济活动有关的产品技术、生产管理、财务制度、金融税收等知识；④相应文种（如合同、广告、招投标书等）的写作知识。

可以说，电力企业员工要写好工作中所需的应用文，对相关业务知识的要求是相当高的。我们只有在平时的工作和进修中勤奋、认真地学习与积累，舍此之外别无捷径。既要找机会、挤时间读书学习，也要向有经验的老同志、内行人请教，在工作实践中不断充实自己的业务知识。

四、具有较强的文字表达能力

一篇应用文的好坏与作者的文字表达能力有着直接的关系。"言之无文，行而不远"，词汇贫乏、语言枯燥的文章绝不会有生动感人的力量，词不达意、语病叠出的文章更是既误事又丢人的失败之作。然而在应用文写作中，让许多人最感头疼的往往也在这一方面。

写作者文字表达能力的强弱体现在每一篇具体文章中。能力较强者所写的应用文，在语言文字方面至少应该做到：

（1）语句通顺。遣词造句符合语法规范，没有词类误用、成分残缺、结构杂糅、语序不当等语法错误。

（2）措辞得当。所用词汇、句式均准确、适宜，没有不合事理、不合习惯、不合感情色彩和语体色彩以及生造滥用等词汇错误。

（3）用字正确。文章中没有错别字，尤其是没有别字；因为错字一般打印不出，别字却不易发现。

（4）标点无误。正确运用标点符号，符号的书写、位置及占格多少均符合 GB/T 15834—2011《标点符号用法》的规定。

符合上述四点要求，说明这篇应用文已经写通，写"入格"，写作者已具备基本的文字表达能力；而要把文章真正写好，对语言文字还有更高的要求。如前所述，应用文的语言特点是准确、简明、平实、得体；毛泽东同志在《工作方法六十条（草案）》一文中曾指出："文章和文件都应当具有这样三种性质：准确性、鲜明性、生动性。"符合上述四点要求，仅仅具备"准确性"；而一篇好的应用文，除此之外在语言方面还应该做到简洁、鲜明、平实、得体，在文体特点许可的时候还要力求生动。这些语言文字上的更高层次要求，本章第四、五节已有阐述，不再重复。

要提高自己的文字表达能力，唯一的办法是多读多写，舍此之外别无捷径。欧阳修曾说：（作文）"无他求，惟勤读书而多为之，自工。"（引自胡仔《苕溪渔隐丛话》）鲁迅在《致赖少麒》的信中回答青年作者怎样才能提高写作能力这一问题时则说："文章应该怎样做，我说不出来，因为自己的作文，是由于多看和练习，此外并无心得或方法的。"文学大师巴金、冰心及叶圣陶先生等也说过类似的话。因此，应用文作者平时要尽可能多看些优秀的应用文，也要尽可能多看些文学作品，尤其是古今中外的经典范文与时新佳作；要切实地学习一些语音、文字、词汇、语法、修辞、逻辑知识和写作知识，提高自己的语文基础知识水平；要严格地进行立意、选材、布局、谋篇、遣词造句和修改的基本技能训练，练习写各种体裁的文章，不断提高运用文字的水平；要联系工作、学习、生活的实际，经常动笔写各种应用文章，使知识转化为能力；还要做生活中的有心人，注意搜集群众中和各种材料中生动活泼的语言。这样日积月累、持之以恒，写作时文词便可召之即来、得心应手，写作技巧便会由生到熟、渐入佳境，文字表达能力自然也就达到较为高级的阶段。

五、熟悉文种的格式要求

作为同一种文体，多数应用文有着相同的特点与写作要求；但由于应用文种类繁多，不同的文种又有各自的特点。因此，要写好应用文，除了必须掌握本章第一节至第六节所述的应用文写作的一些常识，还应该熟悉所写文种的特点、格式、要求等文种写作知识。

现在各类应用文教材、专著已经很多，从中可以找到自己所需文种的格式、适用范围、写作要求、写作方法、注意事项等有关知识和相应例文。一般情况下，只要认真研习那些权威著作，严格按规定格式、要求去写，即使是新手，"依葫芦画瓢"也可写出合格的应用文。

但是，由于时间推移、社会进步而使不少应用文文种在格式、要求等方面发生变化（例如关于公文的写作，国家有关部门的规定包括国家标准就不断有变化，若干年修订一次），也由于不同教材、专著作者的见解、水平各有不同，我们现在所看到的各种应用文著作中，过时的内容及矛盾、谬误之处时有所见，这便给初学者带来了一些困惑。因此，我们学习时应该尽量选择权威性著作，文种的格式、要求等尽量以最高级别部门的最新规定为准；能找到相似资料时则可参照上级部门或权威机构对有关文种的写法，以它们为蓝本规范自己的写作。

例如从 2012 年 7 月 1 日起要拟写党务、行政公文，其文种、格式、行文、标印等具体要求必须遵照《党政机关公文处理工作条例》（中办发〔2012〕14 号）的有关规定执行，并符合 GB/T 9704—2012《党政机关公文格式》以及 GB/T 15834—2011《标点符号用法》、GB/T 15835—2011《出版物上数字用法》、GB 3100～3102—1993《量和单位》的要求。而电力行业各集团公司的公文，也有相应的公文处理规定，与党政机关公文大同小异（详见第二章）。

又如制定合同，要遵照《合同法》及相关的法律、法规；填写"两票"，要遵照《电业安全工作规程》及各电网、发电企业制定的有关补充规定。

查寻到所需文种的有关规定后，应用文写作者（尤其是新手）应认真阅读，仔细领会，然后严格按规范去写。同时应注意区别相近文种（如公文中的"请示"与"报告"就不得混用），以使所用文种符合写作目的和要求。

当工作、学习中需要写作某一篇应用文时，我们能积极认真地对待这件事，又具备一定的理论水平与思维能力，同时是有关业务的内行，也有较好的文字表达能力，可以说写好这篇应用文便是"万事俱备，只欠东风"。而这"东风"，就是相关文种的格式和写作要求。只要把这方面知识也掌握了，写出一篇优质应用文就不是什么困难的事。

综上所述，要写好应用文，写作者必须具备较高的、多方面的素质。这些素质与人的经历和受教育程度有关，但更多的是靠个人的主观努力和写作经验的积累。写作是一种能力，是一种运用语言文字表达思想感情的技能、技巧。掌握了一定的理论知识、业务知识、写作知识，还有个由理论向实践转化的问题。"创作无世袭"，书本和教师传授的只能是一些知识，如经验、体会、方法、途径等，尔后要靠学习者自己去完成把知识转化为能力的任务。写作者要通过长期、反复、刻苦的实践，并经过细心体会、反复揣摩，真正有所"悟"（亦即心领神会），才能把所掌握的知识、方法转化为自己的一种熟练的习惯和手段，才能真正地把理论应用于自己的写作。因此，我们电力企业的员工只有始终坚持不懈地读书学习，不断开拓知识领域，锻炼和提高各方面能力，同时虚心向别人请教，积极动笔，经常实践，在写作实践中认真总结经验教训，才能够最终练出应用文写作的过硬功夫。

第二章
机 关 公 文

公文就是公务文书，是机关管理职能的文字表现形式。党政机关公文"是党政机关实施领导、履行职能、处理公务的具有特定效力和规范体式的文书，是传达贯彻党和国家方针政策，公布法规和规章，指导、布置和商洽工作，请示和答复问题，报告、通报和交流情况等的重要工具。"（《党政机关公文处理工作条例》）法定的社会团体、企事业单位在行使其职能、进行公务活动时，一般也套用党政机关公文的种类、格式、行文规则、处理程序、管理办法等。

公文的特点有：鲜明的政策性和针对性，法定的权威性和约束力，法定的作者和较强的时效性，规范的写作格式和处理程序等。

公文的处理是一项科学化、制度化、规范化的工作。自2012年7月1日起，电力企业的公文处理工作应参照最新的《党政机关公文处理工作条例》（中办发〔2012〕14号，见本书附录一），遵照所属公司最新的有关规定（如本书附录二《国家电网公司公文处理办法》、附录三《中国华电集团公司公文处理办法》、附录四《中国大唐集团公司公文处理办法》），切实执行。

为了与《党政机关公文处理工作条例》相匹配，使机关公文从内容到表现形式都体现科学、简洁、规范的要求，有效发挥公文的法定效力，反映党政机关和企事业单位的工作质量和管理水平，国家质量监督检验检疫总局、国家标准化管理委员会于2012年6月29日发布、自2012年7月1日起实施GB/T 9704—2012《党政机关公文格式》（见本书附录五），以代替GB/T 9704—1999《国家行政机关公文格式》。因此，电力企业

34

制发的公文，应遵照所属公司最新的有关规定，尽可能参照执行这一最新国家标准。

公文的主要种类，《党政机关公文处理工作条例》分为 15 种，《国家电网公司公文处理办法》分为 10 种，《中国华电集团公司公文处理办法》分为 9 种，《中国大唐集团公司公文处理办法》分为 11 种，分法大同小异。相同的是：上行公文（下级单位向上级单位报告或请示问题以及对重大问题提出意见时所用）是报告、请示、意见这 3 个文种；平行公文（不相隶属单位之间公务往来所用）是函、意见、纪要这 3 个文种。不同的是：下行公文（上级单位对下级单位进行工作部署和指导、批复等使用）"党政机关公文"计有决议、决定、命令（令）、公报、公告、通告、意见、通知、通报、批复、议案、纪要 12 个文种；而"电力企业公文"只有决定、意见、通知、通报、批复、纪要 6 个文种，此外，国家电网公司还有"命令（令）"共计 7 个文种，大唐集团公司还有"决议""命令（令）"共计 8 个文种。

公文的重要性对公文处理工作与公文的写作提出了极高的要求。公文处理工作应当坚持实事求是、准确规范、精简高效、安全保密的原则。公文写作必须做到：

（1）符合国家法律法规和党的路线方针政策，完整准确体现发文机关意图，并同现行有关公文相衔接。

（2）一切从实际出发，分析问题实事求是，所提政策措施和办法切实可行。

（3）内容简洁，主题突出，观点鲜明，结构严谨，表述准确，文字精练。

（4）文种正确，格式规范。

（5）深入调查研究，充分进行论证，广泛听取意见。

此外，初学写作公文还应注意以下两点：一是定位准确。就是拟稿时要站在发文单位的角度而非拟稿者个人的角度，用发文单位的语气而非拟稿者个人的语气。例如：某一部门代单位拟一业务性公文，必须用单位的语气写；文秘人员代领导拟一报告，必须站在领导的角度写。二是语体正确。要采用事务语体，运用说明、叙述和一些必要的议论，不能作描写和抒情，也不用文艺语体惯用的表现手法和修辞手法（参见第一章第四节至第六节）。

第一节　公文的规范格式

公文格式指组成公文的各个要素在公文文面上的编排规则。GB/T 9704—2012《党政机关公文格式》将版心内公文格式各要素划分为版头、主体、版记三部分：公文首页红色分隔线以上的部分称为版头；公文首页红色分隔线（不含）以下、公文末页首条分隔线（不含）以上的部分称为主体；公文末页首条分隔线以下、末条分隔线以上的部分称为版记。公文的页码这一要素则位于版心外。

公文版头部分的各要素包括：份号、密级和保密期限、紧急程度、发文机关标志、发文字号、签发人、版头中的分隔线。公文版记部分的各要素包括：版记中的分隔线、抄送机关、印发机关和印发日期。GB/T 9704—2012《党政机关公文格式》对这两部分诸要素的编排规则有明确的规定，具体请阅本书附录五。

公文版头、版记部分的格式是否规范，主要是文秘人员、文印部门的事情。而公文主体部分各要素的格式，则是每一位需要撰写公文的人员必须掌握的。公文主体部分包括标题、主送机关、正文、附件说明、发文机关署名、成文日期、印章、附注、附件等要素，各要素的具体编排规则如下。

一、标题

标题由发文机关名称（全称或规范化简称）、事由和文种组成，要做到准确、简要、概括。一般用 2 号小标宋体字，编排于红色分隔线下空二行位置，分一行或多行居中排布；回行时，要做到词意完整，排列对称，长短适宜，间距恰当；标题排列应当使用梯形或菱形（准确说应为等腰梯形或纺锤形）。

公文标题一般不使用标点符号，仅在特定情况下可以使用引

36

号、括号、顿号、书名号、破折号等。

二、主送机关

主送机关是指公文的主要受理机关，应当使用机关全称、规范化简称或者同类型机关统称。用3号仿宋体字编排于标题下空一行位置，居左顶格，回行时仍顶格，最后一个机关名称后标全角冒号。若主送机关很多，排列顺序首先按级别，同级别的则按"先外后内""党政军群"的顺序排列。

如主送机关名称过多导致公文首页不能显示正文时，应当将主送机关名称移至版记，标注方法同抄送机关（但必须将"抄送"二字改为"主送"）。当版记既有主送机关又有抄送机关时，应当将主送机关置于抄送机关之上一行，之间不加分隔线。

三、正文

正文是公文的主体，用来表述公文的内容，一般包括导语、正文主体与结束语三个部分。导语表明制发公文的依据、目的或原因。正文主体、结束语由于文种、内容、目的不同，有不同的写法。

公文首页必须显示正文。一般用3号仿宋体字，编排于主送机关名称下一行，每个自然段左空二字，回行顶格。公文用语应使用规范汉语表述。需要使用外国语言文字的，应在文中首次出现时以括注形式标注准确的汉语注释。民族自治地方的公文，可以并用汉字和当地通用的少数民族文字。未经注释，公文中不得使用非规范化简称及缩略语。公文中出现的数字、标点符号、计量单位等，应严格按照国家标准书写、使用。

正文的结构层次一般不超过四层，层级序数依次可以用"一、""（一）""1.""（1）"标注；一般第一层用黑体字，第二层用楷体字，第三层和第四层用仿宋体字标注。当公文结构层次只有两层时，第二层序号可使用"（一）"或"1."。

四、附件说明

附件说明包括公文附件的顺序号和名称。公文如有附件，在正文下空一行，左空二字编排"附件"二字，后标全角冒号和附件名称。如有多个附件，使用阿拉伯数字标注附件顺序号（如"附件：1.×××××"）；附件名称后不加标点符号。附件名称较长需回行时，应当与上一行附件名称的首字对齐。

五、发文机关署名、成文日期和印章

发文机关署名应署发文机关全称或者规范化简称。成文日期署会议通过或者发文机关负责人签发的日期。联合行文时，署最后签发机关负责人签发的日期。公文中有发文机关署名的，一般应加盖发文机关印章，并与署名机关相符。有特定发文机关标志的普发性公文（如纪要）和电报可以不加盖印章。

1. 加盖印章的公文

成文日期一般右空四字编排，印章用红色，不得出现空白印章。

单一机关行文时，一般在成文日期之上、以成文日期为准居中编排发文机关署名，印章端正、居中下压发文机关署名和成文日期，使发文机关署名和成文日期居印章中心偏下位置，印章顶端应当上距正文（或附件说明）一行之内。

联合行文时，一般将各发文机关署名按照发文机关顺序整齐排列在相应位置，并将印章一一对应、端正、居中下压发文机关署名，最后一个印章端正、居中下压发文机关署名和成文日期，印章之间排列整齐、互不相交或相切，每排印章两端不得超出版心，首排印章顶端应当上距正文（或附件说明）一行之内。

2. 不加盖印章的公文

单一机关行文时，在正文（或附件说明）下空一行右空二字编排发文机关署名，在发文机关署名下一行编排成文日期，首字比发文机关署名首字右移二字，如成文日期长于发文机关署名，应当使成文日期右空二字编排，并相应增加发文机关署名右空字数。

联合行文时，应当先编排主办机关署名，其余发文机关署名依次向下编排。

3. 加盖签发人签名章的公文

单一机关制发的公文加盖签发人签名章时，在正文（或附件说明）下空二行右空四字加盖签发人签名章，签名章左空二字标注签发人职务，以签名章为准上下居中排布。在签发人签名章下空一行右空四字编排成文日期。

联合行文时，应当先编排主办机关签发人职务、签名章，其余机关签发人职务、签名章依次向下编排，与主办机关签发人职务、签名章上下对齐；每行只编排一个机关的签发人职务、签名章；签发人职务应当标注全称。

签名章一般用红色。

4. 成文日期中的数字

用阿拉伯数字将年、月、日标全，年份应标全称，月、日不编虚位（即1不编为01）。

5. 特殊情况说明

当公文排版后所剩空白处不能容下印章或签发人签名章、成文日期时，可以采取调整行距、字距的措施解决。

六、附注

附注指公文印发传达范围等需要说明的事项（如"此件发至县团级""此件可见报"等）。附注不是对公文的内容作出解释或注释，对公文的解释或注释应在公文正文中采取句内括号或句外括号的方式解决，这一点在使用附注时要加以注意。公文如有附注，居左空二字加圆括号编排在成文日期下一行。

七、附件

附件包括公文正文的说明、补充或者参考资料。附件与正文具有同等效力，格式、文字等要求与正文相同。附件应当另面编排，并在版记之前，与公文正文一起装订。"附件"二字及附件顺序号用3号黑体字顶格编排在版心左上角第一行。附件标题居中编排在版心第三行。附件顺序号和附件标题应当与附件说明的表述一致。

特殊情况下附件不与正文一起装订，需要另发的，应当在附件左上角第一行顶格编排公文的发文字号并在其后标注"附件"二字及附件顺序号，同时在附件说明处标注。

（编者注：以上是依据《党政机关公文处理工作条例》和GB/T 9704—2012《党政机关公文格式》采写的公文格式通用规范。各电力集团公司发布的关于公文处理的最新规定，绝大部分与上述规范完全一致，但也有一些格式细则不尽相同。例如《国家电网公司公文处理办法》第十一条规定："特殊文种如'纪要''命令（令）'，特殊公文形式如'办公通报''内部情况通报'等，不署发文单位名称。""特殊文种如'纪要'，特殊公文形式如'办公通报''内部情况通报'，不加盖印章。""上行文应在附注处注明联系人及联系方式。下行文应在附注处注明印发传达范围。""批转、转发、印发类公文，被批转、转发、印发的内容不按附件处理，在公文正文中不加附件说明，直接在正文后另页编排，首页不标注'附件'及顺序号。"因此，各电力企业制发的公文，除了应尽可能执行最新国家标准制定的格式规范，还应遵照所属集团公司最新的有关规定。）

第 二 节　公文的生成与撰写

一份公文的生成，一般都要经过以下程序：①交拟。单位领导或有关部门向撰拟人员交代制文意图和撰拟任务。②拟议。撰拟人员动笔撰稿前了解情况、查阅资料、调查研究等酝酿构思的过程。③草拟。撰拟人员下笔撰写公文草稿。④会签。对涉及其他部门职权范围内的事项，主办部门应会签有关部门并取得一致意见。⑤初审。部门领导对公文草稿进行审核修改，最后形成定稿。⑥审核。办公部门对公文定稿进行审核。⑦签发。单位领导审阅办公部门审核通过的定稿并签署发文意见。⑧复核。正式印制前，主办部门应对公文的审批手续、内容、文种、格式等进行复核。⑨登记。对复核后的公文，应当确定发文字号、分送范围和印制份数并详细记载。⑩印制。公文印制必须确保质量和时效。涉密公文应当在符合保密要求的场所印制。⑪核发。公文印制完毕，应当对公文的文字、格式和印刷质量进行检查后分发。

上述 11 道程序，在具体运作中可以根据公文内容及办公条件等情况酌情处理（如"会签"就经常不必要）。但一般情况下，每道程序都有其自身的作用，缺一不可，必须按程序一步步"走"完整个流程，才能保证公文的质量。

在进入信息社会、科技与经济飞速发展的今天，各党政机关及电力系统各企业已普遍建立办公自动化系统。应用办公自动化系统处理公文及其他文字材料，能提高办公效率，便于各部门之间及时协调各种关系，减少文件起草、收发时间；能提高文书处理质量，使文件处理标准化、规范化；能减少繁重的手工操作，减轻劳动强度；能实现无纸化办公，绿色环保并降低办公费用。因此，电力系统各企业均普遍采用办公自动化系统（公司协同办公系统）处理公文，通过"发文办理"模块拟稿，以电子邮件形式发送一般性公文。

以某电业局《办公自动化系统运行管理规范》为例，其"发文流程"为：交办拟稿任务→拟稿→送本部门领导核稿→送与发文内容有关的部门领导或局领导会稿→送局办秘书或办公室主任核稿→送分管局领导签发→送文书编文号（有外寄的需提供邮寄地址、邮编）→确定打印份数，送打字室排版印制→排版、打印完，送文书→打印发文稿封面，送签发领导签字后，与正式文件合并归档，并送通讯员发文→发文（对内用电子邮件，对外用邮寄）。"收文流程"则是：接到收文→扫描收文→收文登记→收文拟办→领导批阅→部门阅办及相关人员传阅→办理收文→收文归档。

应用办公自动化系统处理公文，有关人员必须经过专门培训，能熟练操作电子计算机及其他电子办公设备，遵守操作规范及计算机安全管理、公文保密等相关规定，注意预防计算机病毒。涉及商业秘密、工作秘密的公文，可以使用公司公文安全传输系统进行联网分发。涉及国家秘密的公文以纸质文件流转、分发，应使用专用保密设备拟稿、排版、打印，手工用印后，可通过机要交通、邮政机要通信、城市机要文件交换站或单位机要收发人员进行传递，也可通过密码电报、普通密码传真系统（仅限发送机密级和秘密级文件）或符合国家保密规定的计算机信息系统进行传输。

公文生成的各道程序中，"草拟"亦即公文的起草处于最为关键的地位。起草公文与一般文章的产生过程大致相似，但由于公文在性质、作用及写作要求上的不同，其写作步骤仍有自己的特点。一般说来，除了一些简短的事务性、告知性文种之外，公文的起草过程可分为以下五个阶段：

1. 领会意图，明确目的

公文一般是根据本单位领导或上级单位的要求而撰写的，因此领会领导、上级意图，明确撰写目的，是写好公文的前提条件。要搞清四个问题：①行文对象是谁（确定主、抄送的对象）；②为什么要行文（要达到什么目的）；③属于哪种类型的公文（选择适当的文种行文）；④公文的主要内容是什么（明确公文的写作重点）。在领会了领导、上级的意图，搞清这四个问题之后，便可进入下一阶段工作。

2. 确定主题，准备材料

根据行文目的和写作重点确定主题，然后围绕主题准备材料。对于综合性报告和一些篇幅较长的公文，往往需要收集大量材料（包括历史的与现实的、直接的与间接的、典型的与综合的、正面的与反面的等），有的还要进行必要的调查研究工作。

收集材料包括两个方面：一是收集和阅读现成的文字材料。例如，拟写一个全面的工作报告，需要查阅原订的工作计划、上级单位颁发的有关指导性文件、有关的统计资料以及报告所写的时间范围内本单位制发的主要文件、大事记和下属单位报送的有关文件、典型材料。二是收集"活材料"。通过召开座谈会、个别走访等形式调查各方面工作情况，了解典型事例，分析成绩和问题，找出经验教训，并形成文字材料。

收集材料之后还要选择材料。首先将收集到的材料全面翻阅一遍，以便对所有的材料达到熟悉的程度，这样才能在动笔时运用自如。在熟悉材料的基础上，要对材料进行去粗取精、去伪存真的分析研究，看它们对准备撰写的公文有无应用价值，是否真实可靠。如果感到某个方面的材料不足或者根据不大充分，真实性还不可靠，应该继续收集情况或查阅文件资料，加以补充核实。在分析材料的同时，把有用的选择出来，分类编号，单独放置，以便在撰写时随时选用。也可把每份材料的重要之处和有特色的地方勾划出来，或用其他纸摘录。如果不加选择，把收集的大量材料不管有用无用通通堆放在一起，选用时还需一次一次、一件一件地重新查找，便会影响工作效率。

3. 拟定提纲，安排结构

接下来已进入具体构思阶段。实际上，人们在进行公文写作准备的时候就已经开始构思，因为准备材料是要按照总体思路有目的进行的。不过，开始形成的思路还是初步的、粗略的，较多出于主观设想。随着对材料占有数量的增加，对上级精神和下面情况越来越明，会对公文中要反映的东西在认识上更完善，更接近实际，在原有认识的基础上产生飞跃，有时甚至会改变原来的思路。所以，要在正式撰写之前，根据行文目的和所占有的材料，重新细致地构思，安排框架，拟出比较详细的写作提纲。

拟写提纲要注意三点：①观点鲜明。要围绕主题，确定公文中总的观点和各个层次的分观点，构成文章的骨架；防止观点模糊或出现观点上的错误。②材料服务于主题。把准备好的材料合理分配到各个观点（总观点和分观点）之中，达到足以说明观点的目的。要防止观点和材料不统一，也要克服材料不足或过多堆砌的毛病。③安排好段落。层次要清楚，先写什么、后写什么、每部分写多大份量都要统筹考虑，既不能喧宾夺主，也不能次序混乱。

提纲拟出以后，最好呈送主管领导审查，这样可以避免全文写好后有较大的改动，乃至作废重写，浪费时间。

4. 落笔起草，拟写正文

提纲拟好后，就可按照公文写作的基本要求动笔起草了。拟写正文的过程，实际上就是统一观点和材料的过程。公文的写作不是简单的"观点加例子"，而是要把两者很好地融合在一起。要按照每个观点的需要，组织恰当的语言，对已经选择好的材料下一番精工细作、科学加工的功夫，用观点统率材料，用材料说明观点，使二者相辅相成，相映生辉。要注意在分析论证的过程中，把观点和材料内在的联系正确地揭示出来，得出规律性的结论和认识，反映出事物的本质，防止出现观点"商标式"或者材料机械图解观点的现象。拟写时要紧扣主题，字斟句酌，并注意过渡照应，力求做到观点鲜明，材料精当，条理严密，语言精练，格式正确。

5. 反复检查，认真修改

只有认真、反复地修改，才能保证公文的质量。一份重要的公文，往往需要几易其稿，有的甚至需要修改十几稿。修改使观点更加明确，文理更加通顺，可行性与可读性更强。而初稿写成后送部门领导与办公部门、单位领导初审、审核、签发，也是为了通过集体把关，使文稿质量进一步提高。至于具体如何修改，请参阅本书第十一章"初稿的修改"。

在公文的撰写过程中，一些多年从事公文写作的老同志总结出了不少行之有效的好方法。例如：在广泛阅读，搜集大量的参考资料之后，就可以通过"三通"博采众长，"拿"别人的文章为我所用，富我文义，增我文采，活我文风。这"三通"具体如下：一是嫁接变通。这是对同类公文的"技术改造"工程，要善于"拿来"，善于提取同类材料中的精华为我服务，做到择其善者而移植，择其近者而改造。"嫁接"的关键是"变通"，变通才能活。要根据自己文章立意的需要去剪取精干，移植良材，叫观点闪光出彩，使文章浑然天成。二是触类旁通。这是对异类同型公文的"技术引进"工程，可以从中借鉴文路，效法布局，学习技巧，引进创新，文虽异而体同，事虽异而理同，情虽异而义同。"旁通"的关键是"触"，通过学习别人的文章，要能够触发自己的灵感，启迪自己的思路，并由此及彼，发现共同点，找到共振点，让思路豁然开朗，叫文章水到渠成。三是融会贯通。这是以原创为主的"技术开发"工程，即把上下左右融为一体，前后内外贯穿自如。这是"写"的最难处，也是"抄"的最高境界。融会贯通的过程，也是公文写作者阐明思想观念、展示丰富学识和综合才干的过程。"贯通"的关键是"融"，要兼收并蓄，席卷天下，包举宇内，熔铸良材，消化精髓，从而打造出极富个性特色的全新作品。

第三节　常用公文的写法

根据电力企业的生产、工作实际，以下简要介绍几种常用公文的写法。

一、通知

通知是发布、传达要求下级单位执行和有关单位周知或执行的事项，批转下级单位的公文，转发上级和不相隶属单位的公文时使用的公文。在公文中，通知是目前使用最广泛、使用频率最高的一个文种。

通知的主体部分包括标题、主送单位、正文、附件说明、发文单位署名、成文日期、印章、附注、附件等要素，其规范格式本章第一节已作介绍。（其他文种的主体部分也大致相同，以后不再重复说明。）

通知的正文一般由三部分构成：

（1）通知事由。写明制发通知的理由、目的、依据或相关情况。

（2）通知事项。即要求受文单位承办、执行或知晓的事项，往往分条列项写出，条目分明。

（3）结尾部分。有三种常用写法：①事项结束，全文就自然结尾；意尽言止，不单写结束语。②用习惯用语"特此通知"收尾；但如果第一、二部分之间用了"特作如下通知"一类过渡语，收尾处则不宜再用习惯用语。③用简要的文字再次明确主题或作必要的说明，以引起受文单位对该通知的重视。

根据适用范围，通知可分为不同的种类，其写法及注意事项也各有不同。简单说明如下：

1. 指示性通知

以通知的形式向下级单位下达指示，要求其遵照执行。这类通知一般具有较强的政策性和行政约束力。

指示性通知的使用面较广。上级单位向下级单位部署工作任务，阐述指导原则，以及交待办法、下达计划、发布规章制度、任免人员等，均可使用此类通知。这种通知要写得具体明确，以便于下级单位遵照执行。通知的标题要标明通知的性质、内容，使人一目了然。

2. 会议通知

这类通知写法较简单，正文的内容一般包括召开会议的背景（目的、意义）、会议名称、主持单位、会议内容、起止时间、参加人员和报到地点、交通路线、接站安排、会议食宿、携带材料、有关要求、联系人、联系电话等事项，要写得清楚具体。

3. 事务性通知

传达下级单位或有关单位应该知道、办理的一般事项，主要是让对方了解情况或配合进行有关工作。如庆祝某个节日，成立、调整、合并、撤销某个机构，启用或废止印章，变更地址、电话、银行账号，催促报送计划、总结、典型材料、统计报表，更正文件差错等，都可用这类通知。写法上，把有关事项简明扼要写清楚即可。

4. 转发批转类通知

"转发"是上级单位、同级或不相隶属单位发来的公文对本单位所属下级单位具有指示、指导或参考作用，收文单位便把该公文作为附件，加上按语，并成一个新的文件，以通知的形式发给下级单位。"批转"是上级单位认为某一下级单位上报的意见或其他文件具有普遍意义或重要价值，于是加上批语，原文件当成附件，以通知的形式转发给所属相关下级单位。《国家电网公司公文处理办法》《中国华电集团公司公文处理办法》均规定："批转、转发、印发类公文，被批转、转发、印发的内容不按附件处理，在公文正文中不加附件说明，直接在正文后另页编排，首页不标注'附件'及顺序号。"因此，国家电网公司、华电集团公司所属各单位在行文格式上不必将批转、转发的原文件作为附件，直接编排在通知正文后另一页即可。

这类通知的正文，要将被转公文的标题、发文字号写清楚，然后扼要地表明对被转文件的评价和意见（有时还要作进一步阐发或补充说明），提出具体的贯彻要求，结束语写"请贯彻执行""请参照执行"等字样。

若转发的原文是通知，标题不保留原文种；若转发的原文是其他文种，则保留原文种。例如：原文是"××××（原发文单位）关于××的通知"，则标题为"××××（转发单位）转发××××（原发文单位）关于××的通知"；原文是"××××（原发文单位）关于××的通报"，标题则为"××××（转发单位）转发××××（原发文单位）关于××通报的通知"。转发层次较多的通知，可省略中间转发单位，直转原发文单位，如"××县电力公司转发国家电网公司关于××的通知"。

这类通知的成文既具体又迅速，可以及时交流情况，指导工作，因而使用面相当广。但使用时要注意结合下级单位的具体情况，以免转发不当，给下级单位执行带来困难。

【例文 2-1】

××省电力有限公司关于加强今冬明春消防安全工作的通知

各直管单位、直属产业公司、县公司：

根据《××省人民政府办公厅关于加强今冬明春消防安全工作的通知》（×政办发明电〔2012〕134号）和国家电网公司有关安全生产的文件精神，2012年11月8日起至2013年3月20

日是今冬明春消防安全工作期间。现结合省公司系统实际，就加强今冬明春消防安全工作提出如下要求，请抓好落实。

一、加强领导，增强做好今冬明春消防安全工作的责任感和紧迫感

今冬明春是元旦、春节、元宵等传统节日期间，确保消防安全、坚决预防和遏制火灾事故非常重要。秋冬以来，风高物燥，公司系统的生产、建设、生活等用火、用电、用气、用油量剧增，导致火灾发生的不安全因素也在不断变化和增加，从公司系统单位"火患清剿"、秋季安全检查和复查情况看，各单位还不同程度存在着各类消防安全隐患，彻底整治和整改还需一定时间和一定的工作量。为此，公司系统各单位要认真贯彻省政府办公厅和国家电网公司的消防安全工作部署，增强做好工作的责任感和紧迫感，认真梳理已整改和正在整治的消防安全隐患，分析研究今冬明春消防安全存在的薄弱环节和面临的问题，结合"清剿火患"战役总结和回头看活动，继续开展消防隐患排查整治，确保公司系统的消防安全。

二、强化责任，逐项落实各项消防安全工作

1. 各单位消防管理部门要认真开展"清剿火患"战役总结工作。回顾总结"清剿火患"全程开展的各阶段工作和取得的成效，总结行之有效的经验做法和存在的问题，认真梳理已整改的消防隐患和还可能反复的消防问题，为制定今冬明春消防安全工作方案打下基础。

2. 各单位、部门和班组要继续开展重大活动和重要节日前消防安全隐患排查和隐患整治回头看活动。各级电网调度场所重点检查调度室、重要机房、电缆竖井（夹层）、变压器、配电室等防火重点部位消防设施运行情况；建设场所重点检查各类仓库、乙炔氧气站、汽车库等场所消防措施落实情况；办公场所及高层建筑重点检查设备用电、计算机中心、消控中心、消防通道、电梯机房、自动防火、灭火设施及移动消防器材完好情况；生活小区及其他场所重点检查消防设施，用火、用电、用油的情

况，检查节日烟花爆竹定点燃放和禁燃禁放措施；装修装饰工程重点检查施工现场消防安全管理，落实用火、用电、易燃可燃材料管理和操作规程，保障施工现场消防安全条件。

3. 要在属地公安消防机构的统一部署下，逐步推进消防安全"户籍化"管理。通过安装或登陆消防安全信息化系统，建立"户籍化"管理档案，实行消防安全管理人员、消防设施维护保养、消防安全自我评估等"三项申报"制度，实现公司系统单位主动接受消防安全监督和接受管理的转变。

4. 要继续开展社会单位消防安全"四个能力"（检查消除火灾隐患能力、扑救初起火灾能力、组织疏散逃生能力和消防宣传教育能力）达标创建活动。已达标的各单位要开展"回头看"活动，不断巩固达标成效。

5. 要按照"人人参与消防、共筑平安和谐"的主题，组织员工开展调度楼、变电站灭火疏散逃生演练活动，提高全员消防安全意识和防火灭火技能。

三、宣传发动，营造开展今冬明春消防安全工作氛围

1. 各单位要通过会议形式部署今冬明春消防安全工作，明确单位消防安全责任人、消防安全管理人职责，通过任务分解明确调度楼、变电站等防火重点部位消防安全管理主体责任，进一步落实消防安全责任。

2. 要对消防控制中心操作人员以及重点工种人员进行一次消防安全管理教育和技能培训，有效提高特殊岗位人员工作能力和业务技能。

3. 要运用板报、标语、网页、简报等媒体，播放和刊登消防常识和消防宣传片，报道单位开展今冬明春消防安全工作动态，通报消防安全隐患排查结果和整改情况，为冬季防火工作营造良好的舆论氛围。

四、认真总结，进一步落实消防问题整改工作

各单位要针对检查出的各类消防问题，认真分析梳理，制订整改计划和防范措施，确保各类消防问题得到百分百消除。各单

位要将消防安全工作总结于 2013 年 3 月 20 日前上报至省公司安监部×××（联系电话××××××××）。

××省电力有限公司

2012 年 11 月 21 日

（此件发至收文单位本部）

【例文 2-2】

××省电机工程学会关于召开第十二届学术年会暨××省科协第十二届学术年会分会场学术会议的通知

各常务理事、理事、各专委会（分会）、基层支会：

××省电机工程学会第十二届学术年会暨××省科协第十二届学术年会分会场学术会议，由××省电机工程学会主办，××××电业局、××省××电机工程学会协办，定于 2012 年 10 月 18 日（星期四）在××省××市召开，年会主题为："坚持开拓创新，进一步提升××电机工程科技水平"，同时结合召开学会秘书会议。现将会议有关事宜通知如下：

1. 参会对象：本会正、副理事长，名誉理事长，常务理事，理事，各专委会（分会）、支会秘书，××省电机工程学会第十二届学术年会获奖论文作者（×电机学纪要〔2012〕2 号文）和第十一届学术年会获奖论文作者（×电机学〔2012〕13 号文）及广大会员。

2. 会议时间：2012 年 10 月 18 日～19 日，会期两天。

3. 会议地点：××省××市××路×××号××宾馆。

4. 会议注册（报到）时间及地点：10 月 17 日（星期三）下午在××宾馆大堂。18 日当天在××宾馆七楼会议室注册。本次会议参会人员会议注册费每人×××元，学校会员每人×××元，食宿费自理。

5. 请附件 1 中所列安排在本届年会上宣读的论文作者务必

到会，并按不多于 10 分钟发言时间准备 PPT 带到会场；其他参会人员若需安排交流发言，须经大会秘书处同意统一安排，并携带发言材料 PPT；请所在单位予以大力支持。

6. 会议主要日程：10 月 18 日（星期四）大会开幕式及论文交流，表彰 2011 年获奖论文，宣布 2012 年获奖论文并张贴获奖论文；10 月 19 日（星期五）召开学会秘书工作会议及技术参观，交流总结经验及布置工作。

7. 会议回执（见附件 2）请传真到学会秘书处，截止日期为 10 月 15 日。为方便安排住宿及技术参观起见，请特别注明到达××的时间及是否参加技术参观。

8. 学会秘书处联系人：×××（××××—××××××××），×××（××××—××××××××），（×××××—××××××××）

传真：××××—××××××××

邮箱：××××××@××××.××

××电业局联系人：×××（135××××××××）

××市××宾馆总台：××××—××××××××，××××—××××××××

传真：××××—××××××××

交通提示：乘动车到达××站的可乘××路公交；乘长途车到达××市××路客运中心站的可乘××路、×路、××路公交；乘车到达××市××路客运站的下车即可见到宾馆（步行约 300 米）。

附件：1. ××省电机工程学会 2012 年学术年会宣读论文
　　　2. 第十二届学术年会会议回执

××省电机工程学会

2012 年 9 月 18 日

（此件发至收文单位本部）

【例文 2-3】

××省电力有限公司关于转发
国家电网公司《×××东北××县供电有限责任公司
"8·26"一般人身事故通报》的通知

各直管单位、县公司:

8月26日,×××东北××县供电有限责任公司××供电所发生一起作业无计划、无票、无许可、无监护、带负荷拉刀闸的严重违章事故,在操作过程发生人身触电死亡,教训十分惨痛。现将国家电网公司《×××东北××县供电有限责任公司"8·26"一般人身事故通报》转发,请各单位认真学习,深刻吸取事故教训。此外,针对公司当前安全生产实际提出以下要求,请各单位认真贯彻执行。

1.各单位应将这起事故作为9月公司系统安全日活动学习主题,特别是各级乡镇供电所要认真组织学习讨论,对事故经过、原因、暴露问题和防范措施要举一反三,对照检查。生产部门领导和管理人员应认真参加基层班组安全日活动。各单位安监应做好监督检查,对特殊情况不能按期学习的班组和人员,应事先报告生产部门主要负责人,经批准后方可改期。

2.强化生产计划刚性管理要求。临时新增较大配网检修工作应同时由分管生产副总工在施工方案上审批签字后,方可送达配(县)调。严格执行临时性工作"谁审批,谁监督"要求。

3.严格设备倒闸操作管理。严格执行倒闸操作"六要八步十禁",规范操作人员行为,较大规模的操作要合理分组,控制操作项目。乡镇配电网调度权上划县调统一调度后,要防止个别乡镇供电所越权违反调度纪律,擅自操作出现安全隐患或者发生人身事故。

4.严格执行现场勘察制度。现场勘察由工作票签发人或工作负责人组织,设备运行管理单位(指工区或供电所)必须派人参加。现场勘察后必须按规范要求填写勘察单，施工负责人与设备运行管理人员共同签字确认。

5. 严格配电网设备异动管理。运维部门应及时做好竣工现场的验收确认，设备送电前完成配电网设备异动工作，确保图实相符。严防图实不符，引发人身事故。

6. 对于临近带电操作、验电接地、带电工作等要保持安全距离；禁止人员穿越未经验电、接地的 10 千伏及以下线路对上层线路进行验电。邻近或交叉其他电力线路工作要严格做好空间距离测算，对安全距离不足的，必须做好停电措施；在安全距离满足要求的情况下，也必须做好安全警示措施，装设必要的安全围栏或设置安全警示标示牌，防止人员误入带电间隔、误登带电设备。

××省电力有限公司

2012 年 9 月 7 日

（此件发至收文单位本部）

《×××东北××县供电有限责任公司"8·26"一般人身事故通报》（略）

二、通报

通报是表彰先进，批评错误，传达重要精神和告知重要情况时使用的公文。

拟写通报必须注意"三性"："真实性"，即所通报的情况或事件都必须经过调查核实，不能有丝毫差错；"典型性"，即所通报的情况或事件必须有代表性，在一定范围、一定阶段中具有指导现实、推动工作的作用；"及时性"，即迅速及时发出通报，以更好地发挥通报的作用。

1. 不同种类通报的写法

(1) 表彰性通报。这类通报一般先介绍所通报的先进事迹和经验，并对其进行评价和肯定，然后写明表彰的具体内容、奖励办法，最后发出号召（号召受文单位学习的有关内容，可以概括成简洁的几句话，也可以总结出带有规律性的条款）。撰写时要注意事例的典型性和感召力，材料要核实准确，议论要恰如其分，用词要确切、严密。

（2）批评性通报。这类通报一般先详细介绍被通报的错误事实及其造成的后果，然后分析错误产生的原因和实质，指出其严重性、危害性及应吸取的教训，最后写明处理决定。如果是事故通报，在处理决定之后往往还提出防止今后发生类似事故的办法，希望（或要求）受文单位贯彻执行。撰写时应着重分析和评议错误产生的原因和教训，分析要抓住问题的实质，实事求是。事实一定要准确无误，措辞要慎重，用语要严肃。

（3）情况性通报。这类通报用于传达上级的重要精神或某一方面工作的重要情况，指出工作的重点或必须关注的问题。一般先用概括的语言直叙通报的起因、根据、目的，然后简明扼要地交代清楚通报的事项，最后可对事项作一点简要的评议，也可提出一些具体要求。撰写这类通报的目的是为了加强或改进整体工作，而不是就某一事项进行表彰或批评，因此侧重在介绍情况，议论性文字不宜过多。

2. 通报与通知的区别

（1）目的不同。通报是通过对典型事例或重要情况的传达，向下属单位进行宣传教育或沟通信息，以指导和推动今后工作，没有具体的工作安排和部署；通知则经常通知具体事项，提出具体要求，受文单位必须执行落实。两者比较，通知具有更强、更直接的约束力。

（2）作用不同。通报常用来表彰或批评有关单位或人员，通知则无这种作用。

（3）语言表达不同。通报要进行必要的分析评论，因而经常出现一定篇幅的议论性文字；通知中议论相对较少，大部分是说明性、叙述性文字。

（4）受文单位不同。通报的受文单位一般为全体下属单位，通知则常有只下达给某一单位或某几个单位的情况。

【例文2-4】

××省电力有限公司工会
关于参加第七届"××××职工创新
成果展"情况的通报

公司各直管单位、直属产业公司工会：

6月18日～22日，公司在自下而上推荐的基础上，推荐优秀职工技术创新项目参加了由中华全国总工会主办、××省总工会承办的第七届"××××职工创新成果展"，集中展示了公司系统广大职工在科技攻关、技术革新、发明创造等方面的丰硕成果。现将有关情况通报如下：

在本届"××××职工创新成果展"上，公司系统共有172个项目获奖，其中金奖44项、银奖60项、铜奖68项，获奖数量创历史新高，居全省各行业之首。其中××电业局"变电站巡视机器人"项目在实物展区参展并演示，电建×公司"无人直升机放线系统研制应用"等18个项目作了现场展示，得到了××省委书记×××、省长×××，全国总工会经济技术部部长×××，××省总工会主席×××等领导的肯定。

为表彰第七届××××职工创新成果优秀项目，经研究，决定对公司获奖的172个职工技术创新项目的单位和成果创造人予以通报表扬，具体名单见附件。

希望获奖职工和项目所在单位发扬成绩，再接再厉，积极推进获奖成果的应用和推广工作，创造出显著的经济效益和社会效益。希望公司广大职工以获奖职工为榜样，积极发挥聪明才智，深入开展职工技术创新活动，为全面深化"两个转变"、建设"一强三优"现代公司做出更大贡献！

附件：第七届××××职工创新成果展获奖项目清单

××省电力有限公司工会

2012 年 7 月 2 日

（此件发至收文单位本部）

【例文 2-5】

××省电力有限公司关于××省××电力建设公司"3·27"人身死亡事故的通报

公司系统各直管单位，直属多种产业公司，各控股县（市）供电公司、代管县（市）电力公司：

2005 年 3 月 27 日上午 8 时 15 分，××省××电力建设公司（下称电建×公司）在××××热电联产技改工程施工中发生高处坠落人身死亡事故。

事故发生后，××省××市安全生产监督办公室委托××镇安办组织有关人员成立事故调查组，对事故进行了调查，作出了《关于××省××电力建设公司在××集团热电技改主厂房安装施工发生职工坠落的安全事故调查报告》（见附件 1）。电建×公司内部对事故进行了分析和处理，向省公司上报了《省电建×公司关于"3·27"人身死亡事故处理的报告》（见附件 2）。

3 月 15 日，电建×公司在××电厂工程项目施工中，曾发生一名辅助工从 33 米高处坠落，所幸在 24.2 米层被安全网兜住，只造成其左后踝骨折的轻伤事故。这次事故没有及时上报，没有在全公司范围内举一反三，采取有效的措施，以至于不到半个月后的 3 月 27 日又发生了更为严重的事故。事故暴露出：电建×公司对走上市场后的安全生产形势不适应，不能正确处理好安全生产与各方面的关系，对安全生产存在的问题和事故苗头麻木不仁，安全生产的保障体系和监督体系存在漏洞，安全生产责任制不落实；现场安全生产组织和监督管理不力，危险点分析和预控工作不深入，现场安全措施执行不规范，安全隐患没有及时消除；安全教育工作不到位，员工安全意识、自我保护意识不强，安全知识欠缺。

为吸取事故教训，严肃纪律，督促各级人员认真履行各自的安全生产职责，根据《电业生产事故调查规程》和《××省电力有限公司安全生产工作奖惩规定实施细则》（×电安〔2004〕884号）规定，经省公司党组研究，对电建×公司及有关责任人作出如下处理决定：

中断电建×公司安全记录并扣减××万元工资总额。

给予公司经理×××同志记过处分；给予公司党委书记×××同志记过处分；给予公司副经理兼项目经理×××同志记大过处分并延长试用期半年；给予公司副经理×××同志警告处分；给予公司副经理×××同志警告处分；给予公司总工程师×××同志警告处分；给予公司工会代主席×××同志警告处分；给予公司党委副书记兼纪委书记×××同志警告处分；给予公司总经济师××同志警告处分。

电建×公司根据××省电力有限公司《安全生产工作奖惩规定实施细则》（×电安〔2004〕884号）和本公司《安全生产工作奖惩规定实施细则》对事故其他责任人员的处理详见附件2。

请各单位认真组织学习本通报，从各级领导到全体员工都要认真吸取沉痛的事故教训，严格管理，严肃纪律，杜绝类似事故再次发生。

附件：1. 关于××省××电力建设公司在××集团热电技改主厂房安装施工发生职工坠落的安全事故调查报告

2. ××省××电力建设公司关于"3·27"人身死亡事故处理的报告

××省电力有限公司（章）

二○○五年四月二十五日

三、决定

决定是适用于对重要事项作出决策和部署、奖惩有关单位和人员、变更或撤销下级单位不适当的决定事项的下行公文。

决定是上级机关对重要事项或重大行动所作的决策和指挥，涉及的问题关系重大，影响面广。决定的内容具有不可改变的确定性，其约束力极强，下级单位必须遵照执行，没有变通的余地。决定的行文过程非常严肃，必须经过重要会议讨论通过或经由领导班子研究通过后方能下发。撰写决定时，必须严肃慎重，认真负责，字斟句酌，反复推敲。

1. 不同种类决定正文的写法

（1）奖惩性决定。用于表彰对社会或本单位做出重要贡献的先进个人或先进集体，或用于批评处理个人或集体的违法乱纪、违章事故等问题。表彰性决定的正文由被表彰者的身份与事迹、对被表彰者的评价、表彰决定、希望与号召四部分组成。被表彰者的事迹应丰满、具体，对被表彰者的评价应中肯、准确，在表彰决定之前要概括阐述表彰目的，希望与号召应简练、有力。处理决定正文的写法则是：开头写明针对的事件与当事人的问题，然后分析问题的性质、产生的原因以及应当吸取的教训，最后写明处理意见并提出希望。

（2）指挥性决定。用于对重要事项或者重大行动作出安排、决策，变更或者撤销所属单位不适当的决定事项。指挥性决定的正文一般由三部分组成：先明确指出该决定的背景和原因（根据和理由），然后具体阐述决定的事项，最后提出要求或作出说明。

2. 注意事项

（1）灵活把握决定的结构形式。奖惩性决定一般采用"分列自然段"的写法；指挥性决定为了表达清楚和便于执行，多采用"提要分条式"结构，即篇头先作文字提要表达，然后采用分条列项的写法把决定的事项具体写明。

（2）决定事项要写得准确具体，具有可行性。文字要简明，词语不能有歧义；语言要庄重，切忌华而不实。

【例文 2-6】

××省电力有限公司工会
关于命名表彰公司系统"职工书屋"示范点的决定

公司各直管单位工会：

为进一步推进公司系统"职工书屋"建设，不断深化职工素质工程和"创建学习型组织、争做知识型职工"活动，充分发挥工会大学校作用，公司工会在公司系统内开展"职工书屋"示范点评选工作。本次评选活动共有 17 个直管单位申报，根据各申报职工书屋的环境设施、藏书数量、借阅流量、获奖情况和活动成效等方面的综合考评，现决定授予××电业局职工书屋等 10 个职工书屋为公司系统"职工书屋"示范点。希望受表彰单位珍惜荣誉，再接再厉，不断提高和完善"职工书屋"建设，取得更大的成绩。希望公司系统各单位向受表彰单位学习，高度重视"职工书屋"建设，充分发挥"职工书屋"的文化功能，积极开展各项读书活动，进一步扩大"职工书屋"的影响力，切实满足职工群众日益增长的精神文化需求，为公司职工文化的繁荣发展做出更大贡献。

附件：××省电力有限公司系统"职工书屋"示范点名单

××省电力有限公司工会
2012 年 10 月 16 日

（此件发至收文单位本部）

【例文 2-7】

国家电网公司关于加强安全生产工作的决定

公司系统各单位：

安全生产是公司改革和发展的基础。保证电网安全是建设"一强三优"现代公司的客观要求，关系国民经济发展和社会稳定。为了进一步加强公司安全生产工作，特作如下决定。

一、坚持"安全第一、预防为主"的方针

贯彻《中华人民共和国安全生产法》等法律、法规的要求，严格执行《国家电网公司安全生产工作规定》，正确处理安全与改革和发展的关系，把安全生产工作始终放在一切工作的首位。以人为本，超前防范，严格管理，落实责任，实现安全生产可控、在控。杜绝发生群伤群亡事故、大面积停电事故、主设备严重损坏事故、水电厂垮坝事故，以及对社会有严重影响的不安全事件。

二、切实加强对安全生产工作的领导

各级领导要切实转变工作作风，深入基层、深入现场、深入一线，及时掌握基层安全动态和现场存在问题，集中精力，扑下身子，切实抓好安全生产工作。发生不安全问题，领导班子和主要负责人首先要自查自纠，深刻反思，采取措施，认真整改。要认真落实企业安全生产主体责任，加大安全投入。要积极推进企业安全文化建设，营造浓厚的安全氛围，实现企业安全的长治久安。

三、全面落实各级安全生产责任制

认真执行《国家电网公司安全生产职责规范》，全面落实以企业主要负责人为核心的各级安全生产责任制，完善安全生产保障体系和监督体系，建立健全各类人员的安全生产职责，做到各司其职、各负其责。结合公司开展同业对标和创一流工作，建立安全生产指标控制体系，形成激励约束机制，完善安全生产考核办法，严格各级领导的安全生产业绩考核，落实各方面人员的岗位安全生产职责考核，把考核结果作为干部任用和员工奖惩的重要依据。

四、加强全过程的安全管理

树立科学的电网安全观，抓好规划、设计、建设、运行、检修等各个环节的安全工作。在电网规划设计中，做到科学规范、结构合理、技术先进，积极发展特高压电网，加快各级电网特别是城市电网建设和改造，从根本上改善电力系统的安全状况。在电网建设和改造中，处理好安全与效益、质量和进度的关系，严把设备招标、工程质量和验收关；强化电网技术升级，提高输配电能力和安全可靠供电水平。在生产运行中，加强电网统一调度，严肃调度纪律，严格执行调度和运行规程、规定；加强设备运行和检修管理，确保人身、电网和设备安全。

五、加强事故的超前防范

落实《国家电网公司十八项电网重大反事故措施》，落实安全技术劳动保护措施和各项专业技术监督规定。认真组织开展安全生产大检查，重点检查安全生产责任制、规章制度的建立健全和执行情况，事故调查处理和隐患整改措施落实情况。深入开展安全性评价工作，落实整改措施。完善电网安全预警与应急处理预案，组织开展反事故演练，提高各类突发事件的应急处置能力。严格执行《国家电网公司安全生产监督规定》，对于存在重大问题并且整改不力的单位，下达安全生产监督通知书，限期整改，到期不改，追究有关领导和人员的责任。

六、加强现场安全监督管理

完善现场安全生产规章制度，确保现场各项规程、规定符合生产实际条件和安全工作要求。严格执行现场作业标准化，贯彻标准化作业指导书和程序文件，保证工作落到实处。开展现场危险点分析和预控，严格落实安全措施。加强对承发包工程、生产和施工现场的监督管理，加强对外来人员和临时用工的监督管理，严格执行现场规程、规定，严格规范各类人员行为。坚持严格要求、严格监管、严格处罚，以"三铁"（铁的制度、铁的面孔、铁的处理）反"三违"（违章指挥、违章作业、违反劳动纪律），防止发生人身伤亡事故和人员责任事故。

七、加强基建、农电、多经和非生产类的安全工作

坚持"谁主管，谁负责"的原则，强化政治意识、大局意识、责任意识，认真履行管理职责，切实加强基建施工企业、多经企业的安全工作，杜绝发生群伤群亡事故和重特大安全事故。加强对农电安全的统一监督管理，将农电安全纳入公司安全生产的考核体系之中。加强交通安全管理，防止发生重特大交通事故。加强消防安全管理，防止发生火灾事故。对于因管理不力、职责不到位而发生重大责任事故或严重社会影响事件的，要追究有关领导的责任。

八、加强安全生产培训工作

加强对各级领导干部的安全生产知识培训，分层组织对网省公司、直属公司、发供电企业的领导和部门负责人进行安全生产法律法规和规章制度的培训，并严格考核。加强对各类工作人员的岗位培训和技能培训，考试合格，持证上岗。改进培训方式，加大培训投入，注重实践培训。及时组织开展新技术、新工艺、新设备的培训。整顿和规范培训工作，培训内容必须符合安全生产工作需要，培训机构必须具备相应资质条件。

九、加强电力设施保护工作

建立健全电力设施保护工作制度，形成群防群治机制。努力争取各级政府的支持，加大电力设施保护的力度，配合公安部门开展严厉打击盗窃破坏电力设施的专项行动。加强电力设施保护工作信息交流，加强与系统外有关部门和单位的联系与沟通，避免各类施工作业和建设工程对电力设施造成损坏或对电网安全构成威胁。

十、严格事故调查和责任追究

严格执行《国家电网公司电力生产事故调查规程》，按照"四不放过"原则，认真查处各类事故，依法追究事故责任人的责任和有关负责人的领导责任。按照管理职责范围，对规划设

计、招标采购、施工验收、运行检修、教育培训等各个环节的安全责任进行调查处理，落实事故责任的全过程追究。严格执行《国家电网公司安全生产工作奖惩规定》，加大对人身事故和人员责任事故的处罚力度。有章必循，违章必究。

国家电网公司（章）

二〇〇五年七月十五日

（**编者注**：本例文成文于2012年7月1日实施GB/T 9704—2012《党政机关公文格式》之前，按照当时的公文格式规范，成文日期用中文数字，不必在附注注明印发传达范围。这两点在新国标中都有改变，请学习本例文时注意，并参阅例文2-6。）

四、报告

报告是向上级单位汇报工作、反映情况，答复上级单位的询问或交办事项，上报有关材料时使用的陈述性公文。

1. 不同种类报告的写法

（1）综合性报告：指针对一个时期的工作情况或某项较大活动情况向上级汇报时使用的报告。这类报告具有工作总结的性质，一般参照所订计划进行撰写。报告中要把工作开展的过程、取得的成绩及存在的问题写清楚（有时还要总结出带有规律性的经验教训），以便在今后的工作中借鉴，最后一般还要提出今后的工作意见，然后用"特此报告"等习惯用语结束。如果是侧重报告工作中的经验，前面的介绍情况部分可以简要一些，只要把工作成绩反映出来就可以了，把写作重点放在经验部分。

（2）专题报告：指就某一问题或某一偶然发生的情况向上级的报告。这类报告的写法要根据报告内容的性质和行文单位的意图来确定。如果是报告一起事故或一个重大事件，就要写清发生事故或事件的时间、地点、单位和人员，事故的详细情况或事件的经过，造成的后果；还要分析原因和性质，写明处理情况或提出处理意见。如果是答复询问的报告，只要根据上级所询问的内容把事情交代清楚即可。如果是报送文件、材料的报告，一般很短，只在开头用一句话交代一下为什么报送，然后具体写清报送物件的名称、数量。结束语的写法，报送材料的一般用"请查收""请审核"之类语词，其他内容则与综合报告的结束语写法相同。

（3）例行报告：指按照有关规定，到时必须呈给上级单位的报告，如某专项工作的年度报告、季度报告、月份报告等。这类报告的写法较为固定，写的时候要简明扼要，一目了然。

2. 注意事项

（1）要尽量把报告写短。写报告的一个普遍问题是写得太长，特别是汇报工作的报告，更容易写长，一定要认真注意。

（2）要实事求是。向上级汇报工作、反映情况，要克服报喜不报忧、宣扬成绩回避问题的不良习气。

（3）不要在报告中夹带请示事项。在公文处理中，收文单位对报告没有答复的责任，所以若把需要批准、答复的事项夹在报告里，容易误事。需要上级答复的事项另用请示。

（4）一般不得越级报告。

（5）除上级领导直接交办的事项外，不得以本单位名义向上级单位领导报送报告，也不得以个人名义向上级单位报送报告。

（6）呈送报告、反映情况要及时，不失时机。

【例文 2-8】

××电力技能研究院

关于×××等同志申报省公司专职培训教师资格的报告

省公司：

根据省公司《关于印发 2012 年培训教师持证上岗工作方案的通知》（×电人资〔2012〕224 号）精神，××省电力有限公司××电力技能研究院按照要求，认真组织开展相关工作。现共有×××等24位同志申报省公司专职培训教师资格（具体名单详见附件）。

特此报告。

附件：申报省公司专职培训教师资格人员名单汇总表

××省电力有限公司××电力技能研究院

2012年11月8日

（联系人：×××。联系电话：××××－×××××××，×××－××××）

【例文2-9】

××省电建×公司关于"3·27"人身死亡事故处理的报告

省电力有限公司：

3月27日上午8：15，电建×公司××××集团热电联产技改工程项目部汽机工程处四大管道安装负责人陈××要求起重工×××、×××、×××和辅助工×××等四人到汽机房9米层从事主汽管的临抛工作。陈××当时站在中压汽门孔洞的安全围栏外（围栏内有土建铺设的防止杂物掉落的临时盖板），由于他想到围栏的另一侧检查主汽管的临抛就位情况，在未做好防止坠落安全措施的情况下，就从安全围栏外翻爬到围栏内，脚踩在孔洞的临时盖板上，盖板倾翻，陈××与盖板一起坠落至汽机房5米层。此时，汽机工程处主任×××和专职安全员×××两位同志正好在5米层检查工作，听到响声后马上跑过去，看到陈××倒在地上，头靠在水泥梁上（安全帽还戴在头上），立即组织人员、车辆将陈××送到××市××镇医院抢救。由于××镇医院医疗条件差，简单止血包扎后立即转送××市人民医院。但抢救无效，于当天23时死亡。××省××市××镇安全生产监督办公室组织有关人员成立事故调查组，对事故进行现场调查取证，查明了事故原因，分清了事故责任，提出了整改措施。我公司收到事故调查组《关于××省××电力建设公司在××集团热电技改主厂房安装施工发生职工坠落的安全事故调查报告》（见附件）后，再次深刻反思，制定了防范事故重复发生的措施，提出了对事故有关责任人的处理意见，现报告如下：

一、事故原因

1. 四大管道安装负责人陈××对现场作业环境的不安全因素认识不足，安全意识淡薄，麻痹大意，忽视安全生产管理制度，为了贪图方便到另一侧工作面检查工作，直接违章翻爬 1.4 米高的安全围栏，翻越前没有对土建施工单位搭设的隔离杂物用的临时盖板进行安全检查，没有采取有效的防范措施，直接踩在盖板上，其不安全行为是造成事故的直接原因和主要原因。

2. 项目部虽有开展危险点分析和预控工作，认识到该处孔洞的盖板存在安全隐患，在 3 月 5 日汽机房 9 米层安全交接时，对土建施工单位用方木和模板所做的临时盖板没有采取有效的固定措施，而是搭设临时安全围栏，没有彻底消除物的不安全状态，留下的事故隐患是造成事故的间接原因。

3. 负责现场安全监督和工作协调的管理人员责任心不强，没有尽到自己的管理职责，是造成事故的原因之一。

4. 项目汽机工程处存在职责不清，分工不明确，管理不到位，安全教育不够，管理制度执行不力，是造成事故的原因之一。

5. 项目部反习惯性违章工作力度不够，职工的安全意识淡薄、规章制度执行不力、施工现场管理不规范等人员思想和管理问题，是造成事故的原因之一。

6. 公司存在管理制度监督执行不力、管理不到位等深层次的管理问题，是造成事故的原因之一。

二、事故暴露的问题

1. 各级领导对安全生产的重要性认识还有差距

国家电网公司、省公司近期多次召开会议反复强调安全生产的重要性，一再要求一定要重视安全生产工作，树立牢固的安全观，加强安全管理，并且不断推出一系列从严管理措施。事故的发生，说明公司各级领导，尤其是主要领导安全生产的思想认识不够深刻，对林×总经理提出的"安全生产是政治，是经济，是文化，是一切工作的基础"认识不足，对解决公司生存问题、开拓市场拿工程考虑较多，对拿到的工程如何管好考虑不够。

2. 安全工作抓得不够深入细实，安全管理存在死角

事故反映出项目部对安全生产规章制度的贯彻落实上离"严、细、实"的要求还有很大差距。在日常工作中，各级领导、各级管理人员深入一线、深入现场把好安全生产关做不到位，对施工生产一线的情况没有能够做到绝对把握，特别是对危险源点的防范措施不能保质保量地落实到位。

3. 落实规章制度的力度和反违章力度不够

公司原有23项安全生产管理制度。为了适应新形势下项目部安全管理的要求，虽然对安全规章制度进行复查、修订和完善，去年已经增加到28项，但施工现场的"三违"行为仍时有发生，说明项目部对规章制度执行不力，没有严格按照"三铁"的要求反"三违"，存在落实不到位的问题。

4. 思想教育、安全教育、责任教育不到位

事故反映出公司存在职工教育培训方面的薄弱点，思想政治教育、安全教育和责任教育不到位。施工生产一线更重视完成日常施工任务，教育培训学习难以完全保证。各级领导对职工的思想政治教育、安全教育和责任教育的效果跟踪落实不够，对职工的责任教育抓得不紧、不严。职工没有能够树立起牢固的安全生产观，安全生产的责任感不够强。

5. 分包单位的管理不规范

事故反映出公司在分包单位的管理上存在一些问题，说明了公司对分包单位的选择、现场管理和过程考核等各环节操作过于简单化，执行制度的严肃性不够，导致各项目部参加施工的分包

67

单位存在挂靠多、管理力量弱、人员素质低且流动频繁、违章作业严重等问题。

三、防范事故重复发生的措施

1. 将事故快报用电子邮件和传真及时发送公司所属各项目部，要求各项目部召开现场事故分析和反思会，认真分析，查找差距，落实整改，及时吸取教训，确保安全生产。公司领导班子成员分别前往各项目部督促检查整改。（执行单位：各项目部，考核部门：安保部，完成期限：3月30日）

2. 开展安全生产大整顿活动。在全公司范围内开展"举一反三，全面排查"的停工大整顿，认真查找安全生产和安全管理薄弱环节，针对存在问题列出整改计划，明确责任单位，扎实抓好整改工作。（执行单位：各项目部，考核部门：安保部，完成期限：3月31日）

3. 开展电力工程建设效能监察工作，督促各级人员认真履行安全生产职责，深化以"三铁"反"三违"活动，强化安全管理。（执行单位：各项目部，考核部门：监审部）

4. 全面落实各级安全生产责任制。针对事故中暴露出的安全生产管理问题，认真检查各级安全生产责任制的落实情况，跟踪整改。（执行单位：各项目部，考核部门：安保部，完成期限：4月8日）

5. 加强安全生产教育，提高全员的安全意识。开展全员事故教育与管理，在全公司范围内进行事故追忆，重新学习安全生产各项规章制度，强化职工安全生产意识和自我保护意识，发动职工为安全生产献计献策，促进安全生产。（执行单位：各项目部，考核部门：安保部、政工部，完成期限：4月30日）

6. 认真进行现场作业面的危险源点辨识和评价，深入开展"一法三卡"活动和"安康杯"竞赛活动，针对施工作业的实际情况，采取切实可行的防范措施，对危险源点进行有效预控。（执行单位：各项目部，考核部门：安保部、工会办）

7. 加大安全专项资金投入力度，按照国家电网公司安全设施标准化的要求，及时完善安全设施，特别是对孔洞、临边、高处作业、交叉作业的安全防护设施的及时完善。（执行单位：各项目部，考核部门：安保部，完成期限：4月3日）

8. 加强安全文明施工管理，严格按照国网公司"六化"的要求，抓好现场的整改，为作业人员创造良好的工作环境，确保施工安全。（执行单位：各项目部，考核部门：工程部，完成期限：4月3日）

9. 正确处理安全与工期的关系。当前电力供应紧张，为尽早实现项目效益，工期一缩再缩，职工加班加点，严重超负荷工作，存在极大不安全因素。我们一方面要精心组织，科学安排，提高效率；另一方面要争取业主的理解和支持，适当控制加班加点，维护职工的身心健康，确保施工生产安全。（执行单位：各项目部，考核部门：人资部）

10. 切实加强对分包单位的安全管理，严格资质审查、合同签订、开工前安全交底等工作。加强对分包单位施工现场的检查监督，及时纠正并严肃处理违章行为，对管理混乱的分包单位坚决清退。（执行单位：各项目部，考核部门：计划经营部、安保部，完成期限：4月30日）

四、对事故的责任分析和对责任者的处理意见

为了认真吸取事故教训，严肃纪律，督促各级人员履行各自的安全生产责任，根据省电力公司《安全生产工作奖惩规定实施细则》和公司《安全生产工作奖惩规定实施细则》的有关规定，经公司安委会研究，对事故责任人处理如下：

（略）

附件：关于××省××电力建设公司在××集团热电技改主
厂房安装施工发生职工坠落的安全事故调查报告

××省××电力建设公司（章）
二〇〇五年四月十四日

（编者注：本例文成文于2012年7月1日实施GB/T 9704—2012《党政机关公文格式》之前，按照当时的公文格式规范，成文日期用中文数字，上行文不必在附注注明联系人及联系电话。这两点在新国标中都有改变，请学习本例文时注意，并参阅例文2-8。）

五、请示

请示是有隶属关系的下级向上级就某项工作或问题请求给予指示或批准时使用的期复性公文。上级收到下级的请示后，必须用"批复"这种公文予以答复。

1. 正文的写法

请示的正文由三部分组成：

（1）请示的起因。要写明背景、根据及理由，为请示的事项做好铺垫。这部分的写作十分重要，文字要精粹，理由要充分，要抓住关键问题，说法要合情合理，使上级主管部门看后感到确有解决问题的必要。

（2）请示的事项。这是请示的核心内容，必须写得明确、具体，同时表明态度（如解决问题的办法、措施、意见与建议等），以利于上级审批。提出的请求要掌握分寸，切实可行。态度要鲜明，不能模棱两可。

（3）结语。一般要另起一行，语气诚恳谦和，如"以上意见当否，请批示""以上请示如无不妥，请批准""特此请示，请批复"等。很短的请示可用"当否，请复"。

2. 注意事项

（1）要坚持一文一事的原则。不要在一个请示件中提出几个问题，这样容易造成主次不分，贻误工作。

（2）不要多头请示。请示件只能主送一个单位，多头请示容易因责任不明或批准意见不一致而造成矛盾。

（3）除上级领导直接交办的事项外，不得以本单位名义向上级单位领导报送请示，也不得以个人名义向上级单位报送请示。

（4）一般不得越级请示，因特殊情况必须越级请示时，应当抄送被越过的上级单位。

（5）要正确地说明情况，准确地表述请示问题的必要性，明确地提出要求解决的问题。

3. 请示与报告的区别

（1）请示是事前行文，报告是事后或事情进行中行文。请示需要上级批复，报告则是向上级汇报工作，反映情况，上报有关材料，不需要批复。

（2）行文的内容和结构不同。请示必须一文一事，报告既可一文一事，也可涉及广泛的内容。请示结构较固定，报告则因文而异。

（3）受文单位不同。请示的主送单位要求严格，只能一个，而且必须是请示单位或所请示事项的上级主管单位，不能同时抄送给下级单位。报告则不同，可以多头报告，也可以同时抄送下级单位。

（4）文章的重点不同。请示是要解决在现有条件下呈报单位无权、无力解决的问题，在上级未批复时，呈报单位不能或难以开展正常工作。报告则不同，由于它一般不涉及需要上级批复解决的问题，因此不影响呈报单位开展工作。

【例文 2-10】

××省电力××学院关于举行
××省电力有限公司××电力××研究院揭牌仪式的请示

省公司：

按照《关于电力××学院与电力××学院功能定位和管理模式调整的通知》（×电人资〔2011〕862 号）精神，电力××学院完成了一期工程建设，并于 2 月 20 日顺利开展培训办班。根据《关于成立××省电力有限公司××电力××研究院的通知》（×电人资〔2012〕168 号），电力××学院以"××省电力有限公司××电力××研究院"名称在××市办理了工商营业执照、组织机构代码证、税务登记证等证照。为便于更好地开展工作，现结合学院实际，拟于 2012 年 7 月 27 日（××电力××××学院建校纪念日）举行××省电力有限公司××电力××研究院揭牌仪式。

妥否，请批示。

××省电力××学院

2012 年 7 月 5 日

（联系人：×××。联系电话：××××－×××××××
×，×××－××××）

六、批复

批复是答复下级单位请示事项时使用的公文。写作时要针对下级单位请示中提出的问题，表明是否同意或是否可行的明确态度，有时还要提出指示性的意见。这些表态和指示性意见，实际上是上级对请示问题所做的决定，下级必须遵照执行。如果其他单位也需要知道该批复的内容，可以使用抄送的形式。

1. 正文的写法

批复的正文一般由批复依据和批复内容两部分组成，两部分之间常以"现批复如下"作为过渡。

批复依据往往只是一句话，用以说明是应什么请示而批复的。通常的写法是引用下级请示的标题和文号，再加上"收悉""悉"等惯用语。

批复内容要针对请示的事项给予具体、明确的答复或指示，表明发文单位的态度和意见。写法上要开门见山，直陈直叙。除了不批准或不同意下级的请求或意见时要简要讲清理由外，一般不加议论。对一些重要的请示，在表明态度和意见之后，有时还要进一步指明来文所述问题的意义和重要性，强调指出其中需要特别注意的问题或提出补充意见。

批复一般有惯用结束语"此复"或"特此批复"，另起一段。

十分简短的批复，有时也可以省略结束语。

2. 注意事项

（1）坚持一请示一批复的原则。请示要求一文一事，批复也要一文一批，切忌一文多批或多文一批。

（2）态度明确，意见清楚。对下级请示的事项与意见，无论同意与否，都应该态度明朗，不能含糊其辞或模棱两可，使下级无所适从。那些"原则同意"及"方向对头，仍需斟酌""基本不错，还欠成熟"等模糊语言，应予杜绝。

（3）行文简洁，语言精练。批复是对请示的原则性答复，即便有具体的指示性意见，也要用简练的文字加以表达，不必作具体的分析和阐述。此外，请示什么批什么，不要离开请示内容说题外话。

【例文 2-11】

中共××电业局委员会
关于同意共青团××电业局第八次代表
大会选举结果的批复

共青团××电业局委员会：

你委《关于共青团××电业局第八次代表大会选举结果的报告》（×电团〔2012〕35 号）收悉。经研究，同意共青团××电业局第八次代表大会和第八届委员会第一次全体会议的选举结果；同意×××、×××、×××、×××、×××、××、×××、×××、×××等 9 位同志为共青团××电业局第八届委员会委员；同意×××同志为共青团××电业局第八届委员会书记。

此复。

中共××电业局委员会
2012 年 11 月 22 日

（此件发至收文单位本部）

七、意见

意见是对重要问题提出见解和处理办法的一种较为特殊的公文，适用范围最广：下级用它向上级反映工作中的一些重要想法和建议，以取得上级的支持或批转；上级用它对于某重要问题提出意见和处理要求，下级必须根据上级意见精神执行；不相隶属单位之间，可用它来向对方提出建议或答复对方所征求的对某项工作的意见。

意见是所有公文中唯一可以使用于上行文、下行文和平行文的文种。作为上行文，应按请示性公文的程序和要求办理，写法与请示、报告相同。对下级报送的意见，上级应作出处理或给予答复。作为下行文，写法与指示性通知相同。但指示性通知是具体地布置安排工作，要求下级"必须做什么"；下行意见则是指导性地对某重要问题表明态度，提出见解和处理办法，对下级"可以做什么"和"不可以做什么"作出说明。因此，下行意见为下级留下了更多的自由度与创造空间，体现了原则性和灵活性、规定性和变通性的统一。对上级的意见，下级原则上应贯彻执行或参照执行。作为平行文，写法与函相似，提出的意见供对方参考。

意见的正文分为开头、主体、结尾三部分。开头主要有四种方式：一是目的式开头，即用简明扼要的文字，说明提出此意见的缘由，常用于下行文。这种开头有利于阐明制发意见的目的，以使下级单位更加自觉地贯彻。二是提要式开头，即将全篇意见的要点在开头部分扼要写出。这种开头常用于部署、安排一个时期的工作，以利于下级单位迅速掌握文件的主要精神。三是按语式开头，即对将要开展的工作的重要性加以强调，以引起对方对意见的重视。这种开头多采用议论手法，但议论要注意针对性，不能泛泛而论。四是背景式开头，即将有关的重要情况在开头作一个介绍，使对方了解意见形成的背景，以加深对意见的了解。这种开头常用于对重要问题提出处理的办法和解决的措施。

意见的主体主要写明"意见"的具体内容，如阐明工作的基本见解、原则性要求、政策性措施、注意事项等，一般采用分条列项式写法。

意见一般有结尾段落，用来进一步强调工作或提出希望、号召。

应予注意的是：除上级单位负责人直接交办的事项外，不得以单位名义向上级单位负责人报送意见。其他写作注意事项，根据行文方向参见类似文种，不再赘述。

【例文 2-12】

××省电力有限公司关于直管单位创建一流办公室工作意见

各直管单位：

为全面提升公司系统办公室业务水平，更好服务公司改革发展大局，争创一流业绩，根据国家电网公司关于深入推进"一流三化"、切实加强和改进办公室工作的统一部署，对公司直管单位创建一流办公室工作提出如下意见。

一、指导思想

紧紧围绕公司工作大局，以创建一流办公室为目标，以开展综合评价为主要载体和抓手，加强诊断分析，健全工作机制，深入推进办公业务标准化建设和信息化应用，促进公司系统办公业务协同高效运转，更加有力地服务公司和电网科学发展。

二、工作目标

2013 年底，直管单位（直属产业公司）办公室 30% 达到一流标准。

2014 年底，直管单位（直属产业公司）办公室 80% 达到一流标准。

三、工作原则

1. 分步实施：根据各单位的实际情况，采取先易后难的方法，紧盯工作目标，严格评价标准，有计划、按步骤地实现一流工作要求。

2. 分类推进：考虑直管单位（直属产业公司）的企业规模和业务性质，分为两类不同评价标准，统一开展评价，统筹推进办公室系统整体业务水平的提升。

3. 分级管理：分级负责，分层指导。省公司本部负责组织和指导直管单位（直属产业公司）的创建一流办公室工作；各电业局负责组织和指导所辖县公司的创建一流办公室工作（评价细则及工作方案由各电业局制定）。

4. 专业评价：分别从值班信访（值班应急、信访）、文秘工作（文秘、信息、督察督办和"三重一大"管理）、文档工作（公文、机要、保密和协同办公）和综合服务（会议活动、接待管理和行政事务）等四个方面开展专业评价，设立专业标杆。

四、重点工作及安排

对照××省电力有限公司直管单位创一流办公室综合评价细则，各专业从六大方面梳理出本专业的薄弱环节，做好诊断分析，提出完善措施，制定相应的工作安排和计划。

一是健全组织机构。加强组织机构建设，是有效开展工作的重要保障。各单位办公室进一步完善符合规范的机构设置，强化精干得力的人员配备，制定职责明晰的岗位职责和工作标准，有利于信息渠道畅通，工作标准统一，监督考核到位，为创建一流办公室打下良好的基础。

二是完善制度流程。规章制度是工作的依据，工作流程是行为的指南。推动完善各单位办公室工作规则和"三重一大"决策制度，加快建设覆盖办公室全部业务的制度体系，健全完善规章制度，梳理优化工作流程，固化典型经验做法，构建纵向贯通、横向协同的办公室系统标准制度体系，防止责任不清、边界不明、标准不一等问题，使业务推进更加顺畅高效。

三是提升硬件水平。根据公司关于值班、档案、保密等专业工作规范，对照《公司直管单位办公室工作综合评价细则》要求，加大硬件设施投入，改善优化办公条件，创造良好办公环境，不断提高工作效率和服务质量。提升硬件水平，一方面要满足全天候值班应急、档案专用库房、机要文件管理等专业工作的要求；另一方面要坚持勤俭持家，将有限的资源用在最能体现提升效果的设施上。

四是深化信息应用。信息化是促进管理现代化和提高工作效率的重要手段。认真分析协同办公系统应用现状，打破信息壁垒，实现纵向贯通、横向协同的业务信息无缝连接、有效融合和共享应用。拓展协同办公系统应用领域，实现办公室日常性、基础性业务的全流程覆盖；提升协同办公系统应用层次，实现统计、分析、报表自动生成和知识管理的全过程管控。

五是提升工作质量。在制度流程梳理完善的基础上，明确每个业务、每类任务的工作质量标准，逐步解决工作不平衡问题。不断提升办公室的工作质量和水平，突出四个"重在"：重在服务，增强服务意识，拓展服务领域，创新服务方式，全面提升对领导、部门和县级供电企业的服务水平；重在落实，真正将工作方案落到实处，工作成效落到实处，集体智慧和协作精神落到办公室的每一项业务中；重在提升，坚持总结经验做法，紧密联系工作实际，不断提升参谋、协调、督察和保障水平；重在创优，积极开展创建一流办公室活动，将其作为提高办公室集团化、标准化、信息化水平的机遇和动力。

六是强化队伍建设。一流的事业需要一流的队伍。建设"五型团队"（集约型、学习型、实干型、创新型、自律型团队）、提高"六个能力"（决策支持能力、统筹策划能力、贯彻执行能力、服务保障能力、应急处置能力和沟通协调能力），是加强办公室队伍建设的总体要求，要长期不懈地坚持下去，着力把办公室系统打造成团结协作的大家庭、人才培养的大学校、干事创业的大平台。

五、工作步骤

按照分步实施和分级管理原则，将工作分为四个阶段。

1. 动员部署，自查诊断阶段（2012 年 9 月）

各单位成立创建一流办公室活动领导小组和专业工作小组，

全面部署办公室创一流工作。9月底前完成自查工作，并向公司报送本单位的工作方案。

2. 全面展开，重点推进阶段（2012年9月至2013年9月）

对照直管单位办公室综合评价细则，认真组织自评自查，采取有效措施，落实整改工作。2013年4月前，向省公司上报中期工作报告，汇报计划完成情况及需要协调解决的问题。省公司办公室将以现场推进会、交流会等形式，对工作情况较好的单位进行经验推广。2013年10月前，各单位按照工作方案全面完成各项整改提升工作。

3. 总结申报，综合评价阶段（2013年10月至12月）

2013年11月前，各单位开展总结自评，并向省公司上报自评结果和完整材料，符合一流办公室申报条件的单位提出"创一流"验收申请。2013年12月，省公司办公室组织综合评价验收，召开现场会对验收合格的一流办公室命名表彰，同时命名若干专业工作标杆单位，将典型经验在办公室系统推广。

4. 开展第二批一流办公室创建工作（2014年1月至12月）

2014年12月前，完成第二批一流办公室的创建工作，对已命名的一流办公室进行抽查和复检，命名若干专业工作标杆单位，将典型经验在办公室系统推广。

5. 持续提升，形成长效机制阶段（2015年及以后）

每年对所有直管单位办公室工作开展综合评价，对已命名的一流办公室实行动态管理。根据每年评比结果，按80％的比例授予当年度"一流办公室"称号。

六、保障措施

1. 加强组织领导

各单位办公室均要成立组织机构，全面负责创一流工作的组织协调、方案制订、任务分解、督察检查和责任考核。逐项分解任务，层层落实责任，强化工作措施，明确完成时限，确保创一流工作组织有序、闭环管控。

2. 明确工作责任

各单位专业工作小组要将任务细化到人，实行目标管理，做到定责任人、定任务、定进度、定考核，层层抓落实。要建立工作例会制度，及时反馈工作进展，及时发现工作难点，及时协调解决，不拖延不观望。

3. 强化进度管理

各单位要建立进度反馈和工作通报制度，组织不定期巡查，及时掌握工作动态，对进度滞后、工作推进不力的单位和个人进行通报，敦促整改。

4. 确保活动实效

各单位要对照综合评价细则，认真查找不足，在深入调研、充分论证的基础上，科学制定创建一流办公室工作方案，求真务实，立足实际，标本兼治，积极探索加强和改进办公室工作的长效机制，将推动重大决策部署和重要工作落实的成效，作为检验新时期办公室工作水平的重要标准之一。

附件：××省电力有限公司直管单位办公室工作综合评价
　　　细则

××省电力有限公司
2012 年 9 月 29 日

（此件发至收文单位本部）

八、函

函适用于不相隶属单位之间商洽工作、询问和答复问题、请求批准和答复审批事项，是唯一的专用于平行文的公文文种，因此使用频率也很高。

函的内容单一，一般是一事一函，开门见山，直接入题。函的格式较灵活，使用专门的"信函格式"，与一般公文格式有所不同。（具体请阅本书附录五《党政机关公文格式》之"10.1 信函格式"及本专题后面的相关链接。）

作为公文的主要文种之一，函与其他公文文种一样，具有由制发单位权限决定的法定效力。因此，收到其他单位商洽、询问问题或请求批准的来函，均应及时复函表明态度。

1. 函的写法

（1）标题。标题必须能概括函文内容，通常在事由后加"函"字，如《××××关于××××的函》。

（2）受文单位。写法同其他公文。

（3）正文。开头简要说明发函缘由，如"×月×日来函收悉，关于××问题答复如下："。

中间部分要一一写清商洽、询问、答复或请求批准等有关事项和具体要求，行文必须明确、具体而又力求简练。有时可以说点道理，但不能过多论述。若是复函，要注意针对性，对来函的意图予以明确、具体的答复即可，不宜提出执行要求。

结尾的写法要看情况而定：要求对方答复或批准的，常用"盼复""祈请函复""请速予函告为盼"及"如蒙慨允，不胜感激"等；不要求对方答复的，则用"特此函达"或"特此函告，即希查照"；答复对方的，可用"此复""专此函复"或"特此函复，请查照办理"等。

结尾之后，一般不用"此致""敬礼"一类祝词。

（4）附件说明、发文机关署名、成文日期、附注、附件等要素。写法同其他公文。

2. 注意事项

（1）语气谦和。函适用于不相隶属的单位之间，双方的关系是平等的，因此要态度诚恳，语气谦和。措辞要得体，既有公文的庄重，又讲究礼貌，切忌"你们要……""你们不要……"等命令性言辞。

（2）注意技法。应根据函的具体内容，推断对方见函后的心理，采用不同的写法。例如答复函的写法，假如属于肯定性的，开头就可以将答复的内容提出，后面再叙述其他有关事宜。假如属于否定性的，开头应先简明、恳切地说明理由，最后才表明否定态度，这样比较能让对方接受，不致产生误解和反感。

【例文 2-13】

××电业局关于商请增加
"现代企业管理高级研讨班"
学习名额的函

××大学经济管理学院：

　　贵院×月×日来函收悉，感谢贵院对我局工作的支持，给予我局 2 个"现代企业管理高级研讨班"的学习名额。

　　当前我局处于深化内部改革、推进"两个转变"、加快创新发展的管理转型期，为此正抓紧实施"中青年英才培养计划"，拟于"十二五"期间培养百名中青年后备干部和优秀管理人才。贵院是我国现代企业管理理论研究领域的翘楚，拥有一批教学经验丰富、学术研究精深的专家学者。借助贵院举办"现代企业管理高级研讨班"的宝贵机会，我局拟选送张××等 3 名中层干部参加高级研讨班的学习，特致函贵院，恳请支持增加我局 1 名学习名额为盼。

　　妥否，敬请函复。

　　附件：张××等 3 名干部基本情况

××电业局
2012 年 8 月 9 日

W 相关链接

关于"信函格式"与"文件格式"的使用

"信函格式"是《党政机关公文格式》国家标准规定的三种

第二章　机关公文

"公文特定格式"之一〔另外两种是"命令（令）格式"和"纪要格式"〕，其格式要求见本书附录五《党政机关公文格式》之"10.1 信函格式"。都是法定公文的规范格式，因此"信函格式"具有同"文件格式"一样的法定效力。

函属平行文，因此应该用"信函格式"行文。但是实际上使用"信函格式"行文的并非只是"函"一个文种，它还常常被用于"通知""意见""批复"等多种公文。

用"信函格式"行文，要在发文字号的机关代字中用一个"函"字以与"文件格式"行文相区别。例如：国务院办公厅用"文件格式"行文的发文字号机关代字用"国办发"，而用"信函格式"行文则用"国办函"。

"信函格式"与"文件格式"在使用上的具体区别有：

（1）从内容上看，"信函格式"主要用于处理日常事务或一般性内容的公文；而用"文件格式"行文的，一般都是具有法规性、政策性、指示性、奖惩性的或比较重要的内容。例如：同是关于行政公文处理的公文，2000 年 8 月 24 日国务院发布《国家行政机关公文处理办法》的通知用的是"文件格式"，而 2001 年 1 月 1 日国务院办公厅发《关于实施〈国家行政机关公文处理办法〉涉及的几个具体问题的处理意见》时则用"信函格式"；因为前者是法规，后者只是补充性的"处理意见"，在内容性质上前者比后者更重要，更具权威性。

（2）从行文关系与行文方向看，"信函格式"主要用于平行文，有时也用于处理一般事务的下行文；而"文件格式"主要用于下行文和上行文。例如上述国办《意见》用"信函格式"行文，就不仅有内容性质的因素，与行文方向也有关系。因为"国务院办公厅"与"各省、自治区、直辖市人民政府，国务院各部委、各直属机构"之间是平级关系，这个《意见》属平行文，因此用"信函格式"行文。又如，下级向上级请示，上级可以直接行文批复，也可以交由其办公厅（室）代为答复。上级直接批复是下行文，如果是一般事务，可以用"信函格式"；交由办公厅

（室）答复时，因为其与行文单位是平级关系，只能用"函"来答复，当然只能用"信函格式"了。

（3）从所发文种看，"信函格式"主要发"函"，也可发"意见""批复""知照性通知"等；"文件格式"则主要发"决定""命令（令）""报告""请示""通报"和"批转通知"等。"转发、印发通知"有用"文件格式"行文的，也有用"信函格式"行文的。

（4）从使用部门看，政府及政府各部门依据职权范围用"文件格式"行文较多；而政府各部门内设机构用"信函格式"行文较多。

目前一些基层单位存在着公文制发的混乱现象，最为常见的是事无巨细，不论职权范围和行文方向，均用"文件格式"行文，有的甚至只制作了"文件格式"一种格式的公文首页用纸，这是不够严肃、不够规范的。

九、纪要

纪要是记载会议主要情况和议定事项的一种具有纪实性和指导性的公文。《党政机关公文格式》规定，纪要应使用特定的"纪要格式"，与一般公文格式有较大不同，独立编列发文字号；而且还"可以根据实际制定"格式。（具体请阅本书附录五《党政机关公文格式》之"10.3 纪要格式"及本节例文。）

纪要一般用于比较重要的会议。它的主要作用是：向有关部门反映会议情况，传达会议精神；向下级和与会单位发布会议议定的事项，宣传会议的主要精神。

有的纪要具有决议的性质，会议议定的事项一经整理下发，对与会单位及有关下级单位就有了一种约束力，要求贯彻执行。有的纪要并非一定要贯彻执行，只是为了通报情况，便于有关人员周知。

纪要不同于会议记录。会议记录不是公文，属于事务类应用文，是保存会议情况的记录性资料。纪要则是在会议记录的基础上，经过撰写人提炼、概括、分析、取舍，加工制作而成的一种公文。"纪要"，就是概记其要点，不是有闻必录，而是要围绕会议主题和结论来整理、提炼、概括。

纪要也不同于决议。决议是党政机关公文的一个文种。决议议决的必须是重大决策事项，而且必须经过会议讨论、按照法定程序表决通过之后才能形成决议。而出现于纪要中的问题不一定都是重要问题，也不要求会议讨论通过后成文。凡是会议讨论的问题，无论是否形成决议，都可以写入纪要，甚至悬而未决的问题也可写入。

纪要的结构一般包括标题、正文、成文日期三个部分。标题一般是会议名称加文种。成文日期一般以会议的结束日期为准，不加盖印章。如果需要标明主送单位，可置于正文之前，也可置于版记抄送单位之上，标为"主送：……"或"分送：……"。

1. 不同种类纪要正文的写法

（1）决议性纪要。开头介绍会议的基本情况。概述开会时间、地点和会议名称，出席、列席会议和主持会议的人员（或单位），会议议决或讨论的事项。必要时，还可以简略地评价一下会议的成果。正文的主体是纪要的重心所在，要具体反映会议的主要精神和主要成果。这一部分应该写入会议研究、讨论的问题，重要人物作的报告，会议作出的决定事项、提出的意见与要求等，一般采用条款式写法。主体部分的每个问题或段落前面，常常冠以"会议认为""会议强调""会议决定""会议指出"等习惯性开头语，起过渡和强调作用。结束语一般是写会议提出的希望和号召，要求有关单位认真贯彻会议精神，努力完成会上提出的任务。有的纪要把主体写完后不再设结尾，自然结束。

（2）布置性纪要。这类纪要针对性强，侧重于研究处理某一项工作所存在的问题。在电力行业，这类纪要较为常见。例如，在工作、生产中为解决某一（或某些）问题召开的专题会议、协调会议、办公会议，其纪要多属布置性纪要。这类纪要的写法与决议性纪要大体相同，但正文的主体应为：就某项工作存在的问题，经开会研究提出的解决问题的指导原则、措施和办法，以及贯彻的具体要求。可以采用条款式，也可以采用直叙式，甚至简化为表格式。

（3）情况性纪要。这类纪要一般只是为了沟通情况、互通情报，不具备很强的约束力，往往是作为存查。写法较简单，写明时间、地点、会议名称、会议概况及需要各方知道的事项即可。

2. 注意事项

（1）要明确会议的指导思想。必须以会议记录和会议的报告、决议等有关素材为基础，抓住会议要集中解决的几个问题，形成纪要的中心和要点。这样才能根据会议的宗旨认真取舍材料，做到"纪实其要"、议题集中，而不是面面俱到、漫无中心。

（2）要条理化、概括化。必须根据会议的宗旨，把众多的观点、材料重新加以组织，划分类别，理清层次，"立主脑，减头绪"，使之条理清晰。内容比较复杂的会议，要按内容的逻辑关系归纳成几个问题，设小标题分清各问题的层次。同时要对材料进行提炼和概括，对重要的问题还必须进行简要地分析、评论，从而使纪要的观点更明确，内容更精粹，更具有说服力和指导作用。切忌就事论事、纯客观记录。

（3）要如实反映会议情况。材料要真实，要避免片面性。不能有"合理想象"式的杜撰，也不能随心所欲地删去会议的某一重要内容。在写作时感到有的地方必须有所增减时，要经有关领导同意，必要时还应在一定范围内征求有关人员的意见。

（4）要及时整理、印发。纪要的时间性较强，应尽快发出。

【例文 2-14】

××电力老年文化体育协会常务理事会
2012 年年中会议纪要

2012 年 7 月 25 日，××电力老年文化体育协会常务理事会在××召开。会议传达了公司 2012 年年中会议精神，通报了×

×地区老年体育工作会议精神，介绍了××省纳凉点建设交流会情况。会议听取了三个片区老年文化体育活动开展情况汇报，对公司系统上半年老年文化体育工作进行了总结。结合当前各单位离退休工作面临的新形势，对下半年公司老年文化体育工作进行了部署。现纪要如下：

一、学习贯彻公司 2012 年年中会议精神

会议传达了公司 2012 年年中会议××总经理工作报告和××书记总结讲话精神，要求各单位老年文化体育协会通过一定形式，组织协会会员认真学习公司年中会议精神，把离退休老同志的思想统一到公司党组的决策部署上来，为公司改革发展稳定营造良好环境。

一要深刻领会公司提出"同业对标保×争×、综合绩效力争A级"目标的重要意义，准确把握公司推进"两个转变"，建设"三集五大"体系的新形势和新任务，坚持"围绕中心、服务大局"的工作定位，坚持"让党组放心、让老同志满意"的工作目标，统一思想，提高认识，群策群力，用离退休队伍和谐稳定的新成效，努力促进公司各项工作任务的圆满完成。

二要以公司年中会议精神为指导，认真谋划好下半年工作，切实落实离退休人员的政治、生活待遇，深化离退休党组织和党员创先争优活动，深入开展喜迎和庆祝党的十八大胜利召开系列文体活动，开展"社会主义核心价值观"主题活动，开展"下基层、解问题、促和谐"活动，通过走访慰问，持续构建和谐稳定的离退休队伍。

三要切实加强离退休工作部门和老文体协会的自身建设，切实改进作风，严于执行落实，勤于调查研究，用情、真情、热情工作，用心、专心、细心服务，积极推进工作理念、制度和活动创新，不断推动公司文体协工作再上新台阶。

二、通报有关会议精神

会议传达了华东地区老年人体育协会会议精神，通报了全省纳凉点建设交流会有关情况。

三、总结上半年工作

会议在认真听取并分析了三个片区上半年工作情况后认为：××电力老年人文化体育协会上半年各项工作，能按照金字塔活动构架模式，坚持"四就近"原则，充分发挥离退休人员活动中心和老年大学的阵地作用，以迎接党的十八大胜利召开为主线，从加强心理健身和生理健身科学研讨，提升组织建设、场地建设、科学健身的水平入手，在组织开展丰富多彩的展示活动方面取得明显成效。×北片区较以往有很大进步，场地建设有新突破，开展的文体活动富有特色。×南片区在场地扩建、舞台空间拓展方面也有新进展，××电业局活动场地建设受到省老年人体育协会领导高度肯定。××片区活动项目开展形式多样，文体并茂，应进一步发挥大片区引领作用。会议要求，各单位要注重片区活动经验的总结和提炼，各单位半年及全年工作总结要按规定时间汇总至片长单位，年终工作总结以片区为单位汇总至×××副秘书长初审后提交协会审定。

四、部署下半年重点工作

会议对下半年工作进行了认真梳理，确定以下几个方面重点工作：

1. 组织参加省老年人体育协会举办的系列展示活动。包括：柔力球交流活动（××局组队参加），健身街舞展示交流活动（××局组队参加），由×××同志负责牵头，×西南片区片长具体落实；门球总展示交流活动（9月，省公司组织），由×××同志负责，×××同志配合。

2. 组织评选××省健康老人。此项工作待上级评选文件下发后由协会统一组织。

3. 举办协会秘书长培训班（10下旬，××），重点探讨场所建设工作。要求三个片区总结汇报各片区场地建设工作情况，并制作PPT。此项工作由×××和×××同志负责。

4. 举办公司系统庆十八大文艺会演暨第十一届××电力老年人健身活动展示会（9月下旬，电力培训中心）。此项工作协会秘书处统筹安排。

5. 老年艺术团参加省市举办庆祝十八大胜利召开主题活动。

6. 召开常务理事会（11月下旬）。主要内容：总结全年工作，研究2013年工作计划，筹备年会事宜。此项工作由×××同志负责。

7. 进行工作调研。各片区选送一篇老年文化体育工作调研报告或论文。此项工作由×××同志负责。

会议提出，要有计划地通过各项活动的开展储备人才，特别是侧重传统优势项目，为2014年省老年人健身展示大会召开打好基础。会议要求各单位积极推荐一些创新项目作为今后省公司组织培训和活动项目。会议针对新近退休的职工活动参与率不高的问题，要求各单位予以重视并采取适当措施。各单位协会要深入了解老同志的新需求，有针对性地开展活动，不断提高活动人员的参与率。会议指出××局在这方面的工作做得不错，可以参考学习。

公司离退休工作部主任、协会常务副理事长××同志出席会议并讲话。他指出：一要充分认识在新形势下做好老年文体协工作的重要意义。二要尽心尽力为系统的老同志服务，以喜迎十八大胜利召开为主线开展系列活动，全面提升文体活动的水平，增进老同志的身心健康。三要积极探索和创新，以老年人健康快乐为目标，积极探索在更广领域为老年人健康服务的途径，更好地发挥老年文体协的作用。

出席：×××、×××、×××、×××、×××、

　　　××、×××、×××、×××、×××、

　　　×××以及片区单位片长（××电业局、××电业局、××电业局）

请假：×××、×××、×××

记录：×××

【例文 2-15】

××电厂1号机组小修协调会纪要

时间：2012年3月9日

主持人：×××副厂长（×××总工参加）

地点：生办楼会议室

有关会议内容及决定事项

序号	项目内容	负责单位或负责人	完成时间	备 注
1	近期阴雨天气，露天设置的起吊设备使用前应进行全面检查，确保1号机小修中的设备安全和人身安全。对起吊设备的故障，应做好检修处理，以免延误检修工期	各检修施工单位检修部	小修期间	
2	1号发电机定冷水系统试验用水从2号机组机端引入，临时管路由检修单位负责安装，操作由发电部值班人员操作，应确保2号机组安全运行	检修部	试验期间	发电部配合
3	1号锅炉更换的有关异种钢材，必须先做有关焊接试验及拍片检查；炉内焊口应按要求做无损探伤	检修部	小修期间	金相试验及监督工作委托省电试院
4	炉内搭架工作应抓紧，认真做好炉内"四管"检查；同时对过去处理的炉内缺陷进行复查（包括消缺更换的屏再管）	上海××检修公司检修部	3月12日	
5	严格把好保温材料、复装工艺关；保温施工单位在施工中应遵守电厂保温施工工艺的有关要求，确保施工质量，空预器外部保温工作应试验检查后再施工	××保温队检修部	小修期间	厂技监室抽检验收
6	炉内的烟、气系统中的人孔门，所用的垫片材料、厚度应符合要求；PVC阀的产品质量问题请向厂家反映，并提出具体要求及措施，确保修后阀门安全可靠	检修部		工贸公司配合

序号	项目内容	负责单位或负责人	完成时间	备注
7	3月10日下午3时，厂质量验收组对各检修施工单位设备检修质量进行检查，请各施工单位及各专业验收组准备好资料	各检修施工单位各专业验收组人员	3月10日上午	地点：生办楼411室
8	（1）11日汽机油系统完成投入运行 （2）13日炉内工作全部完成，开始拆炉内脚手架 （3）14日制粉系统具备四台磨煤机投运条件 （4）空气预热器、底渣斗搭设脚手架安排××防腐队施工，限期10日完成	各检修施工单位检修部		
9	检修电源应从有漏电保护器的线路接出；部分检修人员安全意识有所放松，安全帽、工作服没按安规要求使用	各检修施工单位	小修期间	厂安监进行检查及考核

90

第 四 节　公文写作常见错误辨析

　　尽管《党政机关公文处理工作条例》《党政机关公文格式》及电力行业各集团公司的《公文处理办法》《公文格式细则》对公文的种类、格式、行文规则等都作了明确规定，在一些电力企业尤其是基层部门，写作公文还经常存在各种各样的错误。究其原因，主要有：①对上述规定、标准不熟悉，也没有好好学习，基本上是个门外汉；②对最新的规定、标准不了解，仍然沿用旧的、不规范的写法；③写作态度不够认真，没有严格按照规定、标准的要求去做；④文字表达能力较差，又没有反复推敲认真修改。明确了错误原因，就可以根据自己的具体情况，有的放矢地加以解决，避免写作错误的产生。

下面，对公文写作中一些常见错误及其改正办法作一简要介绍：

一、文种不明

　　即从公文的标题上看不出属于哪种公文。例如"关于接待德国×××公司总裁访问的事"这一标题，就没有表明是"函"，是"请示"，还是"通知"；而《党政机关公文处理工作条例》明确规定：公文标题"由发文机关名称、事由和文种组成"。又如"汇报电力标准化工作"这一标题，不仅没有文种，连题意也不清。应该根据这份文件的内容与目的，或者把它改为公文类的"××××（发文单位）关于电力标准化工作的报告"，或者改为事务类的"××××（发文单位）电力标准化工作总结"。

二、生造文种

　　一种情况是把性质、用法不同的文种混为一体，拼凑在一起，不伦不类，例如"关于×××的请示报告"；另一种情况是把某些规章制度类文书或事务文书当作机关公文那样直接行文，例如把"规定""制度""细则""计划""安排""总结"等直接作为公文印发。

　　第一种情况容易改正，只要根据公文内容确定一个文种，把另一个删去即可。第二种情况则应这样处理：如果这些规章制度类文书、事务文书要像正式公文那样行文，下行的可以采用"通知"文种，用以下方式行文。

　　(1) 规章制度类文书以"印发"形式行文。如《××省电力有限公司关于印发〈××省电力有限公司公文处理细则〉的通知》。

　　(2) 事务文书以"印发""转发"或"批转"的形式行文（本单位的用"印发"，上级、同级或不相隶属单位的用"转发"，下级单位上报的则用"批转"），如《××省电力有限公司关于转发××电业局2012年工作计划的通知》。

　　如果是上行文，可用"报告"行文，把要报送的规章制度类文书、事务文书作为附件。

三、错用文种

错用文种的情况更为常见，大致有以下几种：

（1）误把"请示"写成"报告"。例如《××电厂关于国有资产评估立项的报告》，其内容是申请对现有国有资产进行评估立项，应使用"请示"，却误用为"报告"。

（2）滥用"通知"。即把本该用"决定""通报"的误为"通知"。

（3）滥用"请示"。有些单位向系统内不相隶属的单位或者系统外无行政或业务管辖关系的有关部门提出某些请求批准或办理的事项时，不用本该使用的平行文种"函"，特地用"请示"这一上行文种，认为这样做是尊重对方，好办事。这种做法破坏了行文规则，必须改正。

（4）"批复"误用为"通知"或"函"。对下级的"请示"，必须用"批复"这一文种作答复，但有的公文却写成《××××关于批复××的通知（或函）》，应改为《××××关于××的批复》。

（5）"函"误用为"批复"。某些无行政或业务管辖关系的部门在答复不相隶属单位请求审批的有关事项时，本该用平行文"函"，却写成《××××关于×××（单位）×××（事项）的批复》。

（6）误用处分事项公文文种。"决定"和"通报"均可用于处分事项。处分决定是行政处分的正式文件，要装入被处分人的档案；批评性通报主要起教育警醒作用，不装入档案。批评性通报可以带附件（如关于事件或事故的调查报告），处分决定不能带。处分决定一般让有关人员知晓即可；批评性通报要发送到下属各单位，甚至要抄送有关的不相隶属的单位。因此，应该根据处分事项具体情况正确选用，以避免误用文种。

四、越级行文

《党政机关公文处理工作条例》规定："行文关系根据隶属关系和职权范围确定。一般不得越级行文，特殊情况需要越级行文的，应当同时抄送被越过的机关。"因此，除了特别紧急的情况，都应按隶属关系逐级行文。即使因特殊情况必须越级行文，也应同时抄送被越过的单位。但是在有些基层单位，仍时有出现越级上报的问题，必须坚决纠正。

五、格式不全

公文格式中规定的各个组成部分，有许多是每一份公文都不可缺少的要素。如果在某一份公文的具体写作中，该有的要素没有，就是格式不全（如缺少发文字号、签发人、主送单位、附件说明等）。纠正这类错误的唯一办法就是认真检查，看到底有哪些要素该写而没写，然后将残缺的部分补写上去。

六、发文字号混乱

发文字号应当包括发文单位代字、年份、序号。年份、序号用阿拉伯数码标识；年份应标全称，用六角括号"〔 〕"括入；序号不编虚位（即1不编为001），不加"第"字。发文字号混乱的表现主要有：发文单位代字不规范；年份不用六角括号而用方括号"[ ]"括入；序号加"第"字或编虚位。对这类错误，要根据具体情况一一改正。

七、标题不规范

标题不规范具体表现在：标题只有事由和文种，没有发文单位名称；标题没有准确概括公文的主要内容，有时甚至题不对文；标题不简要，显得过长；标题过简，致使题意不清；长标题的排布没有使用梯形或菱形，没有做到词意完整、排列对称、长短适宜、间距恰当。所有这些公文写作中常见的标题方面错误，必须根据规范要求予以改正。

八、主送单位不规范

主送单位应当使用全称或者规范化简称、统称，左侧顶格标起；若主送单位较多，标到行末后回行也应顶格；最后一个单位名称后标全角冒号；若涉及多方面机关单位，同级的按"先外后内"及党、政、军、群的顺序排列。公文写作中主送单位这一要素常见的错误有：单位名称不规范；各单位排列顺序混乱；多行排列时在单位名称处断开，而不是书写至行末才回行。对这些错误应注意纠正。

九、抄送单位不规范

抄送单位的名称及多单位排列顺序与主送单位相同，这两方面的错误与改正方法也同上所述。抄送单位在印发机关和印发日期之上一行、左右各空一字编排。"抄送"二字后加全角冒号和抄送单位名称，回行时与冒号后的首字对齐，最后一个抄送单位名称后标句号。这几点均不同于主送单位的格式，常见的错误也往往在此，应予改正。此外，有些单位的公文仍沿用过去的"对上用'抄报'，对下用'抄送'"提法，这也是不规范的，须统一改为"抄送"。

十、序号、数字、计量单位不规范

公文中的序号按规定分四个层次["一、""（一）""1.""（1）"]，若层次较少可省略"（一）"而直接用"1."作为第二层次。公文中的数字，一般要用阿拉伯数码标识（详见本书附录七）。公文中要使用法定计量单位（详见本书附录八），计量单位名称原则上采用中文，且全文前后要统一。所有这些规定，许多基层单位制发的公文都施行得不够好，应引起重视，以规范公文写作。

十一、字体、字号不规范

《党政机关公文格式》国家标准对公文各要素的字体、字号都有明确、详尽的规定，例如：密级和保密期限、紧急程度一般用3号黑体字；"签发人"三字用3号仿宋体字，签发人姓名用3号楷体字；标题一般用2号小标宋体字；抄送机关、印发机关和印发日期一般用4号仿宋体字；此外如发文字号、主送机关、正文、附件说明、发文机关署名、成文日期、附注等绝大多数要素一般都用3号仿宋体字。如果制发的公文没有遵照这些规定（包括所属集团公司相关细则的规定），必然导致格式不规范、版式不美观，因此应认真对照，严格执行。

十二、行款格式不规范

公文各要素编排时的空行、空格同样有明确、详尽的规定，例如标题居中编排于红色分隔线下空二行位置，主送机关顶格编排于标题下空一行位置，附件说明在正文下空一行左空二字编排，加盖印章的公文成文日期一般右空四字编排等（详见本章第一节与本书附录五）。违反这些规定（包括所属集团公司相关细则的规定），就会造成行款格式错误。

相关链接

公文写作常用词语简介

一、开端用语

开端用语即公文中用在正文的全篇或段落的开头，表示行文目的、依据、原因、背景等的词语。例如"据、根据、依据、查、奉、兹（现在）、按照、遵照、依照、为了、为使、关于、由于、鉴于、随、随着"等。

二、礼貌用语

礼貌用语即对行文对象表示敬重的公文语言，多用于公文的开头或结尾处。按使用范围，可分为：各种行文通用的敬语，如"请""谨"（恭敬、小心、郑重之意）等；上行文常用的敬语，如"呈送""报请"等；平行的单位之间使用的敬语，如"拟""惠""为荷"（"为"是"是"，"荷"是"承受您的恩惠、给您添了麻烦"之意）等。

三、期请用语

期请用语即公文中表示作者某种希望和请求的用语，多用于上行文，有时也用于平行文和下行文。常用的有"请、敬请、恳请、即请、提请、报请、拟请、希、望、希望、切望、热望、盼、为盼、切盼、即希查照（按文件内容办事）、希查询函复"等。

四、称谓用语

一般性称谓用语用于上对下、下对上、平行单位或不相隶属的机关、单位之间，如"本（厂）、我（厂）、该（局）、你

95

（局）"等。表示尊重的称谓用语多用于下对上及不相隶属的机关、单位之间。如"贵（厂）、××长"等。党内一般称"××同志。"

五、引叙用语

引叙用语即公文中表示引述来文的用语，主要用于批复、复函、决定等文种。常用的有"收、接、悉、闻、前收、前接、近收、近接、现收、现接、顷（刚才）悉、顷闻、惊悉、惊闻、欣悉、欣闻、近闻、喜闻"等。

六、承启用语

承启用语即公文中用来承接上文并引起下文的词语，常用于决定、通知、报告等公文以及计划、规章制度等文书。承启用语的一般结构特点是：前面以一个介词短语承接上文，后面用一个基本固定的结构形式引起下文，如"根据……，特作如下决定""为了……，提出如下意见"等。承启用语的上文一般较为简短；下文是正文的主体部分，且多用条款形式表达。

七、综合用语

综合用语即公文中用以连接具体情况叙述和总括性叙述的词语，与承启用语一样具有承上启下的作用。常用的有"为此、据此、值此、至此、有鉴于此、综上所述、总之"等。

八、批转用语

批转用语即公文中表明对下级来文批示意见或向下批转、转发公文的词语。常用的有"批示、审批、阅批、核阅、阅示、批转、转发、印发、下发、下达"等。

九、表态用语

表态用语即公文中表示作者意见、态度的词语，可分为明确表态和模糊表态两种。明确表态用语有"应、应该、须、必须、务须、同意、不同意、批准、照此办理、遵照执行、组织实施、贯彻落实、为宜（是妥当的）、为要（是重要的，用于结尾）"等。模糊表态用语有"原则同意、原则批准、似应、拟同意、参照执行、供参考、可借鉴、酌情处理"等。

十、征询用语

征询用语即公文中表示征请、询问对有关问题的意见的词语，主要用于上行文与平行文的结尾。常见的有"当否、可否、妥否、是否可行、是否妥当、是否同意、如有（无）不当、如有（无）不妥、如果可（不）行、意见如何"等。

十一、结尾用语

结尾用语即公文中表示全文结束的词语。不同的文种常用各自特定的结尾用语。如请示的结尾用语可用"以上请示当否，请批复""妥否，请批示""上述意见如果可行，请批准"等；报告可用"特此报告""以上报告如有不当，请指示"等。

十二、模糊语言

在公文写作中正确运用模糊语言可提高语言表述的正确性、概括性，给一些问题的阐述留有回旋的余地。但运用模糊语言必须是下面列举的这些情况：表述内容本身带有模糊性的概念；暂时无法实施但又必须说明的内容；需要留有回旋余地的内容；类举的事例不能全部列出的内容等。公文写作中主要使用以下四个方面的模糊语词：①表示时间，如"现在、当前、目前、最近、近日、近几天、前几天、今年以来、正在、一度、早晨、上（中、下）午、晚上、适当时候、尽快、×点左右"等；②表示范围，如"每、各、有的、部分、少（多、大多、绝大多）数、一些、个别、某种、某些、有关、以上、以下、等、主要"等；③表示程度，如"一般、比较、适当、相当、一定、很、极、过、显著、逐步、有所、进一步、基本上、大体上、普遍、几乎、原则上、酌"等；④表示频率，如"经常、多次、不断、反复、接连、连续、再次、往往、三令五申"等。

97

第三章
规章制度类应用文

规章制度是国家机关、社会团体、企事业单位为维护国家、集体和人民群众利益，依照有关法律、政策而制定的具有规范性、约束性的实用文书。

规章制度是个泛称，根据 1987 年 4 月国务院办公厅发布的《行政法规制定程序暂行规定》，规章制度一般分为行政法规、章程、制度、公约四大类。行政法规，是根据国家宪法、法律、法令和方针、政策而制定的规章，包括"条例""规定""办法""细则"。章程，是各政党、社会团体用于本组织成员共同遵守的规章。制度，是限定在某一业务范围或某一社会组织内部施行的规章，包括"制度""规程""规则""守则""须知"等。公约，是一定范围内社会成员集体讨论约定并要求共同遵守的规章。而所有这些文种，均属于"规范性公文"的大范畴。

第 一 节　规范性公文的含义及其类别

规范性公文是指国家权力机关、党政领导机关、军事机关、群众团体、企事业单位制定的，以规范体式表述，调整面较宽，稳定性和约束性较强，对符合公文规定的一切事件和个人具有普遍适用性的行为规范的总称。就规范性公文的制定权限和效力，可以把它由高到低地分为以下几类：

一、宪法

宪法由全国人民代表大会制定、修改并监督实施，是国家的根本法，具有最高法律效力，其他一切法律、法规都不得同宪法相抵触。任何人，任何机关、单位、组织，"都必须以宪法为根本的活动准则"。

二、法律

法律包括基本法律和一般法律。全国人民代表大会制定和修改的刑事、民事、国家机构的和其他确立基本原则、带有全局性内容的法律，属于基本法律，如《中华人民共和国刑法》；全国人民代表大会常务委员会制定和修改的除应当由全国人民代表大会制定的基本法律以外的其他属于确立某一方面或某一特殊领域内容的法律，为一般法律，如《中华人民共和国电力法》。

三、法规

法规包括行政法规和地方性法规，行政法规的效力高于地方性法规。行政法规是国务院根据宪法和法律规定的政治、经济、教育、文化、外事等方面规范的总称，在全国范围内普遍适用，如《中华人民共和国电力供应与使用条例》。地方性法规是各省、自治区、直辖市及较大的市的人民代表大会在不与宪法、法律、行政法规相抵触的前提下制定的，适用于该行政区域的法规，如《××省计划生育条例》。

四、规章

行政规章包括部门规章和地方政府规章。部门规章是国务院各部门根据法律和国务院行政法规，在本部门的权限内按照规定程序制定的规范性公文，在全国范围内普遍适用，如《供电营业规则》。地方政府规章是由省、自治区、直辖市以及较大的市的人民政府根据法律和行政法规，按照规定程序所制定的，在本行政区域内普遍适用的规范性公文，如《沈阳市城市公共消防设施建设维护管理办法》。

五、规章性公文

规章性公文指没有行政规章制定权的省、直辖市、自治区人民政府所属部门、较大的市以外的地级市和县级（含县级市）人民政府根据法律、法规、规章授权以及上级政府的决定和命令，依照法定权限和程序制定的，以规范形式表述，在一定时间内相对稳定并在本地区、本部门普遍适用的各种规范性公文，如《×

×县林业工作站管理规定》。规章性公文虽然尚不是我国法律体系中的组成部分，但根据《中华人民共和国行政诉讼法》及最高人民法院对该法若干问题的解释中的有关规定，规章性公文除了在制发时不像规章那样有权设立行政处罚这一点以外，其他与行政规章具有同等效力。

六、章程制度

章程制度是国家机关、群众团体、企事业单位为保证工作、生产、学习、生活正常协调进行而制定的，要求一定范围内的人们共同遵守的办事程序和行为准则，如《××省电力企业协会章程》《××电力公司档案管理制度》等。章程制度类公文在实际工作中使用非常广泛。它是加强各层次各环节的管理、保证各方面工作和事务有章可循的重要措施和手段，是法律、法规、规章的必要补充和有力辅助，具有规范性和约束力，要求一定范围内的人们严格遵守，不能违反。

第二节　电力企业的规章制度

电力事业是社会公用事业，是关系国家经济发展的重要能源工业。电是产供销一次完成的特殊商品，它的安全、经济、稳定运行，不仅促进了国民经济的发展，同时对广大人民群众日益增长的物质文化需要及社会的稳定有着重要的作用。国家为此颁布了一系列调整电力行政管理关系、经济关系、开发建设关系、供用关系等的法律、法规。

除了电力方面的法规之外，电力系统的行业特点也使得电力企业的其他的规章制度（包括规章、规章性公文与章程制度）数量很多，对电业员工学习和遵守规章制度的要求也特别地严，以保证生产管理有序进行，保证各方面工作协调组织开展，保障设备和人身安全，促进电力工业的快速、健康发展。

电力企业的规章制度多数是国家行政管理部门制定的。所用的文种，一般是条例、规定、办法、实施细则、章程、制度、规程、规则、守则等（条例只有在行政法规和地方性法规中才能使用）。电力企业内部需要制定规章制度时，必须符合法律、法规及党和国家的方针、政策。如果上级已有规定，只能结合本单位、本部门的实际情况，做些必要的补充或细化；如果上级的有关规定内容已经比较具体，适应性也比较强，就没有必要再就同一内容作出规定和要求了。

电力企业内部在制定规章制度时，撰稿人员必须注意以下几点。

一、维护建章立制的权威性

就一个部门、一个单位来说，规章制度无疑具有行政强制性。为了维护建章立制的权威性，起草规章制度时要做到"三明确"：①明确领导意图。必须有本部门、本单位领导的授权并吃透领导的意图，同时还要吃透上级或主管部门的意向、目的和要求，从而准确把握所拟规章制度的要点和重点。这样写出的规章制度，才有权威性和可用性。②明确行文基调。写作前应深入了解该规章制度所针对的对象的现状，以及要解决哪些方面的问题、需要限制的范围及程度、需要把握的侧重点或表述尺度等，形成一个清晰的写作思路。对于事关全局的规章制度，写作前尤其要做好调查研究，定好写作基调。③明确制发背景。起草前要弄清楚以前是否有过这方面的规定。如果有，应分析是否需要修订或重写；若要修订，要弄清是文字上的修改还是内容的增删；若要重写，要考虑是基本维持原规定的精神，还是要推倒重来；原来的规章制度有什么优点与不足，也都要作深入的了解。有时一种规章制度中会涉及好几个方面的内容，而对于同一个问题或情况的管理又可能涉及好几种不同的规章制度，这就需要从各方面考虑内容的制约和平衡，用好有关参考资料。这样订出的规章制度才会有连续性和可执行性。

二、考虑条文内容的可行性

规章制度是要人执行的，其内容必须准确、规范并有可行性。①内容要有针对性。同样一种规章制度，在不同的部门和单位里往往有不同的侧重点和不同的内容要求。如果其内容"千部一腔",毫无自己的特色,那项规章制度就可能成为"样子货"。只有从本单位的实际出发,写出具有针对性的规定和制度,才会言之能行,行之有效。②内容要有依据性。从某种意义上说,规章制度是法律法规和政策条文的延伸或细化,因此其具体内容都必须有法律依据和政策依据,必须符合党和国家的政策、法令,不允许与之相抵触或违背。③内容要有协调性。为确保规章制度的可行性,写作时必须十分注意与同类规章制度的纵向或横向联系与协调。纵向关系的协调指的是,下级部门和单位制定的规章制度必须符合上级部门的有关要求。例如规章制度从什么时间开始执行、各级有什么权限、衡量的标准是什么等,上下要一致,口径要统一,步调要协调,以避免出现矛盾或混乱。横向关系的协调则是要避免出现以下情况:面对同一需要解决的问题或需要规范的对象,几个部门从各自不同的角度和需要出发,都制定了规章制度,但由于互不通气,出现了规定"撞车"、制度"打架"的现象,使人们无所适从,甚至让一些人钻了空子。这样的规章制度自然没有可执行性,必须克服这种现象。

三、讲求体式结构的规范性

如本章第一节所述,规章制度包括规章、规章性公文、章程制度这三类规范性公文中的好几个文种。这些文种之间既有联系又有区别,写作时应准确把握其不同的体式特点,根据其各自的适用范围、制定权限与效力,正确地选用,不可"大人戴小帽"或"小人戴大帽"。此外,作为规范性公文,文字表述必须严谨、周密、规范、恰切。在结构安排上,规范性公文通常采用分条叙写的方法,这就要求对条文的先后顺序与内容的主次进行精心设计,十分注意章、条、款之间,段落与段落之间的内在逻辑联系,做到结构完整,层次分明,布局合理。

四、重视定稿过程的完整性

规章制度的写作不同于一般公务文书的写作,通常都要经过几上几下,多次反复认真的推敲、修改、酌定或试验、实证。一些重要的规章制度成型后，先要制成讨论稿，发给有关部门、单位及有关人员，经有关会议或有关部门认真讨论、逐条审议修改后，方能定稿。有些规章制度即使在反复讨论、审定后印发下去，也还须注明"试行"，表明该规章制度尚须经过一段时间实践的检验，并在实施中不断地完善和修订。对于写作人员来说，规章制度的反复推敲和修改定稿的过程，就是对管理对象和客观事物的认识逐步深化的过程，亦即由感性认识到理性认识，再由理性认识指导实践的一个认识的循环过程。在此过程中，写作人员要进行多次调查研究，其认识要经历两次"飞跃"。尤其是定稿后的调查研究，既是对文稿的反复推敲过程，也是认识的深化和升华过程。要一直修改到不能增减移易一字，才算是完成了规章制度的写作任务。

第 三 节　常见规章制度简介

一、条例、规定、办法、细则

条例是由国家机关制定或批准的，对国家政治、经济、文化、军事等领域的某些事项或某一机关的组织、职权以及某些专门人员的任务和权限作比较全面、系统的规定。它是规章制度中约束力最强的一种形式，在所适用的范围内具有权威性。如《电力设施保护条例》。

规定是国家机关、社会团体、企事业单位对某项工作或活动作出的安排，提出的具体管理措施和行为规范。如《关于电网与发电厂、电网与电网并网运行的规定（试行）》。

办法是国家机关、社会团体、企事业单位对某项工作或活动制定的具体做法和要求。它在基层使用得更加普遍，调整对象具体，内容规定详细，针对性和可操作性更强；但约束力相对较小，在实际执行中往往根据事情的发展变化而有所变通。如《用电检查管理办法》。

细则是国家机关或企事业单位为有效实施某法律、法规或规章，在该法律、法规、规章的授权下对其全部内容或部分内容进行权威性解释、补充和说明的规范性公文。细则的使用范围有其局限性，只能根据法律、法规、规章的授权制定，且不能违背所依附的法令规章的原则和精神。其特点是详尽、明细，又符合本部门本单位的实际，便于管理和执行。如《电力设施保护条例实施细则》。

根据《行政法规制定程序暂行条例》规定，上述四个文种，条例只能在行政法规和地方性法规使用，规定、办法、细则在法规、规章和规章性公文中均可使用。

二、章程

章程是党派组织、社会团体、公司企业等为保证其组织事务正常运行而规定的要求全体成员共同遵守的纲领性文件。它的适用范围比较广泛，有党派组织章程、社会团体章程、公司企业章程等几类。内容一般包括性质、宗旨、任务、组织原则和机构、活动或经营管理、成员的权利和义务、组织的纪律以及违反章程的处罚办法等。如《中国电机工程学会章程》。如果是未定稿，可在标题后加上"草案"字样。内容比较简单的，可称为"简章"。

三、制度、规则、规程、守则

制度是国家机关、社会团体、企事业单位为加强对某一工作的管理而制定的要求有关人员共同遵守的办事规程或行动准则。制度具有很强的强制性和约束力，是严格组织纪律、加强有序管理的重要手段。在现代化管理中，制度是实现程序规范化、职责制度化、质量最优化、管理科学化的重要保证。电力企业制度非常多，电业员工必须严格执行。如《化学监督制度》。

规则是国家机关、社会团体、企事业单位为了有序地进行管理工作或开展某项公务活动，依据有关法律、法规而制定的，要求有关人员共同遵守的规范性公文。它一般用于局部范围内，对一些具体的、事务性公务活动进行规定，以保证这项活动有序、正常地开展。如《施行人工呼吸的基本规则》。

规程是国家有关部门或单位制定的，为进行操作或执行某种制度而作的具体规定，一般用于生产领域。规程是保证生产安全和产品质量的必要措施，是有关人员在生产、工作中必须遵守的操作程序。如《电业安全工作规程》。

守则是国家机关、人民团体、企事业单位为了维护公共利益，向有关人员发布的要求其自觉遵守的一种行为准则。制定守则并要求所属成员自觉遵守，可以使机关、单位的工作、学习、生产和生活正常、有序、协调地进行，如《供电部门职工服务守则》。

四、公约

公约是一定范围或行业的社会成员为了维护劳动纪律或公共利益，在自觉自愿的基础上经过集体讨论制定的，要求有关成员共同遵守的行为准则和道德规范。它虽然没有强制性，但对参加协议者有约束力，是群众在工作、生产、学习、生活中自我督促教育或互相督促教育的好形式。如《文明市民公约》。（另有一种公约，特指国家之间或国际组织之间签订的条约，不属规范性公文范畴。）

第四节　规章制度的基本格式和写法

规章制度的结构一般包括以下三部分：

一、标题

标题一般由施行范围、事由、文种三要素组成，如《××省电力公司安全管理办法》。有的标题只有事由和文种两部分，如《用电监察条例》。还有的标题只有施行范围和文种，如《全国电力企业教育协会章程》。标题的表述应注意少用"关于"和"的"字，不用标点，且不宜过长。

如果规章制度是草案或暂行、试行的，可加括号注明于标题下面，也可在标题内写明，如"暂行条例""试行办法"等。

二、正文

正文的一般写法是：先总纲，后细目；先一般，后个别；先概括，后具体。结构上，一般分为总则、分则、附则三个部分，每部分按内容的多少分列若干章节或条款。章节条款的层次，由大到小依次可分为编、章、节、条、款、目、项共七级。规章制度的层次，一般以章、条、款三层组成。内容较少的规章制度（如守则、公约等）只分条款，不分章节，也不分总则、分则、附则。

（1）总则。也称"总纲""序言"，一般是说明制定规章制度的目的、依据、原则和适用范围、主管部门等，可采用条文形式写，也可用前言形式写。分章节写的规章制度，第一章就是总则。内容较少、不分章节的规章制度没有总则，只在篇首前几条中用简明扼要的文字说明制定规章制度的目的、依据、适用范围、主管部门等。

（2）分则。这是规章制度的主要部分，应按照主次分条、具体地写明有关项目和具体内容。条目较多的，可先分章，加小标题，章下再分条，使读者一目了然，便于掌握。通常的做法是按事物间的逻辑顺序，或按各部分内容的联系，或按工作活动程序以及惯例，分条列项，集中编排。表述奖惩办法的条文也可单独构成罚则或奖罚则，作为分则的最后条文。

（3）附则。附则作为总则和分则的辅助性内容，对总则和分则的有效实施具有重要意义。附则要分条写明规章制度施行的要求和注意事项（如关于名词、术语的定义，关于宣告有关规章制度或其某方面内容失效、废止等），以及施行时间、解释权、修订权等。附则在正文的最后一章，按统一的条目序号编排下来。内容较少、不分章节的规章制度，其结尾的一条或几条便是附则的内容。如果总则、分则已把所有内容写明，也可以不要附则。

三、具名和日期

这部分的写法与公文一样，先具名后日期。制发单位名称如果已在标题中出现，或者已在标题下注明，就不具名。日期如果已用括号标注于标题下的，此处也同样不写。随公文发送的规章制度，可以不具名，也可以不写日期（文件上已有具名日期）。

××省电力有限公司领导人员问责暂行规定
(2012 年 8 月 31 日印发)

第一章　总　　则

第一条　为进一步加强××省电力有限公司领导人员的管理和监督，增强领导人员的责任意识和大局意识，促使领导人员全面、认真、合法履行岗位职责，防止责任事件的发生，根据上级有关规定，结合公司实际，制定本规定。

第二条　本规定适用于公司本部部门、直管单位、直属产业公司、县供电企业领导人员。

第三条　对领导人员实行问责，坚持严格要求、实事求是，权责一致、惩教结合，依法有序、客观公正的原则。

第二章　问责的情形

第四条　决策严重失误，有下列情形之一，给企业造成损失或者不良影响的，对有关领导人员实行问责：

（一）决策事项内容违反国家法律法规，上级方针政策、决策部署，省公司有关规定的；

（二）决策不按照规定的程序和议事规则进行，或擅自改变领导集体决策，个人或少数人擅自决定的；

（三）决策超越本级权限，或按照有关规定应当请示、报告不请示、不报告的；

（四）其他决策重大失误的行为。

第五条　工作失职，有下列情形之一，给企业造成损失或者不良影响的，对有关领导人员实行问责：

（一）不贯彻落实或者拒不执行国家法律法规，上级方针政策、决策部署以及省公司有关规定的；

（二）在履行职责过程中，消极应付、推诿扯皮或有抵触行为，贻误工作的；

（三）在抗灾抢险等工作中，不认真执行上级和有关指挥机构决定、命令或工作要求，贻误工作的；

（四）在政府、省公司等重大活动或重要工作组织过程中，未按规定及时采取有效措施进行安全保供电的；

（五）迟报、谎报、瞒报、漏报按照规定必须上报的突发事件或重要情况的；

（六）其他工作失职行为。

第六条 管理、监督不力，有下列情形之一，给企业造成损失或者不良影响的，对有关领导人员实行问责：

（一）领导人员未按所在岗位规定权限认真履行职责，在本部门、本单位或职责范围内发生特别重大事故、事件、案件，或者在较短时间内连续发生重大事故、事件、案件的；

（二）对上级督查或群众反映的本单位的问题，经核实却不及时进行整改或整改措施不力的；

（三）领导人员分工范围内的规章制度不全，执行制度不力的；

（四）其他管理、监督不力的行为。

第七条 滥用职权，有下列情形之一，给企业造成损失或者不良影响的，对有关领导人员实行问责：

（一）违反财经纪律，强令、授意有关人员私设"小金库"，对"小金库"治理不力，领导人员所在单位发生"小金库"行为的；

（二）强令、授意实施违反招投标、物资采购、工程管理、用电管理等规定的；

（三）对滥用职权或者违法行为的检举、控告和投诉不及时受理或查处的；

（四）在处理群众来信来访工作中，不依法办理，或不按规定进行办理的；

（五）其他滥用职权，强令、授意实施违法违规行为，或者不作为的。

第八条　对群体性、突发性事件处置不当，有下列情形之一，导致事态恶化，造成不良影响的，对有关领导人员实行问责：

（一）发生群体性、突发性事件时，未按规定及时启动应急预案，实行应急管理，贻误时机的；

（二）在处置舆情、群体性、突发性事件过程中，擅离职守，延误懈怠，防范措施不当的；

（三）其他处置不当的行为。

第九条　其他给国家、社会、国家电网公司和省公司等造成损失或者不良影响的。

第十条　在贯彻落实安全生产责任制、党风廉政建设责任制、干部选拔任用有关规定、财经纪律等方面出现问题的，按照安全生产奖惩规定、党风廉政建设责任制规定、干部选拔任用工作责任追究办法等规定追究领导人员的责任。

领导人员受到问责，同时需要追究纪律责任的，或有违法行为，尚未构成犯罪的，或虽构成犯罪、但依法不予追究刑事责任的，依照党纪政纪和企业规章制度等有关规定给予经济处罚或党纪、政纪处分；涉嫌犯罪的，移送司法机关依法处理。

第三章　问责的方式及适用

第十一条　对领导人员实行问责的方式分为：责令检讨、通报批评、诫勉谈话、责令公开道歉、调离岗位、停职检查、引咎辞职、责令辞职、免职（解聘）。

第十二条　领导人员具有本规定第四条至第九条所列情形，并且具有下列情形之一的，应当从重问责：

（一）干扰、阻碍问责调查的；

（二）弄虚作假、隐瞒事实真相的；

（三）打击、报复、陷害检举人、控告人的；

（四）党内法规和国家法律法规规定的其他从重情节。

第十三条　领导人员具有本规定第四条至第九条所列情形，并且具有下列情形之一的，可从轻问责：

（一）主动采取措施，有效避免损失或者挽回影响的；

（二）积极配合问责调查，并且主动承担责任的。

第十四条　受到问责的领导人员，取消当年年度考核评优和评选各类先进的资格。

受到调离岗位处理的领导人员，一年内不得提拔；引咎辞职、责令辞职、免职的领导人员，一年内不得重新担任与其原任职务相当的领导职务，两年内不得提拔。

对引咎辞职、责令辞职、免职的领导人员，可以根据工作需要以及本人一贯表现、特长等情况，按照干部管理权限酌情安排适当岗位或者相应工作任务。

引咎辞职、责令辞职、免职的领导人员，一年后如果重新担任与其原任职务相当的领导职务，除应当按照干部管理权限履行审批手续外，还应当征求上一级党组（党委）的意见。

第四章　问责的程序

第十五条　对领导人员实行问责，按照干部管理权限进行，由有权问责决定的党组织或领导班子根据实际作出问责决定。纪检监察、人事等部门按照管理权限履行本规定中的有关职责。

第十六条　对领导人员实行问责，依照下列程序进行：

（一）对因检举、控告、处理事故事件、查办案件、审计或者其他方式发现的领导人员应当问责的线索，安全监察部门或纪检监察部门按照权限和程序进行调查后，对需要实行问责的，向问责决定的党组织或领导班子提出问责建议；

（二）对在干部监督工作中发现领导人员应当问责的线索，人事部门或纪检监察部门按照权限和程序进行调查后，对需要实行问责的，向问责决定的党组织或领导班子提出问

责建议;

（三）安全监察部门、纪检监察部门、人事部门在向问责决定的党组织或领导班子提出问责建议前，需就问责建议内容进行沟通;

（四）问责决定作出后，由人事部门办理相关事宜，或由作出问责决定的党组织或领导班子责成有关部门办理相关事宜。

第十七条　作出问责决定前，调查部门应当听取被问责的领导人员的陈述和申辩，并记录在案;对其合理意见，应予以采纳。

第十八条　对于事实清楚、不需要进行问责调查的，问责决定的党组织或领导班子可以直接作出问责决定。

第十九条　被调查的领导人员应当主动配合调查，阻挠、拒绝或干预调查工作的，可按照干部管理权限依照有关规定暂停被调查的领导人员的职务。

第二十条　对领导人员作出问责决定，应当经领导班子集体讨论。

第二十一条　除上级有明确规定外，调查工作一般应在10个工作日内完成;情况复杂的，应在30个工作日内完成;情况特别复杂的，按规定程序经批准，可适当延长调查时间。

第二十二条　调查工作结束后，调查部门应写出问责调查报告，内容包括领导人员基本情况、具体事实、依据、基本结论和建议。对需要实行问责的，作出《关于对×××问责的建议》（以下简称《问责建议》）。《问责建议》应写明具体事实、情况说明和问责建议，以及提供其他需要的材料。

第二十三条　对领导人员实行问责，应制作《关于对×××问责决定书》（以下简称《问责决定书》）。《问责决定书》由负责调查的部门草拟。《问责决定书》应写明问责事实、问责依据、问责方式、批准机关、生效时间、当事人的申诉期限及受理部门等。

第二十四条　《问责决定书》应送达被问责领导人员及其所

在单位，并派专人与被问责领导人员谈话，做好其思想工作，督促其做好工作交接等后续工作。

第二十五条　问责决定一般应在本单位公开。

第二十六条　被问责领导人员对问责决定不服的，可以自接到《问责决定书》之日起15日内，向作出问责决定的党组织或领导班子提出书面申诉。作出问责决定的党组织或领导班子接到书面申诉后，应在30日内作出申诉处理决定：

（一）问责认定事实清楚、证据确凿、问责方式适当的，维持原决定；

（二）问责认定事实清楚、证据确凿，但问责方式不当的，变更原决定；

（三）问责认定事实不清楚、证据不确凿的，撤销原决定，并在一定范围内澄清事实、恢复名誉。

申诉处理决定应当以书面形式告知申诉人及其所在单位。

第二十七条　被问责的领导人员申诉期间，不停止问责决定的执行。

第二十八条　人事部门应及时将被问责的领导人员的有关问责材料归入其个人档案，并回复问责建议部门，将问责情况报上一级人事部门备案。

第五章　附　　则

第二十九条　公司本部内设处处长、各单位中层干部可参照执行。

第三十条　本规定由公司人事董事部、监察部负责解释。

第三十一条　本规定自印发之日起施行。

附表：××省电力有限公司领导人员责任追究决定书

【例文 3-2】

××省电力有限公司劳动争议调处办法

(2012 年 8 月 24 日印发)

第一章 总 则

第一条 为妥善处理公司劳动争议,保障企业和职工的合法权益,维护正常的生产秩序,化解不稳定因素,推进和谐企业建设,根据《劳动法》《劳动合同法》《企业劳动争议处理条例》《××省企业劳动争议处理实施办法》等有关规定,制定本办法。

第二条 本办法规定了公司劳动争议调解委员会职责,调解的范围、原则、程序,考核责任和适用范围。

第三条 本办法适用于公司各直管单位。××集团公司、县级供电企业可参照执行。

第二章 管 理 职 责

第四条 公司依法成立劳动争议调解委员会,成员由工会代表、职工代表和企业代表组成。职工代表由工会成员担任或者由全体职工推举产生,企业代表由企业负责人指定,劳动争议调解委员会主任由工会负责人或者双方推举的人员担任。

第五条 调解委员会职责

(一) 调解本企业内部发生的劳动争议;

(二) 检查督促争议双方当事人履行调解协议;

(三) 对职工进行劳动法律、法规的宣传教育,做好劳动争议的预防。

第六条 调解委员会主任职责

(一) 决定劳动争议申请是否受理;

(二) 决定调解员的回避;

(三) 主持调解委员会会议,审批调解方案;

（四）召集有调解委员、劳动争议双方当事人参加的调解会议，依法主持调解。

第七条　调解办公室（挂靠工会）职责

（一）督促、帮助用人单位及时建立劳动争议调解机构，建立健全劳动争议调解工作制度；

（二）培训劳动争议调解工作人员，提高调解人员的法律水平和工作能力；

（三）调解劳动争议，维护职工的合法权益；

（四）开展劳动争议预防工作，减少和防止劳动争议的发生，维护劳动关系和谐。

第八条　企业行政职责

（一）支持调解委员会工作；

（二）承担必要的调解活动经费。

第三章　调解范围、原则与程序

第九条　调解范围

职工与企业发生以下劳动争议，可提出劳动争议调解：

（一）因确认劳动关系发生的争议；

（二）因订立、履行、变更、解除和终止劳动合同发生的争议；

（三）因除名、辞退和辞职、离职发生的争议；

（四）因工作时间、休息休假、社会保险、福利、培训以及劳动保护发生的争议；

（五）因劳动报酬、工伤医疗费、经济补偿或者赔偿金等发生的争议；

（六）法律、法规规定的其他劳动争议。

第十条　调解原则

（一）自愿原则：双方当事人必须自愿，对任何一方都不得强迫；

（二）合法原则：依照国家法律、企业规章进行调解，明确是非、责任要合法，调解程序要合法，调解协议内容要合法；

（三）公正原则：要不偏不倚，对可能影响公正的调解人员，当事人可申请要求其回避；

（四）及时原则：要简化程序，就地调解，在15天法定期限内完成调解工作；

（五）基层解决原则：劳动争议尽可能在各直管、直属单位调解解决。

第十一条　调解程序

（一）当事人向调解委员会提出争议调解书面申请；

（二）调解委员会征求被申请人意见，决定是否调解，并在3天内书面通知申请人；

（三）指派调解员进行调查，听取双方当事人意见；

（四）准备材料，确定调解方案；

（五）召开有调解委员、劳动争议双方当事人参加的调解会议进行调解。如发生争议的职工方在3人以上，并有共同申诉理由的，应当推举代表参加调解活动；

（六）制作调解协议书，并报调解委员会主任审核。如调解不成，制作调解意见书，当事人可向劳动仲裁机构申请劳动仲裁；

（七）争议双方签字确认。协议书或调解意见书一式三份，争议双方及调解委员会各执一份；

（八）调解资料归档。

第四章　检 查 与 考 核

第十二条　当事人应在争议发生之日起30天内向调解委员会提出调解申请。超过30天可直接向劳动仲裁机构申请劳动仲裁。

第十三条　调解委员会应在收到调解申请15天内终结调解工作，结案率100%。

第十四条　调解委员会应督促争议双方自觉履行调解协议，

确保调解结果的最终落实。

第五章 附 则

第十五条 公司各直管、直属单位可以根据本办法依法成立劳动争议调解委员会，制定调解办法或实施细则。

第十六条 本办法执行中如与国家、上级单位颁布的新规定相矛盾的，以国家、上级单位颁布的规定为准。

第十七条 本办法由××省电力有限公司工会归口管理并负责解释。

第十八条 本办法自发文之日起开始实施。

附件：1.××省电力有限公司劳动争议调解流程图
2.××省电力有限公司劳动争议调解申请书
3.××省电力有限公司劳动争议调解协议书
4.××省电力有限公司劳动争议调解意见书

【例文 3-3】

××省电力有限公司总经理联络员制度
（2012 年 8 月 16 日印发）

第一章 总 则

第一条 为了加强企业民主管理工作，加强××省电力有限公司（以下简称"公司"）总经理与职工代表之间的信息沟通与联系，更好地发挥职工代表参与企业民主管理、民主监督的作用，特制定本制度。

第二条 公司总经理联络员（以下简称"联络员"）制度是公司职代会制度的延伸和发展，是公司总经理直接倾听基层单位职工意见与建议的一种特定形式。

第三条 本制度规定了管理职责，联络员条件、职责与权利，产生与聘用，联络方式与管理的要求。

第四条　本制度适用于公司总经理联络员的管理，市电业局和县公司参照执行。

第二章　管 理 职 责

第五条　公司总经理负责审定和聘用总经理联络员，主持召开总经理联络员会议，对联络员的建议和意见作出批示，对需要落实办理或解决的问题责成有关部门办理。

第六条　公司工会是联络员的归口管理机构，负责提出总经理联络员组成或调整建议名单，汇总总经理联络员的建议和意见，组织总经理联络员会议，归档保存总经理联络员管理有关资料。

第七条　公司办公室负责参加联络员会议，起草总经理联络员会议讲话材料，编写联络员会议纪要，分办和督办联络员提出的建议和意见，汇总总经理联络员所提建议的办理情况及办理结果。

第八条　公司相关部门负责参加联络员会议，对总经理联络员所提建议和意见制定办理意见并组织实施。

第三章　联络员条件、职责、权利

第九条　联络员基本条件

（一）努力实践"三个代表"重要思想，了解、掌握有关的方针政策、法律法规和公司规章制度等，有一定的政策理论水平。

（二）关心公司的改革发展，了解所在单位生产、经营、改革等情况，有强烈的事业心和责任感，有胜任工作的专业知识和一定的参政议政、语言文字表达能力。

（三）实事求是，密切联系职工群众，善于集中正确意见和建议，敢于代表广大职工群众反映真实情况。

（四）有大局意识和全局观念，善于团结同志，作风扎实，公道正派。

（五）受职工群众拥护的公司或本单位职工代表。

第十条　联络员基本职责

（一）了解、掌握所在单位贯彻公司党组决策部署情况及职工关心的热点、难点问题。

（二）开展调查研究，反映基层有关重要工作信息和职工意愿。

（三）协助所在单位党政领导做好有关重大决策、重要规章制度的宣传解释和职工稳定工作。

（四）向公司总经理报告其他有关问题。

第十一条　联络员基本权利

（一）根据工作需要，经所在单位领导同意，可列席有关会议。

（二）可直接向公司总经理报告所在单位重要信息和职工思想动态。

（三）因联络工作需要而占用上班时间，按正常出勤考核。

（四）对因履行职责受到打击报复或不公正待遇的，有权向公司提出保护和帮助要求。

第四章　联络员管理流程

第十二条　联络员的产生

（一）联络员在车间（部门）领导及以下岗位上工作的职工代表中推荐产生。公司本部及直管单位各1名。

（二）按照推荐要求，由基层工会提出联络员建议名单，提请本单位党委研究同意、经职代会联席会议审议通过后，填写联络员推荐表，报省电力工会。

（三）省电力工会会同公司总经理工作部、监察部等部门审核，报公司党组研究决定，并向公司系统职工公示。

第十三条　联络员的聘用

（一）由公司总经理向联络员颁发聘书，聘期三年。

（二）联络员在聘期内因岗位变动等，不符合联络员聘任条件或失去代表性的，应及时向省电力工会报告，经公司党组批准后方可解除其联络员身份，同时由所在单位按规定程序推荐新人选，经公司党组研究同意后，由公司总经理聘任。

第十四条　联络员的工作开展

（一）一般情况下，联络员每半年一次以书面方式向公司总经理报告职工思想动态及本单位开展相关工作情况；如遇重大或紧急事项，可随时以书面或口头方式报告。

（二）公司总经理对联络员报告（包括口头报告记录稿）阅批后，由公司办公室进行汇编"总经理联络员建议和意见"。

第十五条　联络员会议

（一）每年召开一次由公司总经理主持的联络员座谈会。根据需要，经总经理提议，可临时召开会议。

（二）公司总经理主持召开会议，联络员、工会、办公室及相关部门参加会议，研究联络员所提建议和意见。

第十六条　联络员建议和意见的办理

（一）根据总经理联络员会议要求，办公室形成联络员会议纪要，对联络员所提建议进行分办，并对相关部门办理情况进行督办。

（二）相关部门根据联络员会议要求，针对总经理联络员所提建议和意见，研究制定办理意见并组织实施。

（三）总经理对办理结果作出批示，工会负责做好汇总办理情况和办理结果，归档保存联络员管理形成的相关资料。

第五章　检查与考核

第十七条　电力工会每年对联络员工作情况进行检查与考核，对工作表现出色、成绩突出的联络员，经公司总经理批准，由电力工会组织表彰和奖励。

第六章　附　　则

第十八条　本制度由××省电力有限责任公司工会归口管理并负责解释。

第十九条　本制度自公布之日起开始实施，原制度同时废止。

附：流程图（略）

【例文 3-4】

××图书馆报刊阅览规则

一、读者持本人借书卡经刷卡机验卡登记后方可进入阅览室。

二、读者携带的物品如图书、书包、雨具等，须放在书包存放处，不得携入室内。

三、保持室内安静整洁，禁止谈笑、喧哗，禁止吸烟、吃零食，禁止随地吐痰、乱丢纸屑。

四、本室报刊实行半开架借阅，读者凭借书卡或其他有效证件换取对号牌自行取阅，每次仅限 1 册（报纸则为 1 夹），阅后必须归还原处，不得随便乱放。所借报刊应于当班闭馆前归还。

五、爱护书刊，不得污损（如撕页、划线、写字、涂改、批注、裁割、玷污等）。

六、本室报刊不外借，读者如需要复印资料，可向工作人员登记带出复印，并于当班归还。私自将书刊携带、转移出室外者，以偷窃论。

七、爱护阅览室的设施，桌椅不得随意搬动，注意门窗启闭，节约用电，随手关灯。

八、为防止撕书、偷书，工作人员视情况有权要求读者接受检查，读者应予主动配合。

九、污损、偷窃书刊或借阅书刊逾期不还者，按本馆《书刊赔罚管理办法》赔罚。

十、自觉遵守阅览室的其他有关规定。

2012 年 9 月 1 日

第四章
事务文书

本书所讲的事务文书指机关、单位或个人在日常工作中经常使用的事务性、实用性很强的文书，通常称为常用事务文书或行政业务常用文书。

事务文书和公文有相同点也有不同之处。和公文一样，它也负有办理公务的重要职能，也有较强的政治性和政策性，只是不及公文那样显著；它也有约定俗成的惯用格式和制发程序，但没有公文那样严格的规定，因而具有一定的灵活性。它和公文的最大区别是：它不具备公文那样的法定权威，一般也不具有行政约束力，仅仅是机关单位内部处理工作及安排、组织活动的辅助工具，一般不向其他单位发送（但必要时须上报领导机关）。不过，如果事务文书作为公文的附件下发，它就具有公文那样的权威性和效力了。此外，有些事务文书（如计划、总结等）常常是由单位负责人在会议上公布，然后印发，这样的事务文书在本单位内部也具有一定的权威性和行政约束力。

常用事务文书主要有计划、总结、述职报告、调查报告、会议记录等文种。许多书上把简报也归入这一类，本书考虑到简报的写作方法与消息较为接近，且可属于单位或系统内部的宣传报道工作范围，故归入宣传报道应用文。

第一节 计 划

"凡事预则立，不预则废。"成功总是与事先的预想亦即计划紧密相关。作为应用文种之一的计划，就是对未来一定时期的任务提出明确要求，制定相应措施，做出切实安排的一种事务文书。在日常工作、学习中，计划的使用频率很高，为人们所熟悉，所以初学者一般都觉得写计划容易。其实不然。

计划，是个统称。通常所说的规划、纲要、要点、设想、打算、安排、方案等，也都属于计划的范畴，只是在目标远近、时间长短和计划内容等方面有所不同。写作时要根据具体实际，或者就以"计划"为名，或者选用上述诸名称中最适当的一个。

规划、纲要是指时间较长、目标较大、范围较广、内容概括的长远计划。规划的时限一般在三五年及以上。纲要的内容原则性、概括性更强，通常是关于工作方向、目标的概要。

要点也是比较概括的、指导性的计划，时间是近期，内容多为布置主要任务，提出指导性要求。各级党政机关的一些工作计划常采用"工作要点"的形式，上级对下级布置工作、交代任务也常用要点。

设想、打算一般是初步的、粗线条的、非正式的计划，尚待修订和完善。设想是关于比较长的时间内某项工作的建设性的想法，打算则是对短期内某项工作的初步设计。

安排是时间较短、内容单一而又具体的计划。预定在短期内要做的某些具体事情，就可以用安排。

方案是关于某专业性、原则性较强的单项工作的周密计划。在近期或短期内，某项任务、课题的具体实施，从目的、要求、方式、方法等方面都做出全面策划和具体安排，这样的计划就叫方案。

计划的种类，根据分类依据的不同，可以分为多种计划。从实用角度出发，以下介绍按格式划分的三种计划的具体写法及制订计划的有关要求。

一、条文式计划

把计划分成若干条款或部分，逐一说明，并往往运用序数符号或小标题来安排层次，是最常见的计划格式。具体写法包括三部分：

1. 标题

位于首行，居中排布，字体稍大，一般包括单位、时限、内容和文种四个要素，如《××火电厂2012年机组大修计划》。根据具体情况，也可以省略或增加某些内容。例如：有时标题中不写单位名称，而在标题下另起一行居中标明，或标于落款处（如个人计划标示法）；有时标题中不写时间期限；有时还在标题后用括号注明"草案""初稿""讨论稿""征求意见稿"等字样，表示还需讨论定稿或经上级批准。

2. 正文

这是计划的主体部分，一般是围绕着"为什么""做什么""怎么做"与"何时完成"这几个问题展开，由以下三部分组成：

（1）前言：说明"为什么"要制订这份计划。要用简明扼要的语言，概括说明制订计划的依据、指导思想（如形势分析、会议精神、政策法令、本单位实际情况等）和主要目的（为了完成什么任务或达到什么目标，通常用一句话予以总的概括），然后用"现制订××计划如下"等习惯用语领起下一部分。

（2）目标和任务：说明"做什么"。这是计划产生的起点和实施的归宿，因而是计划的主旨，要表现得鲜明、突出。要有主有次地把计划的目标、具体任务及数量、质量、期限等要求一一写明。一般采用分条列项的方式，用序号或者小标题标明层次。

（3）步骤和措施：针对目标和任务，写清"怎么做"与"何时完成"。要具体写明工作分几步做，每一步在什么时间进行，以及采取什么措施来保证目标的实现（包括人力、物力、财力的安排，组织领导，检查落实等）。步骤要合理有序，分工要明确无误，措施要具体有力，方法要切实可行。这部分的写法与上一部分一样，也宜分条列项写。

3. 落款

在正文右下方署上制订计划的单位或个人的名称，在署名的下一行写上日期。如果标题上已标明了单位名称，此处就不必署名。单位制订的计划，一般要加盖公章。此外，如果有正文里不宜表达的其他问题或材料，可以在正文之后落款之前附文、附表或附图说明。

二、表格式计划

表格式计划简便、醒目、重点突出，便于张贴公布，但它只适用于内容简单的小型计划和项目固定、使用数字较多的计划。它的写法一般包括四个部分。

1. 标题

写法同条文式计划。

2. 表格

这是表格式计划的主体。表格内分项标明序号、项目指标、执行部门、完成时间、保证措施及备注等有关的内容，然后在各栏目内用数据和简要的文字表示出计划的主要事项。

经常性的专项工作计划，大都是由单位或上级部门统一设计，印制成表格，制订计划时只要逐项填写即可。如果是新的计划，又找不到合适的惯用表格，就要根据应填写的事项设计新的表格。

3. 文字说明

这是表格式计划的辅助部分，借此表达表格内未能表达的事项，如制订计划的依据、实施办法、具体要求或其他事宜。文字说明应分条陈述，语言必须十分简明。特别简单的表格式计划，也可以不要文字说明。

4. 落款

写法同条文式计划。

三、综合式计划

即条文和表格并用的计划，常用于比较大型而使用数字和相关项目又较多的计划。表格说明可以放在条文解说的中间，也可以放在条文解说的后面，只要清楚、协调即可。其他方面与条文式、表格式计划写法相同。

四、制订计划的要求

1. 注意依据

制订计划要凭借客观依据。所谓客观依据，一是指法律、法规及党和国家在一定时期内的方针、政策，以及上级领导的指示、要求，这些都是制订计划必须遵循的；二是本部门、本单位的实际，这就要求对自身的情况有全面、具体、深入的了解，对今后如何发展有较为可靠的预测，对有关数据有科学的预算，并且要参考以往制订此类计划的经验。此外，事关全局性的计划，还应该把方方面面的问题考虑周全；把计划分解到各部门时，要处理好大计划与小计划、整体与局部的关系，做到统筹兼顾。只有这样，才能使计划建立在有科学依据的基础上。

2. 把握原则

需要与可能相结合，"先进可靠、切实可行"，是制订计划必须把握的原则。首先，确定的目标应该是经过努力可以实现的高级目标；其次，计划必须是"局部要合理，全局要可行"，具有很强的可操作性，方法步骤要明确稳当，具体措施要便于执行，时限要求要宽严适度。此外，对执行结果要有预见性，对执行人员要有激励性，对情况变化要有可调性。

3. 突出重点

在一段时间内要完成的任务往往很多，先做后做、主次轻重，必须全面安排，有条不紊。通常的做法是：重要的、紧迫的工作安排在前面，一般的、可缓的工作安排在后面。这样写重点突出，主次分明，既使行文错落有致，又使计划便于执行。

4. 群众参与

除了个人计划之外，制订计划都必须走群众路线，深入广泛地征求和听取群众意见。一般做法是有关部门先提出计划草案，交群众讨论，然后修改定稿。也可以先把任务和有关精神交给群众，让大家群策群力提措施、想办法，最后才定稿。这样制订的计划，一方面能统一群众思想，集中群众智慧，使计划订得更周全，更切合实际；另一方面使群众充分了解计划的要求，明确奋斗的目标，有利于计划的实现。

5. 留有余地

由于各种主客观原因，制订的计划难免对未来有预测不周到的地方，针对未来情况所拟定的措施也不可能做到完全准确。因此，制订计划时要留有余地，保持一定的弹性。在执行计划的过程中要定期检查，如果遇到新问题、新情况，应及时进行修改、调整或补充。

××省电力有限公司 2012 年
反腐倡廉教育工作计划

为切实加强反腐倡廉教育，推动"三化三有"特色惩防体系建设深入开展，按照国家电网公司《关于进一步做好 2012 年反腐倡廉宣传教育工作的通知》（国家电网纪检监察〔2012〕17号）的要求，现将 2012 年反腐倡廉教育工作安排如下：

一、总体要求

以邓小平理论、"三个代表"重要思想为指导，认真落实全国反腐倡廉宣传教育工作座谈会精神，以迎接宣传贯彻党的十八大为主线，加强领导干部廉洁从业教育，深化廉洁文化建设，发展反腐倡廉网络文化，创新教育方式方法，为反腐倡廉建设深入开展提供思想保证和精神动力。

二、主要内容

（一）加强领导干部廉洁从业教育

1. 开展保持党的纯洁性教育。贴近队伍作风建设和反腐倡廉建设实际，深入开展党的基本理论、党的优良作风和理想信念教育，引导各级领导干部增强宗旨意识和党性意识，牢固树立和坚持正确的权力观、利益观和地位观。

2. 开展反腐倡廉理论专题学习。坚持和完善党组（党委）中心组学习制度，抓好对党的十七届六中全会和十七届中央纪委第七次全会精神的学习，大力宣传党的十八大关于反腐倡廉的新要求新举措，引导广大党员干部准确把握新形势下反腐倡廉工作的主要任务，切实履行"一岗双责"。

3. 组织学习《领导干部廉洁从政教育读本》（简称《读本》）。将《读本》配发至全体党员领导干部，作为中心组 2012年度重点学习内容，作为领导干部廉洁自律教育的内容，通过召开座谈会、举办专题党课、撰写学习心得等形式，组织广泛学习交流和深入探讨，切实发挥好《读本》的教育作用。

4. 组织学习陈超英同志先进事迹。把宣传学习先进人物同开展创先争优活动相结合,通过观看专题片、召开学习座谈会等形式,组织党员领导干部特别是纪检监察干部深入学习陈超英同志先进事迹。

(二) 加强供电所廉政教育

1. 加强反腐倡廉宣传教育。充分运用学习园地、所务公开栏等载体,宣传有关政策法规和反腐倡廉动态,引导基层员工有序参与反腐倡廉建设。在办公场所张贴反腐倡廉宣传图片、设置警示语牌等廉洁景观,营造崇廉尚廉氛围。

2. 开展"以廉为荣、以贪为耻"的道德教育。利用班组学习等,教育员工自觉将廉洁价值理念与社会公德、职业道德、家庭美德和个人品德有机结合起来,规范日常行为。

3. 加强案例警示教育。制作廉政教育展板,通过图文并茂的形式,通报公司系统近几年发生的典型案例,深刻剖析典型违纪违法案件背后的腐败原因,以案释法。购置并配发警示教育片,定期组织供电所员工观看,使职工引以为戒、防微杜渐。

4. 完善警企共建机制。充分利用监狱、检察院等警示教育基地,组织供电所重点岗位人员参观,听取现身说法。举办预防职务犯罪知识讲座,筑牢拒腐防变思想道德防线。

(三) 推进廉洁文化建设

1. 推进廉洁文化示范点创建工作。认真落实《关于进一步开展廉洁文化建设活动的通知》,督促廉洁文化"四进"活动示范点单位按照分工认真开展工作,总结推广实践经验,充分发挥示范带动作用。

2. 健全廉洁从业制度。严格落实领导干部述职述廉、任前公示、"三项谈话"、个人有关事项报告、"三重一大"决策等规章制度,开展领导干部"诺廉""践廉"工作。

3. 坚持党政主要领导讲廉政党课制度。把党政主要领导讲廉政党课作为一项硬性指标纳入党风廉政建设责任制考核内容,督促各单位党政主要领导讲廉政课每年不少于1次。

4. 强化日常常态廉政教育。组织开展以"自律与责任并重"

为主题的党风廉政教育月活动。持续开展每月廉文荐读、案例精读、手机廉政短信、节假日廉政提醒等教育，督促干部员工时刻绷紧廉洁自律弦。

5. 开展廉政公益广告展播。综合利用反腐倡廉网、公共电视屏等平台，对中央纪委宣教室推荐的优秀作品进行展播，把展播活动与宣传十七大以来反腐倡廉经验成果、典型案例警示教育结合起来，发挥整体效应。

6. 开展"干事干净"廉洁文化书画和"清风莲韵"摄影作品征集活动，组织对征集作品进行评选，适时举办展览。

7. 机关管理部门、供电单位和直属单位分别按岗位、职责特点，深入开展岗位廉政教育，促使受教育者进一步明确岗位职责，明确岗位廉政风险点，明确岗位廉政要求，明确违反廉洁从业行为规范的严重后果，增强自觉防控岗位廉政风险的意识。

（四）加强纪检监察干部培训

1. 针对"三集五大"建设后纪检监察队伍的状况，抓好各直管单位和直属产业公司纪检监察干部培训工作，选送人员参加国家电网公司举办的纪检监察综合业务培训，组织开展一期基层单位纪检监察干部培训，提高业务水平。

2. 深入基层单位开展工作调研，加强对基层工作的指导，及时发现工作中存在的问题，采取有效措施解决问题，不断提高履职能力。

（五）加强反腐倡廉网络舆情应对

1. 畅通舆情信息共享渠道。及时了解、掌握涉腐涉纪和有关行风的网络舆情，做好研判和报送工作。加强对网络曝光线索的核查，分级妥善处置反腐倡廉突发舆情，积极回应社会关切。

2. 加强反腐倡廉网的管理和使用。充分利用各级反腐倡廉信息网，运用信息化资源和手段，完善网上反腐倡廉教育阵地，拓宽廉政教育渠道。

三、有关要求

1. 进一步强化组织领导。反腐倡廉教育工作政策性强，涉

129

及层次多。各单位要切实加强组织领导，把反腐倡廉教育列入重要议事日程，围绕今年各项工作任务，结合实际，深入调查研究，注重工作的总体思考，及时制定推进工作深入开展的具体措施。各级领导干部不仅要主动接受教育，而且要认真抓好职责范围内的反腐倡廉教育。

2. 进一步健全工作机制。要完善责任机制，统筹协调人事、政工、外联、工会等部门，有效整合力量，形成各展所长、相互配合、密切协作的强大合力。要加强过程资料的整理，反腐倡廉教育工作要在各级党组织生活中形成记录。要完善督促检查机制，把反腐倡廉教育工作纳入党风廉政建设责任制考核内容和惩防体系建设检查范围，强化责任考核，注重效能管理。

3. 进一步推动工作创新。各单位开展反腐倡廉教育要突出针对性，在抓好"规定动作"的同时，要适当开展一些"自选性动作"，创造性地开展工作，重在入脑入心。要把反腐倡廉教育与领导干部培养、选拔、管理、使用等环节结合起来，与创先争优、作风建设结合起来，推动反腐倡廉教育工作迈出新步伐。

中共××省电力有限公司党组纪检组

2012 年 8 月 11 日

【例文 4-2】

××省电力有限公司 2005 年下半年
创一流同业对标工作实施计划

序号	措施项目	所针对的指标或问题	完成时间	实施单位、部门	督办部门
一	综合管理工作				
1	按时上报国家电网公司月度、季度、半年度、年度创一流同业对标指标报表	完成国家电网公司的工作部署	每月 7 日前	公司各指标责任部门、基层电业局、超高压局	公司创一流同业对标办公室

序号	措施项目	所针对的指标或问题	完成时间	实施单位、部门	督办部门
2~11	(略)	(略)	(略)	(略)	(略)
二	公司同业对标诊断问题整改计划项目				
12	加强前期工作深度,开展110千伏及以上电网项目可研工作	针对埃森哲公司提出的管理诊断改进建设。在电网滚动规划的基础上,加强项目的可研工作,进行项目技术经济比较分析,保持2~3年的电网前期项目储备	常态工作	公司计划部	公司创一流同业对标办公室
13~22	(略)	(略)	(略)	(略)	(略)
三	提升同业对标指标的措施项目				
(一)	安全管理				
23	组织实施反事故斗争实施方案及重点工作任务	详见《关于立即开展反事故斗争的紧急通知(闽电安〔2005〕390号文)》和重点任务分解(另文下发)			
(二)	资产经营				
24	24.1 加强营运成本管理,建立标准成本管理体系,制定技改、大修、科技开发等非标项目预算定额,不断开拓预算管理范围	提高成本费用利润率,降低单位电量供电成本	2005年12月	财务部、计划部、生产部、基层单位	公司创一流同业对标办公室

序号	措施项目	所针对的指标或问题	完成时间	实施单位、部门	督办部门
24	24.2 严格控制非生产性成本开支，通过加强预算管理，实施对无效成本的控制 24.3 认真分析企业经营中成本的重点与难点问题，加强成本控制	提高成本费用利润率，降低单位电量供电成本	2005 年 12 月	财务部、计划部、生产部、基层单位	公司创一流同业对标办公室
25～28	（略）	（略）	（略）	（略）	（略）
（三）	电网运行				
29	开展争创国网公司电网运行专业标杆单位的活动；召开生产部主任会，落实各单位年度同业对标工作目标；同时，针对年度目标分解月度目标，每月对各单位指标进行月度排名发布	促进基层单位采取措施，挖掘潜力，提升电网运行专业各项指标水平	2005 年 12 月	公司生产部	公司创一流同业对标办公室
30～42	（略）	（略）	（略）	（略）	（略）
（四）	营销服务				
43	43.1 加快主干电网、城乡配网的建设和改造步伐，消除电网供电"卡脖子"问题	提高市场占有率	2005 年 12 月	公司生产部、工程部、农电局、各电业局	公司创一流同业对标办公室

序号	措施项目	所针对的指标或问题	完成时间	实施单位、部门	督办部门
43	43.2 做好新增用电项目特别是省市重点建设项目、大用电需求项目的跟踪服务，确保及时送电	提高市场占有率	2005 年 12 月	各电业局	公司营销部
	43.3 做好电力紧缺时期有序用电			公司营销部、各电业局	公司创一流同业对标办公室
	43.4 加强供电营业区管理。认真执行国家产业政策，按照市场规律和价格杠杆规范并引导自备电厂建设及上网，对不符合国家产业政策的项目坚决不予以审批和联网			各电业局	公司营销部
	43.5 继续推广以电代煤、以电代油、以电代气、以电代柴等能源替代工程，重点推广电锅炉及冰蓄冷空调，积极运用电能替代其他低效率、高污染能源，全力抢占终端能源消费市场			各电业局	公司营销部

133

序号	措施项目	所针对的指标或问题	完成时间	实施单位、部门	督办部门
44~45	（略）	（略）	（略）	（略）	（略）
（五）	人力资源管理				
46	把紧人员进口关，并分解下达全员劳动生产率考核指标：严格控制公司系统进人指标，减缓职工总数增长；并向各单位分解下达 2005 年度全员劳动生产率考核指标，将其纳入各单位领导业绩考核	提高公司系统全员劳动生产率	2005 年 12 月	公司人资部	公司创一流同业对标办公室
47~49	（略）	（略）	（略）	（略）	（略）
（六）	电网建设				
50	确保×庄—×州等长线路按期投产	提高输电工程计划完成率	2005 年 12 月	公司工程部	公司创一流同业对标办公室
51~52	（略）	（略）	（略）	（略）	（略）
四	与新加坡能源电网公司管理同业对标项目	改进公司电网运行管理，提高专业管理水平			
53	组织项目团队，制订项目实施计划书		2005 年 9 月	公司生产部	公司创一流同业对标办公室

序号	措施项目	所针对的指标或问题	完成时间	实施单位、部门	督办部门
54～55	（略）		（略）	（略）	（略）
五	其他管理与创新项目				
56	推进和谐共进企业文化建设	推进和谐共进企业文化建设，进一步培育共同价值观	2005年12月	公司政工部	公司创一流同业对标办公室
57～68	（略）	（略）	（略）	（略）	（略）

说明：1. 各基层单位要结合本单位创一流同业对标工作实际，细化计划项目；

2. 表中公司各有关部门要将表中确定的计划内容细化为具体的实施项目，分月实施；

3. 本计划实施过程中，如需要对计划项目进行增减，请在创一流同业对标工作月报中进行说明。

135

二〇〇五年六月三十日

第二节 总 结

总结是对前一段的工作、学习或思想情况进行回顾检查、分析评价，从中找出经验教训和规律性认识，以指导今后实践的一种事务文书。总结可以使人们形成理论联系实际的工作作风，养成勤于思考、善于思考的习惯，在日常工作中增长才干、提高水平。而且，"前事不忘，后事之师"，总结还能帮助人们避免无谓失误，使今后的工作更加顺利地开展。

总结与计划关系密切：总结既要检查计划的执行情况，又要作为今后修订计划或制订新计划的依据；计划是对未来的展望与构想，要解决的是在某一时期"做什么、怎样做"的问题，总结则是对过去的回顾与思考，回答在某一时期已经"做了什么、做得怎样"；二者一善始一善终，相辅相成。因此，总结的使用频率也较高。

总结的种类同样可以根据不同的分法分成许多种；但从写作角度讲，无非是综合性总结和专题总结两大类。此外，还有些内容单一、行文简单、时间跨度不长、篇幅短小的总结，通常称为"小结"或"体会"。

综合性总结要比较全面地总结单位、部门或个人在某一阶段的各方面情况（如年终总结、年中总结等），内容侧重于对工作情况及其成绩的概括和评论。专题总结用于对某一项工作或某一专门问题进行深入的总结，一般是选取工作中的某些突出成绩、典型经验或者带有普遍意义的问题，介绍其事实与做法，从中引出经验教训，并上升为理性认识，总结出有规律性的东西；此外，也可以选取重大事故或事件加以总结，以吸取教训。

一、基本格式和写法

1. 标题

标题必须准确、简明、扼要，一般有以下几种写法：

（1）文件式标题。由单位名称、时限、内容和文种构成（根据具体情况，有时也可省略单位、时限，与计划的标题写法相同，详见"计划"一节），通常是综合性总结的标题。如《××火电厂保卫科 2012 年创安工作总结》。

（2）文章式标题。写法与消息、通讯等新闻报道的标题相同，可以用形象的语言突出中心，也可以用简练的语言概括主要内容或基本观点，标题中不出现文种。这种标题鲜明、有力、活泼、新颖，比较适合于专题总结。如《以求实为本　靠实干立身　切实改进党委工作作风》。

（3）双标题。一般由正标题和副标题组成，正标题揭示主题或概括主要内容，副标题补充说明单位、工作内容及文种等。综合性总结和专题总结均可以运用这种标题，既醒目又清楚。如《紧密围绕中心　认真履行职能——局长工作部 2012 年上半年工作总结》。

2. 正文

正文一般由以下三部分构成：

（1）前言。开门见山，概述基本情况，揭示主题，相当于全文的概要，并奠定文章基调。要用简要的语言，交代工作的背景、条件、时间、大致经过和结果（主要成绩），并对工作成果做出总的评价，使读者对总结的内容有一个总的印象。介绍典型经验的总结，则要说明写作动机、目的并概述基本经验，以起到提纲挈领、引出下文的作用，并引起关心这一问题的读者的注意。前言的最后，往往用"现将工作情况总结如下"之类惯用语过渡到主体部分。

（2）主体。这是总结的重点，一般包括以下三方面内容：

其一，过程与做法。要具体写出开展了哪些工作，采取了哪些措施、方法和步骤，取得了哪些成效（或结果如何）。

其二，成绩与经验。要具体写出所取得的成绩，表现在哪些方面，取得成绩的主客观因素是什么，有哪些经验和体会。这部分内容在总结中处于核心地位，一定要下大力气写好。写成绩既要概述面上的情况，又要举出典型事例和具体数字，使之具有说服力。分析要准确、深刻，议论要明确、中肯，并有一定理论高度。要把感性认识上升到理性认识，总结出一些带有规律性的经验来。

其三，缺点与教训。要写明存在哪些缺点和问题，表现在哪些方面，属于什么性质的问题，造成了什么损失和影响，并分析原因和教训。前面叙述和说明部分的语言要简练，把重点放在分析缺点和问题为什么出现、主观方面应该承担的责任，以及应吸取的教训。写作时同样要注意上升到理论高度，找出带有规律性的东西。如果是着重反映问题的总结，前面的成绩与经验部分当然就要略写甚至不写，而把这一部分作为重点来写。

（3）结尾。写法要根据内容的需要而定。可针对存在的问题，提出改进意见或相应的奋斗目标；也可以根据形势发展的需要或新的任务要求，提出今后的打算和努力方向。如果该总结特定的任务在主体部分已完成，也可以不写结尾。

3. 落款

写法与计划相同。

二、主体部分常见的结构形式

总结正文的主体部分内容很多，又需要对有关事实进行理论上的分析归纳，所以在写作中采用的结构方式也多种多样，常见的有：

1. 纵式结构

按事物的自然顺序或工作过程来写。综合性总结的结构顺序一般是"做法—成绩—经验—问题—意见"，专题总结的结构顺序则是"主旨—做法—效果—体会"。这是总结正文的传统结构方法。对周期长、阶段性显著的工作，也可以把整个工作过程按时间顺序划分为若干阶段进行总结。纵式结构容量大，眉目清楚，给人以完整的印象，适用于大多数总结。

2. 横式结构

把经验体会上升到一定理论高度，归纳出几个并列的观点，先在开头概括介绍，然后按照这几个观点内部的逻辑关系（如主次、因果等），分为若干个小问题，依次总结。这种形式行文简要，重点突出，逻辑关系清晰，便于阅读时抓住要点；但写作时有一定难度。

3. 纵横式结构

即在一份总结中既有纵式结构又有横式结构。一种做法是按材料的逻辑关系，把内容分为几个部分，每一部分则按时间顺序来写；另一种做法是以时间顺序将整个工作分为几个阶段，每一阶段又分别归纳出一些经验和体会，利用小标题分开来写。这种结构把复杂的内容组织得条理清楚，层次分明，是大容量、长篇幅总结常用的结构形式。

4. 独体式结构

这是最简单的结构形式。全篇总结围绕中心，从开头到结尾，一气贯通。其结构顺序一般包括"基本情况—具体经验或问题—分析原因和结论"三部分，分为开头、正文、结尾三段，有的甚至不要结尾。正文部分有时也分若干段落，但不使用数字标项，也没有小标题。这种结构形式紧凑严谨，内容简单的专题总结与个人小结，适宜采用这种形式。

三、写作注意事项

（1）要充分占有材料，选择典型材料。深入调查研究，全面地掌握材料是写好总结的前提。只有材料详备，点面正反俱全，写作者才有筛选的余地，才能据以说明情况，分析问题，从中总结出经验教训，发现事物的规律。要注意材料的真实性和准确性，特别是涉及表扬和批评的材料，更应认真审核。动手写作时，要围绕总结准备阐述的观点，选择那些最典型、最生动、最有说服力的材料，坚决舍弃一般化的平庸材料，以达到观点与材料的和谐统一。

（2）要有正确的指导思想和科学的分析方法，总结出具有规律性、普遍性的经验。写总结必须以党和国家的方针、政策及上级单位的指示精神为准绳，以实事求是的态度，恰如其分地反映本单位的实际情况和事物的本来面目。要从客观实际出发，从分析研究事实入手，发掘出事物的本质特点及其内在联系，找出取得成绩的原因或存在问题的根源，从而认识事物的本质规律，明确今后的工作任务和努力方向。方法上要坚持一分为二，切忌一好百好、一坏百坏。同时要走群众路线，起草和修改要注意听取群众意见。

（3）尽量总结出具有独创性的经验，写出特色。写总结最难的也是最重要的，是善于发现新事物，揭示新规律，总结新经验。在总结中，既要运用典型材料揭示普遍规律，又要挖掘本单位不同于其他单位的特殊本质；既要注意普遍性的东西，更要注意特殊性的东西，使总结写出本单位的特色。在写法上，可以"上挂下联，虚实相生"。"上挂"就是遵循上级文件精神，"下联"就是结合本单位实际，"虚实相生"就是把上级精神和具体实际糅合在一起，变成自己的话来说。要使写出来的总结既贯穿

139

着上级精神，体现了普遍性的东西；又与本单位的实际情况相吻合，具有特殊性的东西。

（4）要主次分明，条理清晰。总结的篇幅一般都比较长，必须分清主次重轻，对工作中较突出的成绩、较成功的做法，以及有着较深刻体会的问题，要作为重点着力去写，切不可各部分平均用力，面面俱到写成"流水账"。要精心安排正文的结构，使全文内容完整，主次清晰，结构严谨，层次分明。

（5）要叙议结合，语言得体。总结要摆情况，谈成绩，讲做法，论因果，既有感性材料的陈述，又有理性认识的评论与升华，因此叙述和议论是写总结必不可少的两种表达方式。具体写作中，既可先议后叙，也可夹叙夹议，还可先叙后议，总之要灵活运用，使观点与材料和谐统一。（最常见的方法是：亮出观点后，先用议把观点展开，再过渡到举例子；有时举完例子还接着再议，但不是重复前面的议，而是就这个例子本身而议，以进一步印证观点的正确性。）总结的语言要求准确、简明、平实，也要尽可能生动。可适当使用一些来自材料中的生动活泼的群众语言，切忌空话套话、拖沓啰唆，并要尽量少用"基本上""一定程度上"等含糊笼统的语言。

（6）个人工作、学习、生活体会的小结，也要着重写出自己收获较大、体会较深的问题，不要面面俱到。要既有具体事例又概括出经验教训，不要只叙事不见思想，也不要只讲理论不见具体事例。如果是很简短的小结，则要把体现自己实践的成功做法写出来，用隐性表现的手法写出一点经验。

四、如何写好经验体会

所谓经验体会，是指在工作实践中领会和得到的知识，是通过摆事实、讲道理概括出来的规律性的东西，能够反映某一事物的本质联系和必然趋势。经验体会是总结的精华部分，也是总结写作的难点。一份总结写得好不好，很大程度上是看经验体会提炼得好不好。有的人写总结，列举了大量成绩，却没有上升到理论高度，无法给人留下深刻的印象；有的人写了成绩收获，写了所做的大量工作，却散乱无章，东一下西一下，没有归纳提升，对实践没有多大的指导意义；还有的是成绩与经验不对应，总结的经验无法概括成绩，或者成绩无法归纳推理出经验；至于总结出独创性的、具有普遍指导意义的经验，对有些人来说更只能是望洋兴叹了。因此，有必要认真对待这一问题。

1. 提炼出具有规律性的经验

经验是从相应的成绩中总结而来的，因此必须善于从各种材料中提炼观点，将感性认识上升到理性认识，使其具有指导意义。这一过程虽然难度很大，但也有某些规律可循，我们可以将其归纳为"三步法"：

第一步，从收集到的大量材料中抓主题，确定方向。

第二步，找到共同的成绩、做法，进行综合。

第三步，把综合得到的结果用文字提炼后形成观点句，以反映该项工作的某种规律和指导意义。

最后得到的若干观点句就是经验体会，通常使用判断句或因果、条件、假设复句来表达。如"在机关管理人员招聘工作中实行严格的纪律监督，是保证机关管理人员质量的有力措施""只有坚持为基层办实事，才能使后勤工作得到群众的广泛支持""要使训练和管理在基层落实，必须特别注重坚持教养一致的原则"等。

在实际写作中，经验的提炼应该先于具体的写作，也就是说在预先构思时，就要从搜集到的材料中把规律找出来。因为工作涉及方方面面，成绩也可能很多很杂，所以找的时候需要预先分类。一种办法是按大的工作项目分，把所取得的成绩一一归入各自独立的项目类里，这种分类的对应关系相对简单。另一种办法是按同类项合并的方法分，就是把同类性质的工作成绩放在一起。有了这样基本的分类，规律就比较好找了。至于具体的落笔，可以按照总结写作的传统模式，先写成绩收获，再顺势推出"我们的经验是……"；或者将成绩和经验结合在一起，先摆出经验、认识，上升到某一高度，再谈具体的做法及所取得的效果。

141

2. 要总结具有独创性的经验

独创性的经验就是既符合事物发展的客观规律，又富于自身创造性的经验，就是"人无我有""人有我优"的特色化经验。一份总结要想达到引人注目、为己争光的目的，必须十分注意总结具有独创性的经验。这是因为：第一，真正独创性的东西，正是总结主体先于别人、长于别人、强于别人的地方，只有紧紧抓住并充分利用这一优势，才能收到令人信服的效果；第二，天下事物，只有特色化的东西最容易引发兴趣，令人关注，因此要使总结的经验"出彩"，吸引人，就必须注重独创性；第三，只有独创性的经验才能给人启迪，可资借鉴，如果都是一般化、大路货，你有我有大家都有，也就没有什么价值可言了。

要总结具有独创性的经验，一般应抓住以下几个方面做文章：①总结主体做了而其他主体还没做的工作；②总结主体比其他主体见识早、动作快、进度超前的工作；③总结主体比其他主体安排周密、措施具体、落实到位的工作；④总结主体比其他主体重视程度高、工作力度大、实际成效好的工作；⑤总结主体在思路和举措上另辟蹊径、独具特色的工作；⑥其他主体尚未总结的工作；⑦其他主体总结得一般化，尚有更多更深的内涵可以挖掘、更新更好的角度可以探究的工作。

抓住以上七个方面，就找到了总结独创性经验的切入点。以此为基础，在具体经验的总结、提炼上还要追求三种境界：一是"人无我有"，即上文已讲过的，要总结、提炼其他主体没有或尚未总结出来的新经验；二是"人有我新"，就是力避重复其他主体的经验，坚持多维透视，多角度观察和思考问题，寻求同一事物的新角度，进而总结出不落俗套的新经验；三是"人有我深"，就是坚持以深求新、以深求特的策略，在其他主体总结的基础上，进一步挖掘事物的内涵和底蕴，力求在更深的层次上总结出境界超凡、出类拔萃的新经验，给人以别有洞天之感。

3. 要总结具有普遍指导意义的经验

总结经验时不能抓住那些偶然的、孤立的现象做文章；这种现象即使是"人无我有"的东西，也没有多少实际价值。总结的经验应该是：既反映总结主体的创造性和个性化，又合乎事物发展的客观规律，具有普遍的指导意义，可供其他同类主体学习与借鉴。具体做法可以从以下几方面进行：

（1）着眼于解决事物发展中共性的矛盾。任何矛盾着的事物都是共性和个性的统一，这就决定了任何一项工作的发展过程，不同的工作主体都会遇到一些相同或相近的问题。面对这些问题，不同的工作主体或解决得快一些、好一些，或解决得慢一些、差一些，有的甚至束手无策。这时候，那些解决得又快又好的工作主体，如果针对上述问题，抓住自己最具优势的工作，认真总结成功的经验并推向社会，就会使其他工作主体从中受到启发，得以借鉴，少走弯路，从而较好地发挥总结经验指导工作的核心作用。

（2）着眼于克服工作中存在的普遍性问题。由于人们认识上的局限性导致工作上的局限性，一项工作在其发展过程中或发展的一定阶段上，往往会出现一些具有一定普遍性的问题。在不同的工作主体那里，这些问题出现的时间早晚及问题的严重程度不尽相同，有的工作主体已经发现并着手解决，而有的工作主体还没有察觉。在这种情况下，如果某个工作主体能从自身的实际出发，针对这类问题推出一些成功的经验，将会对其他工作主体提高整体工作水平产生积极的影响。

（3）着眼于回答如何贯彻落实好上级精神的问题。每一项工作的开展，上级总要提出一些指导性的意见。对此，各工作主体都负有贯彻落实的职责。贯彻落实得如何，既被上级领导所关注，又直接影响工作的开展。如果你能找到上级精神与自身实际的最佳结合点，创造性地贯彻落实上级精神，有效地推动了工作的快速健康发展，并及时总结推出这方面的经验，将很容易得到上级领导的重视和肯定，又能为其他工作主体提供借鉴和参考。

（4）着眼于回答同类主体正在共同研究和探索的问题。在实践和发展的过程中，经常会有些事关重大的问题引起社会性的普

143

遍关注。例如在目前，企业文化建设、人力资源管理、品牌战略的实施、可持续发展等，都是企业界广泛关注的问题。如果谁在这类问题的研究探索上取得领先成果，并进而总结出饱含真知灼见的经验，就很容易引起同类主体的广泛兴趣。

【例文 4-3】

实践为民宗旨　推动科学发展
打造人民群众满意工程
——国家电网公司创先争优活动总结

按照中央统一部署，公司自 2010 年 4 月全面启动创先争优活动。两年多来，在公司党组的高度重视和坚强领导下，各级党组织和广大党员扎实开展主题鲜明、内容丰富的创先争优活动，呈现出"组织创先进、党员争优秀、企业上水平、职工提素质"的生动局面，得到了中央领导的高度评价和社会各界的普遍好评。

高度重视　精心组织　扎实开展创先争优活动

公司党组坚持把创先争优活动作为首要的政治任务，自觉从服务经济社会发展的全局出发，精心安排部署，狠抓工作落实，实现了高起点谋划、高标准要求、高质量推进。

加强领导，打造精品工程。公司认真贯彻中央和中央企业创先争优活动要求，成立活动领导小组，刘振亚总经理担任组长。领导小组多次召开会议，听取工作汇报，研究解决问题，安排部署工作，推动活动开展。加强顶层设计，统一明确活动的阶段、步骤、程序和标准，精心组织实施。各级党组（党委）建立领导小组和相应机构，逐级落实责任，形成了覆盖全面、沟通顺畅、监督有力的活动组织领导体系。创新工作方式方法，先后 6 次组织召开电视电话会议，将党组的部署要求直接传达贯彻到工区、班组，促进各单位创先争优活动同起步、同推进。在供电企业开展"为民服务创先争优"活动，在直属单位开展"强管理、控风险、增效益"创先争优活动，在总部分部开展"讲责任、比奉献、作表率"创先争优活动，形成主题鲜明、分类推进的创先争优整体格局。

紧扣主题，推动科学发展。以"深入学习实践科学发展观、加快推进公司发展方式和电网发展方式转变"为主题，把创先争优活动作为巩固和拓展学习实践活动成果的重要举措，将学习实践活动中梳理出的14项重点整改项目，纳入公司党组公开承诺并逐项落实。各单位共完成整改项目1536项，解决影响和制约科学发展的问题4401个；将创先争优活动与学习型党组织建设相结合，共举办"学习实践大家谈"和"电网先锋讲坛"2806次，撰写理论文章17 613篇。通过深入学习研究，进一步完善了公司科学发展总战略。活动期间，刘振亚总经理先后在《求是》《学习与研究》《党建》等刊物发表多篇理论文章，出版了具有很高学术价值、对我国能源发展进行了系统性深度战略思考的专著《中国电力与能源》，受到专家学者和社会各界的高度评价。

突出重点，深化为民服务。作为中央确定的为民服务创先争优重点联系单位，公司全面实施95598光明服务工程。面向全社会公开发布新修订的供电服务"三个十条"，先后在营销系统开展"塑文化、强队伍、铸品质"供电服务提升工程，在调度机构开展"三亮三赛"等主题活动，在农电系统实施"新农村、新电力、新服务"发展战略，确保为民服务创先争优各项要求落到实处。在27个省级电力公司成立共产党员服务队4048支，服务队成员6.5万人（党员占74%）。建立95598服务热线联动机制，深入开展进社区、进企业、进乡村等活动，提供亲情服务、阳光服务、增值服务，做到"有呼必应、有难必帮"，架起党联系人民群众的连心桥。

夯实基础，加强基层组织。认真落实中央关于开展基层组织建设年的各项要求，深化"电网先锋党支部"创建活动，组织各单位高质量完成了20 237个党支部的分类定级工作。着力抓好党支部整改提高，5298个党支部实现晋位升级。加强新建机构、并购重组企业党组织建设，及时成立驻菲律宾、美国、俄罗斯、欧洲、巴西、印度等海外党支部，做到党组织与经济组织同步设置、同步调整。健全完善基层党建规章制度，编制《基层党组织工作一本通》，推广应用电子党务系统，制定实施《基层党支部书记公推直选实施意见》，编制《党务公开目录》，制定《党建考核评价办法》，全面提升基层党建科学化水平。在公司党组重视和支持下，"电网先锋党支部"已成为央企党建工作的一个亮点和品牌。

选树典型，发挥引领作用。注重发挥先进典型的示范引领作用，在人民日报、中央电视台等中央媒体，集中宣传了"电力雄鹰"吕清森、"不倒的铁塔"江小金、"助学老人"解黎明、"爱心大使"韩克勤和国家电网四川电力共产党员服务队等一批优秀党员和先进基层党组织。充分利用公司门户网站、《国家电网报》等宣传平台，宣传先进典型事迹，推广先进工作经验。组织开展向先进典型学习活动，举办"服务之星"、青藏联网工程等先进事迹巡回报告会和图片展23场，在员工中引起强烈反响。先后在省级以上媒体宣传报道创先争优先进典型3969个，营造了学习先进、争当先进、赶超先进的良好氛围。

践行承诺，确保群众满意。认真组织开展公开承诺、领导点评和群众评议工作，构建创先争优常态工作机制。公司党组以身作则，带头公开承诺，主动接受监督。各级党组织作出公开承诺16.1万项，广大党员作出公开承诺193.4万项，通过承诺践诺，有效激发了创先争优内在动力。建立领导干部定点联系机制，各级党员领导干部采取多种形式，务实开展领导点评，切实把联系点建成示范点。在活动的各个阶段都及时组织开展群众评议工作，与民主生活会、年终总结评比、员工思想动态调研等工作有机结合，通过问卷调查、个别访谈、网络互动、设立意见箱等多种方式进行测评，确保评议结果的公正性和代表性。

努力超越　追求卓越　创先争优活动取得显著成效

活动得到中央领导的充分肯定。活动期间，李长春同志先后两次分别对浙江公司江小金同志、山西公司解黎明同志先进事迹作出重要批示。习近平同志亲临视察四川电力共产党员服务队，高度评价党员服务队牢记宗旨、心系群众，给创先争优活动赋予了新的内涵，成为党联系群众的连心桥。李源潮同志先后三次分别对山东公司创先争优活动项目化管理的经验做法、国家电网共产党员服务队及解黎明同志先进事迹作出批示。王兆国、刘云山、张德江等中央领导同志也分别就公司选树的先进典型作出重要批示。这些重要批示既是对公司创先争优活动的充分肯定，又是对公司整体工作的充分肯定，充分体现了对公司工作的关心和对公司党组的信任。

公司影响力和美誉度进一步提升。在中组部、国资委党委组织召开的创先争优活动专题会议上，公司共作了 4 次大会典型发言，收到良好反响。2011 年 7 月 21 日、8 月 26 日，刘总先后在中央创先争优活动领导小组召开的窗口单位和服务行业创先争优座谈会、中央企业深入开展"为民服务创先争优"活动视频会议上作专题发言，介绍公司创先争优活动做法和成效。2012 年 2 月 17 日，曹总在中央企业为民服务创先争优经验交流暨开展基层组织建设年视频会上，介绍了公司加强基层组织建设的经验做法。公司直属党委在全国国有企业党支部书记示范培训班上专题交流了"电网先锋党支部"创建工作经验。四川公司代表公司基层党组织，在中央企业创先争优经验交流总结会上作大会发言。

基层党组织建设呈现新面貌。2012 年，公司直属党委等 15 个党组织被授予"全国创先争优先进基层党组织"称号，占受表彰中央企业总数的 20％。133 个党组织被中组部和省级党委评为创先争优先进基层党组织。活动期间，公司党组先后评选表彰 216 个"电网先锋党支部"和 190 个"电网先锋党支部标兵"。公司 11 名同志当选党的十八大代表，30 名同志荣获全国和中央企业优秀共产党员、优秀党务工作者称号，64 名同志荣获省级优秀共产党员、优秀党务工作者称号，集中展现了国家电网员工努力超越、追求卓越的精神风貌。

科学发展实现新突破。开展创先争优活动两年多的时间，正是公司"十一五"冲刺收官、"十二五"开局起步的承上启下的关键期，是公司发展的战略机遇期、管理转型期和改革攻坚期。公司党组坚持以创先争优为深化"两个转变"、创建"两个一流"提供动力和保证，特高压发展、"三集五大"体系建设、国际化战略实施、供电优质服务等各项工作均取得显著成绩。公司连续8 年被国资委评为业绩考核 A 级企业，在 2012 年世界 500 强企业排名保持第 7 位。

公司创先争优活动得到党和国家领导人批示次数在中央企业中排名第一，大会发言次数排名第一，获得各种奖项和荣誉排名第一。这些成绩的取得，得益于公司党组的坚强领导、率先垂范，得益于各部门各单位履职尽责、通力协作，得益于广大干部员工辛勤工作、无私奉献。创先争优活动既是一次党内集中教育活动，又是一项长期任务。下一步，公司将在认真总结经验、巩固扩大成果的基础上，以学习贯彻十八大精神为重点，建立健全创先争优长效机制，努力推动创先争优常态化长效化，引导激励各级党组织和广大党员在创建世界一流电网、国际一流企业中创先争优、建功立业。

国家电网公司创先争优活动领导小组办公室
2012 年 11 月 5 日
（选自《国家电网公司创先争优活动简报》第 167 期）

第三节　述职报告

述职报告是党政机关和企事业单位常用的公务文书之一；是各级干部及其他岗位责任人在人事考评活动中，向上级管理部门和本单位干部群众陈述任职情况、汇报工作实绩时，根据职务或职责考核标准进行自我总结和自我评估的书面汇报材料。述职后，不但上级领导或聘任机构要对报告的真实性和客观性进行审查，而且要交由群众进行评议。因此，述职是当今人事管理的重要手段，述职报告是考察报告者德、能、绩、勤、廉情况的重要材料，一般要归入个人档案。

一、述职报告与个人总结的异同

共同的地方是：二者都有"回顾性""个体性"特点，都可以谈经验、教训，都要求鲜明观点和事实材料的紧密结合，都应该有叙述有议论。但是，二者也有以下明显差异：

（1）作用不同。个人总结是自我肯定成绩并找出不足，目的是为指导以后的工作；述职报告则是上级部门用来考察干部履行职责情况及其是否称职的一种手段。

（2）回答的问题不同。总结要回答的是做了什么工作，取得了哪些成绩，存在什么不足，有何经验、教训等；述职报告要回答的则是承担什么职责，履行职责的能力如何，怎样履行职责，称职与否等。

（3）写作的重点不同。总结的重点在于全面归纳工作情况，体现工作实绩；述职报告则以履行职责方面的情况为重点，突出表现自己的德、能、绩、勤、廉，表现履行职责的能力。

二、述职报告的基本结构

1. 标题

标题有三种写法：

（1）直接用文种名称作标题（如《述职报告》或《我的述职报告》），是最常用的标题形式。

（2）公文式标题，包括单位、职务（姓名）、时限、文种，也可以省略其中某个要素。如《计财处主任××任职期间的述职报告》《××公司×××述职报告》《2011—2012年任××职务期间的述职报告》等。

（3）文章式标题，一般采用主副标题，主标题点明述职报告的主题（基本评价、经验、教训等），副标题则补充说明作者、文种等。如《以创新为基础开创××工作新局面——述职报告》《恪尽职守，尽力而为——××分场主任×××的述职报告》等。

2. 称呼

述职报告一般要当众宣读，所以应选择恰当的称呼，如"各位领导，各位代表"等。称呼要顶格书写。

3. 开头

以简洁的文字，说明何时任现职和担负的具体职责，表明自己对本职责的认识，阐明任职的指导思想和工作目标，概述所取得的成绩。切忌刻意堆砌一些套话或过分谦虚的话，否则会令人反感。

4. 主体

这是述职报告的关键部分，一定要精心构思，写得既明确具体，又有自己的特色。一般包括如下几方面内容：

（1）履职情况与工作实绩。要根据自己职责与具体工作实际，分成几个方面，或选择几项主要工作，细致地将履职过程、效果及认识表述出来。对一些重大问题的决策过程，对棘手事件的处理思路，对群众迫切关心的问题的认识和处理，都要交代清楚。写作时，可以用今昔变化、数字比较、群众的反映等来体现工作的成果。同时，对履职情况、工作实绩要进行深入的分析研究，作出具有一定理论水平的概括（亦即总结成功经验）。必要时还得从思想道德素质、政治理论素质、开拓进取精神、法律政策水平、处事决断能力、分析综合能力、文字和口头表达能力、廉洁模范作用、上下左右关系、工作作风和工作方法等方面描述自己的形象，回答好称职与否的问题。

（2）存在问题与教训。要真实地反映工作中存在的问题，包括自己和下属的失误以及由此造成的损失。要认真分析失误的原因，说明自己应负什么责任，有什么教训。若在任期内受过处分，也要如实写明，并找出原因。

（3）今后工作的设想。把自己工作的下一步目标及打算采取的一些具体措施，简要而又切实地写出来。

5. 结尾

可以简要表述一下自我总的评价，并表明自己的态度。最后一般以"以上述职报告，请予审议。谢谢大家！"等习惯用语作结尾。

6. 署名和日期

写法同公文及其他事务文书，一般置于文末右下方，有的放在标题之下。

三、写作述职报告应处理好五个关系

随着各级组织、管理部门考核力度的加大，述职报告被越来越广泛地使用。在任职期间或期满，把自己职守的勤怠、管理的能力、开拓创新的精神和工作业绩等方面的情况，向各自的选举任命机构或上级领导、人民群众作个人述职已成为一项经常性重要工作。因此，我们必须高度重视述职报告的写作，不仅内容要有吸引力，写作技巧上也应有鲜明的特色，并正确处理好五个关系。

1. 正确处理"述职"与"述绩"的关系——重在述绩，点面结合

述职报告应紧紧抓住"职"字而述。只有明确自己的职责，才能明确自己在整个组织中的地位以及同其他成员的关系，明确自己的工作方法以及权利和义务，这是有效考绩的前提。一年或一个阶段、一个任期下来，述职者做了许许多多、大大小小的工作，但由于述职是有时间限制的，因而不能事无巨细地写"流水账"。只有点面结合，有主有次，才能突出重点，体现本职工作特色。实绩是干部述职的核心，从某种意义上讲，"述职"就是"述绩"。因为述职者的德、能、勤主要是通过工作实绩来展现的，要用事实和数据来说话。只有把"述"的重点放在任期内做的主要事情、取得的主要成绩上，才能把德、能、勤的水平显示出来。否则，就很难判断一个人整体素质的高低，工作是否称职。因此，述职报告要紧紧抓住"述绩"这个中心，既重点突

151

第四章　事务文书

出，又不失面上情况，达到纲目有序、主次相宜的效果。

2. 正确处理"成绩"与"问题"的关系——突出实绩，兼顾问题

撰写述职报告的目的不是为了评功摆好，而在于促使述职者对自己职责清不清、目标明不明、方法灵不灵、能力强不强等方面进行反思与剖析，得出是否称职的结论，从而激发开拓进取、积极向上的工作热情。所以，述职者述职时要在上级所赋予的某种职权和责任范围内，讲清自己是否恪尽职守、尽职尽责。应理直气壮地把成绩讲够讲足，用事实说实绩，用事实作评价。在肯定成绩的同时，也要敢于"自我否定"，敢于亮丑揭短，不回避问题。一个出色的干部，只有认识到自身存在的问题，从错误中吸取教训，才能增强自己的工作能力，进一步改进自己的工作方法。也只有这样，才能真正得到组织的关心和帮助。因此，述职者要以实事求是的态度对待自己的"成绩"与"问题"。要讲真话、实话、心里话，以诚感人。讲成绩不夸张，讲问题不回避；把成绩说够，把问题说透。所写的内容要与事实相符，既不争功，也不诿过，当然也不要为了表现高姿态而不切实际地揽过。

3. 正确处理"集体"与"个人"的关系——摆正位置，正确评价

干部述职是特定的述职人根据自身的岗位任职情况，客观准确地评价个人的作用。因此，当个人的工作与集体、与他人融为一体时，必须分清个人实绩、集体实绩与他人实绩。实绩是自己的就是自己的，是集体的就是集体的，是他人的就是他人的。有些实绩是集体智慧的成果，或是由几个人共同承担完成的，述职者就只能从中"挖掘"属于自己的那一部分，并明确自己的角色作用——是充当主角还是配角，是在一线干的还是在二线提供保障服务的，是发挥了拍板定论决策作用还是起了提合理化建议的作用。只有按照职责范围，主次分明、详略得当地讲清自己在重大活动中充当的角色和发挥的作用，把位置摆正，才能看出述职者与政绩、成果之间的关系，才不至于把集体的成绩记在自己的

功劳簿上，也才能使组织和同事准确地评价自己的功绩。否则，会使领导听了不满，群众听了反感。

4. 正确处理"陈述"与"评议"的关系——少评多述，虚实结合

写述职报告，既要实事求是地把履行职责的情况反映出来，又要客观准确地进行自我评价，得出结论。一篇述职报告，如果只有实没有虚，就会变成现象的罗列、事实的堆砌；如果太重虚而不重实，给人的感觉则是空洞无物，华而不实。因此，必须将"陈述"与"评议"结合起来，才能符合述职报告的写作要求。"陈述"，就是述说自己的任职情况，摆出"成绩"与"不足"的事实材料。"评议"，就是上升到一定的理论高度对任职情况进行分析，得出经验教训，寻找方法，明确方向。在这里，"陈述"是基础，"评议"是"陈述"的必要升华。因此，在撰写述职报告时要注意既不能就事论事，写成大事记，也不能空泛评议，缺乏事实根据。应采用写实的手法，以实事求是地"陈述"自己履行岗位职责的情况为主，以客观"评议"自己在工作中发挥作用的大小以及是否称职为辅，把工作情况的"实"与自我评价的"虚"结合起来，增强文章的说服力，体现一种理论联系实际的好作风、好文风。同时，这样写法体现出述职者用理性认识指导实际工作，通过实际工作又进一步提升了理性认识，真正展示出述职者的理论水平和文化素养。这正是述职报告的价值所在。

5. 正确处理"述者"与"听者"的关系——把握分寸，注重效果

写述职报告，就是要让组织和部属对述职者的工作进行"会诊"，以便于对述职者进行全面的考核和评估。虽然任何一个领导者的业绩都离不开上级的指导、下级的支持、平级的交流与合作，但如果在写自己的成绩时把上、下级和平级都写上，就有可能淹没个人的业绩，看不出个人的才干和贡献；如果不提上、下级和平级，又怕有贪功之嫌，这往往是写述职报告的一大难题。对此，在撰写时可以把握下列方法：一是谈我不见我（"我"说

多了令人反感，必须用时可用"自己"代替），明确自己的地位，把有限的文字恰当地用在陈述自己的实绩上；二是忌炫耀而求客观，用事实说话，增强述职的底气，以求让人服气；三是回避有关的问题，如影响人际关系的内容、需要保密的内容、不宜公开的个人隐私等，使人容易理解和接受。此外，为了使部属对自己加深理解和信任，写述职报告之前要对自己进行认真、全面的反思，并虚心听取群众的意见，弄清他们的不满和要求；述职时对群众意见较大的问题尤其要如实阐述，以坦诚的胸怀赢得部属的谅解与支持。

【例文 4-4】

2004 年度述职报告

局长工作部　　庄××

各位领导、各位同事：

大家好！

2004 年光阴如梭，一晃而过。回首过去一年的工作和学习，既令人欣慰，也有些许遗憾。欣慰的是：我在工作中得到了局领导一如既往的关心和帮助，得到了同事们热情真诚的支持和配合，部门全体员工团结奋进，扎实工作，使局长工作部的管理和服务水平跃上新台阶，部门建设取得了新的成效，在省公司首次组织的办公室业务评先中，我局荣获省公司"2004 年度办公室工作先进单位"；同时，在个人综合素质方面也有新的收获，应对办公室工作的挑战更加从容和自信。遗憾的是：部门工作还有一些薄弱环节，离部门管理目标还有一定差距；我本人在忙忙碌碌的一年中也虚度了不少时光，可圈可点的事实在不多。现在分三个部分向同志们汇报过去一年的工作：

一、廉政建设和业务学习方面

过去的一年，我时刻注意以一个共产党员的标准严格要求自己，在政治上坚决地与党中央保持高度一致，认真执行局党风廉政建设有关规定，做到自我约束，防微杜渐，反腐倡廉，力树正气。能认真履行与局里签订的《三大安全责任书》，贯彻落实上级有关指示精神，严格按照规章制度办事，以较强的事业心和责任感投入到工作中，做到言行一致，公正客观，多做少说，勇担责任。能妥善处理好各种工作关系，在部门间大力倡导学习进取、团结和谐、真诚互助的工作氛围。能注重政治学习，作为主要执笔人参加市直党工委组织的"邓小平理论与机关党的建设"课题论文撰写，获得一等奖。能注意业务自学，不断充实、提高自己。

二、取得的主要工作成效

2004年，局长工作部的工作呈现了许多新亮点。一是部门建设和信息化管理水平得到提升。局长工作部网页全新改版推出并配套出台维护管理办法，初步实现主要制度、工作流程和重要管理信息的网上登载和实时更新，正逐步建设成为局长工作部的"管理平台、服务载体和形象窗口"。二是文秘工作协调运转，通畅高效。确保了2400余份文件的准确办理和许多重要会议的圆满组织，按时高质地完成了许多重要文字材料的统稿撰稿，在默默平凡的工作中凸现成效。三是档案管理达到"国家一级"标准。对档案工作采取长效管理和重点攻关相结合，以升级达标为手段，进一步理顺管理关系，健全管理制度，加强基础建设，取得了新的成果。四是行政后勤的服务和管理水平跃上新台阶，高效地完成了备受职工关注的第一次住房补贴发放，在行政管理的制度健全、降本增效方面成效显著。五是修志工作取得阶段性成果，基本完成了5章和12个节、目的初稿撰写，志稿的质量受到肯定。

当然，这些成绩是在局分管领导的指导和支持下，在全局各部门的支持配合和部室全体员工的共同努力下取得的，有些成绩更离不开历任办公室主任打下的良好工作基础。作为部门主要负责人，我在这些工作中主要起到组织、协调和推进作用。

三、具体工作汇报

1. 理清思路，提出部门奋斗目标。2004年，在全局面临生产基建任务十分繁重、电力供应形势十分严峻的新形势的同时，局长工作部还面临着职能拓展、管理压力增加的新情况。对此，我能冷静分析思考，及时理清思路，根据局长工作部的工作性质和任务，提出了"真诚服务、精细管理、务实高效、协调进取"的部门建设目标，把握重点，分清主次，掌握节奏，有条不紊地推进部门各项工作。

2. 加强管理，推进部门效能建设。注意发挥集体领导的力量，及时明确部门领导的工作分工，在实际工作中信任和支持部门其他领导开展分管的工作，并能认真贯彻民主集中制，做到责任落实，协作配合，经常沟通，对重大事项实行部门领导集体商议决定，部门领导班子保持较强的工作活力和凝聚力。重新制定了部门的工作标准和各岗位的工作职责，对部门主要承担的文秘、行政、档案、修志等工作实行分块管理，合理授权，分层负责，注意发挥部门员工的工作积极性，建立部门领导和各组长（或负责人）参加的定期碰头会制度，加强部门工作的通气协作和整体推进。进一步加强部门的绩效考核管理，强化了部门各项工作的计划管理和考核，使工作朝着目标自觉推进，工作质量有较大提高。重新修订《部门宣传报道及绩效考核管理办法》，对宣传报道、信息报送和工作质量实行每周考核兑现，宣传报道月月超额完成部门指标，2004 年在《××要讯》《××电力动态》的上稿量均比去年大幅提升。

3. 注重协调，及时解决工作难题。能针对部门工作推进中存在的困难和问题，加强沟通，积极协调，解决难题，使工作顺利推进。积极理顺文秘各岗位的工作分工和衔接，理清工作界面，保证公文运转协调顺畅。认真分析档案升级工作的条件和困难，在人员补充、经费支持、方案制订、具体推进中能积极汇报，认真协调，与部门分管领导一起共同推进档案管理工作。能认真组织修志重要会议，支持和配合资料收集，严把稿件质量，使修志工作不断取得进展。参与行政管理方面重要制度的制订、重大事项的决定和对外协调工作，使行政管理工作有序推进。

4. 服务大局，认真做好重点工作。能围绕企业中心工作，立足大局，超前思考，认真收集行业重要政策、重大信息，积极协助领导推进重要工作，通过较高质量的文字材料和跨部门的工作协调努力发挥参谋助手作用，在工作中尽心尽职。对局长工作报告、重要汇报材料等综合性文件材料做到亲自拟写，反复推敲，积极发挥自己较强的文字驾驭能力，追求精品。牢记"客户满意"的目标，热情接待、认真处理客户的来电、信访、来访工作，注意做好重要来电来函来访办理的跟踪督促；对今年两起人员较多的客户来访，能做到快速反应、及时请示汇报，配合领导和有关部门冷静稳妥处理，维护了企业的稳定大局。

四、主要体会和不足

办公室在企业中处于枢纽位置，大量纷繁复杂的工作要通过办公室梳理、交办（办理）和反馈，需要耐心细致的工作态度和高度负责的精神；办公室又处于辅助位置，大多是服务性、事务性的工作，亮点不易出，无误便是功，需要甘为人后、默默无闻的奉献精神。

（略）

回顾一年来所做的工作，收获明显，但仍存在许多不足之处：部门管理力度不足，缺乏更为有效的激励和考核手段，整体工作节拍尚不十分默契，部门队伍建设和信息化建设有待进一步提高；个人的工作方法有时较为传统，做员工的思想工作还不够细致，忙于日常事务多，深入现场少，未能积极创造全面锻炼的机会。

五、下一步工作设想

1. 要加强自身学习。局长工作部工作系统性、政策性强，对部门领导素质、能力、品格的要求也很高。面对新的形势，要时刻把学习放在重要位置，学政治、学理论、学业务，不断加强个人修养，提高自身素质，丰富理论素养和工作经验，增强讲政治的自觉性和坚定性，增强工作的灵活性和创造性，切实提高工作能力。

2. 要加强部门建设。要加大资金投入，进一步提高部门的办公自动化和信息化水平；要加大精力投入，提高部门的信息报送和服务水平；要加强效能考核和思想工作，提高部门的整体工作效率和团队意识，努力创造一个融洽和谐、共同奋进的工作氛围；要注意内部挖潜、岗位交流，增强整体凝聚力和战斗力；要加强协调，在职责范围内发挥部门的综合协调作用。

3. 要提高工作水平。面对复杂的工作环境，面对改革进程中突发事件和敏感问题，要努力做到反应灵敏；要更加注重深入实际，深入基层，不断熟悉企业生产经营的新情况、电力改革发展的新形势，了解企业运营管理的新政策、领导经营管理的新思路，以更好地发挥参谋和助手作用；要牢固树立"精品"意识，对办文、办会、办事都要严把质量关，在精益求精上下功夫。

以上述职报告，请领导和同志们审议。谢谢大家！

2005 年 2 月 28 日

第四节 调查报告

调查报告是在对某客观事物或社会问题进行调查研究的基础上撰写的书面报告。周密的调查、细心的研究、完善的表达和明确的针对性、严格的真实性、内容的新颖性、写作的及时性，是调查报告的特点。报刊上常见的调查、调查记、调查汇报、调查附记、情况调查、考察报告等，都是调查报告。

调查报告是一种常见的事务文书。它既可以作为向领导部门汇报工作的材料，为领导制定决策提供依据和参考；也可以在报刊上发表，介绍经验，揭露问题，反映情况，指导工作。

一、调查报告的种类

调查报告所涉及的内容很广泛，表现的形式也是多种多样。一般常见的调查报告有：

(1) 经验调查报告。着重总结具有普遍意义的典型经验，有较强的针对性、理论性和政策性，对指导和推动工作有重要意义。往往是通过对某一典型事物的叙述，说明典型经验产生的背景、过程、效果及其具体做法等，阐明其发展规律、优越性以及意义。这类调查报告在报刊或会议材料中常见。

（2）情况调查报告。调查并反映某地区、单位、行业或某一方面的基本情况、发展状态，为领导部门了解情况、研究问题、制定政策或计划提供依据和参考，包括反映基本情况、涉及内容较广的综合性调查报告与反映某一方面情况、内容单一的专题性调查报告。

（3）问题调查报告。用调查到的大量事实，揭露现实生活中存在的某一问题（包括应当引起重视的矛盾、倾向、隐患等），剖析问题的严重性、危害性，归纳出经验教训，或者提出解决问题的方法、建议，以达到弄清是非、教育群众、吸取教训、解决问题的目的。这种调查报告常常引起社会上的高度关注和强烈反响。

二、调查报告的基本结构

调查报告一般由以下三部分构成：

1. 标题

调查报告标题的形式与总结的标题相似。

（1）单标题。较常见的是文件式标题，直接点出文章主题，讲明调查对象、内容或范围，写得朴实、明确、精练，如《关于实行厂务公开工作的调查》。有的则采用文章式标题，生动灵活，如《××改革定向何方？》

（2）双标题。正标题鲜明地揭示主题，副标题指明调查的对象、内容、范围等。为了增加吸引力，正标题常运用形象化语言，写得新颖、活泼。如《适应市场求发展　与时俱进写新篇——××物资供应公司经营情况调查》。

2. 署名

就是写上作者的名字、单位名称，放在标题下一行居中位置。个人署名也可署于文尾右下方。

3. 正文

一般由导语、主体、结尾三个部分组成。

（1）导语。导语的写法较灵活，常用的形式有：①概括介绍式，即概括介绍调查对象的基本情况与全文的主要内容，或者是对调查的缘由、目的、对象、范围及调查的经过（时间、地点、过程）与方法等作必要的交代，并点明主旨；②结论式，即在导语中先写调查报告的结论，主体部分再阐述主要事实；③议论式，在导语中针对调查的问题说明意义，作简要的评述，主体部分再叙写事情的经过；④提问式，开门见山，抓住中心提出问题，引起读者的思考和兴趣。不管采用哪一种写法，导语部分都应该重点突出，简明精要，切入内容要旨，使读者对全文有一个总的印象，并产生继续阅读的兴趣。

（2）主体。主体是正文的核心部分，是对导语的展开。主体既要具体地叙述调查中的事实情况，又要在事实的叙述报告中引发认识，详述观点，做到由事入理，叙议结合。为了突出段落主旨，各段常加上小标题。具体的结构方式通常有两种：①纵式结构，按照事物发生发展的先后顺序，组织材料，安排层次；②横式结构，按问题的性质或事物的特点来组织材料，加上序号或小标题，分别进行阐述。

（3）结尾。结尾必须简明扼要，意尽辄止，并根据内容的不同而采用不同的写法：有的归结全文，深化主题，进一步加强读者印象；有的提供建议性的方法、措施，供领导和有关方面解决问题时参考；有的提出令人深思的问题，以引起读者注意并深入探讨；有的对所调查的现状作归纳性说明，并指出其发展远景；还有的是补充说明有关情况和问题。如果正文的主体部分已经言尽意尽，也可不再写结尾；或者只在主体后面用一句话结束全文，不再独立成段。

三、怎样写好调查报告

（一）周密调查

这是写好调查报告的首要前提。调查不周，情况不明，底数不清，后面的一切问题都无从谈起，正所谓"巧妇难为无米之炊"。那么要怎样才能做到调查周密呢？可从以下三方面着手：

1. 做好充分的准备工作，制订详细的调查方案

准备工作对调查的质量影响极大。如果不是有备而去，就可能走弯路，甚至劳而无功。因此，要在较短的时间内高效率地做好以下调查前准备工作：

（1）精神和心理准备。包括：①待人态度要虚心诚恳；②做事要有认真负责的精神；③看问题观点要客观全面；④做结论要有实事求是的思想作风。只有这样，才能不怕艰苦，深入实际，才能充分、真实地获得第一手材料，才能客观公正地分析材料和得出结论。

（2）调查的题目和提纲准备。调查的题目一旦确定，就应制订具体的调查提纲和详细的调查方案，对调查的时间、项目、范围、对象、方式、步骤等做出周密安排，使调查过程环环相扣，工作井井有条。这样可以节省时间，提高效率，避免漏洞，保证质量。

（3）相关的资料和知识准备。包括：①与调查对象有关的背景材料，包括地理环境、人文环境和历史渊源；②与调查对象有关的专业性知识，以免造成人家讲的你听不懂，你所问的又不着边际这样一种被动局面；③与调查对象有关的政策法规，以便在观察、处理问题时有一个明确的是非界限。

（4）组织准备。调查研究工作少到一个人，多到几个人、几十个人甚至更多的人组成若干个调查组。无论人员多少，都要加强组织领导。领导要根据调查人员的个人特长对工作合理分工，为调查人员出具各种身份证明或介绍信，确保调查人员能够顺利地进入角色。

2. 灵活运用多种调查方法，掌握真实情况

有目的、高水平的调查总是以恰当地使用调查方法为基础。为了全面、具体、深入地掌握实际材料，必须灵活运用多种有效的调查方法，具体有：

（1）听取汇报。如果调查对象涉及某地区、单位或部门，听取有关方面的汇报也是调查方法之一；但要注意避免先入

为主。

（2）开调查会（座谈会）。这是一种主要的调查方法。邀请的与会人员应具有一定的代表性。会议应创设一种和谐的气氛，让大家畅所欲言。调查人员应随时记录，发现疑点要及时询问。

（3）个别调查。在调查内容具有保密性质或不便公开时（如涉及个人隐私、另有隐情及反映问题等），要使用个别调查。对典型人物、典型材料的调查也可使用此法。其最大优点是调查对象可以敞开思想，大胆地向调查人员提供真实的情况，反映真实的问题。

（4）现场调查。调查者按照调查的目的和任务，在事态发展的过程中深入事发现场进行直接观察，并通过现场访谈等方式，获取真实、可靠的情况。"百闻不如一见"，有许多说不清道不明的问题都会在实地观察中迎刃而解。

（5）普遍调查。亦即普查，指在一定范围内，对所有对象进行全面的调查，以获得完整、系统的资料。其优点是资料全面、准确、误差小。如人口普查、国有资产普查等，调查过程中数据一笔也不能疏漏，就必须通过普查来完成。但普查工作量大，耗时长，必须动用大量的人力、物力、财力。

（6）抽样调查。运用概率论，在需要调查的客观事物的总体中抽取一部分进行调查，以此来推断总体情况。其优点是省时、经济，结论也较为客观、可靠。抽样调查分立意抽样调查和随机抽样调查两种。立意抽样调查是调查者根据自己的判断在调查面上事先选好调查的点，其结果难免有主观片面性。而在随机抽样调查中，每个调查对象被抽取的概率相等，排除了人们的主观选择结论，更为科学、可靠。因此，随机抽样调查更常使用。

（7）问卷调查。根据调查目的和要求，用书面形式把有关的调查内容设计成种种问题以及可供选择的答案，然后发给被调查者填写并收集反馈信息。由于它比其他调查方法更为标准化、系统化、指标化，且简便、高效、成本低，因此成为调查报告、专业技术论文写作中收集材料的重要手段。问卷调查的关键是科学地设计问卷，一般包括以下内容：①标题。点明问卷的内容及标识方法。②前言。说明此次调查的目的、意义、答题要求及注意事项等，并包含适当的感谢语，以调动被调查者的积极性，使之乐意配合。③主体。这是设计调查问卷的重点和难点，如果拟制不当，材料收集就会出现凌乱而缺乏重点、含糊而不准确、信息量严重短缺等现象。主体的内容主要包括问题设置及答案设置两部分。问题设置一定要把需要和可能结合起来，内容要科学准确，便于进行定量和定性分析；其次，问题还要简单明了，语言要通俗易懂，便于填写者理解和解答；再次，问题要集中、明确，内容不要过于繁杂，一份问卷最好不要超过 20 个问题。此外，问题的排列顺序也很重要，一般情况下：容易回答的问题在前，难答的在后；供多数人回答的问题在前，供少数人回答的在后；封闭性的问题在前，开放性的问题在后；概括性的问题在前，具体性的问题在后；逻辑关系相近与相关的问题排在一起，形成一个个问题群。答案设置要做到科学、完备、用语准确。科学，指答案的设置要符合问题的特性与规律，符合本次调查的思路，突出重点，以便为下一步的分析整理并得出正确结论打下良好的基础；完备，指对问题的涵盖要全面而典型；用语准确，则是为了方便填写者准确选择相应项目，从而为调查报告提供准确的资料信息。

163

除了上述方法之外，还有数据调查、资料调查、专家论证等调查方法，不一一细述。所有这些调查方法，既可以单独使用，也可以综合使用。

3. 搜集素材，多多益善

调查中要细看、勤问、多想、详记，不怕烦不怕累，把能收集到的素材尽可能收集上来。直接的、间接的，正面的、反面的，面上的、点上的，事实的、数字的，领导的、群众的，典型的、一般的，主观的、客观的，现实的、历史的，内部的、外部的，理性的、感性的……无论哪一类素材，只要与所调查的情况稍有关联，就要拿回去研究。此外，还要充分利用图书馆、档案室、电子计算机和现代信息网络，查阅相关的现实与历史材料（如统计资料、档案资料等），多渠道地收集有关素材。占有素材越多，就越容易从分析中看到事物的本质，抓住事物的规律，使调查报告写出深度；占有素材越多，使用起来就越有余地，越得心应手。

（二）深入研究

对调查所得材料进行科学的分析研究，是调查报告写作成功的关键所在。只有在占有大量素材的基础上，对素材进行去粗取精、去伪存真、由此及彼、由表及里的深入分析研究，才能挖出本质内涵，得出规律性的认识。许多调查报告有材料没高度，有篇幅没厚度，有建议没深度，问题就出在研究不深入。浮皮潦草永远看不到事物的本质，浅尝辄止永远得不出深刻的思想。所以，在周密调查的基础上，要写好调查报告就必须用辩证唯物主义的方法对素材进行分析研究、认真整理。

1. 去粗取精，去伪存真

在调查的过程中材料是多多益善，但在整理材料的过程中，应该分析材料的典型性、代表性和实际价值，对材料进行必要的遴选，对纷繁复杂的现象进行必要的清理，抓住关键，突出重点，刨根问底，理顺关系。同时，由于多种复杂因素的影响和制约，调查得来的材料可能会产生误差。为了使调查报告的结论和建议建立在真实可靠的事实基础之上，应该对调查得来的材料（特别是经过遴选认为是主要事实的材料）加以认真核实，以确保材料的真实性。

2. 由此及彼，由表及里

事物都是相互联系的，有的是直接联系，有的是间接联系，完全孤立的事物是不存在的。我们分析事物时，只有找出它与其他事物的联系，才能从这种联系中看到事物间的同一性、差异性，才能全面、本质地认识事物，反映事物。因此，不仅要把调查所得的众多材料进行相互比较，从中找出有典型性、代表性和有价值的东西；还要把这些材料与通过其他方式得到的材料（如其他点上的材料以及历史的材料）进行横向的和纵向的比较。有比较就有鉴别，在比较中就能见好坏，知长短，晓优劣，就能得出科学的认识和结论。此外，研究中不仅要善于把材料分解开来进行考察，也要善于把它们归纳起来进行概括，还要善于用系统理论等现代理论、方法来指导研究。经过这样一种综合的分析与思考，就可以透过现象挖掘事物的深层意义，找出规律性的东西，发现事物的本质，得出科学、可靠的结论。

（三）精心写作

这是写好调查报告的最后一个步骤，也是整个工作的最后结晶，同样是一个艰苦的过程。要按照调查报告的结构方式，把经过深入分析后得到的观点、体会及其思路，组织成一篇有条有理、质量上乘的报告文章。

1. 明确主题，精选材料

要根据调查目标和对调查材料的分析，确定具体的主题，然后紧紧围绕主题精选典型材料。典型材料包括能够有力、贴切、生动地说明观点的具体事例，也包括那些准确、可靠、说明力强的数据资料。此外，运用比较的方法能够突出观点，那些有代表性的对比材料是很有表现力的典型材料，也要注意应用。要确保观点、材料的统一。

2. 以事论理，夹叙夹议

调查报告注重对事实的分析，必须在基本事实叙述清楚、完整的基础上展开说明和议论；而不能像议论文那样，靠逻辑推理来证明论点。因此，写作时要在事实的基础上评议，揭示观点和材料之间的关系。表达方式是以叙为主，夹叙夹议，有时也兼用一些其他表达方式。

3. 语言简明，生动形象

调查报告容量较大，稍不注意就会写得繁琐、冗长；因此除了精选典型材料之外，还要注意文字的简洁、明快，可适当运用一些较为精粹的书面词语。同时，调查报告的语言又往往具有生动性、形象性，以增强文章的感染力。生动、形象的具体做法包括：叙述生动可感的具体事例，综合运用叙述、描写、说明、议论、抒情等表达方式，引用谚语、歇后语、惯用语、民谣及地方土语等富有生活气息的俗语，描述材料中的人物生动活泼而有意义的语言，运用比喻、比拟等修辞手法等。

【例文 4-5】

关于××省××电力建设公司在××集团
热电技改主厂房安装施工发生职工坠落的安全事故调查报告
（××省××市××镇安全办）

2005 年 3 月 27 日上午 8 时 15 分，××省××电力建设公司××项目部汽机工程处综合班四大管道安装负责人（一班副班长）陈××配合起重工在汽机房 9 米层进行汽管临抛工作时，从高空坠落，经及时送往××市人民医院抢救无效，于当日 23 时许死亡。

经我办与城建办调查，情况如下：

一、死者基本情况

死者：陈××，男，汉族，40 岁（1965 年×月×日出生）。文化程度：高中。身份证号码：（略）已婚，本工种工龄 20 年，××省××县××镇××村人，属该公司正式职工。现任职务：××省××电力建设公司汽机工程处管道一班副班长，××项目汽机工程处综合班四大管道安装负责人。

二、事故经过

2005 年 3 月 27 日上午 8 时 15 分许，××项目部汽机工程处管道一班副班长（综合班四大管道安装负责人）陈××在汽机主厂房 9 米层平台配合起重工×××、×××、×××等四人进行主管临抛工作。当时陈××是站在中压气门孔洞安全围栏外操作，围栏是由脚手架钢管搭建（4m×2.2m×1.4m），洞口由方木（2.6m×8cm×8cm）与模板（2m×1m×1.6cm）覆盖，并设置各类安全警示牌。陈××在配合起重工对主蒸汽管

（长 6m×φ273mm×40mm）临抛时为了方便，想到围栏的另一侧，在未做好佩戴安全带的防范措施下，便从安全围栏外翻爬过去。由于脚踩的模板倾翻，陈××与模板同时坠落汽机房 5 米层，坠落高度为 4 米。当时该工程处主任×××、工地专职安全员×××正在 5 米层作安全检查，听到响声后迅速跑过去，发现陈××已倒在地上，未佩戴安全带，头戴安全帽靠在水泥梁上，已歪斜，即通知该项目部负责人和安保部负责人，并及时组织人员、车辆将陈××送往××医院抢救，后转送市人民医院做颅脑手术，手术后在特护病房观察治疗。由于伤情变化，经抢救无效于 23 时死亡。

三、事故原因

事故直接原因是陈××在高空作业中安全意识淡薄，麻痹大意，忽视安全管理规章制度。本应佩戴安全带却没有按照规定去做，只戴上安全帽。本可以绕防护栏走到另一侧工作面，却贪图方便直接翻爬过安全围栏，在翻爬前又没有对盖板进行安全检查。纯属人的不安全行为。

事故间接原因是该单位在安全围栏内本应该采取钢板来覆盖孔洞，却采用方木和模板覆盖上，又没有采取固定措施，方木和模板没有钉牢固。

因此，陈××在安装施工过程中对个人安全防范及使用劳动防护用品的重要性缺乏认识，对工作场地没有进行必要的作业检查，忽视个人安全，违反建筑安装现场管理规章制度，随意跨入树有警示的安全围栏，是造成事故的主要原因。而安装施工单位对施工现场的安全防护存在缺陷，也是造成事故的重要原因。

四、整改

1. 已责令该单位主厂房中压汽门段工号停工整顿。

2. 对整个主厂房安装施工场面进行全面的安全大检查，消除安全隐患，杜绝事故发生。

3. 全体职工包括临工等进行安全教育学习，以吸取血的教训。

4. 全力做好善后工作，确保社会安全稳定。

目前，××集团正协助××省××电力建设公司及时成立由该公司副经理×××为组长、项目部副经理×××为副组长的善后工作领导小组，安全专项资金已启动到位。

二〇〇五年三月二十八日

第五节 会议记录

会议记录是记录会议基本情况和内容的文字。它可以作为起草正式文件，传达、执行会议决定或贯彻会议精神的依据；也可以作为今后进一步分析、研究、总结工作的参考资料；还可以起到留存备查的作用。在一个单位里，会议记录是主要的文书档案资料，具有重要的保存、利用价值。

会议记录格式固定，往往采用统一印制的会议记录本或记录纸。记录时速度要快，要忠实于原意，并尽可能完整，还要力求字迹清晰。会后，主持人和记录人都要签字，记录本要妥善保管。

会议记录一般包括两个部分：第一部分记载会议的组织情况，要依次写明会议名称、时间、地点、出席人、缺席人（原因）、列席人、主持人、记录人，有关人员有时还要注明职务。这部分内容要在会议主持人宣布开会之前就写好。第二部分记录会议的具体内容，是会议记录的核心部分，要将会议议题、主持人的发言、主讲人的报告或传达的事情、交流的情况、讨论的问题、做出的决议或主持人的结论性意见，以及会议涉及的其他主要内容等，一一如实地记录下来。

会议记录可以是简要记录，也可以是详细记录，根据会议的性质和内容而定。简要记录就是提纲挈领地记，着重记录发言要点与会议的结论、决议或决定。这就要求记录者对发言内容迅速做出分析判断，适当归纳，扼要地记下重点，反映出发言人的主要观点。一般的大中型会议，主题报告、主要发言等事先均已形成书面材料，记录时便可采用这种方法。此外，小型的、一般性的会议也常采用简要记录的方法。详细记录则要尽可能记下会议的全过程和发言人的原话，做到有言必录，不能有取有舍。特别是有分歧的意见、有争论的问题，以及重要的决议决定，都要准确无误、毫无遗漏地记录下来。详细记录难度较大，可采用速记、二人以上记录及辅助以录音等方法，并在会后及时核对补正，以尽可能地保证记录的完整性和准确性。决策性会议及其他重要会议大都采用这种记录方法。

在会议记录过程中，可用如下方法和技巧：

（1）尽量使用阿拉伯数字和国际通用符号。如"100％""km""kg"等。

（2）尽量使用简称和统称。如"三个代表""十二届七中全会""港澳台"等。

（3）简化某些词语。如"虽然""但是""因为""应当""或者"等可只记前一字；"必须"等可只记后一字；"高高兴兴""大大方方"等可缩为两字。

（4）听记成语、熟语、名言时，可先写其一部分，留好空白以待补充。如"路漫漫其修远兮，吾将上下而求索"，可暂记"路漫"二字，待后补全。

（5）记录一句话时，常常可只记中心词而略去修饰语和附加成分。如"原定于 4 月 28、29 日举行的普通高中大型咨询活动已延期到 5 月 7、8 日"可简记为"原 4·28—29 普高大型咨询延至 5·7—8"。

（6）对于某段发言，常常可只记其论点及主要论据，论证过程则可以少记或不记。

（7）在保证清楚的前提下，字可尽量写小。

（8）适当使用文言词语，如"之""故""若""否""然""终"等。

【例文 4-6】

××电厂 2012 年第×次厂务会

时间：2012 年 11 月 1 日，星期四，下午
地点：办公楼二楼小会议室
出席：×××　×××　×××　×××　×××　×××　×
　　　××　×××（共 8 人）
列席：×××　×××
缺席：×××（出差）
主持：×××（厂长）
记录：×××
议题：

　　1. 关于×××××××，××××××××××××××
×××，××××××××××。

　　2. 关于××××××××，××××。

　　×××发言：

　　××××××××，×××××××××××××××，
×××××××。
　　……………

　　主持人总结：

　　×××××××××，××××××××；×××××××
×，×××××××××。

　　决议：

　　1. 与会同志一致通过，×××××××。
　　2. 关于××××××××，××××，×××××××××。

第五章
电力生产管理应用文

　　电力生产管理应用文是货真价实的"电力应用文"，种类繁多，主要的几大类有安全生产类、电厂运行管理类、电厂检修管理类、电力调度管理类、电力营销管理类、用电管理类、建设工程管理类、技术改造工程管理类、财会管理类、物资管理类等，每一大门类下又有众多文种，难以一一尽述。

　　电力生产管理应用文都是在电业生产实践中形成的。电力行业管理部门对各种电力生产管理应用文的内容和格式大多有明确而具体的规定，各网、省公司及各企业往往还结合本地区、本单位实际作了一些补充规定，在实际使用过程中许多文种也形成了一些惯用写法……所有这些，需要全体电业员工在培训进修、业余学习和生产实践中，努力掌握和运用。

　　由于电力生产管理应用文在各个企业、各个部门、各个岗位都大量存在，填写或撰写也较为固定、单一，加之随着现代计算机通信技术、现代企业管理技术的发展，电力企业各类管理工作大都建立了电子化管理的综合信息系统，许多环节实现了无纸化办公，电力生产管理方面的应用文在文种种类及其格式上不断有新变化、新发展，故本章仅简略地介绍两类常见文种及"两票"的一般写法。

第一节　电厂运行管理应用文

目前电厂运行管理方面的应用文主要有以下两类。

一、运行分析类

运行分析类主要包括：①全厂的运行分析，每月一次，对运行指标情况进行全面分析。②电厂运行月报表，全面反映汽轮机、水轮机、锅炉、发电机的运行参数和各项指标，以及厂用电率、煤耗率等情况。现在多数电厂已实现微机监控、机电合一，此表可由计算机自动打出。③运行工作季报表，主要包括安全生产分析、文明生产情况、全厂主要指标完成情况、重要经济指标分析、重要操作以及培训情况、好人好事等内容。

二、节能总结类

节能总结类主要有两种：电厂节能工作季度总结和电厂节能工作年度总结。这两种总结的内容基本相同，主要包括节能目标的制订、安排和落实，供电煤耗情况及其升降原因的分析，产值综合能耗完成情况，节能措施执行情况及效果，计划外节能措施的实施情况及效果等。节能总结主要用说明的表达方式，文字分析量比较大，可以采用两种方法：一是对比，对各项指标的历史与现状、检修前后、主客观因素作纵向和横向比较；二是算细账，深入解剖各种因素对指标造成的具体影响。

电厂运行管理文书是靠统计数字和文字分析组成的。各种运行分析、报表的主要内容是统计数字，这些数字一定要精确，要注意有效位数的选取；文字分析则言简意赅，起画龙点睛的作用。节能总结的文字分析较多，但对统计数字的要求也一样。

【例文 5-1】

运 行 分 析

（××××年 8 月）

××××电厂发电部

一、安全分析

本月 1 号机组运行 725.75 小时，完成发电量 1.84 亿千瓦·时，2 号机组运行 744 小时，完成发电量 1.89 亿千瓦·时，全月两票合格率97.97%，至月底安全生产110天。

1 基本生产情况

1.1 11日19：15，投2B循泵，引起1A、2C、2D给煤机跳闸，1号炉投6支油枪，2号炉投8支油枪运行。

1.2～1.19（略）

2 不安全情况分析

2.1 17日11：05，21日22：38，22日8：35，2号炉发生再热蒸汽超温至546℃，原因均为投磨或投长式吹灰器后再热器热交换加强，调节不及时。

性质：差错

责任：二值×××、×××

防范措施：增加燃烧率或投长式吹灰器之前，适当降低汽温；增加燃烧率或投长式吹灰器时，严密监视减温后汽温，以能及时发现变化，防止超温。

2.2 25日12：10，2号炉再热蒸汽超温至546℃。

性质：差错

责任：四值×××、×××

3 存在问题及注意事项

3.1 4日白班，18日晚班，均由三值分别发现2号炉59号、9号短吹未退出。短吹在运行中未退出时，无报警信号，只有故障记录，因此运行人员应在投短吹时及时翻开故障画面，监视工况，吹灰后及时就地检查，以防吹灰器吹损水冷壁而酿成停炉事故。

3.2 2号炉2A渣斗排渣门存在机械卡涩，不能全开，检修暂无法根治，若有大块焦下来易堵渣，要求运行人员加强出渣监视。

3.3 1号炉电除尘效果不够理想，电场内部闪络较严重，可能为阴极线沾灰所致。

3.4 本月两票合格率低，应引起重视！归纳起来，主要为如下几个问题：

3.4.1　措施执行一栏，最后措施"以上安措执行后请挂警告牌"漏打"√"记号。

3.4.2　非工作负责人去办理工作许可，运行人员照样给予办许可手续。

3.4.3　填写措施执行情况与必须采取的安全措施，在横格位置上不对应或漏写上对应编号。

3.4.4　安措执行后，在措施执行情况栏内漏填"√"。

3.4.5　改错方面问题：（1）改错后漏盖章；（2）在错字处漏划"＝"。

3.4.6　今后在运行人员补充的安全措施及安全措施执行情况一栏填写时均应注意顶格。

3.5　29日退出2号机，1号机高加处理危疏阀门内漏及1号机逆止阀泄漏，21：30处理结束投入运行，危疏阀内漏有所改善，1号机逆止阀仍有泄漏。

3.6　2号机冷再至辅汽母管气动阀内漏较大，造成辅汽母管疏水箱排汽、水损失大，17日将冷再至辅汽电动阀关闭，进行隔绝，以减少汽、水损失，提高经济性，2号机辅汽母管汽源由1号机供给，有关安全措施汽机专业已下通知。

二、经济分析

1　本月1号机组启、停各1次，全月运行725.75小时；2号机组全月连续运行744小时（大修后连续运行1168.5小时）。主要技术经济指标完成情况如下：

项　目 月　份	发电量 （万 kW·h）		平均负荷 （MW）		供电煤耗 ［g/(kW·h)］	
	1号机	2号机	1号机	2号机	1号机	2号机
本　月	18430.8	18935.4	255.0	254.5	359.50	363.59
上　月	15994.8	9816.2	196.0	180.3	354.60	359.94
去年8月	9494.4	7907.4	213.0	217.2	356.41	354.86

项 目 月 份	厂用电率（%）		补水率（%）		耗油量（t）	
	1号机	2号机	1号机	2号机	1号机	2号机
本 月	6.33	6.46	0.82	0.73	68	16
上 月	6.12	7.54	0.75	1.19	4	312
去年8月	6.86	8.89	1.5	1.4	147.4	347.4

2 本月1号机、2号机组负荷率较上月高，但供电煤耗却比上月分别高 4.99 g/(kW·h)和 3.65 g/(kW·h)。

2.1 燃煤热值较高，为 24834kJ/kg，比上月高出 351kJ/kg，比设计值的 22441kJ/kg 高出 2393kJ/kg，低位热值最高达 26498kJ/kg，固定碳含量高达 61.42%，锅炉燃烧效率下降。

2.2 1号机、2号机飞灰含碳量分别为 5.76% 和 4.19%，分别比上月高出 1.19 和 0.62 个百分点，飞灰含碳量最高时达 18% 以上。

2.3 2号炉的吹灰系统、5号旁路等泄漏（于 24 日消除）。

2.4 1号炉吹灰系统也存在泄漏，因减压阀无备品，缺陷未消除。

2.5 2号机1号高加危急疏水阀内漏严重的缺陷未消除，高加端差仍高达 25℃。

2.6 2号机中压外缸疏水阀及左侧主汽疏水阀内漏。

2.7 1号、2号机真空较低，分别为 93.78 kPa 和 93.96 kPa，主要原因为负荷率较高且循环水水温平均高达 27.6℃。

2.8 1号A预热器因1号A送风机动叶油泄漏而轻微堵塞，烟压差比正常时高出 0.2 kPa，排烟温度高出 6℃。

3 其他情况

3.1 本月1号炉耗燃油 68t，用于 22 日停机处理1号A中压主汽疏水节流孔板漏和 22 日1号炉点火。2号炉耗油 16t，主要用于 13 日处理E给煤机跳闸。

175

3.2　13日，1、2号机做真空严密性试验. 分别为 176 Pa 和 246 Pa，均达良好水平。

3.3　因发现12、13日飞灰含碳量较大，于14日联系将各台磨的折向挡板从5格调至7格，15日飞灰含碳量降至 2.0% 与 1.3%。

3.4　25日对各磨的煤粉细度取样分析，2号C磨较粗，达 29%，已调整。

3.5　10日新装的启动锅炉烟气挡板投入使用，避免启动锅炉停止运行时常投风机运行，对降低厂用电起了积极作用。

3.6　本月1号、2号炉完成主汽温分别为 538.4℃ 和 538.7℃，完成再热汽温分别为 534.9℃ 和 535.6℃，因兼顾锅炉吹灰，无法做到汽温压红线运行。

3.7　本月高加、扇形板投入率为 100%。

3.8　本月1号、2号机凝汽器端差分别为 2.6℃ 和 2.3℃，补水率分别为 0.82% 和 0.73%，均较正常。

三、运行管理

1. 完成全能岗位培训第二阶段的现场考试。通过现场考试，找出前一阶段培训工作的差距，使今后的培训工作能够更具针对性。

2. 继续完成仿真机第一阶段上机考试，同时根据实际情况，安排新一轮的上机培训，每3~4人为一个上机小组，使每位职工都有较充裕的上机操作机会。

3. 运行各专业利用学习班和白班，进行现场授课讲解，大大提高运行职工的现场业务水平。

4. 根据培训工作需要和职工的要求，部分网控、循泵职工与集控运行人员进行换岗培训。

5. 针对上半年我部宣传工作出现滑坡现象，8月7日召开宣传专题会议，对下半年的宣传工作如何开展进行了部署。目前我部的宣传工作水平有了明显提高。

6. 根据厂部要求，组织全部室人员认真吸取"5·13"事故教训，开展"四查"活动，受到厂安监的表扬。

7. 自8月起，发电部值班领导加强夜间查岗，职工自觉遵守劳动纪律的意识有较大的提高。

8. 根据车间文明生产现状，重新制定了《发电部卫生管理制度》并下发执行。

9. 8月17日至19日，我部9位同志参加省局组织的中级职称论文答辩，均顺利通过。

10. 部门党、政、工、团积极准备参加9月份的厂首届文化艺术节，展示发电部职工的精神风貌。

第二节　电厂检修管理应用文

电厂检修管理应用文主要包括以下三类：

一、年度检修计划

指各电厂每年对设备大修、小修的一次性统一安排。计划中要列出项目、检修工期、工时、需要的主要器材及费用等。非标准项目还要写明列入原因及主要技术措施。

二、大修开工报告

大修开工前应写出开工报告，经同意后再按大修计划与大修开工报告的安排进行大修。报告的内容应包括大修项目的核实情况、大修的重点与进度、费用计划安排等。

三、检修总结

检修总结主要有两种：

（1）主要设备大修总结报告。是大修竣工后对大修质量、进度、安全、节约、管理、修后设备等级升降、尚存问题及试运行情况等的总结。

（2）全厂检修情况总结。每半年一次，内容主要包括检修计划完成情况与变更情况、检修质量和进度、检修的开竣工日期和机组停运情况、修后设备等级升降及检修管理经验等。

电厂检修管理文书应体现计划的可行性和总结的客观性，文

177

字要简明准确，通俗流畅。检修计划要言之有据，并经过认真核对、平衡，以符合设备实际情况和现场检修处理的实际可能。检修总结要实事求是，用实实在在的统计数字和试验数据说话；要注意突出重点，总结出在完成计划的过程中产生的好经验和存在的问题。

【例文 5-2】

××××电厂1号汽轮机大修总结报告

××××年5月20日

制造厂：<u>日本三菱重工</u>　　　　形式：<u>TC2F-33.5</u>

容　量：<u>350 MW</u>

进汽压力：<u>16.57×10² kPa（表压）</u>，进汽温度：<u>538℃</u>

（一）停用日数

计划：<u>××××</u>年<u>3</u>月<u>1</u>日至<u>××××</u>年<u>4</u>月<u>24</u>日，共计<u>55</u>天。

实际：<u>××××</u>年<u>3</u>月<u>20</u>日至<u>××××</u>年<u>5</u>月<u>6</u>日，共计<u>47</u>天。

（二）人工

计划用：_____人日，实际用：_____人日。

（三）大修费用

（1）人工工资：计划_____万元，实际_____万元。

（2）材料费：进口：计划_____万美元，实际_____万美元。

　　　　　　　国内：计划_____万元，实际_____万元。

（四）自上次大修结束至本次大修开始运行<u>14879</u>小时，备用<u>0</u>小时。

上次大修结束至本次大修开始共小修<u>1</u>次，共停用<u>638</u>小时。

上次大修结束至本次大修开始非计划停用<u>1</u>次，停用<u>45</u>小时。

非计划停运系数0.003，其中强迫停运0小时，等效强迫停运系数0。

上次大修结束至本次大修开始历经15562小时，其中可调用14879小时，可用系数0.956。

最长连续可用289天，最短连续可用78天。

（五）机组大修前后主要运行技术指标。

序	指 标 项 目	量 纲	修前	修后
1	在额定参数下最大出力	MW	350	350
2	各轴承振动值（最大值及方向）	mm		
	1号轴承（垂直）		0.032	0.029
	2号轴承		0.039	0.041
	3号轴承		0.034	0.039
	4号轴承		0.020	0.019
	5号轴承		0.032	0.028
	6号轴承		0.044	0.024
	7号轴承		0.025	0.026
3	效率			
	（1）汽耗	kg/(kW·h)	3.14	3.139
	（2）热效率	%	44.32	44.53
4	凝汽器特性			
	（1）凝结水流量	t/h		
	（2）循环水入口温度	℃	15.1	21.9
	（3）排汽压力	kPa	−95.6	−95.5
	（4）排汽温度与循环水出口温度差	℃	3.0	3.0
5	真空严密性（在_____MW时）	mmHg/min		

注：2、3、4项应为额定负荷或可能最大负荷的试验数字，大修前后应在同一负荷下进行。

（六）设备评级

大修前：一类。大修后：一类。

升级或降级的主要原因：

本次检修消除了一些影响机组安全运行的主要缺陷，如主汽机推力轴承由于间隙偏小使瓦块发生局部磨损过热，6 号高压加热器整体更换，凝汽器及 1 号—4 号低压加热器换热管减薄探测等，还处理 1 号 C 凝结水泵基础，并更换了主汽机调速系统部分电磁阀及部分主要辅机的轴承和机械密封，提高了机组的可靠性、经济性和健康水平，检修后汽轮机热态验收质量优良，汽轮机热耗由修前的 _____ kJ/(kW·h) 降为 _____ kJ/(kW·h)。根据以上理由，检修后设备评级为一类。

（七）检修工作评语

此次检修对汽轮机本体和辅助设备进行了认真的检修，消除了一些设备缺陷和隐患，提高了机组的安全性和经济性，检修后汽轮机热耗有大幅度下降，轴承振动水平与修前相比略有下降，辅助设备运转良好；检修过程中计划性强，各项管理和技术记录完善，同时严格执行了三级验收制度，高质量地完成了检修工作。

（八）简要文字总结

（略）

检修负责人：（签名）

总工程师或分管副厂长：（签名）

第 三 节　工作票与操作票

工作票是准许在电力生产现场工作的书面命令，也是明确安全职责，向工作人员进行安全交底，以及履行工作许可手续与工作间断、转移和终结手续，实施保证安全技术措施等的书面依据。工作票主要分类有电气工作票、线路工作票、热力（水力）机械工作票三种，此外还有一种动火工作票。

操作票是在运行中的电力设备及其附属设备上进行各种具体操作的作业单，包括电气部分操作票（也称"倒闸操作票"）和非电气部分操作票。

严格执行"两票三制"是落实电力行业安全工作规程的重要手段，是防止恶性事故发生、保证安全生产的有力武器，也是反习惯性违章的重要措施。对于"两票"的具体内容、格式和填写要求等，《电业安全生产规程》《电力设备典型消防规程》都作了详细的规定，各个发电集团和省电力公司也相应制订了执行"两票"的补充规定，而下属的各发、供电企业往往还结合本单位情况制定一些具体规定。所有这些规程、规定，每个电业员工都要认真学习，严格遵照执行。

电力工作票的作用：用它来执行和完成检修、测试或安装施工等工作任务；用它来正确执行和完成停送电和许可命令（包括停用、恢复重合闸）；用它检查和了解工作现场作业情况；发生事故后用它作为查清事故的依据。

电力操作票的作用：是操作人员根据值班调度或值班负责人的操作命令完成指定操作任务的具体依据，也是防止操作失误的有效手段。

操作票的主要特点是程序性。电力生产工作不仅设备复杂、工序复杂，而且对各种具体操作都有严格的程序要求，先操作哪项后操作哪项，必须严格按顺序进行。否则，就可能发生人身和设备事故，不仅给电力企业自身造成重大损失，还将给广大电力客户造成重大损失和影响。

填写工作票、操作票的要求主要有：

一、要熟悉业务技术

填写工作票、操作票是业务技术性很强的工作，要有相当高的业务技术水平。只有熟悉了业务技术，才能担当填写工作。

二、内容必须明确、具体

要严格按规程、规定的填写要求，逐条逐项地把工作票、操作票填写清楚，不能丢条漏项。语言要准确、清楚，不能语意含糊。要用规定的术语。标点符号要准确。

三、字迹工整，不得任意涂改

填写要认真，字要规范、清楚，不能有错别字和漏字。有了错漏不能任意添改，往往要重新填写。允许改动的个别字眼要按规定所要求的方法改动并盖章。

××省××电厂

电气第二种工作票　　No　0013368

1. 工作负责人（监护人）：陈××　　　　班组：电检

工作班人员：张××　　　陈××

2. 工作任务（工作地点和工作内容）：4号发电机滑环碳刷更换。清扫。

3. 计划开始工作时间：自××××年5月5日9时20分至××××年5月5日14时0分

4. 工作条件（停电或不停电）：不停电

5. 注意事项（安全措施）：（1）袖口应扎紧。（2）注意不同时触及两极或同时触及一极及对地。（3）工作时站在绝缘垫上。

6. 许可开始工作时间：××××年5月5日9时40分

工作许可人签名：林××　　　　工作负责人签名：陈××

7. 工作结束时间：××××年5月5日10时35分

工作负责人签名：陈××　　　　工作许可人签名：林××

8. 备注：

9. 评语：合格

检查人：黄××

【例文 5-4】

××省××电厂

电气倒闸操作票　　　　No̲　004921

1. 操作任务：<u>1号厂变由运行转冷备用</u>

2. 操作开始时间：<u>××××</u>年<u>10</u>月<u>7</u>日<u>5</u>时<u>40</u>分　　　终了

时间：<u>7</u>日<u>5</u>时<u>55</u>分

3. 操作步骤

√	顺序	操 作 项 目	完 成 时 间
√	1	断开1号厂变低压侧410开关	
√	2	断开1号厂变高压侧651开关	
√	3	查410开关确已断开	
√	4	断开1号厂变低压侧4102刀闸，查确已断开	
√	5	断开1号厂变低压侧4101刀闸，查确已断开	
√	6	取下410开关直流控制熔丝	
√	7	查651开关确已断开	
√	8	断开1号厂变高压侧6512刀闸，查确已断开	
√	9	断开1号厂变高压侧6511刀闸，查确已断开	
√	10	取下651开关直流控制熔丝	
		以下空白	
备注			

4. 操作人：<u>陈××</u>　　　　监护人：<u>吴××</u>

值班负责人：<u>吴××</u>　　　值长：<u>苏××</u>

5. 评语：<u>合格</u>

检查人：<u>黄××</u>

【例文 5-5】

电力线路第一种工作票

单位　　输电工区　　　　　　　　　编号　　总 310910001（03）

　　1. 工作负责人（监护人）李××　　　班组：　检修班

　　2. 工作班人员（不包括工作负责人）：梁×× 李×× 刘×× 朱×× 孙× 等共28人

　　3. 工作的线路或设备双重名称（多回路应注明双重称号）220kV 高马线　左线　色标为"蓝"。

　　4. 工作任务

工作地点或地段（注明分、支线路名称、线路的起止杆号）	工作内容
高马线 42 号～45 号	更换导线
高马线 52 号～57 号	更换绝缘子
高马线 1 号～97 号	补装销子、调整线夹

　　5. 计划工作时间

　　自 2009 年 10 月 09 日 07 时 00 分

　　至 2009 年 10 月 12 日 18 时 00 分

　　6. 安全措施（必要时可附页绘图说明）

　　6.1　应改为检修状态的线路间隔名称和应拉开的断路器（开关）、隔离开关（刀闸）、熔断器（保险）（包括分支线、用户线路和配合停电线路）：

　　拉开高线变：220kV 高马线 4925 断路器，4925-3、4925-4 隔离开关；合 4925-D3 接地开关。

　　拉开马青变：220kV 高马线 4124 断路器，4124-3、4124-4 隔离开关；合 4124-D3 接地开关。

　　6.2　保留或邻近的带电线路、设备：

1号～36号同杆架设的右线220kV宁高线带电。

6.3　其他安全措施和注意事项：

(1) 验明线路确无电压后，工作地段各端挂接地线。

(2) 在1号～36号杆工作时必须使用个人保安线。

6.4　应挂的接地线

线路名称 及杆号	高马线 1号	高马线 97号	高马线 42号	高马线 57号		
接地线编号	1号	2号	3号	4号		

工作票签发人签名：程×　　2009年10月09日06时30分

工作负责人签名：李××　　2009年10月09日06时30分
收到工作票

7. 确认本工作票1～6项，许可工作开始

许可方式	许可人	工作负责人签名	许可工作的时间
电话下达	冯×	李××	2009年10月9日9时55分
			年　月　日　时　分
			年　月　日　时　分

8. 确认工作负责人布置的工作任务和安全措施

工作班组人员签名：

梁××　李××　刘××　王×　张×　李××　马×

张×　吕××　孙×　张×　王×　刘××　陶××　张×

王×　李××　潘××　赵××　吕×　王××　郭×　胡××

司××　李××　李××　高××　朱××。

9. 工作负责人变动情况

原工作负责人_____离去，变更_____为工作负责人。

工作票签发人签名：_____　_____年____月____

日____时____分。

10. 工作人员变动情况（变动人员姓名、日期及时间）

185

11. 工作票延期

有效期延长到＿＿＿＿＿年＿＿月＿＿日＿＿时＿＿分。

工作负责人签名：＿＿＿＿＿　　＿＿＿＿＿年＿＿月＿＿日
＿＿时＿＿分

工作许可人签名：＿＿＿＿＿　　＿＿＿＿＿年＿＿月＿＿日
＿＿时＿＿分

12. 工作票终结

12.1　现场所挂的接地线编号　1号、2号、3号、4号　共
＿4＿组，已全部拆除、带回。

12.2　工作终结报告

终结报告的方式	许可人	工作负责人签名	终结报告时间
电话报告	梅×	李××	2009 年 10 月 12 日 17 时 20 分
			年　月　日　时　分
			年　月　日　时　分

13. 备注：

（1）指定专责监护人张 × 负责监护第一小组在高马线 42
号—45 号更换导线工作（人员、地点及具体工作）。

（2）其他事项：指定专责监护人张 ×负责监护第二小组在
高马线 52 号—57 号更换绝缘子工作，指定专责监护人李××负
责监护第三小组在高马线 1 号—97 号线路消缺。

各工作组必须逐级工作，如多级同时工作应由工作负责人再
增加专责监护人。

第六章
电力专业技术论文

　　电力专业技术论文是学术论文中科技论文类的一种，专门对电力生产建设、技术革新、技术改造等领域内的某些现象或问题进行研究、探讨，所以它既具有学术论文的科学性、创新性、理论性、学术性等一般特点，又具有电力科学本身的特点。

一、内容的科学性

　　内容要能揭示电力科学中某些现象或问题的本质规律。具体体现为：电力科学实践或技术革新、技术改造设计方案的合理，实施的正确；论文观点鲜明，分析透彻，推理合乎逻辑，结论恰如其分；用辩证唯物主义和历史唯物主义的观点去观察问题、分析问题、解决问题；表述的准确与得体等。

二、理论的逻辑性

　　电力专业技术论文不是就事论事地表现研究对象的外在、直观形态和过程，其理论的逻辑性很强。必须运用电力科学的概念、判断、推理、证明等逻辑手段，用经过实践检验的公理、定义，对电力生产建设和技术改造的实践中或理论上提出的观点和见解进行论证，揭示其本质和发展变化的规律；或者分析、表述在电力科学实验性、理论性、观测性上新的研究成果与见解，使之上升为新的理论。

三、观点的独创性

　　论文要创造或阐发前人或别人没有过的新理论、新知识、新见解、新发明、新成果，向读者提供新的科技信息。如果不能实现"有所发现，有所发明，有所创造，有所前进"，写出的论文就没有多大价值。因此，独创性是衡量电力专业技术论文价值的根本标准。具体说来，论文的独创性大致分为三种类型：一是开

187

拓型，即发现别人没有发现过或涉及过的问题；二是加深型，即在综合别人认识的基础上进行创新，对研究课题作出较高层次的认识，得出新的结论；三是争鸣型，即从客观事实或实际材料出发，经过深入研究，得出与已有的、人们普遍认可的结论不同的科学结论。

四、很强的专业性

电力专业技术论文是供给具有电力方面知识的内行人看的，因此其运用的材料、语言均具有电力专业技术的特点：一是大量使用电力科学技术用语；二是句式严密，具有程式化的趋向，大量使用主谓完全句及无主句，少用或不用倒装句；三是有一套非自然语言的特殊表现手段，如专门的符号、图表、公式等。

五、表达的简洁性

电力专业技术论文重在揭示电力科学的本质和规律性，不需要进行研究过程的一般叙述，也不需要包括过多的、琐碎的具体材料，因此篇幅一般不宜太长。论文的语言准确、简明，又大量使用某些特定的符号和直观性的图表，提高了信息承载量和表达的精确性，因此文章结构紧凑，简洁明快。

下面，从实用角度出发，对写作电力专业技术论文的几个主要问题予以具体介绍。

第一节 结构与写法

电力专业技术论文的结构一般分为两大部分：前置部分和主体部分。前置部分包括题目、作者及单位、摘要、关键词；主体部分包括引言、正文、结论、致谢、参考文献等。如有必要，前面还可设封面、目录，后面还可有附录、结尾。各部分的具体写法如下：

一、题目（题名、文题）

题目是读者了解论文内容的窗口和检索资料的向导，因此要用最简明、确切的词语反映文章的特定内容，使之具有画龙点睛、激发读者兴趣的功能。题目所用的词语，要有助于关键词的编制，可以为题录、索引等二次文献提供检索的特定实用价值。题目一般不要超过 20 字。如题目语意未尽，可设副题目补充说明，但要用破折号与主题目分开，且用较小号字另起一行。论文如用作国际交流，应用外文（多为英语）题名，外文题名不得超过 10 个实词。

题目应尽量避免使用化学结构式、公式，不大为同行所熟悉的符号、缩写以及商标名称等。好的题目应该是：准确得体，简短精练，引人注目；外延内涵恰如其分，能准确表述论文内容，恰当界定研究的范围和深度；有利于索引的分类。

科技论文题目的常用写法有：

（1）叙述法。这是最常用的方法，一般分为两种：一种是使用专指性较强的专业术语，用于较大课题研究的论文写作，常用于应用研究和应用基础理论研究的理论型论文和评述型论文，如《应用高斯定理和叠加原理解决静电场分布》；另一种是直截了当地表达论文的本质，通常是一个简单句，语简词精，从题目便可知道作者的基本观点和见解，如《超高压电网继电保护可行性浅谈》。

（2）联接法。适用于事物之间或事理之间的关系（包括辩证的、递进的、选择的、并列的等），中间用"与""和"或"·"等联接起来，如《电阻的星形联结与三角形联结等效变换的探讨》。

（3）界定法。一般以"的"为标志词，通过界定论文内容的范围和研究对象，使读者了解论文的中心，如《几种微机保护数据采集方案的比较》。

二、作者及单位

论文应署明作者姓名、学习或工作单位全称、详细地址与邮政编码。署名写在题名的下方，所在单位、地址和邮编写在署名的下方，均居中书写。此外，有的期刊还要求第一作者或主要作者写明如下简介：姓名，出生年份，性别，技术职称（或学历学位、学校专业等，因人而异），专业技术领域或研究方向，电话号码等。因此，论文写作者投稿前应认真阅读所投期刊的"征稿启事"或与编辑部联系，了解其具体要求。

论文署名是作者文责自负和拥有版权的标志，必须实事求是，最好不用笔名，署真名实姓。署名者应对论文全部内容负责并有解释答辩能力。多作者论文的署名，一般按贡献大小顺序排列（执笔者应该是第一作者）。以集体名义署名者，执笔人或整理者姓名应署于正文后参考文献前，并加圆括号。

三、摘要

摘要是对文稿内容的准确、扼要且不加注释或评论的简略表述，含有的主要情报信息量等同于原论文。摘要中有数据，有结论，是一篇完整的短文，内容通常包括论文的写作目的和研究对象、研究方法、研究结果及结论等几个要素，重点是结果和结论。摘要一般是在论文的主体部分完成之后提炼而成的，总的要求是简明精当，忠于原文，突出特色，字数以不超过正文的 5% 为宜（中文摘要一般 200～300 字，外文摘要不超过 250 个实词）。目前的科技期刊一般要求摘要必须再译成英文，附在中文摘要的后面。

写作摘要须注意：

（1）要着重反映论文的创新之处、有意义的成果和特别强调的观点，不举例证，不讲研究过程，也不作自我评价。

（2）不得简单地重复题目中已有的信息，不宜把引言中的内容写入摘要，也不要照抄结论或罗列正文的段落标题。

（3）为保证摘要的客观性、真实性，应采用第三人称过去式写法，不要使用"本文""笔者""我们"等作主语；主题句应采用"对……进行了研究""研制了……装置""介绍了……方法""分析了……原因"等句型。

（4）文字必须简练，内容充分概括，语义确切，结构严谨，一般不分段。

（5）不得使用本领域读者不熟悉的缩写词、简称、符号或代号，不得出现图、表以及冗长的数学公式和化学结构式。外来术语要使用规范化的词语；尚无规范化的新术语或无合适汉语的术语，可用外语原文或译出后加括号注明原文。

四、关键词

关键词是为了适应计算机自动检索的需要而从论文中选取出来用以表达全文主题内容的词或短语（词组）。每篇论文要选取3～8个关键词，以显著的字体另起一行，排在摘要的下方。两个关键词之间空一个字距，不用标点符号。

选取关键词一般分主题分析和概念提炼两步进行。一定要提取能反映论文内容特征、通用性强、为同行熟知的名词性、动名性的单词或短语，对论文的研究范围、方向、主要观点、内容做出标志。要遵照国家推荐标准 GB/T 3860—1995《文献叙词标引规则》规定，尽量采用《汉语主题词表》（1979 年出版的大型综合性检索工具书）或各学科权威机构统一制定的关键词表中提供的规范词语，不要把形容词、副词和短句用作关键词。

五、引言（前言、导言、导论、绪论）

主要回答"为什么研究"这个问题。要简明介绍论文背景和选题原因，相关领域前人研究的历史与现状，前人成果与本研究工作的关系，作者的意图和依据（包括追求目标、研究范围、理论基础、研究设想、方案选取等），以及预期结果和意义（是否填补已有知识的某些空白）等。

引言要突出重点，言简意赅，字数一般在 300 字以内。不要与摘要雷同，最好不要出现图、表，也不要取代正文对数学公式进行推导和证明。对研究成果的价值、意义的评价要实事求是，慎用"前人尚未研究过""填补了国内空白""达到了国际先进水平"等类词句，更不能用贬低别人的词语。要尽量避免自我评价，"水平有限""抛砖引玉""不吝赐教"等套话也要尽量少用。

引言的具体写法，应用比较普遍的是交代背景法，即说明所论述问题的来龙去脉。此外还有点明主题法、提示纲目法、表明目的法、明确范围法、强调意义法、设问法等。在实际应用中，往往是几种方法的综合运用，力求在清楚揭示论文主旨的同时，激发读者兴趣。

六、正文

这是电力专业技术论文的核心部分，占论文的绝大部分篇幅，主要回答"怎么研究"这个问题。正文部分要充分阐述其观点、原理、方法及达到预期目的的整个过程，并突出一个"新"字，以反映文稿的独创性。根据需要，正文部分可以分层论述，按层设小标题。

从正文的内容，可以把科技论文大致分为四种类型：理论型、实验型、描述型和评述型。一般说来，理论型论文侧重于论题的确立，着重进行科学论证和逻辑推理，对谬误进行批驳；实验型论文着重陈述实验装置、实验材料和观测方法，对实验结果进行分析比较；描述型论文着重于对科学的观察结果、实验方法和科研结果进行如实的描述；评述型论文则是在客观叙述某一课题研究的成就、水平、情况、问题及发展趋势的基础上，进行具体的分析、评论，提出作者的观点、建议。

正由于不同类型的电力专业技术论文涉及的选题、研究方法、工作进程及结果表达方式等有很大的差异，对正文的写作内容不能作统一规定。但都必须客观真实，科学完备，合乎逻辑，层次分明，简练可读，尽量用事实和数据说话。一般包括以下内容：研究对象，实验和观测方法，仪表设备和原材料，实验和观测结果，计算方法和编程原理，相关的理论和数据资料，经过研究、分析而形成的论点，导出的结论等。写作重点应放在应用相关的理论进行研究、分析的独特之处。

正文部分的注释（以及引言部分、结论部分的注释）采用呼应形式，注码用圈码写在加注处的右上角（标点符号之内）。同一页有几处加注时，以出现先后为序。注文用小于正文的字书写在当页稿纸的下方，用脚注线（长约稿纸宽度的1/3）同正文隔开，并在前面加"注"字。

七、结论

这是整篇论文的总体判断和总体评价，而非某一分支问题的局部结论，更不是正文中各层要点的简单重复。结论概括了全文的观点和主张，集中反映了作者的研究成果，在全篇论文中起着画龙点睛的作用。

结论应当体现作者更深层次的认识，是正文中理论分析和实验结果的合乎逻辑的发展，是经过分析、判断、推理、归纳等逻辑分析过程而得到的新的学术见解。结论和摘要一样，应能用简短的篇幅独立提供全文重要的定性与定量信息，使读者从中就能大致了解论文反映的成果和成果的价值。

结论的内容一般包括："本研究结果说明了什么问题，得出了什么规律性的东西，解决了什么理论和实际问题""对前人的研究成果经检验后作了哪些修正、补充、发展、证实或证伪""本课题研究的不足之处、尚未解决的问题以及课题研究的展望"等。

结论的写作应当措词严谨，逻辑严密，语言准确、具体、简洁。可像法律条文那样，按顺序列成条文，用词斩钉截铁、干脆利落。对尚不能完全肯定的内容，要注意留有余地。总之，必须给读者留下完整、明确、实事求是、切实可行的印象。

八、致谢

致谢是论文写作者用简洁的文字，对课题研究和论文撰写过程中曾给予指导、支持、帮助和提供文献资料的单位和人员表示谢意，以示尊重他人的劳动和贡献。这并非完全出于礼貌，也是搞科研的人应有的科学道德。致谢不是论文的必备项目，并非每篇论文都一定要有致谢内容。

GB/T 7713.2—2006《学术论文编写规则》规定的致谢方面有：国家科学基金，资助研究工作的奖学金基金，合同单位，资助或支持的企业、组织或个人；协助完成研究工作和提供便利的组织或个人；在研究工作中提出建议和提供帮助的人；给予转载和引用权的资料、图片、文献、研究思想和设想的所有者；其他

193

应感谢的组织和个人。

论文作者可根据实际情况，对上述方面中的有关组织或个人表示感谢。谢辞要写得真挚恳切而又有分寸，一般格式为："在本课题研究（论文撰写）过程中，得到×××教授（高级工程师）的帮助（指导），谨致谢意。"

九、参考文献

参考文献指论文作者亲自阅读过的、与正文直接有关的（包括直接引用与间接引用）、发表在正式出版刊物上的文献。内部讲义及未发表的著作，一般不宜作为参考文献著录。

著录参考文献的目的，是为了反映出真实的科学依据，体现作者严肃的科学态度，分清自己的与别人的观点或成果，也是为了对别人的科研成果表示尊重，并从一个侧面反映了本课题研究的广度和深度。此外，参考文献指明所引资料的出处，也便于读者检索。

被引用的参考文献可采用顺序编码制，其序号按正文中出现的先后顺序，用阿拉伯数字加方括号标注。标引顺序号应左顶格书写，后面不用任何点号，空一字后再写下一项。参考文献的著录格式，按 GB/T 7714—2005《文后参考文献著录规则》的规定应该是：

（1）期刊：[序号]作者. 题名［文献类型标志 J］. 期刊名（外文期刊名可缩写并省略缩写点），出版年，卷号（期号）：引文页码.

（2）专著：[序号]著者. 书名［文献类型标志 M］. 版本（第一版不标注）. 出版地：出版者，出版年：引文页码.

（3）翻译本：[序号]著者. 书名（题名）［文献类型标志 M 或 J］. 译者. 出版地：出版者，出版年：引文页码.

（4）专利：[序号]专利申请者或所有者. 专利题名：专利国别，专利号［文献类型标志 P］. 公告日期或公开日期.

（5）电子文献：[序号]作者. 题名［文献类型标志/文献载体标志，即 EB/OL］. 出版地：出版者，出版年（更新或修改日期）．［引用日期］．获取和访问路径。

如著者（作者）不止一个，则在其姓名之间加逗号，而不是顿号。此外，参考文献中的书名、文章名、期刊名一律不加引号或书名号。外文参考文献一律用印刷体书写，不要用草体。

十、附录

附录是论文的补充项目，不是必要的组成部分。凡写入正文可能有损于行文的条理性、逻辑性或精练性，但又有必要让读者知道的材料，均可写入附录，以体现整篇论文的完整性。

附录向读者提供比正文中更为详尽的理论根据、研究方法和技术要点，包括正文中部分内容的详尽推导、演算、证明，有关仪器、装备及相关解释、说明，有关的数据、曲线、照片或其他辅助资料（如计算机的框图和程序软件、专用术语与符号的解说），以及对一般读者并非必要而对同行很有参考价值的资料、不便于写入正文的其他材料等等。

附录用大写正体 A、B、C……依次编码。每一附录均另起一页书写，并与正文部分连续编页码。附录中的图、表、公式等则与正文分开编号。

第二节 写作程序

一、选题阶段

1. 选题的原则

（1）实事求是原则。要从电力生产、建设的实际出发，选择那些本人兴趣浓厚、能发挥业务专长而能力可及的课题。对于初学者，题目小一点容易把握。如果抓住一个虽小却又是电力生产、建设中需要解决的实际问题，深入钻研，抓住要害，从各个方向把它说深写透，揭示其本质，并有独到的见解，就是一篇有分量的论文。

（2）价值与效益原则。有较深理论修养和丰富实践经验的电力工作者最好能选择对电力科学的基本理论建设有重要意义的科研题目，或者对当前电力科学的发展有迫切现实意义的题目。如果能圆满地解决这些课题，定能产生重大的社会经济效益，推动电力生产向前发展。

（3）创新性原则。这是衡量一篇论文价值大小的根本标准。要选择那些有可能产生新观点、新见解、新方法、新技术、新工艺的课题进行研究和探讨。有些论文似乎没有什么现实意义或实际用途，但在学术上有创新，同样是有价值的论文。

2. 选题的方法

（1）掌握有关专业信息。一方面要掌握科技文献资料所提供的信息，了解电力科学有关学科研究的历史、现状和发展趋势，明确在这个领域中现阶段的研究成果达到了什么程度，还应该进行哪些创造，从中发现有价值而又应当研究的题目，避免重复劳动。另一方面是参加有关的学术活动以获得信息，因为在交流研讨中必然有较多的最新专业信息，而且上级业务部门和有关科技组织有时还会提出一些"选题规划"，可以帮助论文作者选择研究课题。

（2）进行深入调查研究。要深入调查，了解电力生产建设、科学实验、技术革新、技术改造等第一线的实际情况，以便发现和选择那些在生产实际中有价值的科研课题。

（3）在上述基础上，尽量选择前人没有研究过或没有研究成功的课题，或者虽有研究成果但仍可进一步研究的课题，或者至今仍有争议、无定论的课题，以及虽有公认结论但作者有把握证明其谬误的课题。

二、准备阶段

1. 制订具体而详细的科研计划

计划中要列出检索、搜集资料，调研或实验的方向，以及分析、总结研究成果等内容，并按时间先后排出日程。科研计划制订得好，能使研究工作有条不紊地进行。

2. 搜集和整理资料

根据选题，到图书馆、资料室去阅读大量参考文献，把散见于书刊报章上的有关资料通过抄录、复印收集整理出来。整理资料应始终以论题为中心，主次分明地抓住最重要、最典型、关系最密切的材料，并且把散乱的资料条理化，以便于使用。在搜集整理资料的过程中，要边阅读边思考，从细心阅读中发现材料的价值与前人研究中的疑点、疏漏以至于错误之处，把搜集整理资料的过程变成研究或观点形成的过程。

3. 进行科学实验或实地调查

实验是为了检验有关资料及自己设想的科学性，实地调查研究则能使论文作者对研究对象有深入的了解。作者通过实验和调查，可以获得真实可靠、丰富生动的第一手资料，使研究工作更富有成效地进行。在实验或调查中，一定要进行细致周密的观察，做好真实详尽的记录。

4. 总结研究成果

这标志着进入实际撰写论文的前期阶段，一般分为两步：

（1）确立论点。论点是在搜集和整理有关资料并进行实验或实地调查的基础上，由论文作者在创造性的思考过程中逐步确立的，反映了作者的观点和主张。首先是确立基本论点，然后确立若干个分论点，并用文字把它们固定下来。论点一经确立，就起到统率全篇的作用。材料的取舍，论证方法的选择，文章层次结构的安排，都要根据表达论点的需要进行。

（2）选定材料。论点确立后，便应该根据论点选定写入论文的材料。这些从大量资料、测量数据、实验记录和调查所得事实中筛选出来的材料，本身应该有科学价值，能反映论文的研究成果，同时还能作为论据证明论文观点的正确。这些材料必须充分、准确、可靠和必要，不一定很多，但一定要典型，能反映事物的本质。

三、拟稿阶段

1. 拟稿程序

（1）拟定写作提纲。这是写好论文的关键程序，能够帮助作者从全局着眼，理清思路，分清主次，安排详略，树立全篇论文的骨架，明确层次的重点，避免随想随写而造成的遗漏、谬误、详略失当和条理不清等弊病。

（2）撰写成文。根据提纲的安排，按照学术论文的写作格式，把自己的研究成果撰写成一篇完整的文章。这一过程的实质，是对论文的论点进行由表及里、由此及彼、去粗取精、去伪存真的连贯思索、系统分析、全面比较、理论论证，从而找出事物的本质和主流，揭示出事物产生和发展的基本规律及与其他事物之间的内在联系，作出科学的总结和正确的论述。

2. 拟稿要求

（1）要按照国家标准的学术论文格式来写。这种格式是在长期的写作实践中逐步形成并固定下来的，较好地体现了学术论文的特征和要求，不仅在国内通行，在世界上也被各国科技人员所公认。因此，电力专业技术论文的写作格式要符合 GB/T 7713.2—2006《学术论文编写规则》所规定的各项要求，做到标准化、规范化。（国家标准的学术论文格式，即上文"结构与写法"一节中所述内容。）

（2）要有严谨的治学态度。写作时要一丝不苟，无论是整篇文章还是细枝末节，都不应该有丝毫失实、差错和疏漏。文中的概念、符号、图表、公式、数字、计量单位以及缩略词等，用法上应该前后一致。

（3）要注意引文和图表的应用。引文有助于论证，但要引得少而得体。引文一定要按原作本义引用，切不可断章取义。引文要核对无误，不得盲目抄引。没有正式公布的文献资料，一般不得引用。图表是论文写作中一种很好的描述手段，有些用文字很难表达的意思和多种要素间的复杂关系，用图或表能较容易地表示出来，且一目了然。因此，要根据表达的需要在论文写作中适当地采用一些图表。若在论文中使用照片，一要注意拍照真实准确，二要遵循少而精的原则。

四、定稿阶段

这是论文的修改润色阶段，应从内容和形式两方面进行。

内容的修改可通读全文，再按次序反复推敲：中心论点和各分论点是否正确鲜明；材料是否充分、必要而有说服力，安排是否恰当；论证是否严谨、周密，富有逻辑性。

表达形式的修改要认真推敲，以达到如下标准：结构完整，衔接严密；用词精当，概念准确；文句通达，标点恰当；行款格式合乎规范，文面美观。

有可能的话，可请有关专家指点，并多听取领导、同事等有关方面、有关人员的意见，对论文作进一步的修改，以提高论文的质量。

第 三 节　科技论文的写作规范

依据国家标准中与撰写、发表科技论文有关的各项规定，撰写电力专业技术论文必须遵守以下相关写作规范。

一、标点符号

GB/T 15834—2011《标点符号用法》（见本书附录六）规定，常见的标点符号有 17 种，分点号和标号两大类。下面择要介绍科技论文中标点符号的规范用法。

1. 7 种点号的规范用法

点号的作用在于点断，表示说话时的停顿和语气。句末点号有句号、问号、叹号 3 种，表示句末的停顿及句子的语气。句内点号有逗号、顿号、分号、冒号 4 种，表示句内的各种不同性质的停顿。

要完全掌握这 7 种点号的规范用法，作者必须认真学习《标点符号用法》国家标准并且反复实践，在此仅就最容易用错的点号强调几点：

（1）顿号用于句子内部并列词语之间的停顿，是"最小的停顿"，朗读时停顿时间最短。

（2）逗号用于单句内部主语与谓语之间、谓语与宾语之间、前置状语之后，也用于复句内各分句之间的停顿，是"比顿号大一级的停顿"，朗读时停顿时间比顿号长些。

（3）分号用于复句内并列分句之间、多重复句的第一层关系的前后两部分之间，也可用于列举的各项之间，是"比逗号大一级的停顿"，朗读时停顿时间又比逗号长些。

（4）句号、问号、叹号 3 种句末点号，是所有点号中"最大的停顿"，朗读时停顿时间最长。（科技论文中一般不使用叹号。）

科技论文写作者必须细心斟酌句子内部停顿的大小层次关系及句子之间的关系，正确使用顿号、逗号、分号、句号，而不要只是使用逗号和句号这两种点号。

2. 10 种标号的规范用法

标号的作用在于标明，即标明语句的性质和作用。常用的标号有引号、括号、破折号、省略号、着重号、连接号、间隔号、书名号、专名号和分隔号共 10 种。

标号的规范用法较为容易掌握，只要认真学习《标点符号用法》并付诸实践，一般不会弄错，故不再赘述。

3. 标点符号的书写位置

如果用电脑写作科技论文，标点符号使用时一般会自动生成于正确的位置。但如果是用笔书写的文稿，还应该注意标点符号的书写位置：

（1）7 个点号不能出现在一行之首，应附于上一行末。

（2）前后配对的标号""（　）《　》，前一半不能在一行之末，后一半不能在一行之首。

（3）破折号、省略号应占两格，上下居中，不能中间断开分处上行之末和下行之首。

（4）连接号有短横线、一字线和浪纹线三种形式，上下居中，不出现在一行之首。短横线比汉字"一"略短，占半个字位置；一字线比汉字"一"略长，占一个字位置；浪纹线占一个字位置。

（5）间隔号标在需要隔开的项目之间，占半个字位置，上下居中，不出现在一行之首。

（6）着重号、专名号标在相应文字的下边。

（7）分隔号占半个字位置，不出现在一行之首或一行之末。

4. 几个特殊符号的用法

（1）连接号中的短横线"-"，书写时不占格而写在两格之间。它用于结合各种并列和从属关系。例如：并列短语（应力-应变曲线）；产品型号（SZB-4 真空泵）；图、表、公式的序号（图 3-1，表 2-5，式 3-2）；全数字日期（2012-01-10）等。

（2）连接号中的一字线"—"，书写时比汉字"一"略宽一些。用于时间、地域等相关项目的起止（北京—上海）；标准化号（YB 137—64）；图注（1—低碳钢）；机械图中的剖面（A—A）。

（3）连接号中的浪纹线"～"，标示数值范围的起止（如 25～30g，第五～八课）。使用时不要把它和"∽"（相似）、≈（约等于）、≌（渐近等于）混同。

（4）省略号在正文中用 6 个连续黑点（占两格）表示，在公式与矩阵表达式中只要用 3 个连续黑点（占一格）表示。

（5）不大于（≯）和不小于（≮）符号不得使用。

（6）时、分、秒的分隔符为冒号，而不是比例号。例如：14∶12∶36（14 时 12 分 36 秒）。

二、标题层次

科技论文的标题层次一律用阿拉伯数字连续编号，不同层次的数字之间加下圆点相隔（即圆点加在数字的右下角），最后数字后面不加标点。

层次不宜过多，通常不应超过 4 级，即：

第 1 级标题——1

第 2 级标题——1.1

第 3 级标题——1.1.1

第 4 级标题——1.1.1.1

序号应左顶格书写。有标题时，在序号后空一字距写标题，另起一行写具体内容；没有标题时，在序号后空一字距再写具体内容。

层次标题应力求简短，一般不要超过 15 个字，标题末不用标点符号。

各层次内部若再需要分点叙述时，可用"（1）"这种层次序号；更小的层次则用"①"这种层次序号。

使用"（1）"这种层次序号的，其后是本段标题，标题末用句号或冒号或空一字，然后接写正文，一般不必另起一段；如果没有本段标题，则序号之后直接写正文。

使用"①"这种层次序号，几个序号必须共用于同一段中，即"①……②……③……"必须同为一段。

三、数字用法

科技论文在涉及数字的地方应遵照 GB/T 15835—2011《出版物上数字用法》（见本书附录七）的规定。下面对其作一扼要介绍。

（1）凡是可以使用阿拉伯数字而且又很得体的地方，一般应使用阿拉伯数字。遇特殊情形或者为避免误解，可灵活变通，但全篇体例应相对统一。

（2）中文数字一般使用于以下情况：①定型的词、短语、成语、惯用语、缩略语或具有修辞色彩的词语作为语素的数字；②中国干支纪年和夏历月日，历史朝代纪年，各民族的非公历纪年；③含有月日简称以表示事件、节日和其他意义的短语；④表示星期几的数字；⑤相邻的两个数字并列连用表示概数（如"十三四吨"），带有"几"字的数字表示约数（如"几十万分之一"），应该使用中文数字。

（3）阿拉伯数字书写的多位整数和分数可采用"千分空"，即从小数点起，向左和向右每三位数字一组，每组间空 1/4 个汉字（1/2 个阿拉伯数字）的位置。四位以内的整数可以不加千分空。

（4）用阿拉伯数字书写的数值应避免断开移行。数值巨大的精确数字，为了便于定位读数或移行，可以同时使用"亿、万"

作单位。

（5）阿拉伯数字书写的数值在表示数值的范围时，应使用浪纹式连接号"～"，不要使用"－"做连接号，以免与减号相混淆。

（6）数字的增加可用倍数和百分数表示。例如：增加了 3 倍，即原来为 1，现在为 4；增加到 3 倍，即原来为 1，现在为 3；增加了 60％，即原来为 1，现在为 1.6；增加了 5 个百分点，则如果原来为 5％，现在为 10％。数字的减少只能用百分数或分数表示，而不能用倍数表示。例如：降低了 60％，即原来为 1，现在为 0.4；降低到 60％，即原来为 1，现在为 0.6；减少了 1/4，即原来为 1，现在为 0.75。

（7）一个数字的前后不能同时并用两个描述近似数的词（"约""近""左右""上下"等）。例如："两端的电压约为 10V 左右"的说法，就是不对的；"中文摘要不宜超过 200～300 字""最大值为 20A 左右"这样的表述，也是不恰当的。

四、数值修约

撰写科技论文时，对于试验测定、观测或计算所得的数值常需进行修约，如果采用传统的"四舍五入"方法，得到的数据会出现偏差。GB 8170—1987《数值修约规则》对此作出的规定，可以使偏差尽量平衡，缩短修约值与真值之间的偏差距离。

《数值修约规则》规定：在确定保留位数以后，按照"四舍六入五看齐，奇进偶不进"等规则进行数值的修约。"四舍六入"好理解，下面介绍"五看齐，奇进偶不进"及其他相关规则：

（1）五看齐。拟舍弃数字最左一位数是 5，但其后跟有并非全部为 0 的数字时，则进 1，即保留的末位数加 1。如后跟的数字全部为 0，则舍弃。如：①将 1351 修约到"百"位数，得 1400；②将 10.500 修约到"个"位数，得 10。

（2）奇进偶不进。拟舍弃数字最左一位数是 5，其后不跟有数字，或跟有的数字均为 0，若保留的末位数为奇数则进 1，为偶数（包括 0）则舍弃。如：①将 1.350 修约到 1 位小数，得

1.4；②将 1.250 修约到 1 位小数，得 1.2；③将 2500 修约到
"千"位数，得 2000；④将 3500 修约到"千"位数，得 4000。

（3）负数修约是将其绝对值按上述规则进行，然后在修约后
的数值前加上负号。

（4）经单位换算后的数值不得进行修约。例如空气标准状态
的条件为 0℃，1atm。由于 atm 为废弃单位，应换算为 Pa
（帕），其准确换算关系为 1atm＝101325Pa。所以，换算后的空
气标准状态的条件为 0℃，101.325kPa。

（5）极大值只舍不入，极小值只入不舍。例如某一杆件的垂
直最大承载力为 85.76N/m²，将其修约到"个"位数，应为
85N/m²。又如某一杆件所需的最小截面积为 35.26cm²，将其修
约到"个"位数，应为 36cm²。

五、参数与偏差范围

依据相关国家标准，科技论文中参数与偏差范围的规范表述
应是：

（1）有相同幂次的参数，前一个参数的幂次不能省略。例
如：$4\times10^3\sim6\times10^3$ 不能写作 $4\sim6\times10^3$。

（2）单位不是完全相同的参数范围，每个参数的单位应全部
写出。例如：$36°\sim42°18'$。

（3）参数与其偏差的单位相同时，只要将单位写在偏差的后
面。例如：25.3 ± 0.1 mm，不要写成 25.3 mm±0.1 mm。

（4）参数的上、下偏差不相等时，上、下偏差分别写在参数
的右上、右下角，单位只写 1 次。例如：$35\pm{}^{2}_{1}℃$ 不要写成
$35\pm{}^{2℃}_{1℃}$。

（5）参数上、下偏差的有效位数应全部写出。例如：
$16{}^{+0.36}_{-0.50}$ mg 不应写成 $16{}^{+0.36}_{-0.5}$ mg。

（6）表示两个绝对值相等、偏差相同的参数范围时，范围号

"～"不能省略。例如：$5'\pm2''\sim-5'\pm2''$，不能写成$\pm5'\pm2''$。

（7）表示百分数范围时，两个数字都应带百分号。例如：65％～67％不应写作65～67％。若表示带公差的中心值，应写成(65 ± 2)％，任何时候都不能写成65 ± 2％。

六、计量单位

科技论文的计量单位一律采用GB 3100～3102—1993《量和单位》规定的名称、符号和书写规则（参见本书附录八）。撰写科技论文时在计量单位上较容易出现书写错误，应特别注意以下几点：

（1）量的单位符号一律以正体表示。单位符号大小写的规律是：凡来源于人名的第一个字母要大写（如赫兹 Hz），来源于非人名的则小写（如摩尔 mol）。词头符号大小写的规律是：因数小于10^6时一律小写（如千克 kg），大于或等于10^6时大写（如兆瓦 MW）。

（2）单位符号和数值不得拆开。例如：1.81 m 不能写成1m 81。

（3）单位符号中不得加任何额外标记，如缩写点、复数形式、下角标或其他说明性记号。

（4）可以用汉字与国际符号构成组合单位。例如：m^2/人，元/kW·h。

（5）数值与单位符号间应空出1/4字距。

（6）万（10^4）、亿（10^8）可与单位符号构成组合单位。例如：装机容量10^4kW；年发电量5亿 kW·h。

（7）升（L）单独使用时要大写，如12 L；与词头组合时可小写，如5 ml，而不要写成5 mL。

（8）用附带尺寸单位的数值相乘表示面积或体积时，其单位均应写出。例如：10 m×20 m×30 m，不能写成10×20×30 m。

（9）在正文中一般不用符号代替符号名称或文字说明。如：每日测量3次，不应写成"每 d 测量3次"；其长度应大于宽度，不应写成"其长度应＞宽度"；测量结果以百分数表示，不应写成"测量结果以％表示"。

(10) 阿拉伯数字与法定计量单位之间夹有"多"字时,不用符号而用中文单位名称。如:60 多 kg,应写成"60 多千克"。

(11) 禁止使用的单位有:①所有市制单位;②除平方公里、公顷外的"公字头"单位;③英制单位;④其他旧杂制单位。

七、表格

表格是科技论文的重要表达形式之一,能够系统、简洁、对比和逻辑地表述实验或试验数据、统计结果或事物分类等科学内容。论文中表格的设计要科学,内容要精选,只有当用表格能更清楚地表达作者意图时才使用表格。

国际国内的科技界在论文中都推荐使用三线表。三线表只有顶线、底线(粗线)和表头下的栏目线(细线),不仅表头取消了斜线,表身不出现竖线,还省略了横分隔线,非常简练,制作也容易。以下简介三线表的制作规范及有关注意事项:

(1) 表序。按表格在论文中出现的先后用阿拉伯数字连续编号,如"表 1""表 2""表 3"等。如果只有 1 个表格,也应标明"表 1"。

(2) 表题。拟订表题的要求与拟订论文题名的要求类似,应准确精练地反映表格的内容,一般不要超过 15 个字,末尾不加标点符号。所有的表格都要有表题。表序与表题之间空一字距,居中排在顶线的上方。

(3) 项目栏。即表格顶线与栏目线之间的部分,俗称表头。项目栏一般放置多个栏目,每个栏目都是能标识表身中该栏信息的特征、属性的词语或物理量。三线表中量的名称与单位用斜线"/"连接,如长度 l/m,压力 P/kPa。栏目一般是单层的,也有多层的,多层的栏目间要用辅助横线隔开。

(4) 表身。即栏目线以下、底线以上的部分,是表格的主体,容纳了表格内的大部分信息。对表身内的信息填写应注意:①表身内的数据,一般不带单位和百分号,若有单位和百分号要放在项目栏里。②若所有栏或多数栏内单位相同,可将相同单位标注在表题后的圆括号内，个别不同者标注在有关栏内。③表内数值一律用阿拉伯数字，同一栏的数值应以小数点或"～""/"等符号上下对齐，且有效位数要一致。④上下左右相邻栏内的数字或文字相同，不能用"同上""同左"等，而要重复写出。⑤表身内空白代表未测或无此项，"—"或"/"代表未发现，"0"代表实测结果为零。

（5）表注。对于表格中某些内容需要作出注释、补充或对整个表格作总体说明时可用表注。表注的文字要高度简练。若是对测试条件的总体说明，一般横排于表题下方。若是对表中内容的说明，则横排于表身底线下方；不只1条的应编上序号依次换行排下。同时，在表中被说明的事项（包括数字）的右上角标注"1)"等序码。为减少表的面积，表中一般不设"备注"项，只有在大部分信息需要注释时才宜设置。

（6）表格内的文字可空一字起行，转行时要顶格，文字结束不加标点。

（7）表格如需要跨页续写，应重排项目栏，并在续表上方居中（有的刊物则靠右侧空一字）标注"续表"字样，字体、字号与前面的表序、表题一致。

（8）表格应紧随相关正文编排。要紧接在第一次涉及它的文字段后面，且应尽量与涉及文字在同一段落或安排在同一页上以便阅读。

八、插图

插图可以更形象、直观而明了地表达科学内容和技术知识，能表达文字难以表达的内涵，因此科技论文也经常运用插图进行表述。插图包括图和照片，常用的图有曲线图、柱状图、示意图、工程图等。由于制版技术和印刷费用的限制，一般的科技论文推荐使用单线条的墨线图与黑白照片。

插图一定要精选，以避免与文字、表格的内容重复。同表格一样，只有当用插图能更清楚而准确地表达作者意图时才能使用。插图一般应紧随相关正文编排；如有困难，也应放在相关文字的下一页。以下简介插图的制作规范及有关注意事项：

（1）插图应当比例适当，清晰美观。图幅的大小要与图内所提供的信息量相匹配，不至于使图面感到空旷或拥挤。曲线图图幅的尺寸一般在 10cm×8cm 与 5cm×4cm 之间，呈扁长型。图内的线型、数字、汉字、符号等比例要适当，这样不仅图面美观，而且在排版中当需要对插图进行缩小时也不会影响图内信息的清楚显示。

（2）插图应按出现的先后顺序用阿拉伯数字编序号，并标注图名。如只有一幅插图，也应标明"图 1"。有分图时，分图用"（a）""（b）""（c）"……标序。图名要简短准确，一般不要超过 15 个字，末尾不加标点符号。图名与图序之间空一字距，居中排在图的下方，且不应超出图幅的宽度。

（3）函数图的标目应与被标注的坐标轴平行，且居中排在坐标轴和标值的外侧；量与单位字符之间用斜线"/"隔开，如 I/A，P/(kg·m) 等。非定量的、只有量符号的简单标目，如 x，y 等，也可直接排在坐标轴顶端的外侧。

（4）对于图中线型的注释，如果图中有空白位置，可注于空白位置；如果没有，可在图名下面集中注释，或者注释在线型旁边。若有试验条件等需要说明的文字，也跟注释一样排在图名的下面。若图中文字较多，为使图面清晰，可用数字代替，然后在注释中按顺序写明各数字代表的意义。

（5）图中的量值单位相同时（如结构图），可在图名后或图名下方注明"单位××"。如果个别量值与大多数量值单位不同时，个别量值后面可注明单位。有些两变量关系图的量值单位不同，可分别注明。

（6）用计算机绘图时，线条要粗细分明，同类线型粗细应一致（在 Word 文档中，粗线可取为 0.75 磅，细线可取为 0.5 磅）；图中的指引线长短和方向要适当，排列整齐、均匀，不可交叉，指引线两端不用圆点或箭头等；图形符号应符合常规的表达方式，不能自创。

（7）照片应力求少附。如非附不可，则要求图像清晰，层次分明，反差适度，且不得有折痕与锈斑等。照片的反面应用软铅笔轻轻地注明文题、第一作者姓名及图序、图名。无自然方向的照片，还应注明上下方向。

（8）复制的图稿，其轮廓、线条、网纹、图注等，必须完整清晰。

九、数理公式与化学反应式

在科技论文中运用数理公式及化学反应式进行表述是经常的事（尤其是数学公式），其主要表达规范如下：

（1）重要的数理公式和化学反应式应专行居中排（比较简单的或叙述性的式子可串文排），末尾不加任何标点符号。公式应按出现的顺序连续编号，序号用阿拉伯数字并加圆括号，排在公式同一行末右顶格处。几个式子共用一个序号时，可在式后用一个"}"将这几个式子括起，公式序号写在这个大括号的中部行末，与大括号的指尖对准。

（2）公式后需注出单位时，可采用逗号或加圆括号这两种方式之一，将公式和单位隔开；选定某种方式后，全书的公式写法必须统一。

（3）公式中的符号需要说明时，在公式的下一行顶格写"式中"，其后不用冒号，空一字距接写需说明的符号，后用破折号再接写说明文字；下一个需说明的符号不必另起行，接写在上一符号说明之后，各项说明之间用分号隔开；最后一条说明后用句号。

（4）如公式的符号说明中又有公式，而该公式也有符号需要说明时，可先将相关公式全部列出，再对所有公式中的符号按出现的先后列出符号说明。例如

$$\Delta W = \Delta P t \qquad (1)$$

$$\Delta P = 3IR \qquad (2)$$

式中　　ΔW ——在一定时间内电能的损失，$kW \cdot h$；

　　　　ΔP ——功率损失，kW；

$$t —— 计算时间，h；$$

$$I —— 通过导线的电流，A；$$

$$R —— 每相导线的电阻，\Omega。$$

（5）公式中的横分数线要书写清楚，繁分数要注意分数线的长短，主分数线应长些并与等号对齐。公式中不应出现除号"÷"和比例号"："，应改用分数形式。

（6）夹在叙述文句中（串文排）的公式，其后应根据语法写出标点符号。例如："若为单相式，则 $X_0/X_1=1$。"如果夹在文句中的公式为分数式，应尽量写成卧排式或负数幂的形式，少用叠排式，以节省版面。例如：$\dfrac{b}{a}$ 可写成 b/a 或 ba^{-1}。（长的分式需转行时也可按此原则，用斜线或负数幂的形式并加括号进行改写。）

（7）长公式需转行时，最好在＝，＋，－，±，∓，×，·或/后断开，转行后不应重复这一符号。矩阵和行列式不能从中间拆开转行。

（8）应注意化学实验式、分子式、离子式和结构式等的书写规则，严格区别结构式中键的符号与数学符号（如单键与减号、双键与等号、三键与全等号、分支键与小于号或远小于号等），必要时可用铅笔在键号旁标注。化学反应式需转行时，应尽可能在反应方向号（"→"、"⇄"）或其他符号（"＋""－"）处转行，反应符号置于转行后的行首，而上行末不必再加反应符号。转行后，反应式一般成阶梯式排列。

十、外文字母及单词移行

科技论文应特别注意外文字母的正斜体、大小写、黑白体、上下角标以及单词的移行。外文字母仅限于使用拉丁字母和希腊字母。

1. 正体使用规则

（1）所有计量单位、词头和量纲符号。计量单位如：m

（米）、V（伏）；词头如：k（千）、μ（微）；量纲如：M（质量）、J（发光强度）等。

（2）数学式中的运算符号、缩写号、特殊函数符号和某些特殊的集符号等。运算符号如：Σ（连加）、Π（连乘）、d（微分）、Δ（有限增量）等；缩写号如：min（最小）、lim（极限）、det（行列式）、T 或 t（转置符号）等；特殊常数符号如：π（圆周率）、e（自然对数的底）、i（虚数符号）、const（常数）等；指数、对数、三角、双曲函数符号如：exp（指数函数）、ln（自然对数）、sin（正弦）、sinh（双曲正弦）等；特殊函数符号如：Γ（x）（伽玛函数）等；5 个特殊的集符号：N（非负整数集）、Z（整数集）、Q（有理数集）、R（实数集）、C（复数集）。

（3）具有特定含义的非量符号下角标和用汉语拼音作下角标的拼音字母。例如：E_k（动能）、E_P（势能）、E_R（辐射能）、v_j（进气口速度）等。

（4）化学元素和酸碱度符号。如 Na（钠）、K（钾）、Ca（钙）、pH（酸碱度）等。

（5）仪器、元件、样品等的型号或标准化号。如：IBM—PX 微机、GB/T 3100—1986 等。

（6）不表示量符号的外文缩写字。如：N（北）、S（南）等。

（7）表示序号的拉丁字母。如：附录 A、附录 B 等。

（8）图名、人名、地名和组织机构名称。

（9）电气线路及电路中的汉语拼音缩写。

（10）程序框图中计算语言字母。

2. 斜体使用规则

（1）数学中用字母表示的数和一般函数。如 x、y、z、$F(t)$ 等。表示几何图形点、线、面的字母也排斜体。如 P 点，$\triangle ABC$ 等。

（2）量符号及量符号中代表量和变动性数字的下角标符号。如：m（质量）、C_P（定压比热）、E_i（$i=1$、2、3）。

（3）无量纲参数符号。如 Re（雷诺数）、Fo（傅里叶数）等。

（4）矢量和张量（用黑斜体）。

（5）化学中表示旋光性、分子构型、构象、取代基位置等的符号。如 d—（右旋）、sp—（顺叠构象）、as—（不对称的）。

3. 大写使用规则

（1）来源于人名的单位符号的第 1 个字母。如 A（安）、Pa（帕）等。

（2）化学元素符号的首字母。如 Fe（铁）、Si（硅）等。

（3）人的名字、父名和姓的首字母（中国人的姓要全大写）。

（4）国家、组织、会议、文件以及学校、机关、报刊等名称的每一个词（由 3 个以下字母组成的前置词、冠词、连词等除外）的首字母。

（5）表示 10^6 及以上因数的词头符号。如 M（10^6）、G（10^9）、T（10^{12}）等。

（6）量纲符号。如 L（长度）、I（电流）等。

（7）科技名词术语的缩写词。如 FIRD（远红外探测器）等。

（8）月份和星期的首字母。

（9）附在中译名后面的外文专有名词以及德文名词的首字母。

（10）外文标题、章节名等为了突出，有时采用全大写。

4. 小写使用规则

（1）除来源于人名以外的一般单位符号〔但 1 个法定计量单位 L（升）和 3 个暂可与国际单位制的单位并用的一般单位符号 A（天文单位）、Å（埃）、Np（奈培）例外〕。

（2）由 3 个以下字母构成的前置词、连词、冠词等（处在句首位置或全部字母都采用大写的特殊情况除外）。

（3）表示 10^3 以下因数的词头符号。

注意：pH 值中的 p 为小写正体，H 是大写正体。

5. 单词移行规则

外文单词移行时要按音节断开，且其连接符号"-"（半字线）应放在上行末。单音词不能移行，缩写字组及人名应避免移行。

【例文 6-1】

直接空冷机组存在的问题及其对策初探

高清林

（福建电力职业技术学院　福建泉州　362000）

中图分类号：TK264.1　　文献标识码：B

摘要：直接空冷机组具有明显的节水效果，但也存在诸如汽轮机的运行背压高且变幅大、凝汽器的冷却性能受环境的影响大、凝汽器冬季运行时容易发生冻结、凝结水溶氧超标以及热污染等运行方面的问题，该文对这些现象及原因进行了分析，并提出对策。

关键词：直接空冷机组；背压；热风回流；冬季防冻；凝结水溶氧；热污染

因具有卓越的节水性能并因此而使得电厂选址不受水源限制，近几年来直接空冷机组在富煤缺水的北方煤矿坑口地区备受青睐，但由于其自身的特点，直接空冷机组还存在不少问题。

1　汽轮机的正常运行背压高，背压随季节及昼夜的变化幅度大

1.1　现象分析

1.1.1　汽轮机的运行背压高

空冷机组的冷却极限为环境干球温度，该干球温度高于常规湿冷机组的冷却极限——湿球温度，故空冷机组的背压大于湿冷机组。湿冷汽轮机的额定背压和夏季满发背压分别为 4.9kPa 和 11.8kPa 左右，而空冷汽轮机的额定背压和夏季满发背压分别在 13～18kPa 和 30～35kPa 之间，空冷机组的运行背压高出湿冷机

组 3 倍左右。

1.1.2 汽轮机的背压变幅大

由于环境干球温度的昼夜温差大，一年四季的温度变化范围更大；故空冷汽轮机的背压昼夜变化大，一年四季的变化范围更大。湿冷汽轮机的运行背压范围为 4.9～11.8kPa，而空冷汽轮机的运行背压为 5～50kPa，空冷汽轮机的背压变化范围是湿冷汽轮机的 3～4 倍。

1.2 应对措施

1.2.1 设计专用的空冷汽轮机

由于直接空冷汽轮机具有背压高及背压变幅大的特点，这就要求汽轮机必须能适应较宽背压范围尤其是高背压工况下可靠工作，这样的变背压汽轮机绝不能用传统的低压缸的中背压汽轮机替用，而必须配套设计具有特殊的末级叶片结构的变背压、变功率汽轮机，以保证直接空冷汽轮机在 50kPa 到 60kPa 之间的背压下仍可安全运行。

1.2.2 喷水增湿降温

在夏季高温天气下运行时，汽轮机的背压可能升高超过设计范围，可采取向冷却空气流中喷水降温或向散热器翅片表面喷水增湿促其蒸发冷却的方法，以起到一定的骤冷效果，改善安全度夏能力。

1.2.3 适当降负荷运行

在夏季炎热期，在汽轮机背压居高不下的情况下，应适当降低机组出力，确保机组不致因背压过高而造成保护动作停机。

2 空冷凝汽器的冷却性能受环境中沙尘的影响

2.1 现象分析

为了加强空冷凝汽器气侧的换热效果，空冷凝汽器通常采用翅片管结构，翅片布置紧凑，翅片间距较小。而我国的西北部地区环境条件又相对比较恶劣，风沙大，扬尘多，沙尘极易在翅片管上聚集，增加了翅片管的传热热阻，严重时还会堵塞冷却空气通道，导致凝汽器传热性能急剧恶化，机组运行经济性变差。

2.2 应对措施

为了防止落在空冷凝汽器外表面的沙尘影响散热效果和腐蚀凝汽器，需设置固定和移动相结合的水力自动清洗系统，定期对空冷凝汽器进行外部清洗。但这样一来可能会造成一定的水资源浪费，削弱直接空冷机组的节水效果。两全之策是，研究空冷凝汽器积灰对汽轮机背压的影响规律，并根据机组运行过程中汽轮机背压的变化监测积灰的程度，从而进行空冷凝汽器的合理清洗，保证机组的安全经济运行。

3 空冷凝汽器的冷却性能受环境风的影响

3.1 现象分析

3.1.1 环境风对空冷风机吸入风量的影响

由于环境风的作用，在空冷风机吸入口附近将产生负压区，使得本应全部吸入风机吸入室的气流，被环境风形成的负压区卷吸了一部分，且随着环境风风速的提高，被卷吸的风量增大。因为进入吸入室的空气量减少了，则风机出口的风量也成比例减少，造成凝汽器冷却风量不足。这种现象对处在风机群入口的空冷风机尤其明显。

3.1.2 环境风对热气蒸腾的影响

在无环境风作用时，空冷凝汽器周围散发的热气会形成向上的蒸腾现象，空冷凝汽器能正常散热。当高流速的环境风斜向掠过空冷凝汽器上方时，将形成风阻，阻滞正常的热气蒸腾现象，导致空冷凝汽器热气流动不畅，致使凝汽器被包围在热源中，造成换热恶化，机组背压升高而威胁机组的安全经济运行。

3.1.3 环境风对风机入口温度的影响

在环境风作用下，沿空冷凝汽器平台的迎风面处会产生旋涡而形成负压；同时，处于风机群四周的空冷风机在其吸入口附近又有一定的负压区。空冷岛上方的热空气在此两负压区的作用下被卷吸入处于风机群四周的空冷风机的吸入口处，造成吸入口温度高于环境温度。大量的热风回流，将影响空冷凝汽器的冷却效果，威胁汽轮机的安全经济运行。

由此可见，环境风不仅减少了空冷凝汽器的冷却风量，阻滞热风的散发，还造成大量的热风回流，导致空冷凝汽器换热恶化。环境风越大，这种不利影响也越大。在大风天气下，空冷系统的性能将明显下降，可能使机组被迫降负荷运行乃至停机。

3.2 应对措施

3.2.1 改进空冷系统的设计

（1）为了防止热风回流，原则上空冷凝汽器的主进风侧的迎风面应垂直于全年或夏季的主导风向。

（2）空冷凝汽器与其他热体及高温建筑物要有一定间隔，同时，下面不要有高温设备；空冷凝汽器应布置在其他热体夏季主导风向的上风向；低温流体的空冷凝汽器布置在上风向，否则高温流体空冷凝汽器出口热风又被流到下风向的空冷凝汽器，而产生热风回流。

（3）在空冷凝汽器平台四周建筑挡风墙，抑制热风回流。

（4）在现有挡风墙的基础上，将挡风墙下伸，以降低环境风场对挡风墙四周风机吸入口的影响，同时因挡风墙向下延伸，使回流热风的行程延长，以降低风机吸入口因环境风作用所形成的热风温度。

（5）在延伸后的挡风墙上装设必要的电动格栅，以满足在无环境风作用时的风机吸入空气量。

（6）在空冷系统设计时，将空冷风机配置的电动机容量选得比较大，以便在环境风速增大后利用提高风机转速进而提高凝汽器出口风速来减小不利风向的影响。

（7）利用数字模型和物理模型来模拟空冷系统所处地区的气象场，找出对空冷系统影响比较严重的风向，在设计时予以消除。

（8）也可将空冷风机布置在空冷凝汽器的上方，由空冷风机抽吸凝汽器出口的热空气，并将热风直接送往锅炉送风机，这样可有效遏止热风回流。

3.2.2 完善空冷系统的监控手段

（1）在空冷岛上装设一套高灵敏度的风向风速仪，并将其信号引至机组 DCS 画面，根据不同的风向、风速，由运行人员控制电动格栅的启闭，同时依据风洞试验的结果，对照排汽背压的趋势合理调整机组出力，以提高机组的安全性和经济性。

（2）通过对气象资料的分析以及数模或风洞试验，找出环境参数变化时机组运行背压的变化趋势，制定机组运行背压与环境风向、风速的关系曲线，作为机组运行曲线的修正，使得运行人员能够根据该曲线提前预知环境风对机组的影响，并提前进行调节，防止发生不利风向导致机组停运的事故。

4 空冷凝汽器冬季运行容易发生冻结

4.1 现象分析

4.1.1 小流量蒸汽的放热量小于管束的散热量

由于空冷凝汽器布置在室外露天，在寒冷的冬季运行时，尤其在机组启、停过程期间以及夜间深度调峰或低负荷运行等汽轮机的排汽量较少的工况下，较少流量的蒸汽在庞大的空冷系统中，不可避免地存在着各冷却单元蒸汽流量和热量分配不均的问题，在蒸汽流量偏少的空冷单元中，必将造成凝结水在该空冷单元末端产生过冷却，进而发生冰冻。

4.1.2 管排间流量不均

采用多排管束的空冷凝汽器，其底部和顶部管束与冷却空气相接触的先后次序不同。由于底部管束首先与冷空气相接触，如果顶部管束的冷凝在管子末端结束，则底部管束的冷凝会在管子中间的某一点结束，其余管长就形成冷却区。在此冷却区内，凝结水急剧过冷，在低温下就会发生冻结。

4.1.3 凝结水再冷却

在顺流式空冷凝汽器中，管束上端冷凝成的凝结水在沿管线流向下联箱的过程中，沿程不断受到冷却空气的进一步冷却，使得进入凝结水箱内的凝结水可能出现过冷却现象，在低负荷或低气温条件下有导致冰冻的危险。

4.1.4 不凝气体聚集形成死区

在空冷凝汽器中，如果没有及时地将漏入的空气和不凝气体排出，则会在其中的某些部位聚集而形成死区。由于蒸汽难以流到死区，致使死区的管壁逐渐变冷。当凝结水流过这段管子时，就可能发生冻结。

4.2 应对措施

4.2.1 改进工艺设计

（1）在空冷凝汽器的设计中，采用顺逆流联合式（K/D型）结构。汽轮机排汽先流经顺流管束，大部分的蒸汽在其中被冷凝成凝结水，剩余的蒸汽与不凝结气体一同由下向上进入逆流管束，沿程产生的凝结水在重力作用下与汽流逆向流回下联箱，这种逆流设计使凝结水始终被蒸汽所包围，保证了凝结水尽可能不发生过冷和冻结。

（2）在逆流管束顶部设置抽气系统，将系统内的空气和不凝结气体及时排出，避免在运行过程中空冷凝汽器内某些部位形成死区，造成低温冻结。

（3）空冷凝汽器的管束采用单排管，防止冬季运行中因不同管排之间流量不均发生冰冻。

（4）采用扁圆管束，一旦发生冻结，扁圆管将先逐步变形为椭圆管，继而变为圆管，然后才会被冻裂。这样当管束内发生冻结时，管束有膨胀的余地，减少了管束冻裂的可能性。

（5）在过热器或再热器出口设置生火排气阀，以保证机组冬季启动的安全。

（6）在空冷凝汽器周围设置挡风墙，以防止冷风直接吹刷外围管束而导致冻结。

（7）在每个进入空冷单元的蒸汽支管上设置阀门，当汽轮机排热量较小且气温较低时，关闭某几个空冷单元的阀门，将热量集中在剩余的空冷单元中，保证运行单元的最小热负荷。

（8）凝结水回收装置与低压缸排汽装置合为一体，因其布置在室内汽轮机低压缸下端，解决了凝结水箱的防冻问题。

（9）为满足空冷凝汽器冬季防冻要求，旁路容量设计应达到

30%以上。

4.2.2 合理控制运行

4.2.2.1 控制蒸汽流量

（1）启动前应尽量缩短开启疏水到机组启动的时间，以避免小流量蒸汽过长时间进入空冷凝汽器。

（2）启动后应保证在规定的时间内，使汽轮机的排汽流量达到空冷凝汽器防冻所必须的最小流量——进入空冷凝汽器的蒸汽量应在 30min 内达到全额的 20%。

（3）在启动初期根据机组实际运行情况，在保证安全的前提下尽量保持稍高背压，并适量关闭一些空冷单元，使汽轮机排汽集中流到剩余的空冷单元中，保证运行单元的最小热负荷。

（4）采用高、中压缸联合启动方式，利用旁路增加空冷凝汽器的进汽量。

（5）在空冷凝汽器进汽后，要注意每一个凝结水温度和抽气温度的变化。如果测点温度长期偏离所对应的饱和温度甚至低于 0℃，则应立即加大进汽量。

（6）若因某种原因，空冷凝汽器的进汽量小于最小流量要求时，如果短时间内不能恢复，则应切断空冷凝汽器的进汽；当不能切除进汽时应果断灭火停炉，查明原因后再重新点火。

4.2.2.2 控制空气流量

（1）空冷风机利用变频器实现无级变速，根据环境气温、汽轮机排汽背压、凝结水温等参数，灵活调节空冷凝汽器的冷却风量。

（2）当凝结水温度和环境温度低于一定值时，启动逆流凝汽器的回暖循环保护，在各列逆流风机顺序停运时，利用蒸汽将其已冻结的部分融化。

（3）逆流凝汽器的回暖循环保护启动后，如果还不见效，可手动将逆流风机置于反转（逆流风机应设置有反转功能），抽吸顺流凝汽器上部排出的热空气对其进行回热化冰。

（4）在特别寒冷的冬季或者机组的严密性不合格的情况下，

219

在采取了以上措施后，可能还会出现凝结水温度、抽气温度偏低，甚至低于0℃，为此必须启动冬季保护程序。

5　凝结水溶氧超标

5.1　现象分析

5.1.1　凝结水过冷却

由于上一节中提到的种种原因，导致凝结水过冷却，造成凝结水溶氧超标。

5.1.2　真空系统泄漏

由于直接空冷机组真空系统庞大，凝汽设备、抽空气系统及凝结水泵等在正常运行中均处于负压状态，负压区的每个不严密处都有可能漏入空气，造成凝结水溶氧超标。

5.1.3　附加流体排入

排入凝结系统的附加流体大致有以下几种：补水（除盐水），高低加疏水（低负荷时），饱和蒸汽和过热蒸汽，管道疏水等。这些附加流体若由于排入位置不当、参数不当，会造成凝结水溶氧的超标。特别是凝结水补充水，其含氧量非常大，达到7 mg/L，是合格凝结水溶氧的233倍，如果将补水直接补入凝结水箱，由于这些补水只进行了化学处理，没有经过深度除氧，在补水量加大而喷淋装置又不完善时，很容易造成凝结水的溶氧超标。

凝结水溶氧超标，不仅会影响系统的真空，降低回热设备的换热效率，还会对回热设备及其附属管道造成腐蚀。

5.2　应对措施

5.2.1　控制凝结水的过冷度

（1）采用凝汽器的真空值和凝结水的过冷度相结合的综合调节方式来调节风机的转速，避免出现高真空而过冷度偏大的现象，控制凝结水的过冷度在合格范围内。

（2）空冷凝汽器在冬季运行时应加强凝汽器下联箱的保温，尽可能降低凝结水的过冷度。

5.2.2　提高机组的真空严密性

因为凝结水中氧气的主要来源是外界漏进真空系统的空气，因此，可通过系统灌水找漏和风压找漏，消除真空系统的漏点，提高机组的真空严密性，以减少漏入负压区的空气量，把凝结水的溶氧值控制在合格的范围。

5.2.3 提高凝结水箱的除氧效果

空冷凝汽器回水的残余溶氧是在凝结水箱中利用热力除氧原理除去的，为提高凝结水箱的除氧效果，应在凝结水箱中装设足够数量的雾化喷嘴，保证进入凝结水箱的回水全部从喷嘴喷出雾化，加大凝结水的受热面积；同时从主排汽管道引出部分排汽至凝结水箱内与雾化水逆流接触，增强除氧效果。

5.2.4 改进补水方式

为避免因补水方式不当而造成凝结水溶氧量超标，可采取如下措施：

5.2.4.1 补水补入空冷岛

把补水补入蒸汽分配管上，一方面可以保证补水有可靠的汽源加热；另一方面补水位置在最高处，落差大，汽水有充分的接触加热时间，能够保证回热到饱和温度；同时析出的气体可以很容易地被真空泵从管道排到大气中。

5.2.4.2 补水补入排汽装置

把补水管接到置于排汽管道内部的水环，水环上安装有雾化喷嘴，补水经喷嘴雾化喷出，与汽机排汽充分混合受热，完成热力除氧。这种补水方式还可减少进入空冷凝汽器的排汽量，提高机组的热经济性。补水和部分排汽的凝结水一起从排汽管道底部接出的疏水管进入疏水箱，再经疏水泵打入凝结水箱。

6 热污染

6.1 现象分析

据理论计算，空冷风机出口的冷却空气流经空冷凝汽器后，空气温升多达 41℃ 左右。如果这些热空气被直接排放到周围环境中，不仅浪费了可观的热量，同时也会造成周围环境的热污染，并埋下热风循环的隐患。

6.2　应对措施

将空冷风机布置在空冷凝汽器的上方,由空冷风机抽吸凝汽器出口的热空气,并将热风直接送往锅炉送风机。这样既避免了因热空气被直接排放到周围环境中而造成热污染;又可彻底消除热风循环的隐患;还可提高锅炉送风机的入口温度,在相同的条件下,可以减少空气预热器的面积,节约锅炉本体投资;同时,此举还可有效改善空预器冬季的低温腐蚀问题,既节省了投资和维护费用,也保证了空预器的安全运行。

7　结束语

随着国民对水资源保护意识的增强,近几年来直接空冷火电机组以其卓越的节水性能在我国富煤缺水的北方煤炭坑口地区得到空前发展。"十五"期间,国家明确指出要发展大型空冷电厂并逐步形成规模,仅2003~2005的三年间,200MW、300MW、600MW等大型直接空冷机组相继投产发电,直接空冷机组装机容量超过5GW。在"十一五"期间,我国的火电直接空冷技术将得到更大的发展,直接空冷机组装机容量将达到30GW以上。

但应该看到,目前我国直接空冷机组在设计、制造、安装、运行、测试等方面尚处于起始阶段,各个方面还存在不少的问题,需要我们积极去研究和探索。相信在不久的将来,通过我们的不懈努力,这些影响机组安全、经济运行的问题将得到彻底解决。

参 考 文 献

[1]　丁尔谋.发电厂空冷技术[M].北京:水利电力出版社,1992.

[2]　马义伟.空冷器设计与应用[M].哈尔滨:哈尔滨工业大学出版社,1998.

[3]　王佩璋.直接空冷技术的应用与技术条件[J].电站辅机,2007(1):22-27.

(选自《汽轮机技术》2008年2月第50卷第1期)

第七章
经济活动应用文

在市场化管理和运作中，各电力企业及其相关人员必然要接触、使用各种各样的经济活动应用文。以下择要介绍几种。

第一节　经济合同与劳动合同

合同是平等主体的自然人、法人、其他组织之间设立、变更、终止民事权利义务关系的协议，对签约双方当事人具有同等法律效力。

对合同的形式和主要内容，国家都以法律、法规作了明确的规定。经过修订，于 1999 年 3 月 15 日颁布的《合同法》，替代了过去颁布的《经济合同法》《涉外经济合同法》《技术合同法》，使立法更趋完善。写作合同时应熟悉《合同法》及相关法规，依法撰写，循章行事。

电力企业作为市场主体进入市场参与竞争，其经济往来日益频繁，涉及的经济关系越来越复杂，使用合同文书的类型与数量也越来越多。为此，电力企业有必要依据国家的一系列法律、法规规范自己在经济活动中的行为，特别是要加强经济合同的管理，以维护自己的合法权益不受侵犯。有关的人员应掌握合同文书的写法，以胜任所担负的工作。

一、合同的一般特征

（1）合同是一种民事法律行为。民事法律行为是自然人、法人或其他组织设立、变更、终止民事权利和民事义务的行为。合法的民事法律行为受国家法律的保护。

（2）合同是在当事人公平自愿的基础上达成的协议。合同当

223

事人的法律地位一律平等。

（3）合同是规范当事人各方权利与义务的书面形式体现。这有利于各方经济目的的实现，并可作为各方解决纠纷的依据。

（4）同一类型的合同，主要条款一致，可以采用相对固定的格式合同。

（5）合同应具有合法性，并根据需要使用具有特殊含义的术语。

二、订立合同的基本原则

（1）合同当事人的法律地位平等，一方不得将自己的意志强加给另一方。

（2）当事人依法享有自愿订立合同的权利，任何单位和个人不得非法干预。

（3）当事人应当遵循公平原则确定各方的权利和义务。

（4）当事人行使权利、履行义务应当遵循诚实信用原则。

（5）当事人订立、履行合同，应当遵守法律、行政法规，尊重社会公德，不得扰乱社会经济秩序，损害社会公共利益。

（6）依法成立的合同，对当事人具有法律约束力。当事人应当按照约定履行自己的义务，不得擅自变更或者解除合同。依法成立的合同，受法律保护。

三、写作合同文书的基本要求

（1）注意合法性。写作合同时要严格遵循法律规定的上述各项基本原则，以保证合同的合法性。合同的当事人、经办人和代理人资格要合法。具有法人资格的社会组织，合同要由法定代表人或由其授权的经办人签订。经办人签订合同时必须有授权委托书，委托书中载明委托人的姓名或名称、委托事项、权限、期限等。经办人只能在授权范围内签约，如超授权范围订立合同，要承担法律后果。同样，代理人也应有相应的书面委托文件为据，并在授权范围内签约。

（2）要熟悉业务。撰写合同涉及的知识面较广，除有关法律法规知识外，还应该熟悉财务、税务、物价和有关专业知识，了解市场动态。知识面窄，考虑问题不周，很容易出纰漏。

（3）合同的内容、形式和订立合同的程序必须具体、明确，符合规定，以减少纠纷，避免不必要的经济损失。

（4）语言运用准确、清楚、简练。文字表达的意思不能含糊、模棱两可，要防止语言歧义的产生，尽可能使用专业术语。

（5）合同结构完整。合同的统一文本格式具有规范性、适用性等特点，可以参照使用。（如【例文 7-2】"临时供用电合同范本"、【例文 7-3】"劳动合同范本"。）

（6）办理合同生效的必要手续。凡需批准、登记、公证、鉴证的合同，必须办理有关手续后才能生效。

（7）合同书写（打印）要规范。字要工整，标点正确，文面整洁。单位、数量要规范、准确，金额要大写。不得随意涂改，不得用圆珠笔、铅笔。若确需修改、补充，改动内容少时，可直接在签好的合同上修改，但修改处应加盖签约各方的印章；改动内容多时，应签具一份修订合同协议书。

四、经济合同的写法

这里所讲的经济合同指国内经济活动所用的合同。涉外经济合同的条款更复杂，涉及的专门知识更多，合同文书的格式与写法也不一样，必须另外专门学习。

《合同法》的分则中，规定了以下 15 类合同：买卖，供用电、水、气、热力，赠与，借款，租赁，融资租赁，承揽，建设工程，运输，技术，保管，仓储，委托，行纪，居间。对各种合同的内容与写法，《合同法》都有详尽的规定，写作者必须认真研读。下面，简要介绍一下经济合同的通用写作知识：

合同文书的格式一般有两种：条文式和表格式。条文式是把订合同各方达成的协议列成几条写入合同；表格式则按照印刷好的表格，把协商同意的内容逐项填入，但表格后面往往还有一些有关条文（表格式多用于比较简单的经济活动）。

不管采用何种格式，其结构都包括首部、正文、尾部三个部分。具体写法是：

225

1. 首部

即合同的起首部分。包括：

（1）合同名称。一般仅写明合同的种类，如"供用电合同""买卖合同""承揽合同"等。

（2）合同编号。为了便于管理，一般在合同名称后面的上角编注合同号。

（3）合同当事人名称。应按营业执照上核准的名称填写，不能写简称或代号。为行文方便，可在名称前或后注明"甲方""乙方""丙方"字样。同时，写明与当事人名称相应的地址、电话、电传、邮编等。

2. 正文

记载合同当事人权利义务的具体条款，是合同的主要部分。经济合同的正文一般应包括以下内容：

（1）引言。说明签订合同的背景、依据或宗旨，以引起下面具体的协议事项。

（2）标的。标的即合同各方权利与义务所指的对象，例如供用电合同中的电能、买卖合同中的货物、借款合同中的货币等。标的项目多的，如货物的品名、规格不同，可另列表格或清单作为附件。

（3）数量和质量。这是合同不可缺少的两项重要条款，一定要明确、具体。要有准确的数量规定，计量单位要标准、明确，计量方法可按国家规定或双方商定的办法执行。质量要明确技术标准等级（国家标准或行业标准），写明标准代号；无现行法定标准的，应明确当事人协商议定的标准，另附质量协议作为附件，注明以说明书、图纸或样品为准，以备验证。此外，标的有商标、产地的，应予注明。

（4）价款或报酬。这是签订合同的一方对所得到的产品或劳务、智力成果等应付的代价。要写明单位、价格、总金额以及附加费用、运费等。议定价格时，如果国家、地方物价管理部门有定价或指导价的，要严格按规定计价。未规定价格的，由合同当事人协商议定。

（5）履行期限、地点和方式。这部分内容越具体，越有利于合同的履行。例如买卖合同，要明确交货时间和提货时间，有时还要明确出厂时间、在途时间、到站时间、保存时间、使用有效期限、保修保退期限以及交货时的检验办法等。履行地点直接关系到合同的履行和费用负担，买卖合同必须写清交货、提货地点，有时还要写明货物始发、中转、终到车站名称及货物储存放置的仓库、场所。履行方式指货物履行方式，如产品包装要求、运输方式及哪一方负责等，同样也要具体、明确。

（6）价款或酬金的支付方式。要具体写明支付方式和结算时间。如果是银行转账结算，结算银行与账号也应写清。

（7）违约责任。对不履行合同所应负的责任作出规定，一般是交纳违约金和经济赔偿。对违约金、赔偿金的数额和支付的办法等，也要写得具体。

（8）不可抗力及争议解决。不可抗力指不能预见、不能避免并不能克服的客观情况。不可抗力条款旨在发生人力不可抗拒的意外事故时，免除或推迟合同当事人履行合同的责任。不可抗力条款在不同的合同中有不同的内容和表现形式，有的简单笼统，有的则十分详细。一般的不可抗力条款可包括：不可抗力事故的范围，不可抗力事故的法律后果，发生不可抗力事故后通知对方的时间，出具事故证明的机构等。此外，对发生争议如何解决也应加以约定。

（9）合同有效期限。即合同的生效时间和终止时间。

（10）合同的份数和保存方法。包括正本、副本的份数及各方保存情况。

（11）合同纠纷的管辖法院。合同的双方当事人可以在书面合同中协议选择被告所在地、合同履行地、合同签订地、原告所在地、标的物所在地人民法院管辖。

（12）其他约定事项。如合同的附件及其效力、修改合同的条件和程序等。

227

3. 尾部

尾部是合同的结尾部分。包括：

（1）签名和盖章。应有签订合同单位、公章及法定代表人或授权委托人签名。

（2）鉴证与公证。除法律规定必须履行鉴证或公证程序的合同外，当事人各方可以在合同中约定对签订的合同经过鉴证或公证后才能生效的条款。鉴证、公证机关签署意见后应写明日期并加盖公章。

（3）签约日期。合同的签约日期可能影响到合同的生效日期、有效期限或履行期限，切不可忽略。当合同当事人不在同一地点同时签署时，应以最后一个当事人签署的日期为准。

五、劳动合同的写法

劳动合同是劳动者与用人单位（包括企事业单位、国家机关、社会团体和私人雇主）之间，为确定劳动关系，明确相互之间的权利义务而达成的书面协议。2008 年 1 月 1 日起施行的《劳动合同法》规定，"中华人民共和国境内的企业、个体经济组织、民办非企业单位等组织（以下称用人单位）与劳动者建立劳动关系，订立、履行、变更、解除或者终止劳动合同""依照本法执行"；"建立劳动关系，应当订立书面劳动合同"。

劳动合同分为固定期限劳动合同、无固定期限劳动合同和以完成一定工作任务为期限的劳动合同。订立劳动合同，应当符合《劳动法》《劳动合同法》的有关规定，遵循合法、公平、平等自愿、协商一致、诚实信用的原则。

（一）劳动合同的格式

劳动合同的书写格式与一般合同相似，包括首部、正文、尾部三部分。具体写法简介如下：

1. 首部

写明劳动合同的名称、编号、当事人双方的名称及有关简要情况（包括甲方亦即用人单位的名称、所有制性质、法定代表人或委托代理人、单位地址、邮政编码，乙方亦即劳动者的姓名、性别、出生年月、文化程度、家庭住址、居民身份证号码等）和引言。

2. **正文**

《劳动合同法》第十七条规定，劳动合同应当具备以下条款：

（1）用人单位的名称、住所和法定代表人或者主要负责人；

（2）劳动者的姓名、住址和居民身份证或者其他有效身份证件号码；

（3）劳动合同期限；

（4）工作内容和工作地点；

（5）工作时间和休息休假；

（6）劳动报酬；

（7）社会保险；

（8）劳动保护、劳动条件和职业危害防护；

（9）法律、法规规定应当纳入劳动合同的其他事项。

劳动合同除前款规定的必备条款外，用人单位与劳动者可以约定试用期、培训、保守秘密、补充保险和福利待遇等其他事项。

3. **尾部**

包括双方当事人的签名盖章，签订合同的日期、地点，公证或鉴证机关（鉴证人）签名盖章等。

（二）提防"劳动合同陷阱"

劳动合同是劳动者的护身符。《劳动法》第十七条规定：订立和变更劳动合同，应当遵循平等自愿、协商一致的原则，不得违反法律、行政法规的规定。然而，在现实生活中有些用人单位在与劳动者签订劳动合同时采取欺诈、胁迫等手段设置陷阱，严重侵犯劳动者的合法权益。这些合同主要有以下六种：

（1）"简单合同"。虽有字据，但内容过简，含义不清，缺少必要的细节约束，出现纠纷难以处理。

（2）"暗箱合同"。有些企业，尤其是部分私营企业和个体工商户与劳动者签订合同时，多采用格式合同（即一方当事人事先拟定固定格式和内容的合同），根本不与劳动者协商，不向劳动者讲明合同内容。在合同中，只从自身的利益出发规定用人单位的权利和劳动者的义务，而很少或者根本不规定用人单位的义务和劳动者的权利。劳动者利益受损时，有苦难言，有理难申。

（3）"抵押合同"。即劳动者把一些证件、财物抵押给用人单位，并在合同中写明，以表明自愿的原则而使其合法化。当劳动者发生利益不保时，难以及时脱身，即使走人也要损失财物，拿不回必要的证件。还有一些用人单位利用劳动者求职心切的心理向劳动者收取押金、风险金、培训费、保证金等各种名目、数额不等的金钱，劳动者稍有违反管理的行为，用人单位即"合法"扣留这部分押金。《劳动合同法》第九条规定："用人单位招用劳动者，不得扣押劳动者的居民身份证和其他证件，不得要求劳动者提供担保或者以其他名义向劳动者收取财物。"而且如果用人单位签订合同时扣押身份证，便违反了《中华人民共和国身份证条例实施细则》有关条款，均属违法行为。

（4）"生死合同"。有些用人单位不按《劳动法》的有关规定履行安全义务，妄图与劳动者约定"工伤概不负责"的条款或只是约定一些无关痛痒的条款，职工因工负伤后，企业只是象征性地给予数额低微的一次性补偿，逃避责任。签订这类合同的主要是从事高度危险作业的一些单位。这些企业劳动保护条件差，隐患多，设施不全，生产中极易发生伤亡事故。《劳动合同法》第二十六条规定，"用人单位免除自己的法定责任、排除劳动者权利的"，"劳动合同无效或者部分无效"。因此，这种明显不符合《劳动法》《劳动合同法》的合同，没有法律效力。

（5）"卖身合同"。一些用人单位与劳动者在合同中约定，劳动者一切行动听从用人单位安排。一旦签订合同，劳动者就如同卖身一样完全失去行动自由，在工作中加班加点，被强迫劳动。有的单位连吃饭、穿衣、上厕所都规定了严格的时间，剥夺了劳动者的休息权、休假权，甚至任意侮辱、体罚、殴打和拘禁劳动者，劳动者的生活、娱乐和人身自由受到非法限制。这种严重侵犯劳动者权利的违法行为，应该受到法律的处罚乃至制裁。

（6）"双面合同"。一些用人单位与劳动者签订合同时，准备了至少两份合同。一份是假合同，内容按照劳动部门的要求签订，以对外应付有关部门的检查，但在劳动过程中并不实际执行；一份为真合同，是用人单位从自身利益出发拟定的违法合同，规定的权利义务极不平等，对内用以约束劳动者。这种"以欺诈、胁迫的手段或者乘人之危，使对方在违背真实意思的情况下订立或者变更"的劳动合同，同样无效。

总之，合同是具有法律约束力的协议，劳动合同通过书面的形式确定了劳动者与用工单位的权利和义务，保障了双方的权益，是现代社会用工制度法制化、规范化的体现。劳动者一定要重视劳动合同的写作与签订，提防并抵制"劳动合同陷阱"。

【例文 7-1】　建设工程合同

绿化工程施工合同

建设单位：泉州××供电设备制造有限公司（以下简称甲方）

施工单位：泉州××物业有限公司（以下简称乙方）

甲方委托乙方承担厂区场地的绿化工程施工任务。为确保工程顺利完成，根据《中华人民共和国合同法》和《中华人民共和国建筑法》的有关规定，结合本工程具体情况，经双方协商，订立本合同以明确双方的权利和义务，共同遵守。

一、工程名称：××供电设备制造有限公司场地绿化工程。

二、施工地点：泉州××开发区。

三、工程范围：绿化范围以现有实际场地结合平面布置图内所有空地（一期）。具体绿化方案以甲方提供的绿化设计平面图（附件 2）为准。

四、承包方式：乙方按甲方提供的绿化方案及预算书（附件 1）所列品种、规格进行施工，包工包料，包种、包活并管理维护六个月后进行竣工验收。

五、质量标准：乙方施工的项目要达到甲方提供的绿化方案要求及《城市绿化工程施工及验收规范 CJJ/T 82—1999》和《城市园林苗圃育苗技术规程 CJ 14—1986》的基本要求。不符合质量要求的，乙方应负责返工，费用由乙方自理。

六、驻现场代表：为搞好工程项目管理，协调施工现场各种问题，保证项目顺利进行，甲方派吴××先生（联系电话：××××××××），乙方派魏××先生（联系电话：××××××××）为双方驻现场代表。

七、施工工期：自 2012 年 8 月 12 日至 2012 年 9 月 20 日全部种植完成，总日历工期为四十天。施工中若遇不可抗拒的原因造成不能施工的，则顺延工期。

八、合同价款：依据甲方提供的绿化方案及乙方的中标价，本合同工程总价款为人民币××万元。项目实施过程中甲方对工程设计有变更要求的，变更部分的品种及价格由双方协商确定（项目单价以投标中标价为准，数量按实结算），形成书面变更通知后方可按变更要求实施。变更部分的价款并入工程总造价，在结算时付清。工程验收时，变更部分按书面变更通知进行验收。

九、付款方法：工程完工经甲方初验合格后十天内，甲方付工程总价款 40%；初验合格三个月后十天内，付工程总价款 30%；初验合格后六个月竣工验收，验收后十天内付清工程余款。乙方应出具国家规定的正式收款凭证。

十、安全责任：乙方应注意安全文明施工。因乙方施工原因造成安全事故，由乙方负责；造成甲方经济损失，应赔偿甲方直接经济损失。

十一、双方的权利和义务

1. 甲方权利和义务：

（1）合同签订后，甲方有权监督乙方按时、按质、按量施工，对不符合苗木规格和工程质量的责成纠正；若乙方拒绝纠正，甲方有权中止合同，造成的损失由乙方负责。

（2）甲方应提供用于绿化管护的水源和电源，以确保植物浇水等需要。

（3）甲方应按合同规定按时付款；若逾期，每天按1‰支付违约金。

2. 乙方权利和义务：

（1）合同签订后，乙方应立即组织施工，不得延误工期。

（2）施工中如有项目确需变更，应征得甲方同意并形成书面后才能更改。

（3）竣工后必须负责场地清理工作并达到清洁整齐。

十二、竣工验收：竣工验收前乙方应提供给甲方两套竣工图及相关资料。甲方应在乙方提供竣工报告后十天内组织初步验收，初步验收后半年组织竣工验收。由于甲方原因未按规定时间组织验收，则视为验收合格。

十三、争议及解决办法：双方发生争议时，先协商解决；协商不一致时，可向辖地人民法院提起诉讼。

十四、合同时限：自合同签订之日起生效，至合同约定内容完成后自行失效。

十五、合同附件

1. 泉州××供电设备制造有限公司场地绿化工程预算书。

2. 泉州××供电设备制造有限公司场地绿化工程平面图及设计说明。

以上附件为本合同不可分割的组成部分。

十六、本合同一式陆份。甲乙双方各执叁份。

十七、合同签订日期：2012 年 8 月 9 日

甲方：   乙方：

地址：   地址：

法人代表：   法人代表：

现场代表：   现场代表：

联系电话：   联系电话：

开户银行：   开户银行：

账　　号：   账　　号：

【例文 7-2】　临时供用电合同范本

合同编号：＿＿＿＿＿＿

临时供用电合同

供电方　　　　　　　　用电方
单位名称：　　　　　　单位名称：
法定地址：　　　　　　法定地址：
法定代表（负责）人：　　法定代表（负责）人：
授权代理人：　　　　　授权代理人：
电话：　　　　　　　　电话：
电传：　　　　　　　　电传：
邮编：　　　　　　　　邮编：
开户银行：　　　　　　开户银行：
账号：　　　　　　　　账号：
税务登记号：　　　　　税务登记号：

为明确供电企业（以下简称供电方）和临时用电单位（以下简称用电方）在临时供用电过程中的权利和义务，安全、经济、合理、有序地供电和用电，根据《中华人民共和国电力法》《电力供应与使用条例》和《供电营业规则》的规定，经供电方、用电方协商一致，签订本合同，共同信守，严格履行。

一、用电地址、用电容量

1. 临时用电地址为＿＿＿＿＿＿＿＿＿＿。

2. 临时用电主要用途为＿＿＿＿＿＿＿＿。

3. 用电容量

经供电方确认临时用电容量为：

（1）受电变压器＿＿＿＿台，总容量为＿＿＿＿kVA；

（2）用电设备＿＿＿＿台，总容量为＿＿＿＿kW。

具体用电设备清单见附件1。

4. 供电贴费

根据国家规定，用电方向供电方交付供电工程贴费＿＿＿＿＿

kVA（kW）×_____元/kVA（kW），共计_____元。临时用电终止时，供电方按规定办理供电贴费清退手续。

二、供电方式

供电方向用电方提供交流50Hz临时电源，采用：

1. 高压供电：供电电压为_____kV，从_____线路_____杆接线供电。供电容量为_____kVA。

2. 低压供电：供电电压为220/380V，从_____公用变供电。供电容量为_____kVA。

具体供电接线方式见附件2《供电接线及产权分界示意图》。

三、用电计量

1. 用电计量装置安装在_____处。安装的有功电能表_____A，无功电能表_____A，电流互感器变比_____，电压互感器变比_____。

2. 用电计量装置的记录作为向用电方计算电费的依据。

3. 用电装置安装位置与产权分界处不对应时，线路与变压器损耗电量由产权所有者负担。

4. 供电方设在用电方的用电计量装置的安装、移动、更换、拆除、加封、启封及表计接线等均由供电方办理，用电方提供工作上的方便。

四、电价及电费结算方式

1. 供电方根据有管理权的物价主管部门批准的电价和用电计量装置的记录，按国家规定定期向用电方结算电费及随电量征收的有关费用。在合同有效期内，遇电价和其他收费项目费率调整，按调价文件规定执行。

2. 电费结算方式

（1）供电方按规定的日期抄表，按期向用电方收取电费。

（2）用电方在供电方规定的期限内全额交清电费。交付电费方式采用：

①用电方以_____方式交付电费。

②供电方委托_____银行向用电方收取电费。

3. 按国家规定，用电方向供电方存出电费保证金额_____
元和电能表保证金额_____元。用电终止时，供电方按规定退还
保证金。

4. 用电方不得以任何方式、任何理由拒付电费。用电方对
用电计量、电费有异议时，应先交清电费，然后双方协商解决。
协商不成时，可请求电力管理部门调解。调解不成时，双方可通
过诉讼解决。

五、供电设施维护管理责任

1. 经供电方、用电方协商确认，供电设施运行维护管理责
任分界点设在____处。_____属于_____。分界点电源侧
供电设施属供电方，由供电方负责运行维护管理；分界点负荷侧
供电设施属用电方，由用电方负责运行维护管理。

2. 安装在用电方的用电计量装置由供电方维护管理，用电
方应负责保护。如有异常，用电方应及时通知供电方。如发生丢
失或损坏，用电方应负责赔偿或修理；如私自迁移、更动和擅自
操作的，按《供电营业规则》第一百条第5项处理。

3. 供电方、用电方分管的供电设施，除另有规定者外，未
经对方同意，不得操作或更动。如遇紧急情况（当危及电网和用
电安全，或可能造成人身伤亡或设备损坏）而必须操作时，事后
应在24小时内通知对方。

4. 在供电设施上发生的法律责任以供电设施运行维护管理
责任分界点为基准划分。供电方、用电方应做好各自分管的供电
设施的运行维护管理工作，并依法承担相应的责任。

六、约定事项

1. 用电方不得将临时电源向外转供电，也不得将临时电源
转让给第三人。供电方不受理用电方变更用电事宜。用电方在本
合同到期后仍需继续用电的，应在用电终止前向供电方提出申
请，并按规定办理手续。

临时供用电合同到期，用电方如不办理继续用电手续，供电
方将终止对用电方供电。

2. 为保证供电、用电的安全，供电方将定期或不定期对用电方的用电情况进行检查，用电方应当予以配合。用电检查人员在执行查电任务时，应向用电方出示《用电检查证》，用电方应派员随同，配合检查。

3. 在用电方受电装置上作业的电工，必须取得电力管理部门颁发的《电工进网作业许可证》，方准上岗作业。

七、违约责任

1. 用电方不按期交清电费的，应承担电费滞纳的违约责任。电费违约金从逾期之日起计算至交纳日止，按下列规定计算：

（1）当年欠费部分，每日按欠费总额的2‰计算；

（2）跨年度欠费部分，每日按欠费总额的3‰计算。

经供电方催交，用电方仍未付清电费的，供电方可依法按规定的程序停止供电，并追收所欠电费和电费违约金。

2. 经双方约定，除本合同另有约定外，本合同不能履行或不能完全履行时的其他违约责任按《供电营业规则》相关条款处理。

八、争议的解决方式

供电方、用电方因履行本合同发生争议时，应依本合同之原则协商解决。协商不成时，双方共同提请电力管理部门行政调解。调解不成时，双方可通过诉讼解决。

九、本合同效力及未尽事宜

1. 本合同未尽事宜，按《电力供应与使用条例》《供电营业规则》等有关法律、规章的规定办理。如遇国家法律、政策调整，则按规定修改、补充本合同有关条款。

2. 本合同有效期自_____年___月___日起至_____年___月___日止。

3. 本合同自供电方、用电方签字并加盖公章后生效。

4. 本合同正本一式____份，供电方、用电方各执____份，效力均等。副本一式____份，供电方、用电方各执____份。

5. 本合同附件包括：

(1) _____。

(2) _____。

以上附件为本合同不可分割的组成部分。

供电方：（盖章）　　　　　　用电方：（盖章）

签约人：（签章）　　　　　　签约人：（签章）

签约时间：　　年　月　日　签约时间：　　年　月　日

附件1

用电设备清单

序号	设备名称	设备规范				共计（kW）
		相	电压（V）	每台容量（kW）	台数	
1						
2						
3						
4						
5						
6						
7						
8						
9						
10						
11						
12						
13						
14						
合计						

附件2

供电接线及产权分界示意图

【例文 7-3】 劳动合同范本

劳 动 合 同

合同编号：_____

甲方	乙方
	文化程度
	性别
法定代表人	出生日期_____年____月____日
或委托代理人	居民身份证号码
	邮政编码
甲方地址	家庭住址
	所属街道办事处

根据《中华人民共和国劳动法》《中华人民共和国劳动合同法》，甲乙双方经平等协商同意，自愿签订本合同，共同遵守本合同所列条款。

一、劳动合同期限

第一条　本合同期限类型为_____期限合同。

本合同生效日期_____年____月____日，其中试用期____个月。

本合同_____终止。

二、工作内容

第二条　乙方同意根据甲方工作需要，担任_____岗位（工种）工作。

第三条　乙方应按照甲方的合法要求，按时完成规定的工作数量，达到规定的质量标准。

三、劳动保护和劳动条件

第四条　甲方安排乙方执行_____工作制。

执行定时工作制的，甲方安排乙方每日工作时间不超过 8 小时，平均每周不超过 44 小时。甲方保证乙方每周至少休息一日。甲方由于工作需要，经与工会和乙方协商后可以延长工作时间，一般每日不得超过1小时。因特殊原因需要延长工作时间的，在保障乙方身体健康的条件下延长工作时间每日不得超过3小时，每月不得超过36小时。

执行综合计算工时工作制的，平均日和平均周工作时间不超过法定标准工作时间。

执行不定时工作制的，在保证完成甲方工作任务的情况下，工作和休息休假乙方自行安排。

第五条　甲方安排乙方加班的，应安排乙方同等时间补休或依法支付加班工资；加点的，甲方应支付加点工资。

第六条　甲方为乙方提供必要的劳动条件和劳动工具，建立健全生产工艺流程，制定操作规程、工作规范和劳动安全卫生制度及其标准。

甲方应按照国家或本地有关部门的规定，组织安排乙方进行健康检查。

第七条　甲方负责对乙方进行政治思想、职业道德、业务技术、劳动安全卫生及有关规章制度的教育和培训。

四、劳动报酬

第八条　甲方的工资分配应遵循按劳分配原则。

第九条　执行定时工作制或综合计算工时工作制的乙方为甲方工作，甲方每月＿＿＿＿日以货币形式支付乙方工资，工资不低于＿＿＿＿＿＿＿＿元，其中试用期间工资为＿＿＿＿＿＿＿＿元。

执行不定时工作制的工资支付按＿＿＿＿＿＿＿＿执行。

第十条　由于甲方生产任务不足，使乙方下岗待工的，甲方保证乙方的月生活费不低于＿＿＿＿＿＿＿＿元。

五、保险福利待遇

第十一条　甲乙双方应按国家和本地社会保险的有关规定缴纳职工养老、失业和大病医疗统筹及其他社会保险费用。

甲方应为乙方填写《职工养老保险手册》。双方解除、终止劳动合同后，《职工养老保险手册》按有关规定转移。

第十二条　乙方患病或非因工负伤，其病假工资、疾病救济费和医疗待遇按照＿＿＿＿执行。

第十三条　乙方患职业病或因工负伤的工资和医疗保险待遇按国家和本地有关规定执行。

第十四条　甲方为乙方提供以下福利待遇＿＿＿＿＿＿。

六、劳动纪律

第十五条　乙方应遵守甲方依法制定的规章制度；严格遵守劳动安全卫生、生产工艺、操作规程和工作规范；爱护甲方的财产，遵守职业道德；积极参加甲方组织的培训，提高思想觉悟和职业技能。

第十六条　乙方违反劳动纪律，甲方可依据本单位规章制度，给予纪律处分，直至解除本合同。

七、劳动合同的变更、解除、终止、续订

第十七条　订立本合同所依据的法律、行政法规、规章发生变化，本合同应变更相关内容。

第十八条　订立本合同所依据的客观情况发生重大变化，致使本合同无法履行的，经甲乙双方协商同意，可以变更本合同相关内容。

第十九条　经甲乙双方协商一致，本合同可以解除。

第二十条　乙方有下列情形之一，甲方可以解除本合同：

1. 在试用期间，被证明不符合录用条件的；

2. 严重违反劳动纪律或甲方规章制度的；

3. 严重失职、营私舞弊，对甲方利益造成重大损害的；

4. 劳动者同时与其他用人单位建立劳动关系，对完成本单位的工作任务造成严重影响，或者经用人单位提出，拒不改正的；

5. 以欺诈手段订立劳动合同，致使劳动合同无效的；

6. 被依法追究刑事责任的。

第二十一条　有下列情形之一，甲方可以解除本合同，但应提前30日以书面形式通知乙方或者额外支付乙方一个月工资：

1. 乙方患病或者非因工负伤，在规定的医疗期满后不能从事原工作，也不能从事由甲方另行安排的工作的；

2. 乙方不能胜任工作，经过培训或者调整工作岗位，仍不能胜任工作的；

3. 双方不能依据本合同第十八条规定就变更合同达成协议的。

第二十二条　甲方濒临破产进行法定整顿期间或者生产经营发生严重困难，经提前三十日向工会或者全体职工说明情况，听取工会或者职工的意见，并向劳动行政部门报告后，可以解除本合同。

第二十三条　乙方有下列情形之一，甲方不得依据本合同第二十一条、第二十二条终止、解除本合同：

1. 从事接触职业病危害作业的劳动者未进行离岗前职业健康检查，或者疑似职业病病人在诊断或者医学观察期间的；

2. 患病或者非因工负伤，在规定的医疗期内的；

3. 女职工在孕期、产期、哺乳期的；

4. 在本单位连续工作满十五年，且距法定退休年龄不足五年的；

5. 法律、行政法规规定的其他情形。

第二十四条　乙方在本单位患职业病或因工负伤，医疗终结，经市、区、县劳动鉴定委员会确认完全或部分丧失劳动能力的，按_____办理，不得依据本合同第二十一条、第二十二条解除劳动合同。

第二十五条　有下列情形之一，乙方可以随时通知甲方解除本合同：

1. 甲方未按照劳动合同约定提供劳动保护或者劳动条件的；

2. 甲方未及时足额支付劳动报酬的；

3. 甲方未依法为劳动者缴纳社会保险费的；

4. 甲方的规章制度违反法律、法规的规定，损害乙方权益的；

5. 甲方以欺诈、胁迫的手段或者乘人之危，使乙方在违背真实意思的情况下订立或者变更劳动合同，致使劳动合同无效的；

6. 甲方以暴力、威胁或者非法限制人身自由的手段强迫乙方劳动，或者甲方违章指挥、强令冒险作业危及乙方人身安全的；

7. 乙方在试用期内的；

8. 法律、行政法规规定乙方可以解除劳动合同的其他情形。

第二十六条　本合同期限届满，甲乙双方经协商同意，可以续订劳动合同。

第二十七条　订立无固定期限劳动合同的，乙方退休、退职及死亡或本合同约定的解除条件出现，本合同终止。

八、经济补偿与赔偿

第二十八条　下列情形之一，甲方违反和解除乙方劳动合同的，应按下列标准支付乙方经济补偿金：

1. 甲方克扣或者无故拖欠乙方工资的，以及拒不支付乙方延长工作时间工资报酬的，除在规定的时间内全额支付乙方工资报酬外，还需按应付金额百分之五十以上百分之一百以下的标准向乙方加付赔偿金；

2. 甲方支付乙方的工资报酬低于本市最低工资标准的，要在补足低于标准部分的同时，另外支付相当于低于部分百分之五十以上百分之一百以下的经济补偿金。

第二十九条　下列情形之一，甲方应根据乙方在甲方工作年限，每满一年发给相当于乙方解除本合同前 12 个月平均工资一个月的经济补偿金，最多不超过 12 个月：

1. 经与乙方协商一致，甲方解除本合同的；

2. 乙方不能胜任工作，经过培训或者调整工作岗位，仍不能胜任工作，由甲方解除本合同的。

第三十条　下列情形之一，甲方应根据乙方在甲方工作年限，每满一年发给相当于本单位上年月平均工资一个月的经济补偿金：

1. 乙方患病或者非因工负伤，经劳动鉴定委员会确认不能从事原工作，也不能从事由甲方另行安排的工作而解除本合同的；

2. 劳动合同订立时所依据的客观情况发生重大变化，致使本合同无法履行，经当事人协商不能就变更劳动合同达成协议，由甲方解除劳动合同的；

3. 甲方濒临破产进行法定整顿期间或者生产经营状况发生严重困难，必须裁减人员的。

以上三种情况，如果乙方被解除本合同前 12 个月的月平均工资高于本单位上年月平均工资的，按本人月平均工资计发。

第三十一条　甲方解除本合同后，未按规定给予乙方经济补偿的，除全额发给经济补偿金外，还需按该经济补偿金数额的 50% 支付额外经济补偿金。

第三十二条　支付乙方经济补偿时，乙方在甲方工作时间不满一年的按一年的标准发给经济补偿金。

第三十三条　乙方患病或者非因工负伤，经劳动鉴定委员会确认不能从事原工作，也不能从事由甲方另行安排的工作而解除本合同的，甲方还应发给乙方不低于企业上年月人均工资六个月的医疗补助费，患重病和绝症的还应增加医疗补助费，患重病的增加部分不低于医疗补助费的 50%，患绝症的增加部分不低于医疗补助费的 100%。

第三十四条　甲方违反本合同约定的条件解除劳动合同或由于甲方原因订立的无效劳动合同，给乙方造成损害的应按损失程度承担赔偿责任。

第三十五条　乙方违反本合同约定的条件解除劳动合同或违反本合同约定的保守商业秘密事项或违反甲方制定的各项规章制度，对甲方造成经济损失的，应按损失的程度依法承担赔偿责任。

第三十六条　乙方解除本合同的，凡由甲方出资培训和招接收的人员，应向甲方偿付培训费和招接收费。其标准为：＿＿＿＿＿。

九、劳动争议处理

第三十七条　因履行本合同发生的劳动争议，当事人可以向本单位劳动争议调解委员会申请调解；调解不成，当事人一方要求仲裁的，应当自劳动争议发生之日起 60 日内向劳动争议仲裁委员会申请仲裁。当事人一方也可以直接向劳动争议仲裁委员会申请仲裁。对裁决不服的，可以向人民法院提起诉讼。

十、其他

第三十八条　甲方以下列规章制度＿＿＿＿＿＿＿＿作为本合同的附件。

第三十九条　本合同未尽事宜或与今后国家、本地有关规定相悖的，按有关规定执行。

第四十条　本合同一式两份，甲乙双方各执一份。

甲方（盖章）　　　　　　乙方（签章）

法定代表人

或委托代理人（签章）

　　　　　　　　　　签定日期：　　　年　　月　　　日

鉴证机关（盖章）　　　　鉴证员（签章）

　　　　　　　　　　鉴证日期：　　　年　　月　　　日

劳 动 合 同 续 订 书

本次续订劳动合同期限类型为＿＿＿＿＿＿期限合同，续订合同生效日期为＿＿＿＿年＿＿＿＿月＿＿＿＿日，续订合同＿＿＿＿＿＿终止。

甲方（盖章）　　　　　　　　　　　　　　乙方（签章）

法定代表人

或委托代理人（签章）　　　　　　　　　　　年　　月　　日

本次续订劳动合同期限类型为＿＿＿＿＿＿期限合同，续订合同生效日期为＿＿＿＿年＿＿＿＿月＿＿＿＿日，续订合同＿＿＿＿＿＿终止。

甲方（盖章）　　　　　　　　　　　　　　乙方（签章）

法定代表人

或委托代理人（签章）　　　　　　　　　　　年　　月　　日

经甲乙双方平等自愿、协商同意，对本合同作以下变更：

甲方（盖章）   乙方（签章）

法定代表人
或委托代理人（签章）

年　月　日

相关链接

协 议 书

协议书是当事双方或几方对某项工作或某个问题，依据法律规定，经过充分研究协商，取得一致意见后所签订的一种契约性文书。

协议书与合同有许多相同、相似之处。例如，在确定当事双方（各方）的权利义务，对当事双方（各方）具有法定约束力，以及结构、写法、注意事项等方面，都完全一致或基本相同。在实际使用中，有些协议书实质上就是合同。

然而，若严格区分，二者仍有以下差异：

1. 协议书适用的范围更广泛

合同主要使用于经济活动；协议书不仅在经济活动中使用，还常用于科研、教育、文艺、体育等各方面合作项目。

2. 协议书内容较多但不具体

合同的条款要求订立得全面、精细、具体；协议书中的项目内容往往比合同多，但订得比较原则、笼统（亦即相对于合同显得比较简略、"粗线条"，不那么细致、具体）。例如合资企业的协议书中，往往含有技术转让、产品销售、贷款等方面的内容，但均是些原则性的协定；为实现合营协议，有关各方过后还要订立一系列有关的单项合同。

3. 协议书常作为正式合同之前签订的比较原则的协定，起意向作用

当事人双方在商谈内容比较复杂的问题时，往往需要多次协商、谈判，时间会拉得长一些。为了表明双方合作的诚意，肯定开始会谈以来取得的成果，在签订正式合同之前常先签订协议书，对双方的交易意向、原则立场、指导思想等问题作出约定。

4. 协议书还常用于对已签订的合同进行修订补充

有时，合同执行过程中发现有些条款的内容不够完善，或者由于客观条件而使合同内容无法执行，以及同类商品续有成交、交易过程出现纠纷等。在上述情况下，当事人双方经协商同意，可对已订合同作部分修改和补充，这时就可以使用协议书。这种协议书经双方签章并报原合同鉴证机关后，就成为已订合同的组成部分。

247

第二节　招标书与招标文件

招标是当前企业经济活动中经常运用的一种交易形式。招标人在兴建工程、合作经营某项业务或进行大宗商品交易时发出招标书，再经过投标、议标、开标，最后确定中标人，有利于实现以最少的投资获得最佳效益的目的。对于投标人来说，招标推动了竞争，有利于实现优胜劣汰。

自《招标投标法》2000年1月1日施行后，招投标这一交易活动在我国也被纳入了法制的轨道。该法律对必须进行招标的项目范围作了强制性的规定，同时对招标人和投标人的资格以及招标的程序作了详尽的规定。这是目前进行招投标活动必须遵循的最权威的法律文件；同样，写作招标书和投标书也必须遵循该法律的有关规定。因此，写作招投标书是一种专业性很强的写作活动，写作者必须对《招标投标法》中所规定的招标程序、招标

分类以及与之相关的国际惯例有相当的了解，才能准确无误地从事招投标书的写作。

一、招标书

招标书又叫招标广告、招标公告、招标启事，是招标者为邀请符合条件的有关单位投标，将业务项目、项目标准及要求、条件等有关内容写成书面的一种文书。招标书往往通过传播媒体公开发布。（参见【例文7-4】）

招标书的结构较简单，一般由标题和正文两部分组成。具体写法如下：

1. 标题

有两种写法：一是由招标单位、招标项目和文种组成，如"××（单位）××工程招标书"；另一是由招标单位及文种组成，如"中国机电设备中心招标广告"。如果是招标公司，还要在标题下面写出编号，以便归档备查。

2. 正文

正文由前言、主体、结尾组成。

前言应写明招标单位的基本情况和招标目的，要求语言简洁，重点突出。

主体部分包括标书编号、招标项目名称、具体要求（如投标者的条件、招标项目的技术规格等）、招标范围、招标时限、招标地点以及标书售价、投标与开标的时间地点等有关内容，要求条理清楚，用词准确，表达简明。

结尾写明招标单位的地址、邮编、电话和传真号码等。如果是国际招标广告，还应写明招标范围包括那些国家、用什么货币以及付款办法等。

有的招标书还在正文之后写明制定此招标书的时间，亦即落款。但多数招标书没有落款。

二、招标文件

比较复杂的招标活动，常形成规范的招标文件，内容详尽，结构严谨，具体可参见【例文7-5】。

【例文 7-4】

××机电设备招标公司公告
（第×号）

　　××机电设备招标公司、××市招标公司受××市地铁公司委托，对下列设备联合招标。欢迎具有本招标项目生产供应能力和法人资格的国内外厂商参加投标，国外投标者须联合中国国内企业共同设计、制造。

　　标书编号：SMETC—×××××

　　招标设备名称：××掘进机

　　主要技术参数：机型：土压平衡式 隧道补砌：外径φ6200mm，内径φ500mm

　　数量：7台

　　标书售价：××美元（外国企业和中外合资企业）；××元人民币（中国企业）

　　发售标书时间：××××年×月×日—××××年×月×日；每天上午9：00—11：00，下午1：30—4：30（星期日除外）

　　发售标书地点：××机电设备招标公司（中国××市××路××号××室）

　　投标地点：××机电设备招标公司；电话：×××××××；电挂：××××××；电传：×××××.METC.CN；联系人：×××；开户银行：××市×行二支行；账号：××××××××××××

　　投标截止日期：××××年×月×日上午11：00

　　开标日期：××××年×月×日下午2：00

　　开标地点：另行通知

　　本招标项目要求投标者根据招标文件的规定，在××××年×月×日至××××年×月×日期间把概念设计交予招标人后，方可正式参加投标。

【例文 7-5】

××电力学校教学设备改造 48 位电子产品生产线设备项目
招 标 文 件

业主单位：×× 电 力 学 校
发标单位：××电力学校劳动服务公司
二〇〇二年五月

投 标 邀 请 函

致＿＿＿＿＿＿＿＿：

我公司受业主××电力学校委托，对××电力学校教学设备改造所需的 48 位电子产品生产线设备项目进行国内竞争性招标。若有意参加，请按以下规定购买招标文件并参与竞标。

1. 招标文件编号：QZDXWZ—02006

2. 招标货物名称：48 位电子产品生产线设备

3. 招标数量：详见招标文件

4. 交货地点及时间：详见招标文件

5. 招标文件在 2002 年＿＿＿月＿＿＿日前每天（公休日除外）工作时间在××电力学校劳动服务公司综合部（××电力学校校内）出售，招标文件每套人民币 200 元，标书售后不退。

6. 投标书应附有招标文件规定金额的投标保证金，并随同投标书同时送达。

7. 投标人应在下述截止时间前将投标文件递交到以下地点，逾期不予受理。招标机构将同时在下述规定时间和地点进行公开开标，欢迎投标商代表参加。

开标地点：××电力学校办公楼二楼会议室

截标时间：2002 年＿＿＿月＿＿＿日 9 时 30 分，逾期不予受理

联 系 人：林××

电 话：（略）

传　真：（略）

××电力学校劳动服务公司

2002 年＿＿＿月＿＿＿日

第一章　投　标　须　知

1.1　定义

招标文件中下列术语应解释为：

（略）

1.2　招标内容

本次招标的项目为××电力学校教学设备改造所需的 48 位电子产品生产线设备。具体型号、规格、数量见附件 5：开标一览表。

1.3　合格的投标人

凡具有法人资格，有产品供应能力的国内企业，在国内注册的外国独资或中外合资、合作企业，符合并承认和履行招标文件中的各项规定者，均可参加投标。

1.4　招标文件的组成

1.4.1　投标邀请函

1.4.2　第一章：投标须知

1.4.3　第二章：合同条款

1.4.4　第三章：附件

1.4.5　招标人发出的与本次招标有关的通知、修改及补充文件

1.5　招标文件的解释、澄清、修改

1.5.1　投标人应认真阅读招标文件中所有的事项、格式、条款和规范等要求。如果没有按照招标文件要求提交全部资料或者投标文件没有对招标文件作出实质性响应，该投标有可能被拒绝或被视为无效投标，其风险由投标人自行承担。

1.5.2　投标人对招标文件理解不清或有疑问，请与××电力学校劳动服务公司联系，联系人、联系电话与投标邀请函相

同；也可在收到招标文件二天内，书面要求招标人进行解释或澄清（须有投标人单位盖章方有效）。招标人将以书面形式，在收到投标人来函后二天内答复并可能分送所有投标单位。

1.5.3　在投标截止日期前的任何时候，无论出于何种原因，招标人可主动或在解答投标人提出的问题时对招标文件进行修改。招标文件的修改将以书面形式通知所有购买招标文件的投标人，并对他们具有约束力。投标人应立即以书面形式确认收到修改文件。为使投标人在编写投标文件时有充分时间为招标文件的修改部分进行研究，招标人可酌情延长截标日期，并以书面形式通知已购买招标文件的每一投标人。

1.6　投标文件的组成

投标人应仔细阅读招标文件，理解招标文件的要求，在完全理解招标文件的基础上，编制投标文件。投标文件必须包括下列文件（有关格式详见第三章附件）：

1.6.1　投标人法定代表人授权书

1.6.2　投标函

1.6.3　开标一览表

1.6.4　投标保证金

1.6.5　投标人资格、资信证明文件

1.6.6　企业法人营业执照（复印件）

1.6.7　合同或产品质量争议情况说明

1.6.8　投标商廉政保证书

1.6.9　与投标产品有关的技术文件、资料及其他需要提供的文件或说明

1.7　投标文件的编制

1.7.1　投标文件必须严格按招标文件的要求点对点进行编制。投标人的投标文件以及投标人就有关投标的所有来往函电均应使用中文。投标文件中所使用的计量单位除招标文件中有特殊规定外，一律使用法定计量单位。

1.7.2　投标文件一式二份（一正一副）。其中的报价表也要

一式二份（一正一副，详见招标文件第三章附件5）。

1.7.3　投标文件正本的每一页均应由投标人授权代表签字。

1.8　投标有效期：

投标文件自开标之日起60天内有效。

1.9　投标保证金

1.9.1　投标保证金为人民币伍仟元现金，于开标前同投标文件一并交付招标人。

1.9.2　投标保证金是为了保证买方免遭因投标人的不当行为而蒙受的损失。买方在因投标人的不当行为受到损害时，可根据投标须知第1.9.4条的规定没收投标人的投标保证金。

1.9.3　落标人的投标保证金，在中标人与买方签订合同后当日无息退还落标人；但如果此时存在投标争端并且未能得到解决，则投标保证金将在上述争端最终解决后10天内退还。

1.9.4　下列任何情况发生时，投标保证金将被没收：

1.9.4.1　投标人在投标函中规定的投标有效期内撤回投标；

1.9.4.2　投标人在规定期限内未能履行以下任一义务：

（1）根据投标须知第1.14.4.4条规定接受对错误的修正；

（2）根据投标须知第1.17条规定签订合同；

（3）根据投标须知第1.17.3条规定提交履约保证金。

1.10　投标文件的递交

1.10.1　投标人应将投标文件密封，在投标截止前送达招标人。具体地址及联系人同投标邀请函。

1.10.2　正本和副本均应注明"在规定开标日期前不准启封"字样并写明投标人名称和地址。

1.10.3　开标一览表及投标保证金应与其他投标文件分开单独密封。

1.10.4　招标人拒绝接收任何迟到的投标文件。

1.11　投标价格

投标人应按照招标文件规定填写投标报价。该报价应为使用单位现场交货价，并包含产品税费、全部运杂费、保险费、卸车费等费用。

1.12 无效的投标

1.12.1 未按规定的投标时间投递投标文件；

1.12.2 投标文件未密封或未按规定加盖印章和签字；

1.12.3 投标文件未按规定格式填写，缺少招标文件规定的投标内容，投标文件内容与招标文件要求有实质性不相符或隐瞒；

1.12.4 在投标文件中同一方案有两个及以上报价，并未明确哪个报价有效；

1.12.5 提供无效的投标保证金；

1.12.6 其他不符合招标文件要求的投标。

1.13 投标截止时间

（同投标邀请函）

1.14 开标及评标

1.14.1 开标时间同投标截止时间。开标采取公开方式进行，欢迎各投标人参加开标。

1.14.2 开标时将投标文件正本"开标一览表"及招标人认为必要的内容公开唱标。

1.14.3 招标人作开标记录，并存档备查。

1.14.4 评标

1.14.4.1 招标人根据招标货物的特点组建评标委员会。评标委员会由××电力学校招投标工作小组人员组成。评委会对所有投标人的投标文件采用相同标准评标。

1.14.4.2 招标文件和投标文件均为评标的依据之一。

1.14.4.3 评标以评分的方式进行。招标人将选择综合评价最好的1个投标人中标，不保证最低报价中标。主要评审因素如下：

（1）投标人的企业条件；

（2）质保体系及质量控制手段；

（3）投标产品的技术水平及性能；

（4）投标人的服务水平及承诺；

（5）开标一览表；

（6）投标人的业绩；

（7）投标人的信誉；

（8）投标人对招标文件中付款方式的响应；

（9）投标人的交货期及供货能力。

1.14.4.4　投标文件中有下列错误必须修正并确认，否则投标文件将被拒绝，其投标保证金将被没收：

（1）单价累计之和与总价不一致，以单价为准修改总价；

（2）用文字表示的数值与用数字表示的数值不一致，以文字表示的数值为准；

（3）文字表述与图形不一致，以文字表述为准。

1.14.4.5　投标文件的澄清

（1）为有助于投标书的审查、评价、比较，评标委员会有权请投标人就投标文件中的有关问题予以说明和澄清。投标人有责任按照招标人通知的时间、地点派专人进行答疑。

（2）投标人对要求说明和澄清的问题应以书面形式明确答复，并应有法人授权代表的签署。

（3）投标人的澄清文件是投标文件的组成部分，并替代投标文件中被澄清的部分。

（4）投标文件的澄清不得改变投标文件的实质内容。

（5）评标委员会判断投标文件的响应性仅基于投标文件本身而不靠外部证据。

（6）评标委员会将拒绝被确定为非实质性响应的投标。投标人不能通过修改或撤销与招标文件的不符之处而使其投标成为实质性响应的投标。

1.14.4.6　评标委员会有权选择或拒绝投标人中标。评标委员会无义务向投标人进行任何有关评标的解释。

1.14.4.7　评标过程严格保密。凡是属于审查、澄清、评价和比较的有关资料以及投标建议等，均不得向投标人或其他无关

255

的人员透露。

1.14.4.8　投标人在评标过程中，所进行的企图影响评标结果的不符合招标规定的活动，可能导致其被取消中标资格。

1.15　授予合同

1.15.1　买方根据评标委员会提出的书面评标报告和推荐的中标候选人确定中标人，买方也可以授权评标委员会直接确定中标人。

1.15.2　合同将授予符合下列条件之一的投标人：

1.15.2.1　能够最大限度地满足招标文件中规定的各项综合评价标准；

1.15.2.2　能够满足招标的实质性要求，并且经评审的投标价格最低；但投标价格低于成本的除外。

1.15.3　招标人在授予合同时有权对招标文件中规定的货物数量和服务予以增加或减少，或分项选择中标人。

1.16　中标通知

1.16.1　定标当日，招标人将以书面形式发出《中标通知书》，发出时间不超过投标有效期。《中标通知书》一经发出即发生法律效力。

1.16.2　在中标人与买方签订合同后当日，招标人向其他投标人无息退还投标保证金；但不解释落标原因，不退回投标文件。

1.16.3　《中标通知书》将作为签订合同的依据。

1.17　签订合同

1.17.1　中标人收到《中标通知书》后，按《中标通知书》中规定的时间、地点与买方签订合同。

1.17.2　买卖双方共同承认的招标文件、投标文件及评标过程中形成的书面文件均作为签订合同的依据。

1.17.3　中标人在签订合同前应向招标人交付履约保证金。具体要求如下：

1.17.3.1　履约保证金为合同总价的 5%，以现金形式体现。

1.17.3.2 履约保证金在合同设备全部交货完成后 10 天内无息退还；但如果此时存在合同争端并且未能得到解决，则履约保证金将在上述争端最终解决后 10 天内无息退还。

1.17.3.3 如果卖方违反合同规定，则履约保证金将作为部分违约金支付给买方。

1.18 拒签合同：

如中标人拒签合同，则按投标须知第 1.9.4 条处理。

1.19 中标人违约：

如中标人违约，招标人可从中标候选人中重新选定中标单位，组织供需双方签订经济合同。

1.20 投标费用：

一切与投标有关的费用均由投标人自理。

第二章 合 同 条 款

（略）

第三章 附   件

附件 1：投标函格式（略）

附件 2：授权书格式（略）

附件 3：资格审查文件格式（略）

附件 4：投标商廉政保证书（略）

附件 5：开标一览表（略）

附件 6：交货进度表（略）

第三节 投 标 书

投标书是对招标书作出的应答，是投标人根据招标单位提出的条件和要求，具体地向对方提出承包此业务项目的愿望时使用的文书。

1. 投标书的写法

项目较大、内容复杂的投标书，一般要形成要素完备、篇幅较长的投标文件（参见【例文 7-6】）。较简单的投标书则可采用以下写法：

（1）标题。一般直接标以"投标书"。

（2）抬头。顶格写明招标单位全称，相当于公文的主送单位写法。

（3）前言。写明投标人的基本概况，如企业名称、性质、规模、资质等级、技术力量、应标能力和投标的依据等。

（4）主体。一般包括：①标价（常用表格表示）；②完成招标项目的质量承诺和应标措施；③完成招标项目的时间；④投标人承诺，常这样表述："我们承诺，本投标书一经寄出，不得以任何理由更改，中标后不得拒绝签订施工合同和施工；一旦本投标书中标，在签订正式合同之前，本投标书连同贵单位的中标通知，将构成我们与贵单位之间具有法律约束力的协议文件。"

（5）结尾。包括投标单位（公章）、法人代表或授权代表（签字）、投标日期、电话、联系人、联系地址、附件一览表等。

2. 写作注意事项

（1）方案应切实可行。要认真考虑招标书的实际内容，投标方案的提出一定要建立在充分调查研究的基础上，做到实事求是，具体可行，既符合有关法律法规、技术规范与招标单位的要求，又符合投标者本身的实际能力。

（2）标准应表达明确。对投标项目的质量标准，要明确是国际标准、国家标准或部颁标准。若无通用标准，应注明按图纸加工或按样品加工。对质量标准，应以适宜为主，因为不必要的高质量必将加大成本。

（3）规格应准确无误。技术规格的说明是投标书中非常重要的一部分，应准确写明：投标单位所提供的仪器、设备等在何条件下使用，投标单位所提供的仪器、设备等的规格与招标要求之间的差异范围，规格数据有误差时的误差上下幅度（不能写"近似"或"大约"之类）等。

【例文 7-6】

投 标 文 件

目录（略）

1. 投标人法定代表人授权书

××电力职业技术学院劳动服务总公司：

我王××是按照中华人民共和国法律组建并存在的××科技股份有限公司的总裁，在此特任命张××先生（市场经理）为我公司正式合法的代表，授予他代表我公司签署本次投标书、与买方进行谈判、签署合同和实施一切与此有关事宜的权力。

××科技股份有限公司（章）

总　裁：王××（签名）

二〇〇五年×月×日

2. 投标人承诺函

××电力职业技术学院劳动服务总公司：

我公司很荣幸能够参加贵公司组织的××电力职业技术学院220kV 和 110kV 软仿真变电站项目的投标，我方必当遵守招标规则。根据贵公司的投标邀请函，我公司授权张××市场经理作为全权代表，提供投标文件正本一份副本四份，并承诺如下：

（1）我方愿意按照投标文件中规定的条款提供本次投标的设备，投标报价详见投标报价表。我方已经审查全部招标文件，包括修改文件以及全部参考资料和有关附件。除了我方投标文件《商务偏离表》《技术偏离表》中描述的部分，我方完全理解和接受招标文件的规定要求，并严格遵照执行。

（2）我方在投标文件中所提供的所有资料及数据（含各种技术指标）是真实正确的。若查出我方提供的投标文件有不真实之

259

处，我方同意将本次投标保证金作为违约赔偿支付给贵公司；若在我方中标后履行合同时发现所提供产品的技术性能、指标和服务未能达到我方投标文件承诺，我方愿意按以上规定支付违约赔偿并随时接受退货处理。

（3）如果我方在开标时间后的投标有效期内撤回投标或中标后拒绝签订合同，投标保证金将按招标文件的规定被没收。

（4）该项投标在开标后的全过程中保持有效，不作更改和变动。

（5）我方若中标，将按招标文件的具体规定及投标文件的承诺与需方（按招标文件定义）签订经济合同，并且严格履行合同义务，按时交货。如果在合同执行过程中发现合同产品质量问题，我方将按规定时间尽快修理更换，保证供给合格产品，同时承担相应的经济责任。

（6）在整个投标过程中，我方若有违规行为，贵方可按招标文件的规定给予惩罚，我方完全接受。

（7）与投标有关的一切正式往来通讯请寄：

投标商名称：××科技股份有限公司

地址：（略）

电话：（略）

传真：（略）

邮编：（略）

授权代表人：张××

授权代表人联系电话：（略）

（8）若我方中标，本承诺函将成为合同不可分割的一部分，与合同具有同等的法律效力。

投标人：（××科技股份有限公司章）

投标法人授权代表：张××（签名）

二〇〇五年×月×日

3. 投标报价表

见单独密封件。

4. 投标保证金

见单独密封件。

5. 投标人资格、资信证明文件

（略）

6. 投标产品简介

（略）

7. 商务及技术偏差表

（略）

8. 投标商廉政保证书

××电力职业技术学院劳动服务总公司：

为了积极配合贵公司进行××电力职业技术学院 220kV 和 110kV 软仿真变电站采购招标工作，确保此次招标工作的公平、公正、公开，我们保证认真贯彻国家有关廉政和招投标的所有规定，向贵公司承诺如下事项：

（1）按照招标文件规定的方式进行投标，不搞招标文件未作要求的任何行为；

（2）不以任何方式向招标方的任何人赠送礼品、礼金及有价证券；

（3）不宴请招标方的任何人，不请招标方的任何人参加高消费的娱乐活动以及旅游、考察、参观等；

（4）不以任何形式报销招标方的任何人或其亲友的各种票据及费用；

（5）不进行可能影响招投标公平、公正的任何活动：

（6）如违反上述承诺，愿接受取消投标资格、没收保证金及其他形式的处理。

投标人：（××科技股份有限公司章）

投标法人授权代表：张×× （签名）

二〇〇五年×月×日

附件一、××电力职业技术学院 220kV 和 110kV 软仿真变电站技术规范（略）

附件二、企业简介（略）

附件三、质量保证手册及 ISO 9001 质量体系认证证书（略）

附件四、设计安装调试组织纲要（略）

第四节 市场调查报告

市场调查报告是市场调查人员以书面形式反映市场调查的内容及过程并提供调查结论和建议的报告，是调查报告的一个重要种类。市场调查报告以科学的方法，对市场的供求关系、购销状况以及消费情况等进行了深入细致的调查研究，并在此基础上提出建议意见，以帮助企业了解、掌握市场的现状和趋势，增强在市场中的应变能力和竞争能力，从而有效地促进经营管理水平的提高。

一份好的市场调查报告，能对企业的市场策划活动提供有效的导向作用；同时，对于各部门管理者了解情况、分析问题、制定决策、编制计划以及控制、协调、监督等各方面都能起到积极的作用。如果报告写得拙劣不堪，市场调查所获资料再好也会黯然失色，甚至可能导致市场调查活动的失败。

一、市场调查报告的类型

从不同角度进行分类，市场调查报告可以分为以下几种：

（1）按涉及内容的多少，分为综合性市场调查报告和专题性市场调查报告。

（2）按调查对象的不同，分为供求情况的市场调查报告、产品情况的市场调查报告、销售情况的市场调查报告、消费者情况的市场调查报告以及市场竞争情况的市场调查报告等。

（3）按表述手法的不同，可分为陈述型市场调查报告和分析型市场调查报告。

二、市场调查报告撰写前的准备工作

"调查"是"报告"的事实基础和依据，写作市场调查报告之前首先要进行市场调查。一般分为三个阶段：

1. 调查准备阶段

（1）根据经济活动中发现的新情况和新问题，明确提出调查的目标。

（2）拟定调查方案。根据调查目标和内容确定相应的调查方式、步骤、完成时间、工作进度、费用预算等，列出详细的调查提纲。

2. 调查实施阶段

（1）收集现成资料。这些资料主要来源于各种统计资料、文件、计划、总结、分析报告、新闻动态、电脑数据等。收集时要注意资料的准确性、可靠性，以及对本次调查的适用性。

（2）收集原始资料。在市场调查中，依靠收集现成资料是不够的，还必须通过实地调查取得第一手的原始资料。

（3）市场调查的主要内容。一般而言，调查的主要内容包括：①市场商品需求情况；②市场商品资源情况；③消费者情况；④商品流通销售情况；⑤市场竞争情况等。

（4）市场调查的常用方法。有询问法（包括问卷法和访问法）、观察法、实验法、资料研究法等。

问卷调查是最常用的市场调查方法之一。它根据调查目的和要求，用书面形式把有关的调查内容设计成种种问题以及可供选择的答案，然后发给被调查者填写并收集反馈信息。由于问卷调查比其他调查方法更为标准化、系统化、指标化，且简便、高效、成本低，因此成为调查报告写作中收集材料的重要手段。问卷调查的关键是科学地设计问卷，具体请阅本书第四章第四节"调查报告"之"三、怎样写好调查报告"的"（一）周密调查"。

3. 梳理分析阶段

（1）对调查所得的大量资料进行梳理，去粗取精、去伪存真、由表及里地加工提炼。

（2）对资料进行分类编排，以方便利用。

（3）透过现象看本质，通过对资料的分析与综合，由感性认识上升到理性认识，从中得出合乎实际的观点和结论，进而提出解决问题的对策和措施。

三、市场调查报告的写作程序

（1）定题。报告标题要与调查的主题协调一致，避免文题不符。

（2）加工材料。对经过统计分析与理论分析所得到的系统、完整的调查资料，在写作调查报告时仍需精心选择。首先要选取与主题有关的材料，使主题集中、鲜明、突出；其次注意材料点与面的结合，所用材料不仅要支持报告中某个观点，而且要相互支持；再次要在现有可用材料中比较、鉴别，选择最好的材料来支持作者的意见，尽量使每一材料以一当十。

（3）拟定提纲。拟定提纲的过程实际上就是把调查报告所用材料进一步分类、构架的过程。提纲的主要特点是它的内在逻辑性，必须纲目分明、层次分明。市场调查报告的提纲有两种形式：一种是观点式提纲，即将调查者在调查研究中形成的观点按逻辑关系一一地列写出来；另一种是条目式提纲，即按层次意义表达上的条、款、目，逐一地写成提纲。也可以将这两种形式结合起来制作提纲。

（4）起草报告。根据已经确定的主题、选好的材料和写作提纲，有条不紊地行文。写作过程中，要从实际需要出发选用语言，灵活地划分段落。在行文时要注意对数字、图表、专业名词术语的使用，做到有理有据，才能令人信服。

（5）修改报告。报告起草以后，要认真、反复修改。修改主要是对报告的主题、材料、结构、语言文字和标点符号等进行检查、推敲，进行必要的增、删、改、调。完成这些工作之后，才能定稿，向上报送或发表。

四、市场调查报告的写作格式

市场调查报告一般由如下几部分组成：

1. 标题

一般有两种构成形式：

（1）公文式标题。即由调查对象和内容、文种组成，例如《××绿色电力市场调查报告》。

（2）文章式标题。即用概括的语言直接交待调查的内容或主题，例如《近几年极端气候变化对××地区用电市场的影响》。文章式标题还经常采用双标题（正副题）形式，因而更为引人注目，例如《市场在哪里——××牌电锅炉用户调查》（标题将"调查报告"简化为"调查"，是常见情况）。

2. 引言

引言又称导语，是市场调查报告正文的前置部分，要写得简明扼要，精练概括。一般应交代调查的目的、时间、地点、对象与范围、方法等与调查者自身相关的情况，也可概括市场调查报告的基本观点或结论，以便使读者对全文内容、意义等获得初步了解。然后用一过渡句承上启下，引出主体部分。

这部分文字务求精要，切忌啰唆芜杂。视具体情况，有时亦可省略这一部分，以使行文更趋简洁。

3. 主体

主体部分是市场调查报告的核心，也是写作的重点和难点所在。它要完整、准确、具体地说明调查的基本情况，进行科学合理的分析预测，在此基础上提出有针对性的对策和建议。具体包括以下三方面内容：

（1）情况介绍。对调查所获得的基本情况进行介绍，是全文的基础和主要内容。要用叙述和说明相结合的手法，将调查对象的历史和现实情况（如市场占有情况，生产与消费的关系，产品、产量及价格情况等）表述清楚。在具体写法上，既可按问题的性质将其归结为几类，采用设立小标题或者撮要显旨的形式；也可以时间为序，或者列示数字、图表或图像等加以说明。无论如何，都要力求做到准确、具体、富有条理性，以便为下文进行分析和提出建议提供坚实充分的依据。

（2）分析预测。在对调查所获基本情况进行分析的基础上对市场发展趋势作预测。它直接影响到有关部门和企业领导的决策，因而必须着力写。要采用议论的手法，对调查所获得的资料条分缕析，进行科学的研究和推断，并据以形成符合事物发展变化规律的结论性意见。用语要富于论断性和针对性，做到析理入微，言简意赅，切忌脱离调查所获资料随意发挥，乱唱"信天游"。

（3）意见建议。这部分是市场调查报告写作目的和宗旨的体现，要在上文调查情况和分析预测的基础上，提出具体的建议和措施，供决策者参考。要注意建议的针对性和可行性，要能够切实解决问题。

4. 结尾

形成市场调查的基本结论，也是对市场调查的结果作一个小结。

有的市场调查报告还有附录，内容一般是有关调查的统计图表、有关材料出处、参考文献等。

五、市场调查报告的写作注意事项

（1）力求客观真实、实事求是。市场调查报告必须符合客观实际，引用的材料、数据必须真实可靠。不能为了迎合上级意图，只挑上级喜欢的材料撰写；更不能弄虚作假。总之，要用事实来说话。

（2）保证调查资料和观点相统一。市场调查报告是以调查资料为依据的，即调查报告中所有观点、结论都有大量的调查资料为根据。在撰写过程中，要善于用资料说明观点，用观点概括资料，二者相互统一。切忌调查资料与观点相分离。

（3）要突出市场调查的目的。任何市场调查都是为了解决或者说明某一问题，撰写时必须围绕市场调查目的，有的放矢。

（4）语言要简明、准确、易懂。调查报告是给人看的，无论是厂长、经理，还是其他的读者，大多不喜欢冗长、乏味、呆板的语言。因此，调查报告语言要力求简单、准确、通俗易懂。

【例文 7-7】

××、××、××局供电客户锅炉市场调查报告

此次调查范围为××、××、××三大电业局供电区域，行业涉及造纸、纺织、制表、鞋业、娱乐、宾馆及医院、学校等。共走访 61 个客户单位，实地调查了 49 台煤锅炉、60 台油锅炉、7 个自备电厂。经统计，三个地区使用锅炉的基本情况见表1。

表1　　　　　　　　　三局锅炉汇总表

燃　料	台　数	容量（t / h）
煤	3513	6090.0
油	966	2150.4
总计	4479	8240.4

一、各电业局基本情况

1.××局

锅炉基本情况见表2。

表2　　　　　　　　××局锅炉汇总表

燃　料	台　数	容量（t / h）
煤	1468	2350.0
油	363	724.4
总计	1831	3074.4

经查实，××局已自查市中心区域。迫于环保压力，市中心大部分客户已于 1998、1999 年刚改为油锅炉。因此，此次不再重复调查，只抽查了几家医院、宾馆。××局主要调查对象为××区、××区、××区，共走访了 25 家客户单位。根据调查结果看，郊区煤锅炉较多，且部分煤锅炉也准备改成油锅炉，因此我们应抓紧时机，尽快联系客户，宣传和推广电价优惠政策，联合环保部门，使之改造为电锅炉。对市区客户，应从宾馆、学校着手，争取将油锅炉改造为电锅炉。

另外。该市有一些客户近期准备搬迁，可趁搬迁之机，使之直接使用电锅炉。还有一些客户迫于环保压力，已安排资金准备近期更换锅炉；另有一些客户近期准备扩容。向这些客户推广使用电锅炉是迫在眉睫的事，调查组已要求××局立即着手工作。

2. ××局

（略）

3. ××局

（略）

二、存在问题分析

从以上三个局的客户调查结果看，普遍存在以下问题：

1. 对电力营销战略理解不够，营销力量较为薄弱

各电业局普遍只注重个别客户的使用电锅炉推广工作，而对推广使用电锅炉的长期战略分析的重要性认识不足，对此次锅炉市场普查工作持消极态度。除××局略好外，其余两局营销力量均较弱。调查组认为，各局并没有将营销工作作为今年工作的"重中之重"。

2. 对推广电锅炉有畏难情绪，宣传力度不够

各电业局均对推广电锅炉信心不足，没有具体的推广方案。除××局外，基本未着手电锅炉推广工作。客户对电锅炉知之甚少，不了解已出台电价优惠政策；有的客户尚不知有电锅炉存在。还有些客户虽对电锅炉有兴趣，但得不到使用电锅炉实惠的有关比较材料。多数市区客户迫于环保压力，已于1998、1999年相继改为油锅炉，失去很大一块市场。

3. 电价优惠不够诱人，客户对优惠政策仍存疑虑

除宾馆行业外，电价优惠政策规定的时间段和客户生产、营业时间有冲突，使客户不能充分利用优惠政策。部分客户自己初步测算比较后，认为使用电锅炉成本还高于使用油锅炉和煤锅炉。还有不少客户因优惠政策未承诺优惠时间，对使用电锅炉缺乏信心。

4. 缺乏资料，有关人员对电锅炉所知不多

包括调查组成员在内，各局均缺乏电锅炉的有关资料，工作人员本身对电锅炉也了解甚少，无法为客户作较为深入的分析。各局原来准备的投资比较资料过于简单。缺乏专业人员来帮助客户设计改造方案，进行成本分析和投费比较。

5. 与地方环保部门联系不够

除××局外，其余两电业局与地方环保部门联系不够，甚至拿不到锅检所的各客户锅炉检验情况的详细资料，使调查工作无法深入进行。

6. 大容量锅炉改造难度大

大容量锅炉改造需增加专用配电变压器，一次投资费用大，多数客户无力承担，改造难度较大。

三、应采取的对策

根据以上问题分析，调查组提出以下意见：

1. 转变思想，制定一套完整的实施方案

各电业局应从畏难情绪中走出来，充分认识推广使用电锅炉对电力营销战略的重大意义，根据本局具体情况，制定一套完整、有序的具体实施办法，并扎扎实实地加以落实。

2. 加强营销力量，提高营销水平

各电业局应组建一支强有力的营销队伍，能全面地为锅炉改造客户进行电价优惠宣传和各项成本的核算与比较，并设计一整套较完善方案（包括锅炉选型改型、用电容量设计、成本核算比较、锅炉系统布置、优惠政策利用等），送到客户手中，以供客户参考。根据不同客户具体情况，可以在价格优惠上作出一定程度的让步，让客户放心、满意地使用电锅炉。

3. 树立示范工程，加大宣传力度

各电业局应树立电锅炉示范工程，作为宣传的活材料。应首先在各局所属多经企业及宾馆使用电锅炉，起到以点带面的作用。同时，应充分利用电视、报纸、INTERNET 等媒体以及各电业局营业厅，进行使用电锅炉电价优惠政策的宣传，并印发有

关宣传资料，扩大宣传范围。

4. 让客户充分利用电价优惠政策，对客户承诺优惠时间

大力推广储热式热水炉及储水式制冷设备，使客户能在低谷时用电，充分利用电价优惠政策。同时，可与客户签订有关合同，明确使用电锅炉电价优惠时限。

5. 联合地方环保局、锅检所力量开展工作

对那些运行锅炉陈旧老化、严重污染环境的客户，应联合环保局、锅检所给予一定程度压力，使之加快改造成电锅炉。

6. 进一步深入调查，做到"三个确保"

对尚未调查的客户，各电业局应派专人负责，按锅检所提供的客户清单继续调查落实，务必在一个月内完成；否则将可能再失去一部分市场。各局应做到三个确保：尽快查清在建和拟建的使用锅炉工程，确保新建客户使用电锅炉；加大使用电锅炉推广力度，确保小型锅炉特别是宾馆热水炉使用电锅炉；立即着手进行业务联系，确保已经调查过的可以改造或准备改造的客户使用电锅炉。

四、客户落实计划

（一）××局

客户名称	备　　注
1. ××塑料有限公司	环保问题
2. ××鞋用纸业公司	环保问题
3. ××味精厂	厂房搬迁
4. ××××食品有限公司	有二期工程
5. ××塑料有限公司	环保问题，有资金改造
6. ×××食品有限公司	环保问题，有资金改造
7. ××纺织工业有限公司	锅炉房搬迁，有资金改造
8. ××××鞋业有限公司	有二期工程

应立即联系的客户

应继续关注的客户	1. ××鞋业有限公司	锅炉容量大、使用年限长
	2. ××印染有限公司	锅炉容量太大
	3. ××纸业有限公司	灰水污染×江
	4. ××纸业	灰水污染、容量大
	5. ××鞋业有限公司	新投用油锅炉
	6. ××专科学校	新投用油锅炉
	7. ××大学	新投用油锅炉
	8. ××大饭店	新投用油锅炉
	9. ××医院	新投用油锅炉
	10. ××医院	新投用油锅炉
	11. ××纸业有限公司	1992年投用油锅炉
	12. ××联合冷冻食品厂	1992年投用油锅炉
	13. ××纺织有限公司	1996年投用小容量油锅炉
	14. ××食品有限公司	新投用油锅炉
较难改造的客户	1. ××公司	属锅坯加热炉，无法替代
	2. ××印染厂	困难企业
	3. ××纸厂	无能力

（二）××局

（略）

（三）××局

（略）

××××电热锅炉有限公司筹备组

2000年10月5日

第五节 可行性研究报告

在实施中外合资、合作企业项目，兴建重要工程，开发大中型新产品等活动过程中，存在着很多可变的游移性因素和未知因素。因此，对于那些工程庞杂、投资额度大、受制因素多的重要建设项目，在投资行为实施之前，进行充分的调查研究和分析论证，确定其是否必要、可行，以避免造成重大经济损失，是十分必要的。

可行性研究报告就是这样一种在从事投资性的经济活动之前，对经济、技术、生产、供销直到社会环境、法律法规等各种因素进行具体调查、研究、分析，确定有利和不利的因素以及项目是否可行，估计成功率大小、经济效益和社会效果程度，提供给决策者和主管机关审批的书面材料。

一、可行性研究报告研究的内容

由于各类拟建项目的性质、规模、实施需求不同，各种可行性研究报告的内容不完全相同。就一般情况而言，要形成一份可行性研究报告大致需要进行以下几个方面的研究：

（1）必要性研究。投资一个建设项目，首先要考虑有无必要。必要性研究就是要研究现在和未来一个时期国内外市场对拟建项目需求量的情况，拟建项目在我国国民经济和社会发展中作用的大小。

（2）可能性研究。研究拟建项目有无条件兴办。主要研究社会环境条件、技术条件、投资条件等。

（3）效益研究。根据成本、产量、销售量等环节的情况，研究分析盈亏关系、在一定的时期内能获多少利润、净现值的大小等，从而论证项目建成后是否有利可图。

（4）不确定因素研究。在拟建项目未正式投产而不能看到实际经济效果以前，一切经济指标都是预测和估算的；而任何精确的估测都难免受到不确定因素的影响。因此，进行可行性研究还

272

要研究拟建项目在建设和生产过程中存在着哪些不确定因素，其变动情况对效益影响如何，以此来探讨拟建项目投资风险的大小。

二、可行性研究报告的基本结构

一般包括标题、正文、附件、落款四个部分。

（一）标题

主要有两种类型：

（1）事由＋文种，如《关于兴建××电气设备厂的可行性研究报告》。

（2）编写单位＋项目名称＋文种，如：《××集团公司关于新建××××核电站的可行性研究报告》。

（二）正文

由前言、主体、结尾三部分组成。

1．前言

又称为总论或总说明，主要写明项目名称、项目主办单位及负责人、可行性研究工作单位，可行性研究项目的技术负责人、经济负责人和参加人员。另外还要简要说明可行性研究的总体情况，交代项目提出的背景和依据，实施该项目的意义，实施单位的简要情况及可行性研究的大致结论、建议等。

2．主体

这是可行性研究报告的重要部分，要求以系统分析为主要方法，以经济效益为核心，围绕影响项目的各种因素，运用大量的数据论证拟建项目是否可行。由于可行性研究的内容很多、涉及面广，加之不同的项目具有不同的特点，可行性研究报告中的论证内容和方法难以局限于某种固定模式。通常情况下，主体部分的内容包括：

（1）市场需求情况；

（2）原材料、能源、交通情况；

（3）项目地址的选择和建设条件；

（4）技术、设备和生产工艺的情况；

（5）资金方面的情况；

（6）财务分析。

3. 结尾

即结论与评价。写出研究结果，确定投资少、建设快、成本低、利润高、效果好的建设方案，以科学的数据表明该项目的必要性和可行性的意见。

（三）附件

一些不宜写入正文当中，但又具有一定参考价值或补充作用的材料，可作为附件附在正文后面。如统计图表、设计图表、专项说明材料等。

（四）落款

包括项目主办单位、负责人，主要技术负责人，经济负责人以及报告形成的日期。

三、可行性研究报告的写作要求

（1）科学论证。进行可行性研究，要注意报告的论点要明确、论据要准确、论证要合理，要掌握和运用科学的研究方法，对各种因素和数据进行分析和测算，以增强报告的说服力。

（2）实事求是。编写可行性研究报告必须坚持实事求是的原则，尊重调查研究的客观事实和各种资料，公正地分析评说项目的经济效益和社会效益。要客观地进行多方案比较，在权衡利弊得失的基础上，确定最佳方案。

（3）语言简明。可行性研究报告的科学性、严肃性很强，因此，文字表达要准确精练，结构要条理清晰，专业术语、图表、数据要清楚精确。

W 相关链接

原国家计划委员会在《关于建设项目进行可行性研究的试行管理办法》中，对工业项目（主要是新建项目）可行性研究报告规定了以下十个方面的内容：

（一）总论

1. 项目提出的背景（改扩建项目要说明企业现有概况），投资的必要性和经济意义。

2. 研究工作的依据和范围。

（二）需求预测和拟建规模

1. 国内外需求情况预测。

2. 国内现有工厂生产能力估计。

3. 销售预测、价格分析、产品竞争能力和进入国际市场的前景。

4. 拟建项目规模、产品方案和发展方向的技术经济比较和分析。

（三）资源、原材料、燃料及公用设施情况

1. 经过储量委员会正式批准的资源储量、品位、成分以及开采、利用条件的评述。

2. 原料、辅助材料、燃料的种类、数量、来源和供应可能。

3. 所需公用设施的数量、供应方式和供应条件。

（四）设计方案

1. 项目的构成范围（指包括的主要单项工程）、技术来源和生产方法、主要技术工艺和设备选型方案比较，引进技术、设备的来源国别，设备的国内外分别交付规定或与外商合作制造的设想。

改扩建项目要说明原有固定资产利用情况。

2. 全厂布置方案的初步选择和土建工程量估算。

3. 公用辅助设施和厂内外交通运输方式的比较和初步选择。

（五）建厂条件与厂址方案

1. 建厂的地理位置、气象、水文、地质、地形条件和社会经济现状。

2. 交通、运输及水、电、气的现状和发展趋势。

3. 厂址比较与选择意见。

（六）环境保护

调查环境现状，预测项目对环境的影响，提出环境保护和"三废"治理的初步方案。

（七）企业组织、劳动定员和人员培训（估算数）

（八）实施进度的建议

（九）投资估算和资金筹措

1. 主体工程与协作配套工程所需的投资。

2. 生产流动资金的估算。

3. 资金来源、筹措方式及贷款偿还方式。

（十）社会及经济效果评价

经济效果主要从项目本身出发，考察建成后的获利能力、清偿能力及外汇效果等。社会效果主要是从国家角度看，建设项目会给国家带来什么直接效益和间接效益。

【例文 7-8】

上海××电器有限公司××项目投资可行性报告

一、项目概况

随着人类社会文明程度的不断提高和电器化时代的到来，能源危机逐渐显现，尤其是电力的日趋紧缺，将严重制约人类社会的生产、生活。上海××电器有限公司致力于照明节能灯的开发与研究，其生产的"上海××"品牌系列灯具为新型照明器材，具有光谱好、调旋光性优、使用寿命长、形式多样化、能效高的特点，其能效比普通照明灯具节能 40%～50%。

1. 项目名称：上海××电器有限公司××项目

2. 投资总额：××××万人民币

3. 建设单位：上海××电器有限公司

4. 项目法人：陈××

5. 项目地址：××省××市××区××镇

二、项目建设的必要性和自然条件

（一）项目建设的必要性

我国作为拥有 13 亿人口的大国，电力能源相对贫乏。随着经济的发展、人民生活水平的提高，照明用电在电力消费中所占的比例逐年提高，特别是进入二十一世纪，我国照明用电的年增长率将在 15% 以上。同时，我国人均拥有光源的数量也比较低下，与日本相比，灯头数量是日本的 4.7 倍，使用电力是日本的 5.9 倍，而灯头平均效率只是日本的三分之一。因此，推广"绿色节能灯照明工程"在我国非常必要。

(二) 项目建设的自然条件

1. 劳动资源优势

上海××电器在××实施规模扩张，在招工用工上有着得天独厚的人力资源条件。××镇是××区人口大镇，全镇人口规模近×万，农村富余劳力多达×万人左右，全镇每年不能升学的初、高中毕业生近 1000 人。同时，周边的××、××、××、××等乡镇均有相当数量的富余劳动力，能充分保障企业××××人的用工需求。

2. 社会需求空间大

上海××电器公司在××镇投资生产的节能灯，是城乡家庭首选的生活必需品，其巨大的消费市场无法估量。目前，我国拥有 4.5 亿户家庭，按每户每年使用 1 只节能灯计算，其需求量就达 4.5 亿只，况且全国众多的机关、学校、宾馆、酒楼、娱乐业、工厂以及大中小城市的亮化工程，对节能灯的需求量远远超过家庭使用的数量，所以，新型绿色节能灯的社会需求空间相当大。

3. 交通便利

××镇地处××区东南中心地带，境内××公路贯穿东西，东临××高速公路，西靠××运河，北傍××一级公路，距××××机场 60 公里，距××铁路 20 公里，距××城区 16 公里，水、陆、空交通十分便利，产品外销方便、快捷。

4. 电力条件

××镇拥有 110kV 变电所，其进线有 110kV 和 35kV 线路各一条；主变为 31 500kVA；出线有 35kV 线路 2 条、10kV 线路 7 条。全年用电高峰在农灌时节仅为 18 000kVA，所以××镇的供电设施在一定时间内，完全可以适应不断增长的负荷需求。

5. 人文环境和社会治安环境

近年来，××镇从整治软环境、提高全民文明程度入手，大力开展文明村镇、文明一条街、文明行业和十星级文明户的评创工作，贯彻落实软环境建设的"八项"规定，树立"诚信××"形象，努力营造"亲商、安商、便商"的良好氛围。同时，结合社会治安综合治理工作，严厉打击各类违法犯罪行为，打造"平安××"，创建最安全地区，辖区民风淳朴，治安稳定，全镇已连续 5 年未发生重大刑事案件。

三、项目规模、资金来源、项目内容及市场分析

（一）项目规模

项目预算总投资人民币××××万元。

（二）资金来源

自筹。

（三）项目内容

详见下表。

项目内容和规模

建设项目内容	单位	数量	预算资金(万元)	备注
主厂房	m²	×××××	××××	
办公用房	m²	××××	××	
配套用房	m²	××××	×××	
厂区铺路	m²	××××	×××	
生产设备	组(台、套、条)	××组(台、套、条)	××××	
自来水安装	m	××××	××	
地下疏水工程	m	××××	××	
其他			××	
合计			××××	

（四）市场分析

1. 供需情况

节能灯以其环保、省电、光效高等特点倍受国内外消费者的青睐。据有关资料显示，在我国 4.5 亿户家庭中，使用节能灯的比例较低，其主要原因就是求大于供。目前，全国年生产节能灯仅在 2 亿只左右。排除机关、学校、宾馆、酒楼以及城市亮化工程的节能灯需求外，仅全国家庭，按每户年需求一只计算，国内家庭节能灯需求缺口就达 2.5 亿支。因此，生产节能灯系列产品，市场前景广阔，不存在市场风险。

2. 价格情况

上海××电器有限公司开发生产的电子节能灯，价格非常低廉，质量非常优良，配套工业非常成熟，并形成了规模化生产，其出厂价格约为发达国家产品的六分之一至十分之一。据统计资料分析，全世界范围内使用的节能灯有 80% 以上在中国制造。

3. 节能情况

以全国每个家庭都将一只 40W 的白炽灯换成同亮度的 8W 节能灯，中国 4.5 亿户家庭每年省出来的电源，就相当于几座三峡电站的年发电量。

4. 生产规模

上海××电器通过在××镇的投入建设，建立起一个年产各种节能灯 1 亿只的大型节能灯及节能光源的生产基地，建立起一个完整的节能灯配套产业链。

四、预期目标与实施计划

（一）预期目标

1. 经济效益

本项目总投资为××××万元。企业投产后，年可生产节能灯×亿只，年销售收入×亿元，年销售税金及附加××××万元，年总成本费用×亿元，年利润总额××××万元。

经综合经济测算，本项目投资回收期为×年（含建设期）。

2. 社会效益

节能灯厂建成投产后，能有效解决当地富余劳力的就业难问题。按照企业设计生产规模，可就地转化剩余劳动力××××人，按进厂工人年收入××××元计算，每年就可增加当地农民收入××××多万元。同时，还可带动××镇的运输业以及餐饮、服务等第三产业的快速健康发展。特别是普及使用节能灯，将为国家节省大量的电力能源，为可持续性发展奠定坚实的能源基础。

（二）实施计划

该项目计划用地××亩，总建筑面积×万平方米，计划分二期建设，建设周期为 2 年。2004 年 8 月开工建设一期工程，一期工程总投资××××万元以上，2005 年 2 月一期工程投产达效；2005 年 3 月开始二期工程建设，2006 年上半年建成投产。

五、结论

经过反复调研论证和综上所述分析，该项目建设是可行的，建设计划和周期也切合实际。

（选自 http：//www.wenmi114.com/wenmi/zongjie/gong-zuohuibao/2007-04-04/2007040465549.html，略有修改）

第六节　经济活动分析报告

电力企业的经济活动主要就是产（发电）、供（输电）、销（售电）活动。通过对电力企业经济活动的分析，有利于企业改善经营管理，提高经济效益；有利于领导部门制定政策，编制切实可行的计划，从而促进电力企业的发展。经济活动分析报告就是利用会计、统计、计划、业务核算等资料以及通过调查研究所掌握的情况，对企业的全部或部分经济活动过程及结果进行分析研究后写成的书面材料。

经济活动分析报告可以按不同标准分成许多种类。从实用写作角度考虑，可按内容范围的不同分为综合经济活动分析和专题经济活动分析两大类。

综合经济活动分析是把一个企业或部门在一定时期内的经济活动作为一个整体，根据该企业或部门所完成的主要经济指标及经营管理的全面情况，进行系统的综合分析研究后提出的书面材料。综合经济活动分析具有涉及面广、内容全面、反映问题较多的特点。在一个企业中，一般是由掌握全局的部门如厂长室、总经理室、财务部等定期（半年或一年一次）进行这种分析和报告的撰写。

专题经济活动分析又叫专题分析，是根据企业生产经营需要，对某一重要的或特殊的专门问题进行深入细致分析后写成的书面报告。它具有内容集中、重点突出、分析深透、形式灵活、不需定期等特点，为基层单位所常用。

要写出高质量的经济活动分析报告，首先要选好分析课题。课题应有针对性，把经济管理中存在的重要问题、亟待解决的现实问题或者对发展趋势有影响的问题作为主要的分析研究课题。其次要搜集整理资料。经济活动的分析评价，有赖于丰富而准确的统计核算、会计核算、业务核算资料和其他有关的文字资料，以及实地调查研究得来的"活"资料。因此，做好以上资料的搜集整理工作至关重要。最后要对资料进行分析。这样才能找准问题，抓住实质，使分析报告具有说服力和指导意义。上述三方面工作就绪后，便可动笔写作。

一、格式与写法

1. 标题

综合经济活动分析多为定期进行，其标题一般包括单位、时间、分析对象和文种，如《××电力综合公司2012年第一季度经济活动分析报告》。为简化标题，可省略单位名称，但其他三项不能省略。

专题分析报告的标题可与综合经济活动分析的标题写法相同，如《托收拒付的专题分析》；也可用报告中的建议和意见作标题，如《应该重视和加强财务分析工作》。

2. 正文

一般包括三个部分：

（1）引言。与总结的前言差不多，起提纲挈领或揭示主题的作用。综合经济活动分析报告的引言，一般是应用主要数据简明地介绍分析对象的全貌、背景及有关经济形势，说明进行分析的目的或意义。专题分析则针对所分析的问题，扼要介绍一些基本情况，再说明分析目的、意义。

（2）主体。这是全文的核心部分，决定着经济活动分析的质量。一般是从基本情况、分析评价、建议措施这三个方面依次写来。

介绍基本情况要比引言的介绍具体、详尽，既要有文字说明，又要有具体数据。分析应紧扣主题，以事实或数据为依据，结合具体情况进行综合、比较、剖析，得出明确的结论。在分析中，既要分析经济活动的成效，总结经验，又要揭露矛盾，找出产生问题的主客观原因。最后，针对存在的差距和问题，提出具体的改进意见和措施。建议和措施要切中要害，切实可行，以引起有关部门的重视并予以采纳。

企业一级的综合经济活动分析属全面分析，一般要对各项主要经济指标逐项分析。各职能部门或基层单位的经济活动分析很多属于简要分析报告，往往是抓住几个主要的指标或一两个重点问题加以分析。

在主体的分析评价这一部分，仍然要以各种资料、数据作为分析的基础。写作时，可以先列出数据，再用文字作分析说明；也可以先作具体的分析，再列出表格用数字说明；还可以把二者有机结合，在文字分析中穿插数据说明。

（3）结尾。标明写作单位和日期。单位名称如已在标题中标出，则不再重复，写上时间即可。

二、常用的经济活动分析方法

写作经济活动分析报告的关键是掌握、运用科学的经济活动分析方法。这些分析方法要结合具体内容灵活运用，有时一个问题运用一种方法，有时则要运用多种方法。电力企业常用的经济活动分析方法有：

1. 比较分析法

又叫指标分析法、对比分析法，是把两个或两个以上的时间、内容、项目、条件等可比数字（指标）进行比较分析，借以确定差异、研究经济活动情况和原因的一种方法（也是经济活动分析中最常用的方法）。一般从以下几方面进行比较：

（1）比计划。以本期的实际完成指标与计划指标相比较来说明计划的执行情况，确定分析的主要方向，研究造成实际与计划有差距的原因，总结经营管理的经验教训。

（2）比效益。分析对比不同决策方案的成本和差量，从而确定不同决策方案经济效益的差距，择优选择其中一个方案。

（3）比历史。以本期的实际指标与上期或上年同期的实际指标相比较，或者与本单位历史最高水平相比较，借以揭示企业经济活动的发展趋势，探索其变化规律，从而改进经营管理。

（4）比先进。以本期的实际指标与客观条件大致相同的同类型企业的先进指标相比较，从中找出差距和薄弱环节，明确赶超目标。

2. 因素分析法

比较分析法主要用来发现矛盾，因素分析法则重在探索产生矛盾的原因。它是把比较分析法所确定的差异数值作为分析对象，进一步找出产生差异的各个因素及其影响程度的一种分析方法。

因素分析法的具体做法一般如下所述：将综合经济指标分解为几个经济因素，然后用"连环替代法"分别测定这些因素对一个单位经济活动的影响程度。所谓"连环替代"，就是对几个相互联系的经济因素，依次地把其中一个因素作为可变，而其他因素当作不可变，这样逐个替换，以测定各个因素对指标影响的程度。

运用因素分析法可以找出主要因素和次要因素，从而抓住主要矛盾，改进工作。但应注意以下几点：

（1）要抓住主要问题的主要因素作重点分析，找出影响指标的最本质、最关键的因素，决不可不分主次，面面俱到。

283

（2）要注意分析带有倾向性的因素。有些因素在现阶段虽不突出，但从发展趋势看很可能会上升到重要地位，在分析时应加以强调，以引起领导和有关部门的重视。

（3）既要注意客观因素的分析，也要重视主观因素的分析。不能见物不见人，或者以客观因素掩盖主观因素。

3. 预测分析法

这是根据大量经济现象，对经济活动进行科学预测的一种方法。通过预测分析，可以对经济发展趋势和企业发展方向作出种种判断和设想，供企业领导安排计划和经营决策时参考。预测分析的方法一般有以下三种：

（1）统计分析法。用过去的实际统计资料，计算其趋向性，以此预测未来。

（2）经验预测法。用以往在经济活动中所取得的成效、经验和教训，对遇到的新问题进行判断、预测。

（3）参照法。根据国家有关方针政策，参照国家经济计划和上级制订的指标，预测经济发展的趋势和变化。

4. 动态分析法

这是研究经济现象在时间上的变动状态的分析方法。具体做法是：根据分析对象和目的，将有关经济指标或反映有关发展水平的动态指标，按时间顺序排成动态序列，然后进行分析，以看出经济活动的全过程及其规律性。

三、写作要求

1. 要有立足全局的高度

当前我国正处在进一步深化经济体制改革的时期，各种经济现象纷繁杂叠。要全面正确地分析一个企业的各种经济现象，必须全局在胸，了解国民经济发展的总趋势，将宏观分析与微观分析结合起来，以社会主义市场经济理论及党和国家的方针政策为指导，正确地评估企业经济活动的效果。

2. 要有实事求是的科学态度

写作时，要充分地占有资料和数据，而后抓住主要问题，联系有关背景，依据确实的材料实事求是地进行分析，以得出科学的结论。切忌主观臆断，凭经验进行估计，更不能凭空捏造材料。有的企业指标完成得好，就拼凑一大堆主观努力因素大吹特吹；指标完成得不好，则千方百计寻找客观因素以推诿责任，掩盖企业自身存在的问题。这种不实事求是的经济分析，对企业有害无益。

3. 要有翔实有力的材料

计划、统计、会计和业务核算资料等经济指标资料，必须收集完整，并认真核实，做到准确无误。这些资料来自计划、报表、凭证、账册及其他文字材料，通常称为"死材料"。而企业管理中的实际情况，如产销活动、经营管理、技术改造以及企业文化建设等活动状况，是企业中最活跃的因素，通常称为"活材料"。写作时，只有深入调查研究，全面地占有具体、真实而又典型的"死""活"两方面材料，做到有数据又有事实，才能写出有说服力的分析报告。

4. 要运用合适的语言表达方式

主要是运用说明这种表达方式，对经济活动的发生、发展、结果及其制约因素进行科学的说明，以揭示事物的本来面貌。常用的说明方法有比较说明、举例说明、图表说明等。此外，也要灵活运用叙述、议论这两种表达方式，以增强表达效果。语言应朴实无华，力求精练。经济活动分析报告还比较多地运用各种数据（相对数、绝对数、平均数、百分比等），写作时要注意数字的准确性和科学性。

【例文 7-9】

1996 年上半年资金管理工作分析

1996 年，我局在贯彻落实三大体制工作过程中，把合同管理、计划管理、资金管理作为我局今年经营工作的重点。在××这个集体、个体经济发达地区，管理好资金，控制好费用，多创

285

造利润，避免企业效益"跑冒滴漏"，努力寻求一种能出效益又易进行实际操作的管理办法，是我局进行三大体系工作的目标。在资金管理工作上，我局1996年上半年做出的成绩和综合评价如下：

一、全局经营意识有所加强

随着资金管理工作的深化，资金管理、资金控制逐渐受到各级领导的重视和支持。部门分别落实责任，配合控制成本，提供项目计划，由局资金管理委员会统筹安排、综合平衡后下达，并把资金计划同现金流量控制结合起来，全面配合省网的资金调控。为了使三大体系建设深入人心，调动各级生产人员和管理人员的责任感和积极性，我局资金管理委员会在去年制度建设的基础上，又出台了《1996年费用部门承包数》《理顺主业与多经经济关系实施意见》《趸售电费回收考核办法》等一系列办法和措施，使资金管理具有可操作性。局资金管理委员会按季度召开经营分析会，抓弱点，找差距，对年度经济目标进行全过程的动态控制，情况和问题及时反馈，确保年度经营目标的实现。

二、资金管理措施的落实和完善

资金管理为龙头，带动了成本控制、增值税管理、现金流量控制、自有资金管理、工程管理、物资管理、电费回收管理等一系列工作。年初已全面制订计划和项目安排，并分解落实为分月计划，编制现金流量计划表。下面对各项有关工作进行分析：

（一）现金流量控制

现金流量表是全面反映我局资金运动的综合性报表，经1～6月分析，销售收入实现××××万元，完成年计划数46.46%，同预算完成数××××万元相比，少实现1.13%。总体来说，销售收入中，销售电量预测较为准确，较好地控制了相应一系列税金及代收款项的现金流量。在成本支出方面，预测支出×××万元，实际支出××××万元，比计划增加5%，完成全年计划数的47%。下半年成本控制的形势依然严峻，部门费用包干应进一步深入人心。

（二）自有资金的管理现状

1. 自留折旧的管理（责任人：生技科）

上半年提取折旧×××万元，扣除上交省局×××万元，自留部分为×××万元。上半年，从自留折旧购置的固定资产为×××万元，超支购置××万元，占42%。主要原因是资金计划同项目计划之间脱节，月份资金使用量无法落实到项目计划上，造成月份资金占用其他资金额度，总体支出又超预算完成。

2. 工资基金的计划安排（责任人：人秘科）

上半年人均工资收入××××元，累计工资支出×××万元，超计划列支××万元。主要原因也是工资月份计划同实际支出比较差距较大，使工资基金无法纳入资金控制的轨道上来。

3. 福利费的管理（责任人：医务室、分管领导）

上半年福利费主业提取××万元，多经缴入××万元，总收入为×××万元，而福利费支出×××万元，收支差额为××万元。其中医药费支出××万元，比上年同期××万元增长117%。金额在××××元以上专项福利支出××万元。离退休活动补贴及离退休工资性补贴从福利费支出×.×万元。考虑到福利费的增长幅度趋势，建议把医药费（由医务室）和离退休经费（由财务科）编制一个年度计划建议数，有效控制在合理的增幅内，并纳入资金计划管理。

（三）工程项目和工程资金的管理

1. 大修理工程上半年支出为××.××万元，只完成资金计划任务×××万元的28.62%，其中还包括工程开工预付款××.××万元。已完工程为××.××万元。无跨年度结算的大修理工程。

2. 业扩工程上半年累计支出×××.×万元。上半年由两个供电公司收取贴费××××万元。本年业扩工程资金计划控制较好。通过历年使用情况累计，在建工程未完工程为××××.×××万元，工程物资×××.××万元。对抵工程占用后，可动用资金仅×××万元左右，加上用户投资×××万元，市财政拨入

×××万元，可供动用资金计××××万元。在工程进度分析中发现：① 八五电网通信规划2万元，已投资数年，还未办理竣工决算；② 调度通信改造1994年列入技改计划后，列支累计×××.××万元，还未办理竣工决算，并已超生产技改计划列支××.××万元；③ 一点多址工程为1995年度计划工程，到今年上半年已累计完成投资×××.××万元，还未办理竣工手续，已超计划列支××.××万元；④ 无计划工程项目除了用户投资工程外依然存在，如市政电网规划××万元等，无申报调整技改计划。

（四）仓库物资管理

上半年累计采购材料×××.××万元，采购工程物资×××.××万元，低耗品采购××万元。至6月底，材料库存储备量为×××.××万元，工程物资储备量为×××.××万元，均大于累计上半年采购数量。超正常储备量采购物资现象依然存在，长期库存物资还无法清理消化。

（五）成本控制和增值税进项税额管理

成本控制在上半年已有所加强，成本总支出××××.××万元，各项费用支出均控制在年目标成本的40%～50%之间（除业务招待费外）。进项税额基本能够完成省局考核率，但是修理费未取得进项税额。在大修理方面，外包工程中，材料有取得厂家增值税发票，应要求直接入账抵销，并考虑在承包合同中规定一定进项税额比例要求。

三、目前存在的问题和解决方法

1. 当月电费到位率还应适当提高，特别是××供电公司，当月销售收入只能收到30%～40%的资金。资金计划在销售收入方面尚无法直接地进行预控，请供用电部门配合趸售单位努力提高当月电费到位率。

2. 在资金安排和工作中，依然存在计划和实施脱节的现象。下半年应在借助现代化管理手段的基础上，遵照"三大体系工作规则"进行操作，重点对跨年度项目、资金密集项目、超计划项目、计划外项目加强资金管理和控制，制定措施，落实责任，便于年终业绩评价考核工作具体化。

3. 库存物资应尽快进入计算机化管理，把现有库存物资进行合理分类、重新分类，降低一般物资库存储备量，保证重点工程和事故处理等专用物资。科学、合理地制定物资采购批量，盘活流动资金。争取在下半年对库存储备进行一次清理和整顿，从物资储备中抽回一部分流动资金进行生产经营活动，创造更大效益。

××电业局
一九九六年七月十日

第七节 企划文案

"企划"是为了实现某一目标或解决某一问题，激发创意，有效地运用手中有限的资源，所产生的独特想法或良好构想。"企划文案"一般是指企业策划部从事文字工作的职员，按照企划人员的思路将企划内容撰写成文字，形成可行方案。

企划与计划的不同之处：企划必须有创意，计划不强调有创意；企划可以无中生有、标新立异，计划要在一定范围内按部就班；企划是掌握原则后决定方向的，计划是处理程序与细节的；企划是设计要做些什么，计划是体现怎么去做；企划属于开创性思维，计划偏于传统型思维；企划的挑战性较大，计划的挑战性较小。

企划是一种程序，本质上是运用脑力的理性行为，是针对未来要发生的事情的当前决策，即预先决定做什么、何时做、如何做、谁来做。企划为理性决策提供按效益化原则设计的方案，规避风险和追求效益最大化是企划的两大功能。大到企业的发展战略、品牌战略，细化如企业的营销管理、广告策略和员工培训等，都需要企划。"企划"就犹如一部有趣的戏剧，企划人是编剧、导演，企划文案就是剧本。

一、企划的三要素

企划有别于构想与创意，它应包括下列三个要素：

1. 必须有崭新的创意

企划的内容必须新颖、独特，令人拍案叫绝，使人产生新鲜、有趣的感觉。

2. 必须是有方向的创意

再好的创意，若缺乏一定的方向，势必与目标脱节，就不能称之为企划。

3. 必须有实现的可能

在现有人力、财力、物力的限制之下有实现的可能，才是企划。否则，再好的创意均属空谈。

二、企划文案的种类

企划文案包罗万象，种类繁多，不胜枚举。单就企业的观点而言，常用的企划就包括企业形象企划、产品企划、品牌企划、市场定位企划、价格企划、营销企划、广告企划、服务企划等。这些企划类型还可以进一步细化，例如营销企划就可以细化为：市场营销调研企划、营销渠道企划、网络营销企划、关系营销企划、整合营销传播企划、促销企划、营销管理企划等。

根据企划的方向、范围和难易程度等，可以将企业最常见的企划文案大致分为以下十种：

（1）一般企划文案；

（2）行销企划文案；

（3）新产品开发企划文案；

（4）广告企划文案；

（5）员工培训企划文案；

（6）公共关系企划文案；

（7）销售促进企划文案；

（8）投资可行性企划文案；

（9）年度经营企划文案；

（10）企业长期发展企划文案。

三、企划文案的生成程序

一份成功的企划文案，通常需要经过以下过程：

1. 界定问题及策略

拟定企划文案的第一步骤就是界定问题。界定问题的第一个方法是专注于重要问题，第二个方法是细分问题，第三个方法是改变原来的问题，第四个方法是运用"为什么"的技巧。

2. 搜集现有的资料

有几种资料来源：一是书籍与报纸杂志；二是现成的企业内部资料，包括营业部门的客户资料、制造部门的生产资料与其他部门的相关资料；三是政府机构出版的有关统计资料。

3. 进行市场调查

当所搜集的现成资料不足，无法满足需要时，就得依赖市场调查，即直接向消费者、经销商、竞争同业、原料供应厂商等进行调查，以获得所需之资料。最常用的市场调查方法有两种：询问法与观察法。询问法通常得先拟妥问卷后再进行访问，包括人员访问法、电话访问法、信函访问法。观察法就是用肉眼、仪器或两者兼用，查看事实并记录下来，以获得资料的方法。

4. 分析并统计资料

整理现有资料可运用分析与综合的方法。分析是"同中求异"，就是从别人看起来相同的事物中分析出不同或不相关；综合是"异中求同"，就是从别人看起来不同的事物中看出其相同或相关。整理市场调查资料必须先审核问卷的有效性，然后分类登记，再列表进行分析。

5. 讨论并激发创意

在充分占有资料并深入分析的基础上，通过团队讨论或运用"头脑风暴法"，激发产生创意。创意也就是"点子"，是企划必备的要素。任何企划文案若无创意，就不是企划文案，而是计划、方案了。

291

6. 选择可行的方案写作

当企划人得到了足够多的创意之后，必须仔细评估这些方案的优劣，从中选择一个可行的方案，把构想写成企划文案。

7. 实施与事后检讨

写成企划文案之后，虽然撰拟工作告一段落，但还有两个后续工作，就是布局实施与检讨评估。

四、企划文案的格式与写法

虽然企划文案的内容变化多端，多数企划文案还是有着大致相同的格式或架构。以下是两种常见的企业企划文案的格式，供初学者撰写企划文案时参考。

（一）一般企划文案

1. 企划文案名称

企划文案的名称必须写得具体清楚，例如"××发电公司××分厂防盗企划文案。"

2. 企划者署名

企划文案作者的姓名、隶属单位、职位应一一写明。如果是企划群体的话，每一位成员的姓名、所属单位、职位均应写出。若有本公司以外的人员参与，也应一并列明。

3. 企划文案完成日期

依企划文案完成的年月日据实填写。如果是经过修正之后才定案的话，除了填写"某年某月某日完成"之外，应再加上"某年某月某日修正定案"。

4. 企划文案目标

目标写得越明确越理想。

5. 企划文案详细说明

这是企划文案的主体部分，也是最重要的部分，必须把企划文案的内容，包括企划的缘起、背景资料、问题点与机会点、创意关键等，做详细的说明。实施本企划文案所需的费用与预定的进度，以及必需的人力、设备等，需详细列表说明。

292

6. 预测效果

根据手中握有的情报，预测企划文案实施后的效果。一个好的企划文案，其效果必须是可期待、可预测的，而且实施结果与事先预测的效果相当接近。

7. 参考文献资料

有助于完成本企划文案的各种参考文献资料，包括报纸、杂志、书籍、演讲稿、企业内部资料、政府机构的统计资料等，均应列出。一则表示企划者负责任的态度，再则可增加企划文案的可信度。

8. 其他备案之概要说明

由于达成目标的方法不止一个，所以在许多创意的激荡之下，会产生若干方案。因此，除了必须把选定此方案的缘由详加说明外，也要将其他备案一并列出，以备不时之需。

9. 其他注意事项

为使企划文案能顺利推展，其他重要的注意事项（例如执行本企划文案应具备的条件，向全体员工说明本企划文案之意义与重要性等）得附在企划文案上。

（二）员工训练企划文案

1. 训练需要

学习要有动机，效率才会高，因此需先评估训练之需要。需要必须兼顾公司与员工两方面。员工的训练需要可经由调查而得之。

2. 上级要求

训练企划文案要获得上级主管部门的支持和大力推动，否则一切皆为空谈。

3. 经费来源

教育、训练都是一种长期投资，公司应每年编列预算，支持各种训练。

4. 训练目标

是达成公司某一要求还是配合新工作之推展，是长期目标还是短期目标，必须让受训者充分了解。

5. 训练时间

有定期训练，也有不定期训练；一般说来，营业淡季是训练的好时期。

6. 训练方式

有传统授课方式、讨论方式、互动方式、角色扮演方式等。

7. 课程设计

课程依照满足训练需要并达成训练目标而设计，必须事先与导师充分沟通；课程应注重务实，避免纸上谈兵，不切实际。

8. 聘请导师

导师从公司优秀干部中挑选或外聘。必须让导师事先充分了解受训对象与训练目标，熟悉授课场所；教材也应请导师事前写妥。

9. 训练场所

自备或外租，必须宽敞、安静、光线好；传统教具有讲台、麦克风、黑板等，现在一般用多媒体教室。

10. 评估训练成果

原则上以训练目标为标准评估训练成果。结训之后应通过测验，了解受训者掌握多少知识技能；其后还应观察受训者的成长进步与工作成效，借以评估训练成果。

11. 奖励制度

测验成绩计入个人考绩。测验成绩优良者，发奖状、奖金以激励之。受训后个人成长进步与工作成效特佳者，优先加薪或晋升职务。

【例文 7-10】

××公司火灾应急预案

一、目的

公司及各厂点发生火灾以后，为确保受伤人员得到及时救治，防止和控制事故的蔓延，减少环境污染，使事故损失降到最低，特制定本应急预案。

二、适用范围

本应急预案适用于各厂点及施工现场。

三、危险性分析

本公司有的单位存在大量可燃物，同时供电线路老化、电源线短路以及人为火种、雷击等点火源的存在，均能造成火灾事故。库房有机油等易燃物品，遇热源、火源有着火危险。如发生火灾事故，主要危险是燃烧造成人身伤害和设施的破坏，产生的气体及废物污染周边环境。

四、应急准备

（一）应急救援组织机构、组成人员和职责划分

1. 组织机构

公司在安质办设立安全生产事故应急救援总指挥部，董事长、总经理任总指挥，各分管副总经理任副总指挥，负责统一指挥、协调安全生产事故的应急救援工作。总指挥部下设现场处置组、抢险救灾组、警戒保卫组、后期处理组等应急救援工作小组。

2. 应急职能部门及相关人员职责

（1）现场处置组。机电事故由各事故厂点、单位主要领导任组长；消防事故由厂点主要领导和治安主任任组长。主要负责指挥处置现场抢救工作，及时处理突发灾变。

（2）抢险救灾组。由事故应急救援总指挥部紧急调集的有关人员组成。负责实施事故应急救援总指挥部制定的抢险救灾方案和安全技术措施，以及相关的后勤保障。

（3）警戒保卫组。由保卫等部门负责人任组长，调集保卫人员或办公室组织的机关人员组成，必要时邀请上级保卫部门协助。负责事故发生后的人员疏散、戒严和维持秩序等工作。

（4）后期处理组。由安质办主任任组长。负责对事故原因和事故责任进行调查、分析，同时掌握事故态势和处理情况，收集

295

有关信息资料，向有关人员、单位通报情况。

（5）当班主任、班长职责：负责事故现场的应急处理工作。

（6）岗位人员职责：负责通知班长，报告事故的情况；负责事故现场的应急设施的操作。

（二）应急物资准备

应配备灭火器、消防栓、消防带、消防沙袋等应急物资。

（三）应急人员培训

1. 报警知识

事故初期阶段，在场人员如能采取正确方法，就能迅速控制事故的蔓延。因此事故发生后，首先要靠在场人员自救，力争将事故控制在初期阶段。在立即进行扑救的同时，要及时报警，以便应急部门组织人员前来参加扑救。报警包括：向消防部门报警、向医疗部门报警、向周围报警、向单位领导报警。报警内容包括：事故发生地点、道路交通路线、事故初期部位。事故联系电话：火警119，急救120，公司安质办××××××××，公司办公室××××××××。

2. 应急设施使用

（1）灭火剂。物质燃烧必须具备三个必要条件：可燃物、氧化剂、着火源。相应的灭火方法有四种：隔离法、窒息法、冷却法、抑制法。不管哪种方法，都是为了破坏已经产生的燃烧条件，使连锁反应终止。仓库的灭火剂有水、消防沙。

（2）消防栓、消防带。水枪的灭火作用包括：冷却作用、对氧的稀释作用、对水溶性可燃液体的稀释作用、水力冲击作用。

（3）干粉灭火器。燃烧在高温作用下，吸收了活化能而被活化，产生了大量的活性基团。当大量干粉以雾状形式喷向火焰时，可以大大吸收火焰中的活性基团，使其数量急剧减少，中断燃烧的连锁反应，从而使火焰熄灭。使用内装式干粉灭火器灭火时，先拔下保险销，将喷枪对准火焰根部，握住提把，然后用力按下压把，开启阀门，气体充入筒内，干粉即从喷嘴喷出灭火。平时，干粉灭火器应放置在被保护的物品附近、干燥通风和取用方便的地方。要注意防止受潮和日晒，灭火器各连接不得松动，喷嘴塞盖不能脱落，保证密封性能。同时应按制造厂要求的检查周期进行定期检查，如发现灭火剂结块或储气瓶气量不足时，应及时更换灭火器。

3. 应急逃生

熟悉周围环境，了解安全出口的路径。

4. 现场急救常识

（1）烧伤急救。迅速脱离火源，将伤员搬离现场，尽快脱去着火衣服。如来不及脱衣，就地慢慢滚动或用水浇灭。严禁奔跑呼叫或用双手扑打火烟，以免引起呼吸道和双手烧伤。如伤员口渴，可饮盐开水、盐豆浆等，不可喝生水或喝过多开水。经初救后，速送附近医院。若多人烧伤，应区别轻重缓急，有条不紊地进行急救。

（2）触电急救。应迅速拉下开关，切断电源。如条件不允许，可用带绝缘手柄的物体把电线切断。如果导线搭在触电者身上，可用绝缘物把导线挑开。如触电者神志清醒，应将其抬到空气新鲜、通风良好的地方，让他舒适地躺下，并严密观察呼吸和心脏的跳动。如验证触电者呼吸停止时，应及时做人工呼吸。

5. 其他相关知识

（1）岗位人员必须熟知本岗位《工艺操作标准》《安全作业指导书》详细内容并严格执行。

（2）仓库内严禁烟火，严禁闲杂人员出入逗留。

（3）严禁携带危险品进入仓库区域内。

五、应急响应

1. 报告程序

（1）事故发生后，现场目击人员要立即向本单位报告。如发生火灾，立即拨打火警119；如有人员伤亡，立即拨打医疗急救电话120；同时向我公司安质办、办公室电话报告。

（2）任何基层（厂点、班、组）领导接到事故报告后，应立即向上级领导报告，不得延误。

（3）总指挥或应急救援总指挥部其他领导接到事故报告后，要立即向应急救援工作小组通报并组织人员赶赴现场，抢险救援。

2. 人员疏散、现场警戒、受伤人员急救

（1）抢救人员到达后，应各司其职，协助抢救，警戒区域，疏散人群。

（2）如果情况危急，由当班班长迅速组织逃生，并设置警戒岗哨，杜绝闲杂人员进入。要派专人等待引导消防车辆，同时迅速疏通安全通道，以保证救援车辆迅速到达事故现场。

（3）消防人员到达后应迅速进行灭火。抢救小组则做好安全撤退指挥工作。

3. 紧急情况的控制

（1）如电路、电气设备发生火灾，首先应切断电源，可靠停电。

（2）迅速使用已备好的灭火器和消防用水灭火。

（3）在扑救火灾时，要保证人身安全，防止触电或爆炸等意外伤人。

4. 现场恢复

在抢险过程中使用的灭火设施，应及时恢复原始状态，用空的灭火器及时更换。损坏的设备及时更换，破坏的设备严格按照废弃物管理制度执行。通过及时清理，使现场恢复原样。

六、应急演习

1. 演习时间

每年6月进行。

2. 演习方式

（1）"桌面演习"。以会议方式在室内进行，部门领导、仓库管理员、安全主管、环保主管等参加，由安全主管对演习情景、预案进行口头演习。口头演习结束后，参加人员应讨论应急预案的适宜性和可能存在的问题以及如何改进。

（2）"现场模拟演习"。演习库房着火时岗位人员如何报警、人员急救、紧急处理及现场恢复。

3. 演习方案编制

每次演习要编制演习方案，内容包括时间、地点、参加人员、预定演习过程、预期目的等。

4. 演习参加人员

演习人员、观摩人员和评价人员。

5. 演习评审

演习结束后，对演习组织情况和预案的合理性进行评价，对发现的问题制订纠正措施予以完善。

七、预案修订

事故发生并处置完毕后，及时对预案进行评审，对不合理处进行修订，使其更具操作性。

八、相关记录。

1. 演习方案。

2. 演习记录。

299

（选自 http://wenku.baidu.com/view/e6239e2b 7375a417866f8fle. html,有较大修改。）

第八节 商务信函

商务信函简称商函，是以信函为载体，将相关商务信息通过邮寄或电子邮件等方式，直接传递到目标对象的一种应用文。

一、商务信函的类型

商务信函的内容非常广，可以说是包罗万象，有推销函、询价函、报价函、定价函、还价函、订购函、订单确认函、修改订单函、取消订单函、装运指示函、催款函、索赔函、保险函、申诉函、致谢函、道歉函等类型，以及以传递经济结算单为内容的账单类商函（如信用卡结算单，话费通知单，保费通知单，水、电、气费通知单等）。

二、商务信函的格式

与一般信函写作格式基本相同，商务信函由六个部分组成。

1. 称谓

顶格书写在第一行。称谓可以是人，也可以是收函单位名称。对人可以通过加上敬语表示对对方的尊重，如"尊敬的刘总经理"。写单位名称时必须全称写明，如"上海亚明灯具股份有限公司"。如果除了写发函单位名称以外，还要写对方单位的具体负责人时，则应该在单位名称下方另起一行，顶格写上具体负责人的姓名和职务，如"南京运河发展有限公司（另起一行）林方经理"。

2. 问候语

和一般的信件一样，多数商务信函使用问候语。可以采用惯用的问候词语，如"您好""见信好"；也可以用礼节性的话来表示，如"收到贵公司的来函，非常高兴""上次会晤，印象深刻"等（可以涉及对以往信件往来中相关内容的回顾，也可以针对对方业务的开展情况写上"关注"或"祝贺"类的词语）。问候语之后，就可另起一行拉出正文。

3. 正文

可以分开头、主体、结尾三部分。

（1）开头部分。主要写明起因或写信的出发点。

（2）主体部分。可根据发函的目的、所要表达的具体内容作充分的陈述，如理由、经过、要求、打算、措施等。一般情况下，只要做到表述清楚、突出重点、用词确切、简洁明了就可以了，不必过于拘泥于格式和套路。

（3）结尾部分。可以是主体自然收结，也可以对全信作扼要的概括，或重申核心内容，使对方对内容要点留有深刻印象。

需要注意的是，在与业务合作方初次交往的商函中，结尾处应将本企业的联络方式或通信方式写清楚，以便对方能准确地给予回复。

4. 祝颂语

正文结束后，应当另起一行，致以祝颂语。祝颂语可以有许多，"此致 敬礼"多用于正规、严肃的场合；"顺颂　商祺"则更多地出现在商业伙伴之间。选用怎样的祝颂语，可以根据内容和对象的实际情况而定。

5. 附件

指随函附发的相关文件，如报价单、样品图表、收据、协议书等。

6. 落款

即发函者的名称、发信日期、印章、签字的总称。

发函者如果是以单位的名义，则应该写清发函单位的全称；如果以个人名义代表单位书写商函的，则应该把发函人的姓名附在企业名称的后面。明确的落款是商务信函写作中的一个要素，在撰写过程中应该慎重。

日期为信件完成日期，应写在发函者名称之下。重要的商务信函，为郑重起见，可以加盖公章。印章应该盖住日期中的年与月，做到"骑年盖月"。

三、商务信函的写作注意事项

1. 简洁

写作商务信函不要求使用华丽优美的词句，而是用简单朴实的语言，准确地表达己方的意图，让对方可以非常清楚地了解。如果是不符合主题或者对信函的目的不能产生利益的内容，应毫不留情地舍弃它们。

2. 真诚、有礼貌

不管是生活中的交往还是生意上的合作，真诚是最重要的，所以商务信函必须能够充分体现作者的真诚。假设此时对方正在与自己通话，把写好的信函读一遍，要能够感受到自然和真诚。当双方观点不能统一时，首先要理解并尊重对方的观点。如果对方的建议不合理或者对自己的指责不公平时，可以据理力争，说明观点，但要讲究礼节礼貌，避免使用冒犯性的语言。同时也要注意，礼貌过了头可能变成阿谀奉承，真诚过了头也会变成天真幼稚；所以要把握好"度"，才能达到预期的效果。

3. 精确、有针对性

当涉及数据或具体的信息时，比如时间、地点、价格、货号等，要尽可能做到精确。这样会使交流的内容更加清楚，更有助于加快办理事务的进程。要在信函的抬头直接称呼收信人，让对方知道这封信是专门给他的，而不是群发的通函。如果无法确定收信人，就在称呼一栏里写"先生"或"先生/女士"。

4. 回复及时

回复信函要迅速及时。因为对方通常只看最先收到的几封复函，从中去选择合适的商务伙伴。如果回复不及时，就可能失去商机。

【例文 7-11】

302

商 务 邀 请 函

××××公司：

经与贵公司就××项目合作事宜进行初步洽谈后，我公司对合作事宜进行了研究，认为：

1. 该项目符合国家的产业政策，具有较好的市场前景和发展空间；

2. 该项目不仅将极大地促进双方发展，而且还将极大地促进两地合作，具有较大的经济效益和社会效益；

3. 该项目在我地区有很好的资源优势，具备合作的基本条件。

因此，本项目具备进行商务合作洽谈的基础，具体的合作事宜须经双方更进一步详细洽谈。请贵公司法人代表收到本邀请函后，派代表赴我公司作商务考察并就实质性框架合作进行洽谈，我公司将承担本次商务考察的全部费用。

敬请告知准确时间，以利安排。我公司法人将亲自与贵公司面议合作事宜。

致

商祺

××电力有限公司（章）

××××年××月×日

第九节 商品说明书

　　商品说明书是把商品的成分、性能、用途、使用和保养方法等向消费者作简要的介绍和说明，用以指导消费者购买和使用商品的一种文书。

　　商品说明书不是广告，它的主要目的是帮助用户正确认识商品，注重的是对商品知识及使用、操作方法的介绍。因此，它既能指导用户正确、有效地选择和使用商品，为消费者服务；又可起到印刷形式的推销员作用，宣传商品，扩大销售。在电力企业的多经工作部门，商品说明书的使用已越来越多。

　　商品说明书有以下特点：①实用性（内容真实，符合实际，可靠，可信，可行）；②简明性（说明为主，文字简洁，介绍明晰）；③准确性（用词准确，造句恰当，语言通俗）；④广告性（帮助读者认识选择商品，诱发购买欲望）。

一、格式与写法

　　因商品的种类众多，价格迥异，商品说明书的写法也因物而异，可繁可简。简约的，如印在包装盒、瓶、袋上的使用、食用说明；具体详细的，如一些电器、仪表等技术复杂的商品所附带的成册说明书。但无论繁简，其基本结构都差不多，由以下三部分组成：

1. 标题

　　首行居中，写商品说明书的名称。一般是在商品名称（含商标）后加"说明书"或"使用说明"等字样。如果商品属于国家

303

有关部门批准许可生产的，可将批准部门的名称、文号、专利证号等写在标题的上方或下方。

2. 正文

内容依不同商品而定。详细的商品说明书应包括以下内容：①产品名称及生产厂家（有的还注明企业通过 ISO 9001 国际质量体系认证）；②规格型号及注册商标；③主要性能及技术原理（或构成成分）；④产品特征及功能用途；⑤使用方法、操作程序、维修保养知识及其他注意事项；⑥产品鉴定书及其他说明材料；⑦对涉及环境和能源的产品，应规定必要的环境保护和节约能源方面的措施；⑧对使用者的特殊群体例如儿童、老人和残疾人的危险关注。

正文部分一般采用分条列项说明的方式，有的也采用问答、分类、对比、列表、画图等说明方式，或几种并用。内容简单的，则写成一段或几段短文。

3. 结尾

在正文下面标明生产厂家、生产日期、产品批号、有效期（保质期）以及厂家的地址、电话等。

二、写作注意事项

1. 要充分了解商品

要通过实际考察或查阅资料，全面了解和掌握有关的商品知识，写作时才能心中有数，才能准确鲜明地概括商品的特征，有重点、有选择地加以说明，达到商品说明的目的。

2. 内容真实可靠，有针对性

要抱着对用户负责的态度来写作，实事求是，不夸大商品的性能和作用。要从用户的需要出发，针对不同的商品，在内容上有所侧重。（如化妆品侧重对性能的介绍，影碟机则侧重操作方法的介绍等。）

3. 表达要以用户能理解为原则

商品说明书具有较强的专业性，可适当使用一些专业术语，但要以用户能理解为限度。语言要力求简洁，通俗易懂，有些操作性商品则要用图文方式说明操作的步骤和方法。有时为了吸引读者，除了介绍商品本身，还可谈及商品由来、创牌经过及有关的历史掌故、趣闻逸事等，在说明的同时适当地进行一些叙述、描写、抒情，显得较有情趣。

4. 条理分明，符合人们的认识规律

产品说明书不仅内容要写得明白准确，而且要言之有序。要按照消费者认识、使用商品的顺序（从挑选、购买到使用、保养、维修）来安排结构；同时要符合商品本身固有的条理，在说明商品时或从上到下，或从外到内，或从局部到整体，或从整体到局部，使商品清晰展现在消费者面前。

【例文 7-12】

WCS-I 型微机测速装置说明书

一、概述

WCS-I 型微机测速装置以 800196 单片机为核心，可同时以电气信号（发电机 PT 或永磁机电压）和机械信号（光电编码器）为测量依据，从而实现了以两种不同原理测量发电机的转速，也可选择只接其中一路。

WCS-I 型微机测速装置使用了光电编码直接测量发电机的机械转速，不受发电机残压和永磁机电压等电气量的影响，真正实现转速全范围变化情况下的准确测量和发出信号。

WCS-I 型微机测速装置的所有定值（8 路转速定值，机组转速及运行方式的选择）均可以由用户现场任意整定和修改。该定值有掉电记忆功能，不受装置掉电的影响。

WCS-I 型微机测速装置除了有 8 路继电器型出口外，还有一路 4～20mA 的模拟量输出，可方便地在其他设备接口。

WCS-I 型微机测速装置另一个最大特点是可以测量水轮发电机组的潜动。当机组稍微潜动时，WCS-I 型微机测速装置相应的出口继电器动作发出信号。

二、用途

WCS-I 型微机测速装置适用于：

1. 水轮发电机组的转速测量及信号输出。

2. 水轮发电机组的潜动检测及信号输出。

3. 汽轮发电机组的转速测量及信号输出。

4. 各种电动机及具有轴伸的各种旋转机械的转速测量及信号输出。

三、技术指标

1. 工作电源：AC 220V/DC 220V

2. 测速范围：0～200％Ne

3. 潜动测量范围：$\geqslant \frac{1}{25}$ 转/秒

4. 测速输出：8 路

5. 故障报警输出：1 路

6. 模拟量输出：1 路 4～20mA　对应 0～200％Ne　负载电阻 0～750Ω　模出电压 15～30V　精度 0.5％

7. 输出接点量：AC 220V　3A/DC 220V　1A

8. 测量精度：0.01Hz

9. 动作定义形式：大于、小于动作值、返回值任意设定

10. 装置尺寸：260mm×100mm×40mm

四、装置特点

1. 电气量测量和机械量测量方式可同时运行，也可选择其中一路单独运行。

2. 除 8 路以继电器方式输出外，还有一路 4～20mA 的模拟量输出。

3. 能测量超低转速，真正实现发电机组的潜动检测。

4. 能自动记忆＞110％ Ne 的转速最大值。

5. 每路输出的动作值和返回值可分别任意设定和修改，并有掉电记忆功能。

6. 转速、频率或转速的百分数三种显示方式可任意选定。

7. 装置具有自诊、自恢复、故障报警功能。

8. 抗干扰能力强，对掉电、换电及 PT 断线等故障有闭锁出口功能。

研制单位：福建省××××电器有限公司

地址：福建省××市南大路××号

邮编：（略）

电话：（略）

传真：（略）

联系人：夏×× 陈×× 陈××

第八章
宣传报道应用文

在社会主义市场经济的新形势中，电力系统的宣传报道工作除内部自办的工作简报、信息（大多已电子化）和一些纸质刊物外，也借助社会新闻媒介，采用新闻报道对外宣传，塑造企业形象。新闻报道形式中，电视新闻以其快捷、生动、影响大、效果好而受到重视，但拍摄电视新闻需要一定的设备、技术，其报道稿（解说词）的写作也有特定的技巧（要考虑到音像作品的特点，与画面相配合）。因此，电业职工在日常工作中遇到的宣传报道任务，多数是文字报道工作，即写作宣传报道应用文，供行业内部的网站或报刊使用。

从发表方式可以将宣传报道应用文分为两类：一类是对外的、发表在公开发行报刊上的新闻报道，包括消息、通讯、特写、速写、新闻评论、新闻故事、新闻调查等；另一类是对内的、刊载在内部资料或网站上的简讯、信息、消息、通讯等。两类报道所使用文种及其写法，并无多大差异。

电力是公用事业，联系到各行各业、千家万户。特别是进入市场经济以后，我们尤其需要以新闻传播工具来宣传电力事业和电力法规，反映电力系统的新人、新事、新风尚，推广先进经验和典型，树立电力行业的良好信誉和形象，沟通电力与社会的联系，争取各级政府、广大电力用户对电力行业的理解和支持，促进电力工业的蓬勃发展。因此，学会用新闻报道或工作简报的形式，把单位里新发生的、重要的、有意义的、能引起广泛关注的事实迅速、明了地报道出来，不仅是搞宣传报道工作的同志的职责，也是每一位关心电力事业的电业员工应该掌握的本领。

写作宣传报道文书应当注意的事项：

（1）要树立新闻意识，讲究新闻价值。要善于观察，留心身边的事物，及时注意发现新情况、新问题，并把它们同时代脉搏、上级精神、领导意图及当前宣传工作中心等联系起来，以便从中发现报道的线索。要善于发现一些"寻常事物"的新闻价值。只要具有一定的普遍意义，人民群众急需了解或者愿意看（新闻学上叫"接近性"）且看了有收益，对工作、对事业有指导作用，就具有一定的新闻价值，就值得采写。而稿件的新闻价值越高，发表后对社会的积极影响就越大。

（2）要实事求是，多深入实际调查研究。真实是新闻报道的生命，新闻报道内容要绝对真实，要用事实说话，不允许虚构或任意扩大、缩小事实。要多跑、多看、多问、多想，不怕麻烦不怕累，尽量多掌握第一手材料。要对采访来的材料进行认真的分析研究，不偏听偏信、人云亦云或掺杂个人的感情色彩，以保证新闻报道的真实性和客观性。

（3）要掌握新闻的要素。一条清晰、完整的新闻，必须具备六个要素：何时（when）、何地（where）、何人（who）、何事（what）、何故（why）与结果或情况如何（how）。世界新闻界把这六个要素简称为五个"W"和一个"H"。新闻如果缺少这些要素，哪怕只缺少一两个，也会使报道的事实残缺不全，缺乏说服力，影响宣传效果。因此，除了连续报道、整版或一组报道，以及省略人所共知的个别要素不会使读者误解等特殊情况，一般的宣传报道稿均应六要素俱全。

（4）要注意新闻的时效性。新闻要新，新闻报道要及时，明日黄花就失去其新闻价值。尤其是电力系统的一些突发性事件新闻，更有严格的时间要求，稍有拖延就会贻误良机。因此，采写新闻报道稿一定要眼明手快，迅速及时，在保证真实性和写作质量的前提下，尽量做到抢写抢发，不失时机。

（5）要掌握新闻的语体特点。新闻的语体应该是事务语体与文艺语体的结合，既要准确、简明、平实、得体，又要形象、生动、鲜活、新颖。其中，准确地使用动词，尽量少用形容词，是

309

新闻语体的一个重要原则。

（6）要注意对外宣传报道中的保密。电力企业是技术密集型、资金密集型企业，在公开的新闻报道中，要树立保密观念，做到内外有别，掌握好报道尺度，对一些新工艺、新技术、经济指标、技术数据等要进行严格把关。此外，对各单位内部一些正在酝酿之中或尚未成熟的改革设想、工作方案、工作探索等，切忌闻讯即报，以免给工作造成被动。

第 一 节 消 息

消息是对新近发生的（或者早已发生却是最近发现的）有新闻价值的事实所作的迅速而简明的报道。迅速及时、简明扼要的特点，使消息成为传播新闻的主要形式。报刊在消息类的文章前，通常用"本报讯""新华社讯"等予以标明。学习新闻报道，首先要学会写消息。

消息有许多种类。通常从写作体裁方面把它分为动态消息、经验消息、综合消息、人物消息、述评消息，以及简讯、标题新闻等。（其中，简讯指200字以内的短消息。它的特点可概括为四个字：简、短、真、快。即内容简要，篇幅短小，事件真实，传递迅速。）

消息的一个主要特点是篇幅短小；但多数消息仍然有完整的结构，一般包括标题、导语、主体、背景等几个部分。

一、标题的写法

标题是"新闻的眼睛"，要确切、鲜明、新颖、简洁，"既要一语破的，又不一览无余"。与一般文章的标题相比，消息的标题显得更重要，形式也更多样，常有正题、引题和副题三部分。正题一般是概括消息中最重要的新闻事实和思想内容；正题前面的引题一般是交代背景、原因、意义，或采用某种修饰手法来烘托气氛，加强正题力量；正题后的副题一般用次要的新闻事实作为正题的补充、注释或引证。根据需要，可只用正题，也可只用引题与正题或正题与副题，还可三种题全用。

二、导语的写法

导语就是导读之语，是消息的开头，通常即第一自然段。它以极简要的文字写出消息中最重要、最新鲜、最吸引人的东西，使消息一开始就给人以概括的印象，引起读者的注意。美国新闻学教授廉·梅茨说："导语是记者展示其作品的橱窗。读者和编者都会设想，如果记者未能在导语中表现他的水平，那么他就没水平。"进入 21 世纪的今天，媒体的竞争更为激烈，用好的导语来吸引读者，已成为消息写作制胜的法宝之一。

新闻心理学研究发现，人们对发生在身边、附近地方的新闻容易引起兴趣，其原因一是熟悉，二是与自己有关。因此，把受众了解、熟悉的事件当作导语的切入口，能有效地抓住读者的注意力，是导语贴近受众的好方法。

导语常见的写作形式有直叙式、描写式、评论式、提问式、引语式、结论式等。

直叙式是用直接叙述的方式，简明扼要地写出最主要的事实。这是消息写作中最常用的导语形式。写这种导语，首先要考虑叙述什么和怎样叙述，其次文字要简洁而有吸引力。

描写式是对消息中的主要事实或某一有意义的侧面作简洁的描写，以突出所报道的人物或事件的特点。这种导语能够以现场感、生动感吸引读者，给读者以身临其境的感觉，因而比直叙式导语更强烈地打动和感染读者。但必须注意，在消息内容适合描写时才能采用这种导语。

评论式是对所报道的事实先进行简洁而明确的评论，或揭示其意义，或指明存在的问题，以唤起读者对新闻的重视和关注。这种导语多用于报道重大的、不寻常的事件，或用于对某问题作对比性报道。

提问式是把报道的重要内容先用一或两个问题鲜明、尖锐地提出来，然后用事实作简要的回答（有时在主体部分中回答）。这种导语的针对性、指导性较强，容易引起读者的注意和兴趣。

引语式是引用文件、公报或消息中人物的话语作为导语的主要内容，准确鲜明地点出主题或表现新的思想。这种导语可以代替作者的评论，给读者以深刻的印象。

结论式是先提出一个结论性的观点，然后对这个观点加以具体阐述。这种导语一般用于报道学术、理论的动态消息，也用于某些人物消息、述评消息。

此外，还有一种用第二人称写的导语，称为"你导语"。一般的导语都采用第三人称写作；而采用诸如"当你……，遇见……，你肯定……"这种"你导语"来写，会让读者感到亲切，更容易引起他们的共鸣，使读者不由自主地被吸引到消息中去。

一条好的导语犹如吸铁石，能紧紧抓住编辑和读者，因此学写消息首先要写好导语。在写作构思过程中要着重考虑：①哪一点是事实中最重要的？②读者对这条消息最感兴趣的是什么？③有没有精彩的场面、细节可以构成富有吸引力的开头？④用哪一种导语最适合这条消息？……如果能层层深入地思考这些问题而不是提笔就写，定能写出精彩的导语。

三、主体的写法

主体是消息的主干，通常指导语之后被展开的新闻事实的主要部分。它对导语中已披露的新闻要素作进一步的展开、补充和叙述，是发挥和表现消息主题的关键部分。

主体要用典型的、有说服力的事实材料来表现消息的主旨，因而主要采用叙述的表达方式，用事实说话。有时为了加强消息的指导性和思想性也用议论，但这种议论必须是画龙点睛式的，即使是述评消息也是如此。

主体必须层次清楚，结构严谨。安排主体写作顺序的方法主要有：

1. 时间顺序法

按事件的发生、发展、结束的先后时间安排写作顺序，可以顺叙，也可以倒叙，还可以运用插叙。这种结构适用于事件性报道，能使读者明了事情的来龙去脉，给人以完整、清晰的印象。

2. 内容顺序法

内容顺序也叫逻辑顺序，是根据事件的内在联系、问题的逻辑层次来安排主体部分的结构。常见的写法有以下几种：

（1）主次关系。根据导语中指出的新闻重点，把最主要、最重要的事实写在前面，然后叙述次要的，最次的则放最后。这是消息最常见的结构方法，即所谓"倒金字塔结构"。

（2）因果关系。先摆出事实或问题，然后叙述产生这一事实或问题的原因。

（3）并列关系。主体的各层次之间的关系是相互独立、并列的，共同为阐述主题服务。

（4）点面关系。对同类事物和问题先作概括性的介绍和说明，再举一些典型事例和问题来佐证，从而使消息更为具体、充实，更能深刻反映事物的本质。

四、背景的写法与灵活运用

背景即新闻背景，是指与新闻事实有联系的历史条件、社会环境、政治原因、地理特征、科学知识等"过去时"的材料。它是对新闻的进一步解释，是对新闻事实的来龙去脉及事实间关系的剖析和揭示，往往提供比新闻事实表象更深刻的东西。

消息报道的事实不是偶然和孤立的，有其产生、发展、变化的原因，并同周围事物发生内在和外在的联系。为了突出消息的主要事实，烘托或深化消息的主题，帮助读者认识和理解所报道事实的性质和意义，就得有目的、有选择性地运用同消息内容密切相关的背景材料。

常用的背景材料有：①对比性材料。对消息的事实或人物进行今昔、正反、左右的比较，从对比中深化主题，突出事实和人物的重大意义。②说明性材料。介绍消息内容涉及的政治背景、地理环境、历史概况以及其他主客观条件，说明事件发生的原因、条件，帮助读者更好地理解消息的内容。③注释性材料。对消息内容中的一些名词、术语、专业知识、人物阅历以及产品或事物的特色、性能等（尤其是新科技、新工艺、新产品）加以适当的注释和介绍，使读者看得明白，并增长知识和见闻。

背景材料在消息的结构中没有固定的位置。根据消息内容的需要，可以紧接在导语之后独立成段，也可以在主体中间出现，还可以安排在导语或标题中；但都要注意和新闻事实紧密结合。

五、消息的结构可不拘一格

消息最常用的结构形式是"倒金字塔结构"。它的特点是把最重要、最新鲜、最吸引人的材料放在最前面，次重要的排在其后，再次的再列其后，依次类推，形成头重脚轻的倒金字塔形。这种结构，导语一般采用直叙式，主体则为主次关系顺序。

"倒金字塔结构"从产生至今使用经久不衰，一直在消息结构中唱主角，是因为它有着独特的优势：①以材料的重要性来安排次序，能很快组织好材料，不必在行文上多费斟酌，可以抢时间，快出稿。②便于突出最重要、最新鲜的内容，避免最新的内容淹没在大量的一般性事实中。③这种结构写出的消息篇幅一般较短，段落小，概括性强，符合消息篇幅短小的特点。④便于编辑选稿和删节。编辑可以根据版面安排的需要，从最后一段开始删，不论删几段，都无损消息的完整。即使只留下一段导语，也是一条简明新闻。⑤符合读者的心理和阅读习惯。开门见山，高潮在前，能吸引读者。在日益紧张的生活节奏中，习惯浏览的读者只要看看导语和主体前一、二段，即可知晓消息内容。

但是，"倒金字塔结构"也有局限性：格式固定、单一，难免给人陈旧、落套之感。

社会生活是丰富多彩的，新闻的内容是千变万化的，这就要求为内容服务的写作结构也要多种多样、多姿多彩，而不应当一成不变。尤其是在提倡新闻改革的今天，新闻报道结构更应不拘一格。因此，不能都用一种结构写消息，而要因材料制宜。例如，有的新闻事件是由几个事实或现象组成的，这些事实或现象差不多同等重要，就把它们并列起来写，最后交代新闻结果或意义。（称为"并列式"或"双塔式"结构。）又如，有的消息报道某一事件过程，就按事实发生的时间顺序来写，先发生的先说，后发生的后说，有时甚至可以没有导语。还有，可以把"倒金字塔结构"和时间顺序结构结合起来，先把最重要的事情结果放在导语中交待，再从头按时间顺序写。

采用何种消息结构还要注意有利于抓住特点，突出主题。例如，有的消息采用提问式、描写式或引语式导语来设置悬念，而把最重要的事实放在后面，这种"金字塔式"结构能够鲜明、生动地突出事物的特点，容易吸引和感染读者。又如，有的消息采用对比结构，通过两方面材料的对比，揭示出其差异性，从而更好地表现了新闻主题。

消息结构中是否要有导语同样要从报道的具体情况出发，不拘一格。一般情况下，消息要有导语，尤其是综合消息或内容长而复杂的消息，不写导语往往眉目不清。但如果是一些较短的动态消息或简讯，写了导语往往和标题重复，就可以不写导语。

总之，消息的结构形式及其写法，要靠大家在写作实践中灵活运用和努力创新。

【例文 8-1】

海底"蛟龙"攀上湄洲岛
3.5 千米 10 千伏海底电缆将解决岛上 4 万人用电难题

本报讯（李晓红 潘明）5 月 30 日 10 时 10 分，由福建莆田电业局组织施工的一条起自莆田湄洲湾北岸山柄，止于湄洲岛东蔡村，长约 3.5 千米的 10 千伏海底电缆通电。这条海底电缆的投运，将彻底解决湄洲岛上 4 万居民用电难的问题，为迎峰度夏安全稳定供电增加保障，也为该区可持续发展提供坚强电力保障。

湄洲岛位于湄洲湾湾口的北半部，距离莆田市城区约 40 千米。全岛陆域面积 14.35 平方千米，人口约 4 万。湄洲岛是妈祖文化的发祥地，近年来，湄洲岛发挥妈祖文化优势、对台优势和滨海旅游资源优势，岛上经常举办大型朝圣活动，社会影响力日益显著。

湄州岛原由623号和615号双回海缆供电，由于敷设海缆的海峡较浅，海缆长年受过往船只和采沙船破坏。2011年1月，623号海缆因外力破坏无法修复，仅剩一条240平方毫米的615号海缆勉强维持岛上供电，供电可靠性较差，给岛上的日常供电造成了较大压力，无法同时满足岛上居民生产生活及各重大活动的用电需求。

为彻底消除湄洲岛用电瓶颈，服务地方经济社会发展大局，2011年4月，福建省电力有限公司决定投入1000多万元资金重新敷设一条海缆。莆田电业局接到任务后高度重视，要求施工人员安全、平稳、高效施工，确保新增海缆建设工程在2012年6月1日前通电。由于增设的海缆路径需通过海上养殖户养殖区域，青苗补偿、海底勘察等工作难度较大。3月9日，莆田电业局组织施工人员到达施工海域，分头行动，迅速办理海事及海缆敷设路由上的养殖拆迁等事宜；对所有施工设备进行静态调试、安装，完成海缆敷设路由的水深测量和扫海工作，为准确定位取得了第一手资料。

据海缆技术人员刘吉祥介绍，海缆施工分海缆始端登陆、海上冲埋敷设和海缆终端登陆三个阶段。自3月10日开始，100多位施工人员密切配合，夜以继日连续作战。5月25日，海缆建设者们利用晴好天气，成功完成海缆冲埋敷设。该海缆为复合电缆，全线深埋1.5米，将有效降低海缆外力破坏率，提升海缆运行的安全可靠性和使用寿命。5月29日至30日，莆田电业局又组织精兵强将进行海缆终端登陆施工。随着海上黑色"蛟龙"的连通，湄洲岛新增海缆敷设完成并成功送电。

（原载2012年6月1日《国家电网报》）

莆田局员工勇战火魔保线路安全运行

[2006-03-29 13：10：09]

本网讯 3月28日中午12时05分，莆田局220kV荔城变后墙外一大片杂草突然燃起熊熊大火。大火借助风势，夹杂着黄白色的浓烟向四面八方蔓延扩散，处于燃烧地带的两座电力杆塔已经被大火包围了，火舌的上方是220kV涵荔Ⅰ路的出线，情况十分危急。

荔城变值班人员立即报警并向有关领导汇报。该变站长涂立新迅速部署了救火方案：除留下部分值班人员监盘外，其他人员全部带上灭火器及沾湿的拖把、铁锹锄头等灭火工具赶赴现场灭火。十分钟后，接到通知的莆田局送电部派出的救火队也赶到了现场。

此时，由于干草较多，风力较大，现场火势更加猛烈，疯狂的火魔直扑220kV涵荔Ⅰ路的出线，距离杆塔只有10多米了！根据现场火情，两支队伍进行了整合，重新调整了灭火战略，兵分四路，从四面向火魔展开了更加强大的攻势。他们有的用灭火器，有的用湿拖把，有的用铁锹锄头，共产党员、共青团员冲锋在前，与熊熊大火展开激烈的搏斗……脸烫得火辣辣地疼，眼被烟熏得直流泪，但面对着"吱吱"作响的火魔，救火队员毫不畏惧，临危不乱，稳扎稳打，有效地遏制了火势的蔓延。经过两个多小时的全力奋战，14时30分左右，浓烈的大火终于被扑灭了，确保了220kV涵荔Ⅰ路211线路的安全运行。

胜利了！救火队员相互望着满脚的淤泥、满身的烟灰和被乌烟熏黑的脸，都欣慰地笑了。在认真清理了现场，确定没有任何安全隐患后，他们又各自回到了自己的工作岗位。

（选自福建电力信息网，作者潘明 官剑虹 范定志。）

第二节 通 讯

通讯是以叙述、描写为主并综合运用多种表达方式，及时而细致地报道有新闻价值的人物、事件和工作经验的一种新闻体裁。

通讯比消息更为详尽生动。当人们不满足于对某一新闻事实的简明了解，要求进一步深入时，通讯便发挥了它的作用。它综合运用多种表现手法，生动地再现新闻事实的现场和人物，较充分地表现了事实的全过程，取得使读者如临其境、如经其事、如见其人、如闻其声的特殊效果。

梁山先生编著的《电力新闻写作读本》，将通讯依报道形式分为①记事通讯；②访问记；③小故事；④速写；⑤特写；⑥侧记；⑦记者来信、采访札记；⑧巡礼；⑨散记等。依报道内容分为①人物通讯；②事件通讯；③工作通讯；④风貌通讯；⑤调查报告等。这种分法虽不尽完善，但大致合理。

一、通讯的特点

（1）真实性。通讯所报道的人和事都必须真实，不允许掺假和虚构。

（2）典型性。通讯所报道的人和事都应经过严格筛选，具有典型意义。这样才能吸引读者的阅读兴趣，更好地为现实服务。

（3）评论性（非必备）。通讯报道经常针对有关的人和事发表议论，抒发情感，揭示所写内容的意义，以引起读者的共鸣。

二、通讯和消息的区别

消息是用简明扼要的文字概括地报道事实，篇幅短小；通讯较为完整、细致地展示所报道的人物和事件的面貌，篇幅较长。

消息写作的程式性较强，一般由标题、导语、主体、背景等部分组成；通讯的结构则不受此约束，形式自由灵活，因题材、内容及作者水平而异。

消息一般只采用概括叙述加举例的方法，介绍所要报道的内容；通讯除叙述外，还较多地运用描写、议论和抒情等表达方式，并适当地运用比喻、排比、比拟等修辞手法来渲染气氛，刻画细节，通过生动、形象的描述感染读者，增强效果。

消息的时效性强，反映现实生活最迅速、最敏捷，一般是当日事当日报；通讯的时效性较弱，一般只要求做到及时即可，因为通讯要细致地刻画人物，详尽地反映事件的始末，必须进行较为全面的采访，报道自然就慢一些。

必须注意的是：通讯在运用多种表达方式时，描写要直观，议论和抒情要实在。通讯中的描写要将作者所见所闻如实写来，切忌大段的景物和人物心理活动描写，否则会让人觉得不可信。通讯中的议论，不是作者的逻辑推理，而是在事实的基础上作画龙点睛式的发挥，切忌长篇大论滔滔不绝。通讯中的抒情也要紧密结合事实，简洁地抒发作者的观感之情，且往往与议论融为一体。

三、通讯的写作注意事项

1. 人物通讯

人物通讯是报道新闻人物或群体的事迹和经历的通讯。它用形象而具体的材料，反映人物或群体的生活、工作、贡献或其中的一个侧面，揭示他们的崇高思想境界，为广大群众树立榜样。

人物通讯的写作要注意以下几点：

（1）所选择和报道的人物，必须有时代特征和鲜明的个性，亦即具有典型性。选择的典型人物，其事迹与人品要能够激励人、鼓舞人、鞭策人，而且作者首先要自己被感动。具体对象应该是以英雄人物、先进模范人物为主，但也要注意反映"平凡人物"的不平凡之举，通过"小人物""小典型"乃至他们的某一侧面，达到"滴水见太阳"的效果，表现时代特征、时代精神。

（2）要注意选择材料，以事写人。通讯虽然比消息长，毕竟篇幅有限。要写活一个人物，就要抓住足以表现他闪光点的几件事，通过事的叙述烘托出人物。因此，要注意选择那些典型、生动的具体事例，采访时要特别注意收集细节材料。

319

（3）要抓住矛盾展示人物，真实地显现其思想发展过程。越是处在诸种矛盾因素焦点上的人，其思想、性格越容易暴露出来。典型人物的成功或失败，都是在矛盾斗争中体现的。因此，要把典型人物不断克服矛盾的过程以及在这个过程中反映出来的思想、性格报道出来，以感染和教育读者。

（4）要抓住个性特点，提炼人物言行。个性是人物通讯的生命，文章中必须表现出人物与众不同的观念、典型行动和特有气质。要抓住典型人物的言行来写活人物，因为在人物通讯中，那些个性特征鲜明的人物形象，往往伴随着一些令人难以忘怀的言语和行动。

（5）要正确处理先进人物与党政领导、周围群众的关系，把人物放在时代的大背景中去写。要适度地把握报道的分寸，切忌用"拔高"手法突出所报道的人物，而贬低了其他群众，以致先进人物被报道后反而在现实生活中陷于被动。

【例文 8-3】即人物通讯。

2. 事件通讯

事件通讯是报道具有典型意义的新闻事件的通讯。它既可以是对具体的一件事的叙述，也可以是对事件中的某个片断的描绘。

写作事件通讯应注意：

（1）要选择有新闻价值的典型事件。事件通讯应以宣传新人、新事、新思想、新风尚为主，鼓舞人民群众，推动社会进步。此外，也可以揭露社会中存在的实际问题和丑恶现象，以引起社会重视，教育广大读者。

（2）要抓住一个或几个关键性的人物、场面来写。事件离不开人，要生动地再现事件，就要着力写好事件中起重要作用、有利于表现主题的人物，以人来记事。写事时，要紧扣主题，突出重点，抓住重要的场面或情节来写，以反映事件的总貌及其深刻内涵。

（3）要精心设计事件通讯的高潮和结尾。高潮部分是事件通讯的主体，应当不惜笔墨，写得细致入微，力求生动感人。结尾部分也是深化主题的关键部位，应当字斟句酌，尽量做到深沉含蓄，耐人寻味。

（4）要寓情于事，寓理于事。事件通讯的主题和作者的爱憎感情都是通过事件的展示表达出来的，对事件的具体叙述、描写，本身就饱含了作者的态度与感情。除了恰到好处的简洁评论、抒情之外，应尽量让情理蕴藏于事件的叙述之中，切忌空洞的抒情、大段的说理。

【例文 8-4】即事件通讯。

3. 工作通讯

工作通讯是着重报道某一单位或部门的实际工作情况及具体工作经验，反映工作中存在的带普遍性的问题，用以指导工作的通讯。工作通讯的内容大致有三方面：一是通过报道各种生动的典型事实，介绍某一地区或单位完成某项工作任务的成果及新鲜经验；二是用典型的事例批评或揭露某地区、某单位在实际工作中存在的问题；三是对工作中出现的新情况、新问题进行研究和探讨。

写工作通讯时应注意以下几点：

（1）要抓住问题，有的放矢。工作通讯与工作总结不一样。工作总结比较全面，一般要包括过程与做法、成绩与经验、缺点与教训等几部分内容。工作通讯落脚点在于指导，往往只取工作中的某一个方面或某一个点，研究和总结实践中的经验教训。因此，写工作通讯要从实际出发，善于提出问题，揭露矛盾，并找出解决问题的新思路、新方法。

（2）要着力剖析，实事求是。工作通讯的报道侧重点在经验教训，所以比其他通讯议论的成分会多一些。必须在深入调查研究、大量占有事实的基础上，对典型事实加以分析，揭示其普遍意义。写作工作通讯必须有较高的政策、理论水平，不能脱离事实乱发议论，更不能对事实下错结论。

（3）要有新意，富于建设性。写工作通讯要善于掌握新的素材，选择新的角度，提炼新的观点，总结新的经验，提出新的问题，找到新的解决途径，给人以耳目一新、豁然开朗的感觉。不论是推出成功经验还是揭露实际问题，作者都要具有高度的社会责任感，内容要有积极意义。不要为揭露而揭露，这样会增加人们的怨气，形成错误的舆论引导。

（4）要形象生动，引人入胜。工作通讯不同于调查报告，更不同于程式化的工作计划、工作报告或工作总结。形象性是工作通讯的特征之一。写工作通讯要善于发掘新鲜的思想，选择带形象性的典型细节，运用新颖的写作手法和生动的表现手法，用活动词和形容词，善用比喻和比拟，使文章富于动感和生气。

【例文8-5】即工作通讯。

4. 概貌通讯

概貌通讯是侧重描述某个地区、某个单位或某个领域、某项工程的新变化、新成就、新气象、新问题等基本面貌的通讯。它一般采用今昔对比的方法来表现今日的巨变，往往通过对事物的一些片断的形象描绘来反映全貌。与其他通讯相比，概貌通讯的时效性要求会更弱些，但知识性、文学性要求会更高，要典型、生动、真实地表现"风貌"和"变化"。

报纸上常见的概貌通讯往往标有"巡礼""纪行""散记""见闻""侧记""掠影"等标题或副题。标题不同，在内容结构和表现方法上也各有侧重："巡礼""纪行""见闻"多是记者通过叙写所到之处的情景向读者展示其所见所闻所感；"散记""侧记""掠影"等一般是截取事物的片断、生活的断面或点滴，表现作者的观感。

概貌通讯具有题材广泛、表现形式灵活多样、生动细致等特点。它一般不叙述事情的全过程，而是通过对事物的生动描写反映全貌。

5. 新闻特写

这是一种运用电影特写镜头的表现手法反映新闻人物或者事件的通讯。它一般摄取新闻事实中最富有特征和表现力的片断，通过多种表现手法做具有强烈视觉及情感效果的着力刻画，使之产生立体感，从而更集中、突出地表现新闻事实和主题。

【例文 8-3】

"先做人，后做事"
——记南平局闽延公司青赔工作人员黄洲瑜

"先做人，后做事"是南平电业局闽延电力建设公司青赔工作人员黄洲瑜的座右铭。电力建设青苗赔偿工作被业内许多人誉为"天下第一难"。南平市线路青赔标准是 2001 年制订的，现已明显滞后于土地的增值。2005 年国家实行林权到户后，有时为了一基塔的占地青赔就要和一组承包户七八十人谈判，难度可想而知。然而，作为南平局闽延公司青赔工作人员的黄洲瑜，仅在 2005 年 8 月至 2006 年 1 月间，就完成了 220 千伏线路走廊 41.5 公里共 98 基塔的青赔工作。其间，他在这 98 基塔间来回跑了有数千公里，凭着他的工作能力和人格魅力，成功地宣传了政策，沟通了与百姓的情感，使安平变建设工程得以顺利进行。

黄洲瑜很讲求做事的方法。他说："做好线路青赔工作首先工作方法要对头。人都是有感情的，和人打交道，我要做的第一件事就是要打动他的心。"黄洲瑜一本厚厚的电话本上，大半本密密麻麻地记着安平变输电线路沿线村庄村干部和村民的电话号码。他的胃一直都不好，但为了和线路沿线村庄村干部拉近关系，黄洲瑜多年前已经戒了的烟和酒现在又重新开戒。2005 年 11 月 4 日凌晨 0：30，他胃病发作被送到邵武医院挂瓶，可早上 5：00 一个电话直追到医院。原来，在电力施工运输过程中，一条一百多米的拖拉机便道是一村民自家开的，该村民死活不让电力施工车辆通过。为了不使工期拖延，黄洲瑜忍着胃病疼痛，立即赶到现场，并请村干部到场协助，对该村民动之以情，晓之以理，直至该村民同意放行。

在青赔工作中，这一类的事有很多。但无论对方态度原先是多么不好，黄洲瑜总是抱着积极、乐观的态度，用笑脸和对方沟通，真诚地站在双方的角度考虑和解决问题。他的诚心也换来了线路沿线村民的理解和支持，现在很多村干部、村民都成了他的朋友。

由于长期在外工作，黄洲瑜身患重病的老伴就一人在家。一次，他在邵武连续待了十二天后回到家，才知道老伴因特重度肾积水住进了医院。他着急地赶到医院，发现老伴的病况比以前发病时严重，当即决定将老伴转至解放军福州总院就医。总院对他老伴检查后，马上安排了第二天早上的手术。医生说，如果再迟一两天手术，他老伴就有可能转为尿毒症！闻言，黄洲瑜内疚不已。可就在他老伴手术完的当天下午，同事一个电话又把他催回到青赔的工作岗位上。

在青赔工作中，谈好的事情又有反复是经常的事，有时甚至赔款协议都已签好了，村民过一夜又反悔。但黄洲瑜在工作中从不以势压人，他说："我也是农民的儿子。农民们生活还不太好，想多得点利益是正常的事。我能做的就是和他们交朋友，让他们理解我们的工作是他们的长远利益所在，只有这样才能真正把工作做到位。"有很多时候，青赔事宜谈好后，黄洲瑜还要跟施工队到现场，因为许多村民对一草一木的利益都很较真，谈协议时砍到哪棵树都要订得很清楚，如果施工队把树误砍了，村民就会以为电力部门不守信用。黄洲瑜对这些细节都很注意，经常盯在现场指导施工队，指明哪棵树能砍、哪棵树不能砍，大大减少了纠纷。

黄洲瑜说："村民一般都比较直爽，我们只有待之以诚，去磨去泡，以自己的真心换人家的真情，讲肺腑之言，有诺必行，这样才能让村民信任我们。"确实如此，在邵武安平输变电线路建设过程中，无论是施工队还是村民们，遇到纠纷第一个想到的就是黄洲瑜；大家亲切地称他为"救火队长"。

黄洲瑜就是这样乐观、积极地投入在这"天下第一难"的工作上，他的乐观精神也激励着全体安平变的工程建设人员。仅仅三个月，南平局闽延电力建设公司在黄洲瑜等人的工作基础上，攻下了多个技术难关，确保了安平变在 1 月 13 日投运。现在，一个崭新的一流变电站，正在为闽北经济发展发挥着光和热。

（原载 2006 年 3 月 2 日《福建电力》报，作者吴宏涛。）

【例文 8-4】

第一部表现电力形象的交响乐作品——
《光明之歌》首演成功 和谐之声传唱八闽

"谁为人间送来光明？谁为人间带来福音？为什么人间变得如此灿若明珠，剔透晶莹？"……"啊，电力事业，一个发现，打破世界的沉默，一个发明，把人类的未来开拓。"……

电力事业把人们紧密相连，如同美妙的音乐打通了心灵的壁垒：当电力的光辉与音乐的魅力交响，和谐之声在你我心中传唱。

——3 月 9 日晚，美丽西湖之畔，福建会堂里，1500 名听众屏住呼吸，静心聆听由省公司主办、厦门爱乐乐团献上的和谐之声电力交响音乐会。

当晚执棒的郑小瑛教授曾任中央歌剧院首席指挥、中央音乐学院指挥系主任，是中国最有经验的指挥教授之一，更是一位热情的音乐社会活动家。同时她还是第一位并多次登上国外歌剧院指挥台的中国指挥，被西方媒体称为"世界最佳女指挥家"。厦门爱乐乐团是我国唯一实行总监负责制的民办公助全职交响乐团，现在接受厦门市政府的扶持、福建电力和厦门电业局的赞助，以及厦门香港联谊总会和各界的捐赠。在现任艺术总监和首席指挥郑小瑛教授的领导下，该乐团于 1998 年 9 月 9 日在美丽的鹭岛举行了首演，此后坚持"周末交响"定期音乐会，已在国内外举办了 600 多场精彩的音乐会，被厦门市领导和市民称为厦门的一张"烫金的城市名片"和文化交流的"形象大使"。

325

音乐会的开场曲《欢庆》时而轻盈时而热闹，把听众带入了节日的喜悦气氛中。之后是核心曲目《光明之歌》——一部以电为题材的三乐章交响音诗。

电是现代文明的象征，电力事业是光明的事业。为了展示福建电力努力超越、追求卓越的企业精神和建设坚强电网、创建和谐企业的时代风貌，音乐会特邀国家一级作曲、我国著名的作曲家莫凡创作了这首《光明之歌》。

站在指挥台上，郑小瑛饱含深情地说："今天的音乐会有特殊的意义，我们要在这里首演交响音诗《光明之歌》。厦门爱乐乐团带着感恩的心来做这个演出，因为在我们最困难的时候，得到了福建电力的热情支持……今天是首演，希望得到在座各位的宝贵意见，使这部表现电力形象的作品——可能是第一部表现电力形象的交响乐作品——能够成为一部经典……"

作品借用中国民间传说，表现人类为追求光明而世世代代、生生不息地努力，唱响了一曲表现人类崇尚理想、塑造民族魂魄的礼赞与颂歌。第一乐章"火"表现"燧人钻木取火"的求索精神，第二乐章"光"表现"夸父追日"的拼搏精神，第三乐章"电"则通过"牛郎织女"感叹"银河已落九天"来歌颂人类的创新精神。作品由女高音歌唱家、福建师范大学音乐系教授林立君，男中音歌唱家、中国武警总队文工团独唱演员孙砾，与交响乐队联袂演绎。

从阴冷的原始森林，风雨交加的夜，到熊熊燃烧的火，欢快热烈的舞，再到和谐美景、灯火闪烁，光耀大地、神州生辉。谁说音乐无形？它来自天籁，却也幻化出了上下五千年光明从无到有的一幅幅图景。

……"花开神州，千万年的梦想在闪烁，勤劳勇敢的人们啊，还在书写美好的神话传说！"

舞台上，80多位艺术家忘情的表演酣畅淋漓；场下，听众们如痴如醉，连调皮的孩子也安静了下来。人们从中听到了深刻的哲理思索和浪漫的音乐气质，感受到了人类为光明理想和美好未来执著进取的精神。即使是完全没有交响乐知识的听众也被感动了，音乐会后一位电力职工这样说道："原来还怕听不懂，没想到一坐下来，就'走不动'了。"

之后，乐队演奏了《火把节》（选自交响组曲《云南音诗》）、《〈罗马狂欢节〉序曲》、《沉思》（歌剧《黛依丝》间奏曲）、《鹿港庙会》（根据闽南歌仔戏音调素材创作）、《火车"托卡塔"》和《雷电波尔卡》等曲目，或炽烈欢腾或活泼明朗或抒情优美，或独具民族特色或充满异域风情或中西合璧。该乐团积极支持福建题材交响音乐的创作和推广，以繁荣中国交响乐事业。郑小瑛说："我们要把我们厦门、福建的文化品牌带到全国，带到全世界；同时，把我们中国的交响乐的成就也带到西方。"

音乐会上，郑小瑛仍然采取边讲边演的"郑小瑛模式"，在每支曲目开始前，都会对作品内涵和特色做一段讲解，使刚刚接触交响音乐的听众倍感亲切和受益。

如果说当晚郑小瑛第一次上台时，听众们响亮的掌声是出于一种礼貌的话；那么，当所有曲目表演完毕，艺术家们两次谢幕，人们仍然持续长时间地"不依不饶"地报以热烈的鼓掌，则完全是发自内心对艺术家的尊重和对演出成功的敬意。——后来，被听众的热情所感动，郑小瑛两次返回前台，指挥乐团加演《茉莉花》和《唧唧喳喳波尔卡》。

春寒料峭挡不住音乐的魅力，福建会堂里荡漾着温暖的气息。出席当晚音乐会的有省委常委、宣传部部长唐国忠，省人大常委会副主任谢先文，省政协副主席叶家松，省政府秘书长冯声康，安徽省电力公司党组书记、副总经理庞利民与省委、省政府办公厅，省人大、省政协办公厅，省直有关部门，中央驻榕新闻单位，福州市委、市政府与兄弟电力单位的领导，省公司党组书记、总经理李卫东和公司其他在家领导，以及电力客户代表、社区代表和电力职工代表等。

近年来，公司全力打造海峡西岸坚强电网，努力建设"一强三优"现代公司，促进了我省电力事业的协调发展。这些成绩的取得，得益于省委、省政府的正确领导，得益于省、市各部门以及社会各界朋友的关心和支持。这场音乐会，既寄予了福建电力对社会各界的感谢，也是福建电力与社会各界一次与众不同的交流。同为听众，大家一样静静地聆听，一样热情地鼓掌，既是每个人与艺术家的共鸣，也是社会各界朋友与福建电力人之间的共鸣。

此时无声胜有声。在场的领导上台与艺术家亲切握手。音乐会结束了，电力与社会的和谐之声却在永远传唱……

（原载 2007 年 3 月 15 日《福建电力报》，作者刘丹青。）

【例文 8-5】

建设"电力天路"，我们的光荣与梦想

平均海拔超过 4000 米的青藏高原，是一片神秘而难以征服的土地。国家电网公司青藏联网工程开工之前，全世界尚无一条在高寒冻土区域长距离架设的电力线路。省输变电工程公司参与"电力天路"建设的一线员工，正在世界的屋脊上，发起前无古人的挑战。

从 750 千伏西格线路四标段施工到 ±400 千伏拉萨换流站电气安装，近千名湖北电建铁军正在雪域高原挥洒汗水、奉献青春。

2010 年 9 月 2 日至今年 6 月 16 日，省电力公司党委书记梁国庆、副总经理彭建国、杨光糯先后前往海拔 3800 多米的青海天峻县和拉萨林周县等地，看望慰问在高原施工的省输变电工程公司一线员工，鼓励参建员工克服各种困难，维护自身品牌，把"电力天路"建设成为国家电网公司精品工程，为湖北电力争光。

挥 师 青 藏

2008 年底，省输变电工程公司承载着一份光荣和梦想，取

得了参与青藏联网工程建设的施工任务。

素有"召之即来、来之能战、战之必胜"之誉的湖北输变电人按捺不住内心的激动，即刻"亮剑"：2008年11月16日，总经理曹宗振带领随行人员四天半行程一万余公里对工程进行了实地考察；同年12月24日，该公司针对高原施工举办了首期综合培训班。2010年5月28日，该公司青藏联网工程启动；7月28日，750千伏西格线第四标段正式开工；12月2日，该公司夺得±400千伏拉萨换流站电气安装A包工程。今年2月18日，随着国家电网公司青藏联网工程建设的推进，该公司召开动员大会，全面启动施工任务，决心在"世界屋脊"上创立湖北电建品牌。

为将工程建设成"安全可靠、优质高效、绿色环保、拼搏奉献、平安和谐"的精品工程，该公司多次派员深入高原实地考察，对工程规模、地理环境、风土人情及人身保障等进行前期摸底，并针对施工自然条件差、有效工期短的工程特点，相继举办安全、质量、技术培训班，制定了科学的工程节点进度计划，所有参建人员统一实行体检合格准入制。施工管理在一套严密的人、财、物保障体系下有序展开。

攻坚西格

第四标段是西宁—格尔木750千伏交流工程最艰难的部分，尤其是布哈河河床上99基铁塔的施工。布哈河是流入青海湖的主要河流之一，河床地质结构主要是鹅卵石和细砂，这给施工带来难以想象的困难。

"公司把这么重要的工程交给送电一分公司，我们没有理由不干好，就是有再大的困难也要克服。"第四标段项目部经理李江说。几个月没见，他的脸已被高原强紫外线晒成了古铜色。

李江告诉我们，在铁塔基础挖下一米后，地下水快速上升，使基坑里充满积水，而且容易造成大面积塌方。他们运用大功率抽水设备，24小时不间断施工。在1601和2601基塔施工中，每小时抽水 2400 立方米，一基塔就要抽水 64 万立方米。有的塔基下边有暗河，抽水量就会更多。在这种地质环境中基础要下挖 5 米，需浇灌混凝土 230 多立方米。正常情况下，施工只需 16 人，而他们在河床上施工每班要达到 25 人，还要添置大功率抽水设备。

高原上施工，面对的不仅仅是地质结构的复杂，还有变化无常的天气。

李江介绍，天峻县仅今年 5 月份就下了 7 场雪，平均 3 天一次。这让来自低海拔地区的施工人员很不适应，不少人到这里不久就生病了，有段时间，县医院里打点滴的大部分都是他们的施工人员。

5 月 15 日，早上上工时还是阳光灿烂，到了中午一场大雪不期而至，短短 2 个多小时，地上积雪就达 15 至 20 厘米。随后，乌云随风而去，强烈的阳光让一些施工人员开始眼红、流泪。为了防止患上雪盲症，项目部为每人配备了防强光的眼镜。

参与工程施工的运输分公司此次派出了由 12 名员工组成的放线小组，由经验丰富的首席员工周崇斌、修理厂副厂长蔡惠民带队。然而，工程施工环境、地理条件、导线型号的不同等各种因素给张率设备能否正常运行带来一些不确定性，特别是在海拔 3800 多米的高原，空气稀薄、气候多变，张率设备启动、运行都不如在内地环境中有十足的把握，每天放线前周崇斌、蔡惠民对设备的检查不敢有丝毫的马虎。

青工胡斌说："这里的天气变幻莫测，一会儿艳阳高照，一会儿狂风大作，雪来得快、来得猛，放线时我们都顾不上给自己添衣服。这种极端气候对设备是个严峻的考验，这时我们都特别注意设备的运行、各个仪表的显示。"

施工队长吴高华告诉我们，今年 2 月，青海天峻县滴水成冰，晚上气温都在零下十几摄氏度以下。施工队的驻地没有厕所，没有生活用水，没有暖气。怎么办？大伙一商量："自己来！"全队施工人员一起建厕所、架水管、修厨房……三天之后，一个温馨的驻地就建成了。

西格线上有20名青年员工，他们有的是有10年工龄的老师傅，有的则是刚参加工作不久的青工，还有3朵"巾帼之花"：王宗敏、叶欣青、汤俭。当我们询问青年员工的高原生活、工作状况时，青工李建波抢先说道："哪有不想家的，但现在正是放线关键阶段，一刻也不能松懈，只有把任务完成好，才能安心回家。"而青工苏止戈则俏皮地说："什么都挺好的，就是中午的菜能下饭点就好了。"他们一席话让大伙儿都笑了。

就是这样一群质朴的施工队员，犹如雪域高原上的格桑花，谱写出一曲曲青春之歌。

鏖 战 拉 萨

"努力将电力天路铸就成为世界屋脊的一座丰碑！"这是拉萨换流站项目经理彭凌峻摆放在办公桌上的个人愿景。这位只有29岁的项目经理，2008年任分公司副经理以来，已承担了四个省外重点工程建设项目。今年2月25日，他带领先遣队员来到海拔3827米的拉萨换流站，为前期开工作物资、生活、生产等临建准备。

"初来乍到，一穷二白，拉萨换流站内，由于所用的井水中大肠杆菌严重超标，不能喝，也不能做饭菜，只能用来洗漱。"彭凌峻说。为确保用水安全，他们联系了纯净水公司，选择用纯净水解决吃水问题。为了让职工吃到熟食，经过多方求证，他们为厨房配置了高压蒸饭车、高压锅等厨具。

而此时，由于连日操劳，彭凌峻的身体出现了明显的高原反应：头昏、头痛、鼻内带血。为了能让后续人员进入一个安全舒适的生活环境，赶在正式开工前做好前期的准备工作，每当感觉身体不适的时候，彭凌峻便到医务室吸上几口氧，暂时缓解一下，随后又再次投入到现场指挥施工，在零下3摄氏度的夜晚时常加班到转点。

3月27日，为配合拉萨换流站线路立塔工作的展开，业主指挥部交给项目部一项临时电源改造工作：站外 10 千伏配电室内临时电源（换流站全站施工电源及生活区电源）需拆除，并引至站外新建的 35 千伏箱式变压器低压侧中。在彭凌峻的带领下，十多名施工人员靠肩扛手拉，7 个小时顺利地完成了临时电源改造任务。业主、监理一致称赞道："此次工作完成得很好，很给力！展现了湖北铁军高原作战的风采。"

彭进，不仅是拉萨换流站 A 包的二次总负责，也是水泵运作的管理员。水泵管理员可不是谁都能当的，水泵每天运行不能超过 16 小时，超过时间后就难以再对地下水进行抽取了，这样极有可能会烧毁水泵。

每天清晨，他就要赶往离换流站 1.7 公里开外的水泵房，关闭电源；夜幕降临之前，他又快马加鞭地跑向水泵房，打开电源；晚上 23 点 40 左右，当所有人都洗漱完毕后，他要冒着冰冷的夜风到水泵配拉闸，每当回到宿舍的时候，他都会冷得发抖。

就是这样一群铁骨汉子，他们把牵挂亲人的柔情深深埋在心里。

6 月 1 日中午，项目副经理何志军正在看省输变电工程公司网页上刊发的《变电分公司举办"美好生活，美好未来"儿童书画比赛》，他 10 岁的儿子何俊杰书法作品《春晓》获得了一等奖。看着孩子的作品，何志军眼睛湿润了。而此时，刚和孩子通完电话的财务专责刘俊走进办公室，一个人坐在沙发上翻开手机，对着来拉萨之前在家为孩子拍的视频微笑着，手指在手机上画着孩子的轮廓。

党 旗 飘 扬

今年四五月份，为加强重点工程项目的党建工作，省输变电公司党委决定：成立±400 千伏拉萨换流站工程 A 包项目临时党支部和 750 千伏西格线四标段项目部临时党支部。

5 月 21 日，在西格 750 千伏项目部，我们遇到了前来工地慰问的该公司党委书记严卫，他介绍说，在艰苦的环境下施工，需要一种精神来战胜各种各样的困难，对在工作中吃苦耐劳、贡献突出、符合党员条件的先进分子，要吸收他们火线入党。

而就在此前一天，在项目部一间简陋的会议室里，施工队长吴高华在党旗下庄严地举起了右手，光荣地成为一名中国共产党党员。

"做事有条有理，对每个施工塔位耳熟能详，天天泡在工地上，自己动手做拉线、紧螺栓……"这是大伙对吴高华的评价。

2010年4月，吴高华来到海拔4500多米的青海五道梁地区，参与青藏联网工程二级医疗站工程的建设。这是他第一次上高原，就来到了最艰苦的地方。由于高原反应，他头痛得每天晚上都睡不好觉，但他一直忍着。在五道梁兵站驻扎了一个多星期，最终圆满完成医疗站建设任务。之后，他又马不停蹄地转战到750千伏线路部分。

从750千伏永登—白银线工程，到750千伏金酒安线工程，再到青藏联网工程二级医疗站工程，长期在西部艰苦地区施工的吴高华对风沙、戈壁、严寒一点也不陌生，每年他都是在与自然环境的抗争中过来的。

吴高华带领的施工队施工点多面广，且部分塔位交通不便，施工人员每天工作都在12个小时以上，经常晚上8、9点以后才能回到驻地。吴高华看在眼里，疼在心里，但工期紧，任务重，也别无他法。他叮嘱厨师吕军准备好热饭热菜等着大家，让兄弟们一回来就能美美地吃上一口，暖一暖身子。

吴高华有晚上巡视现场的习惯，不光为了工程质量，也为了大家的安全。他每天都会提醒夜间值班人注意用电、用火及棚内加煤安全，防止一氧化碳中毒。有时，他都觉得自己很唠叨，有些没完没了，但说起来又"刹不住车"。由于交通不便，吴高华常常到后半夜才能回到施工队驻地，第二天又照常第一个起床，安排工作，去工地。

在施工的时候，吴高华总是充满自信，他觉得没有什么困难是克服不了的，他的自信也感染着周围的人。

省输变电工程公司原总经理助理、现任拉萨换流站业主项目部"争创安全流动红旗"专家组组长的魏汉渝，是位工作一丝不苟的老党员。年届 56 岁的他，在接到赴拉萨的任命后，克服儿子在南疆守卫边防、妻子身患重病在家休养的困难，毅然来到高原。白天他忙于现场指导施工，晚上又忙于整理资料，编写供大家学习参考的施工手册和工程模板，有时由于长时间伏案工作手臂都抬不起来了。干燥的空气和强紫外线，使这位"老送电"嘴唇开裂，鼻腔常常出血，大家都劝他每天多休息会儿，他却总是笑着说："大家都很辛苦，都在为工程建设而努力工作，我不能搞特殊化呀。"

在青藏高原，在"电力天路"的建设中，像吴高华、魏汉渝这样的人还有很多很多。

"电力天路"挑战世界之最

青海—西藏750 千伏/±400 千伏交直流联网工程是迄今为止世界上海拔最高、施工难度最大的输电工程，也是我国新一轮西部大开发的重点工程。该工程交流线路东起西宁，西至格尔木，直流线路由格尔木至拉萨，全长 1774.2 公里，总投资162.86 亿元，预期今年 11 月份竣工。这一工程的建成运营将使西藏电网与全国电网实现联网，从根本上解决西藏缺电问题。

青藏电网联网工程于 2010 年 7 月 29 日正式开工，全国 72个施工单位近 2 万名员工参与建设，目前，整个工程已经全面进入架线阶段。施工过程中，广大建设人员挑战"生命禁区"，克服高海拔、低温、缺氧等种种困难，以"锅炉现场供热""旋挖钻机干法成孔"等先进技术，有效克服了高原冻土、极端恶劣天气施工难题；以"草垫铺路""索道运输"等绿色施工工艺，保护无人区自然生态环境；以配备塔上休息平台、提供高空供氧装置，健全医疗后勤保障体系，确保实现了施工"零死亡、零伤残、零高原后遗症"目标。建设者们已圆满完成主体工程施工任务，在"电力天路"上铸起了不朽丰碑。

（选自《湖北电力报》20110628 期第 A1 版，作者张家广、张再勇、邹小民。略有修改。）

第三节 简 报

简报是情况的简要报道。它是机关、单位编发的反映情况、传播信息、交流经验、指导工作的一种摘要性文种。在电力系统各单位中，简报的使用也非常普遍。

简报还有多种名称，如"简讯""动态""快报""情况反映""情况交流""内部参考"等。

简报的特点是简明扼要、灵活快捷，具有明显的汇报性、交流性和指导性，是一种重要的舆论工具。简报报送上级，可以汇报工作，提供信息，使上级单位了解本单位情况，争取上级单位的及时指导和帮助；发给下级，可以传达指示，介绍经验，树立典型，推动工作；在平行或不相隶属单位间发送，可以沟通情况，促进了解，互相借鉴。此外，它可以为编报单位积累资料，便于总结工作或制订计划；还可以抄送报刊、电台等新闻媒体，为宣传报道提供材料或线索。

但应该明确，简报只是一种一般性的材料，并非正式文件，不能代替正式公文向上级报告工作，请示问题，也不能向下级发布指示，传达决定。

一、简报的格式

简报的格式较为固定，一般分为报头、正文、报尾三个部分。

1. 报头

在首页上方，一般占约 1/3 的版面。包括：

（1）报名。如"××简报""情况反映"。用套红大号字印刷，在报头居中位置。

（2）期数。在报名下写"第×期"或"第×号"，一般是按年度排列期数，有的则按总期数排列。属于增刊的，在此处写上"增刊"二字以示区别，也可单独另编增刊期数。

（3）编印单位及印发日期。期数左下方顶格写主编简报的单位名称，右下方写简报的印发日期。

（4）密级。如需保密，在报头左上角注明密级（"秘密""机密""绝密"），也可写"内部刊物，注意保存"等字样。需要编号的，写在密级之上位置。

（5）在报头部分和正文部分之间画一横线隔开，以使报头清晰、醒目。

2. 正文

正文是简报的核心部分，可以刊登多篇简报文章。每篇文章与消息的写法相同，通常包括标题、导语、主体、结尾（可有可无）和穿插在叙述中的背景材料。重要的简报，编者有时还加上按语。

按语是简报编者用以说明编发原因或目的的简短文字，大多是根据简报的内容，进行必要的强调、评论、阐发或补充说明，或者提出意见、要求等，以期引起读者的重视。按语具有一定的指导意义，语言要十分精练。行款上，按语一般印在标题的前面，两侧各向中间缩进两格，而且使用与正文不同的字体（通常用楷体），以示区别。

3. 报尾

在简报末页的下方，包括：

（1）发送单位。位置在报尾左侧，一般要分别标明：报：××
×（上级单位）；送：×××（同级或不相隶属单位）；发：×
××（下级单位）。有的简报则笼统地写为"发送：×××"。

（2）印发份数。注明"共印××份"，位置在发送单位之下、报尾右侧。

（3）为清晰、醒目，报尾一般要画两条平行横线，一条把正文与报尾隔开，一条把发送单位与印发份数隔开。

若是会议简报，因一般只发送给与会者，所以可省去报尾部分。

二、常见的几类简报的写法

1. 专题类写法

这类简报是抓住一个典型进行较为详细、深入的介绍。这个典型可以是一件事、一个问题或一个人、一个集体；可以从多方面介绍，也可以只介绍一个方面。但必须注意：①典型要选得准；②要写出特点，写出新意。

2. 综合类写法

这类简报往往是反映某项工作或某个事件在一个单位、一个地区开展或发生的情况，以帮助人们了解情况，把握全貌。写作时要注意：①不要不分巨细，面面俱到，应该主次分明，详略得当；②要在提炼主题上多下功夫；③选用材料要注意点面结合，使文章既有广度又有深度。

3. 新闻类写法

这类简报是用新闻报道的方式叙述事实和说明问题，常用于反映某些重大事件和活动的情况，或用于传达政策精神和领导意图。写作时应注意：①导语要简明扼要；②主体部分应紧扣导语概括的事实或揭示的精神展开；③要注意时效性。

三、简报的写作要求

可以概括为五个字：

"精"，就是选材要精。要结合当前形势，根据本系统、本单位的实际工作需要，抓住那些典型、有新意、与党的方针政策和当前任务密切相关、人民群众或干部职工关心或急待解决的情况和问题，写入简报。只有这样，才能发挥简报应有的作用。

"准"，就是材料必须准确无误，真实可靠。要有喜报喜，有忧报忧。不能夸大或缩小事实，更不允许虚构。引用的时间、地点、数据、人名、话语等具体材料，必须核实无误。没有把握、未经核实的东西，不能写入简报。遇到有争议的问题要客观、公

337

正报道，基本观点不能走样。表达上要明快直率，避免态度暧昧和空话套话。

"新"，就是要有新意。简报要反映新情况、新设想、新经验。我们都知道，新时期、新政策、新任务都会产生新的矛盾；即使是老问题，由于事物发展的不平衡，也会有新的东西。因此，要努力发现倾向性、苗头性的东西，选好角度，进行认真的分析和概括，揭示其典型意义，以写出新颖独特的简报。

"快"，就是写作要迅速及时，印发也要讲究时效。如同新闻一样，"快"也是简报的重要价值之一。从采集资料到编发，都必须有时间观念，慢了就会影响简报的作用。例如会议简报，往往是上午讨论，下午就有简报发出。当然，在力求"快"的同时，还应保证质量。

"简"，就是内容要简明扼要，文字要朴实简练。选题要小，最好一事一文，不求全而求新，不求广而求深。结构要清晰平直，用语要惜墨如金，篇幅一般在几十字、几百字，最多不过千字。此外要注意写作技法，力求文字既朴实简练，又生动活泼。

【例文8-6】

创先争优活动简报
第 174 期

××省电力有限公司
创先争优活动领导小组办公室　　　　　2012 年 10 月 5 日

编者按：2012 年 9 月 28 日，××省创先争优活动简报第 665 期专刊介绍了省送变电公司推动党组织和党员在工程建设中争优秀，助力电网跨越发展的做法。现予以转发，供各单位参考。

创先争优重实效　融入中心促发展
——××省送变电工程公司深入推进创先争优活动

　　××省送变电工程公司按照"党建进项目，干部到一线，争创在基层"的工作思路，积极推动党组织和党员在工程建设中创先进、争优秀，助力××电网跨越发展，促进全省经济社会又好又快发展。

　　工程建设党旗红。公司党委立足工程建设抓党建，坚持工程干到哪里，支部就建到哪里，为安全、优质、高效、准点完成省级以上重点工程建设任务提供坚强的组织保证。在重点工程建设中实行项目部、临时党支部"二部合一"的工作模式，在7个满足条件的重点工程项目中成立临时党支部，覆盖党员113人。临时党支部围绕推动项目建设、监督保障项目质量、凝聚项目建设合力等三个方面，深化"举党旗促跨越"实践活动，从安全、质量、工期等方面提出具体要求，制定即时承诺，明确争创目标，发挥战斗堡垒和凝聚保障作用。在重点工程项目建设中，通过党员与普通职工"一带二"的结对形式，成立以党员骨干为主要力量的技术攻关小组，在工程建设中开展发明创造和QC（质量控制）研究，取得了4项发明专利，3项省部级工法，1项国优、2项省优QC成果，其中××××500千伏变电站工程被列入××省2012年新技术应用（科技）示范工程。

　　党员一线作表率。公司党委以"工程创优质、项目创效益、工作创一流、党员争先锋"为目标，深入开展以"党员责任区、党员示范岗、党员一面旗、党员突击队"为主要内容的"党员先锋工程"。突出党员作用在一线发挥，在作业重点区域设立党员安全责任区36个，在安全、质量、成本控制的责任岗位上设立党员先锋示范岗87个；成立以党员为主的安全"飞行"检查组，不间断地对所有在建项目进行安全文明施工巡查督查，平均月检查项目13个，"飞行"行程5000公里；成立党员创新工作室，针对施工现场工程技术难题开展攻关，共解决施工难题197个，科技项目"履带式运输车的研制及推广应用"获第二十届全国发明展览会金奖,"海上高塔组立施工技术"项目获中国电力建设科技成果二等奖和"6.18"××××职工创新成果金奖。突出组织优势在一线体现,组织开展"下基层、解问题、促和谐"活动,党员领导干部深入基层做到"三到三帮",以召开施工项目专题会、施工管理座谈会、走访调研、慰问等多种形式深入基层和一线,帮助基层协调解决问题;开展"建功立业劳动竞赛"和"安全月"活动,赛安全、赛质量、赛工期、赛管理、赛效益,将"一名党员一面旗"践行在工程建设一线,保障工程建设有序推进。

急难险重当先锋。公司党委将急难险重任务作为创先争优活动的重要实践平台,激励基层党组织和党员在迎峰度夏、重点工程、重大保供电活动中当先锋、打头阵。针对2012年雨多影响工程建设进度的困难,组织"共产党员服务队"在工程的重要节点、技术难点、质量关键点、青赔受阻点,主动承担任务,引领突击重点工程建设。省重点工程——××核电线路送出工程一线创造了百公里500千伏同塔双回线路一年内竣工投运的施工新纪录。××—××220千伏ⅠⅡ回线路工程提前3个月一次送电成功,有效缓解了××岛内用电紧张。组织党员服务队千里巡护,保障省内3318公里500千伏输电大动脉安全运行。快速提升应急检修响应速度,成功应对"苏拉""达维"等台风的袭击,并将带电作业作为"为民服务创先争优"的服务举措,成功实现减少500千伏线路停电××小时,创造经济效益××××多万元。

(报尾部分略)

W 相关链接

关 于 新 闻 采 访

新闻采访是记者、通讯员及其他新闻报道写作者通过各种方式寻找和采集新闻素材的活动，是新闻写作的先决条件。采访的对象是各种各样的人。采访的途径有亲身经历、现场观察、访问座谈、阅读材料等。采访工作的质量如何，是一篇新闻作品能否成功的决定因素，所以美国一位资深名记者说："采访扼着新闻作品质量的命脉。"

正确认识报道对象并收集有新闻价值的事实，是新闻采访任务中互相联系的两个方面。许多不成功的采访，往往就是由于对这两个方面理解得不正确或实践中不协调：一是只把采访当成"抓事例、抓材料"的活动，忽视了对事物的深入分析和全面认识，不懂得通过"听—思—问"这"三步曲"式的采访，搜集到有价值的材料，因而写出的新闻常常是观点加例子；二是在采访中虽然也注意听介绍，也注意加深对事物的认识，却不善于边听、边记、边收集材料，更不善于刨根问底地挖掘一个个完整事例和生动细节，同时又缺乏独立思考分析，结果听完也就忘得差不多了，动笔时头脑空空如也；三是对事物理解片面，认为只有做过的"事"才是事实，因而采访中只问工作、看成绩、记数字，却忽略当事人的说法和想法，而其实新闻人物的话也是新闻事实的重要组成部分。要避免采访工作陷入上述误区，采访时就必须做到：既能"眼观六路"，又能"巧抓瞬间"，还要"多思善问"。

采访是一门专业性、艺术性很强的学问，这在中外著名记者身上得到了充分体现。采访技巧，说穿了，是一种工作态度、一种工作方式，是新闻记者采访经验的结晶。限于篇幅，下面仅简要谈谈关于新闻采访的两个主要问题。

一、把握三个要件

采访的三个要件是：采访前的准备，与被采访人的联系预约，采访中的提问。

1. 采访前的准备

如同做任何事一样，一个成功、高效的采访，不能没有准备。有准备就能做到心中有数，就能抓住要点删繁就简，在采访中有的放矢，利用最少的时间得到最多、最有用的材料。采访前的准备一般有采访对象的确定及其资料研究，有关材料的收集和消化等，然后就是做好周密的采访计划，并列出采访提纲。

2. 与被采访人的预约和联系

被采访人有单人或主要单人（人物稿）和多人（事件稿）、乐于接受采访和不乐意或不得不接受采访、高层面人物和一般人等不同情况。单人、乐于接受采访者和一般老百姓的预约和联系，难度较小；多人、不乐意接受采访者和高层面人物及名人的联系，困难就大一些。因此，需要格外地用些心思，掌握一些技巧。

高层的人和名人一般都比较忙，也大多有点架子。约请时，态度要很讲究很客气，尽量尊重对方的意愿，可适当改变自己的时间安排，抓住他可能给你的机会。需要对方迁就你时，要礼貌地商量，但也不必低三下四，因为你越谦卑他越不重视你甚至小看你，这样你就约不到了。约不愿意接受采访的人是最困难的，尤其是深居简出者，因特殊原因不愿露面者，军队、安全部门及敏感机关的人。当你非采访他不可时，就需要动动脑筋了，诸如投其所好、美言他、迂回接近等，办法多多，要各取所长。这其中，想个办法让采访对象高兴或忽然感兴趣起来，是攻破"拒绝之门"的有效法宝。

约访要注意的另一点是，预约到采访对象，记者自己一定要非常守约，严格遵守见面的时间，宁肯提前到并在附近等，尤其是在路线不熟的情况下。如果是约了几个人，必须把落实的时间顺序排好、排够，并留有余地，以免失约。

3. 采访中的提问

提问一定要事先有准备，列几个要点，以利用有限的时间把最重要最需要的材料搞到手。这就要提前熟悉一些相关的资料，把基本清楚的方面省去，最多作些补充性的提问，以节约时间。提问题要选好切入点。从对方最得意处、最痛心处或最忘不掉的事件发问，撬开他的嘴，诱发他进入情境，是最为奏效的方法。

俗话说,"男儿有泪不轻弹,只因未到伤心处",你摸到对方最敏感的神经,他定会大发感慨。提问时要避免泛、空、大、远,问话要具体、实在,从近处(新近的事)、小处、最敏感处入手,对方就比较容易作答,不致一时陷入"云里雾中""老虎吃天不知从何下爪"。

采访提问还要懂得和学会运用新闻心理学,根据对方不同的身份、职业、年龄、民族等情况,以不同的方法、语气和语言发问。要尊重采访对象,学会沟通,让对方感到亲切、自然、受到了礼遇。在对方谈话过程中,尽量不要打断他,要耐心地听他津津乐道于一些事(哪怕是你不需要的材料)。对于饶舌的人,要有技巧地插断他的话,最好是在"句号"处;千万不要无礼截话,更不能表现出不耐烦的情绪,让对方尴尬和不悦,以致突缄其口。熟悉的人,容易不重视以正规的态度对待采访,应尽量克服见面闲侃一通的习惯,主动坦率言明"今天时间紧,你也忙,咱们开始谈正题",这样一般不会造成不悦的情况,又可提高效率。不熟悉的采访对象大多不会"见面熟"跟你闲聊个没完,问题在于他不知从何说起,多有些拘谨和不安。这时候,你需要有意地提起一些轻松的话题,闲聊几句,缓和一下气氛,如就他墙上挂的字画,或就他室内书桌上的某一件摆设,恭维几句,使他欢心和放松情绪。但要注意,不要说假话,以免起反作用。

二、注意四点要求

采访中应该收集什么样的材料?哪些材料具有新闻写作价值?对此应注意以下四点要求。

1. 准确

新闻事实是由人物、时间、地点、数量、环境、条件等各方面因素的材料组成的,只有掌握了这些方面的准确材料,才可能了解具体的新闻事实。

准确,比真实的含义细腻,要求更高,反映的是真实的程度。如果说真实与否是对事实作定性分析,那么准确程度则是对事实作定量分析。例如,有时记者采访的事实基本真实,但个别例子的细节有出入，或者其中人物的心理活动、语言有些走样等，对这些新闻事实就不能说它们不真实，但可以说它们不准确。

因此，对采集到的事实材料尤其是细节，一定要核实清楚，做到确切无误。夸大事实或虚构细节，都会损害新闻报道的价值，影响写作者乃至报刊的信誉。

2. 深刻

材料对事物的反映深刻与否，也就是看材料有没有典型性。要在采访中得到深刻的材料，采访者必须具有较高的理论水准并充分发挥认识上的能动性。具体途径有：

（1）不能满足于采访对象自发讲出和一眼就能看到的材料，必须挖掘出更深一层的东西。容易得到、看到的材料往往是现象。要留心采访对象谈话中露出的线索，"跟踪追击"；或者按照事物发展的逻辑来推测和寻找更深刻的材料。

（2）要注意挖掘典型材料。典型材料就是既能代表事物的一般特点，又比同类事物具有更突出更强烈特征的具体事物，是共性与个性的统一。这种材料最能反映事物的本质。

（3）要注意在挖掘具体事实的同时发掘思想。一是在具体事例上，要尽量寻找那些本身就有很强的思想性的事实和能够小中见大的事例；二是采访人物的思想时，不光要了解当事人在本次事件中的当时想法和说法，而且要广开思路，了解他们的思想境界和精神面貌，包括日常的思想、情趣、性格、习惯，以及在特殊情况下（如受到考验、遇到矛盾冲突等）处理与同事、集体、组织等关系的态度等等。

3. 全面

最后材料首先是多，这是对量的要求。对认识事物来说，掌握一定量的材料是分析和认识事物的必要前提。

其次是全，这是指材料的品种与门类要尽量俱全，包括正面与反面、点上与面上、主要与次要、现在的与历史的等各方面材料。

最后是整，这是材料结构方面的要求。对一件大事，是否有完整详细的过程材料，标志着作者采访的深入程度与对这件事认识的系统程度。对一个具体事例，是否有头有尾，能否交待清楚，则决定了这个事例在报道中能不能使用。例如报道某青年带病救落水妇女，时间、地点、事件的经过，青年是大病还是小病，妇女落水是失足还是自尽……这些过程材料不同，事件的新闻价值也就不一样。

4. 细致

细致就是指材料要具体、生动、有个性语言。

具体：要有必要的细节，而不是仅有粗糙的梗概；应当是生活中的具体的原型材料，而不是用政治术语概念化的空洞材料；是实际中存在的事实材料，而不是用文学手法虚构的"人造"材料；是有鲜明个性的材料，而不是"千人一面"、无处不有的"万金油"材料。

生动：要有活的内容，有声有色，而不是光有几条筋的干巴材料；是有新意、有时代气息的新鲜材料，而不是"几年来""前一段时期"等陈旧材料；是有情节、有趣味的活泼材料，而不是平淡、古板的"咸鱼""干柴"材料。

有个性语言：要收集能点明主题的以及行文中叙述所需的各种群众语言；要收集报道中不同身份、不同年龄人物的个性语言；要处理好直接引语和间接引语之间的关系。

W 相关链接

关于"华尔街日报体"新闻的写法

"华尔街日报体"（Wall Street Journal Formula）（以下简称"华体"）是一种使用文学手法叙述新闻事件的尝试。其行文特点是：报道非事件性新闻时，"从与新闻事件有关的某一有趣的小故事写起，在小故事讲完后再用一个过渡段将小故事与新闻事件

345

联系起来，待新闻事件写完后再把笔锋折回到开篇时讲的那个小故事。由于这种体例是美国以金融界为主的综合性报纸——《华尔街日报》的记者最先开始使用的，美国新闻界故而把它冠上这个名字"。现在，这种体裁常为西方报刊报道非事件性新闻时所采用。我国新闻界近些年也有人借鉴这种写法。而颇有影响的全国性周报——《南方周末》，则经常采用这种行文方式进行新闻写作，大大增强了文章的可读性。

例如，《南方周末》2005年5月12日的一篇题为《购房者冷静了，炒房者头痛了，房价稳住了——"五一"观察上海房价》（曹筠武）的报道，采用的写作手法就属于比较典型的"华体"。

文章是从一个二手房售房者——老贺与房产中介公司的交涉切入的。文章一开头，就交代了老贺仗着自己的二手房地段好，户型不过时，小区也不错，而一度想把在房产中介公司260万元的挂牌价往上调。可从3月份开始，新的房产政策出台，房子难卖了，他又想把挂牌价下调了。

李渔说过："开卷之初，当以奇句夺目，使之一见而惊，不敢弃去。""华体"的开头，很好地体现了这个文学写作中的"杀手锏"。一条索然无味的硬新闻，经过故事性开头的"软化"，极大地增强了文章的可读性，唤起读者继续了解深层信息的好奇心。

紧接着，作者分析了新的房地产政策出台后，上海的二手房交易价格出现下跌，新盘交易市场低迷，发展商进入捂盘阶段，推迟新盘的上市期，买家则静观其变等楼市的新变化。然后进一步借用业内人士的观点指出，楼市的涨跌形势还不明朗，还与政府的执行决心、地方政府的执行程度有关。

这部分内容作为文章的主体，从新的房产政策出台后楼市出现的一些新现象入手，对这些现象进行了深入的分析，让读者对上海的楼市有了全面而深刻的认识。

最后，文章回到了老贺身上。结尾的一段是这样写的："不过老贺现在倒也不太着急了，'反正趋势已经这样了，我的房子品质好，楼市正常了，说不定还能卖个不错的价。'至于'不错的价'到底是个什么价，老贺想了半天，也没说出来。"

行文结束时没有像倒金字塔那样戛然而止，而是回归到开头的故事人物中去，以故事人物的话来点破售楼者既对自己的房子有信心，又对现在的售房局面看不透而产生迷茫。

从这个典型的"华体"新闻我们可以看出，见事又见人的内容构建，极大丰富了报道的内容。以故事开头引出新闻主体，最后回到故事的写作方法，使得"华体"新闻意脉贯通，思路流畅，产生鲜明的节奏感，文章呈现出自然流动的魅力。从传播心理学的角度看，受众阅读除了求知层面的需求外，还有消遣和娱乐的需求。在社会竞争日趋激烈的环境下，要满足受众的这种心理需求，就要求媒体在求真求善的同时，还要充分顾及求美。"华体"的内容呈现方式，增强了新闻的审美感，而且丝毫不会因为"软化"处理而有损新闻的硬度、厚度及应有的力量。

因此，美国的权威写作教科书这样告诉记者："如果你住在城市，街道路面条件恶劣，你就可以从一个司机的角度出发，写一篇关于街道存在问题的报道。或者如果荷兰榆树病正在当地发生，致使许多老树木死亡，可将报道的重点放在某个已有好几棵树死亡的家庭主人身上。这种写法使记者能大大地将机构、统计数字和泛泛不着边际的问题减少，使读者能够接受和欣赏。"

斯大林曾经说过："一千万人死亡只是一个统计数字；一个人怎样死却可以写成悲剧。"他的话精准地总结了集中描绘整体中的一个部分能起到的巨大作用。"华体"正是这样的一种新闻写作方式，将这个文学写作的优势策略淋漓尽致地发挥出来，形成了自己的特点。

第九章
其他常用应用文

第一节 条 据

条据是最简单的应用文，包括说明性条据（便条）和凭据性条据（单据）。

一、便条

便条实际上是一种简便的书信，一般只要写清四点：写给谁、什么事、谁写的、何时写。我们平时有什么事情要告诉别人，或者委托别人办什么事情，在不能直接面谈的情况下，可以用便条进行联系。常用的便条有请假条、留言条、托人办事条。

便条的格式和写法：

（1）开头。第一行顶格写对方的称呼，后面加上冒号。

（2）正文。第二行空两格起写明要向对方说明的事情。请假条要写明请假缘由和起讫时间，必要时附上医生诊断证明（病假）或有关凭据复印件（事假），末尾还要写上"特此请假""望予批准""请准假为荷"等结束语。

（3）祝颂语。正文之后另起一行空两格写"此致"或"祝"，再另起一行顶格写"敬礼"或其他祝颂语。如果与对方较熟悉，留言条与托人办事条也可不写祝颂语。

（4）署名和日期。在祝颂语后的右下方署名，下一行正对署名的位置写上日期。请假条与托人办事条的日期一般要写明年月日；留言条可不写年月，而写出具体时间，如"5日晚9时"。

以上是便条的一般写法，也叫书信体写法。如果是请假条，也可用报告体写法：在第一行居中用稍大字体写"请假条"三字，然后不写抬头（即不写开头的称呼），直接写正文。正文结束后换行空两格写"此致"，再换行顶格写抬头。最后是署名和日期。

二、单据

单据是单位或个人之间在钱物往来时所写的作为凭证的条子，写法比便条更简单；但往往干系重大，关系到当事人的切身利益，以及发生经济纠纷时是非曲直的鉴别和判断。因此，写单据时必须认真慎重，并熟悉各类单据的格式与写法，决不可掉以轻心。常用的单据有领条、收条、借条、欠条等。

1. 格式和写法

（1）开头。在首行居中位置用稍大字体写明单据的名称。领条、收条、借条也可写上"今领（收、借）到"字样，而不必写单据的名称。

（2）正文。另起一行空两格写明对方（单位和个人）的名称以及标的物件的名称、数量、金额等。借条和欠条还应写明归还的期限及损失的赔偿等事宜。数字要大写，钱款数字后面要加"整"字，以防涂改或添加。许多单据在正文写完后紧接着写"此据"二字，也是为了防止添加。

（3）署名和日期。在正文的右下方署名，应是经手人亲笔的真实姓名。比较正规的单据，姓名前要写单位或地址，签名之后还应盖章，以示负责。日期要具体完整，包括年月日，位于署名之下。

2. 注意事项

（1）内容要表述清楚。有的单据将"买"写成"卖"，"收"写成"付"，"借给"写成"借"，等等，都极易颠倒是非。

（2）字迹要端正、清楚。最好用楷书、行楷，不要用草书，以防误认。书写时不要用铅笔、圆珠笔、红墨水或其他易褪色的墨水，最好用毛笔或钢笔，以免给别有用心的人留下可乘之机。

（3）不能随便涂改。单据写成后一般不能涂改，确需更改时应在改动处加盖公章或手印，以示负责。

（4）钱物数字要大写，要慎重。如果只有小写没有大写，或者大写与小写不相符，以及数字前头有空格、小数点位置不准确等，都容易被持据人添加或修改。

（5）正文之后的空白不要太大。如果内容部分与署名日期之间的空白留得太大，也容易被持据人补写其他内容，或者将原内容裁去，在空白处改写其他内容。

（6）姓名要写齐全、准确。有姓无名或有名无姓，都会给对方留下行骗的口实或赖账的机会。要以身份证上面的名字为准，不能以同音字代替；字要写正确，不要写成形近字。（这样才有法定效力。）

（7）日期要写完整。不写明具体日期的单据，一旦发生了纠纷，事实真相常常难以查清，对诉讼时效的确定也容易造成困难。

（8）要认真核对。尤其是请别人或由对方写的单据，应字字斟酌，认真审核，不能稀里糊涂地签字盖章。

（9）还款物时要索回单据。还款还物时，对方若称一时找不到借条，应让其写一张收据留存，才不至于给日后留下隐患。

350

【例文 9-1】请假条

李主任：

　　昨晚我突然感冒发烧，今天不能前来上班，需请假一天（已跟王××同志说好，请他协助处理我岗位内的日常事务），敬请批准。

　　此致

敬礼

××班员工：石××

2012 年 11 月 15 日

【例文 9-2】托事条

骆××同志：

　　我急需一本北京外国语大学丁往道等编著、外语教学与研究出版社出版的《英语写作手册（修订本）》，请您代我从省图书馆借一本，并让张×同志带来给我。谢谢！

陈××

2012 年 4 月 1 日

【例文 9-3】借条

今 借 到

厂计财部差旅费人民币捌仟元整。此据

借款人：刘××

2012 年 3 月 5 日

【例文 9-4】欠条

欠 条

原借李××同志人民币柒仟元整，已还肆仟元，尚欠叁仟元，两个月内还清。此凭

借款人：金××

2012 年 5 月 1 日

【例文 9-5】收条

代 收 到

后勤部发给我科室的防暑降温饮料××牌矿泉水肆拾玖箱。此据

代收人：××科 赵×

2012 年 7 月 12 日

第一节 启事、海报

启事与海报都是现代社会使用频率颇高的日常告启类应用文，具有许多相近之处，如受文对象的广泛性、陈述内容的单一性、公布方式的公开性、传递信息的迅捷性等。但是，二者在使用范围和写作方法等方面有着明显的不同，不可混用。

一、启事

启事是机关、单位、社会团体或公民个人有事需向公众说明或者吁请参与、帮助时所写的短文，张贴在公共场所或刊登于报刊。

"启"是"打开"的意思（现代汉语有"开启"这个词），同时又有陈述、告知的意思；"启事"便是把事情向全社会公开告知。要注意别把"启事"写为"启示"，因为"启示"是"启发指示，使人有所领悟"的意思，与"启事"这个应用文种毫不相干。

启事的种类很多。根据告启事项的区别，可大致分为：①征招类启事，如征稿、征订、征婚、征友、招生、招聘、招商、招标等启事；②告知类启事，如开业、停业、迁址、更正、遗失、作废等启事；③寻找类启事，如寻人、寻物、招认、招领等启事；④礼仪类启事，如志庆、志喜、鸣谢、致歉等启事。证件、支票、单据、存折等遗失，需要向有关单位挂失或者公开作废时所写的启事，也称作"声明"。当单位、团体或个人的某种合法权益受到损害或侵犯时，为了保障自身权益、警告对方并引起公众关注，也经常使用声明。

启事的格式与写法：

（1）标题。首行居中写明标题，字体略大。具体形式有：①告启者、告启事由和文种，如《××电力建设公司招聘启事》《××电力客户服务中心迁址启事》；②告启事由加文种，如《房屋出租启事》《寻人启事》；③告启者加文种，如《××物业管理公司启事》《××县电力公司紧急启事》；④仅有文种，如《启事》《紧急启事》；⑤仅有事由没有文种，但其内容与写法仍属于启事，如《寻找车祸目击者》《招租》《鸣谢》等。

（2）正文。启事正文因告启事项的不同而有不同的写法，但一般都应当包括告启事由的陈述和具体事项的陈述，即把发布启事的原因、目的、内容、要求及联系地址、联系方法等事项一一准确无误地写清道明（但招领启事中物件特征、钱款数额等不能写明，以防冒领）。如有附带的经济报酬，也应写明具体的或大致的数额，以保证启事的效力。

（3）落款。在正文右下方署上告启单位的名称或个人姓名，另起一行写明日期。机关单位的启事最好加盖公章，以示郑重。标题上已有告启单位名称，以及正文内容已写明告启单位或告启者的，落款可只署日期，不署名称。在报刊、电台刊登或播送的启事，也可以不署时间。

二、海报

海报是机关单位、社会团体用来预报有关文化体育或者商务方面的比较大型的活动，以期吸引和鼓动公众积极参与的一种类似广告的文书，一般张贴在易为群众注意的公共场所（如街头、表演场所和单位的食堂、广告栏等），有时也登在报刊上。

海报这名称最早起于旧社会的上海。那时人们通常把职业性的戏剧表演界称为"海"，从事职业性戏剧表演称为"下海"，作为剧目演出信息的张贴物便叫做"海报"。后来，海报的应用范围逐步扩大到其他的文化、娱乐活动及体育、商务等大型活动。

海报的使用范围比起启事相对狭窄。根据题材的内容，海报具体可分为以下三类：①预报学术性活动的，如关于文学、艺术、教育、科研等方面的讲座或者报告会的海报；②预报娱乐性活动的，如关于电影、电视的播映海报，戏剧、歌舞的演出海报，比赛、联欢的举办海报等；③预报商务性活动的，如关于展览、展销、促销、酬宾等活动的海报。

海报的格式与写法：

（1）标题。通常采用以下三种形式之一：①文种名称型，即《海报》；②大体事由型，如《影讯》《球讯》《舞讯》《画展》等；

③具体事由型，如《××电业局第十二届企业文化节职工才艺大展示》。后两种标题通常用在配有广告画的海报上，制作者将活动作为主标题突显于版面的醒目位置，将文种（"海报"）"虚"成色彩稍淡、字号稍小的次标题，放在版面的次要位置上，以揭示活动的核心内容。

（2）诱导语。诱导语是海报中吸引公众注意和促使公众参与的富于鼓动性的短语或者语句。一则优秀的海报一定特别注重诱导语的设计，因为精彩独特的诱导语在吸引和鼓动公众的同时，更能够起到传播公关信息、展示组织形象的潜在作用，例如"和谐电业 扬帆海峡"（泉州电业系统第四届企业文化节大型电视文艺晚会）这一诱导语就显得精粹、隽永。诱导语的设计要做到标新立异而不哗众取宠，鼓动宣传而不言过其实，并与海报主题融为一体或相互呼应。有时候也允许适当的夸张，但不可失实。有些内容过于简单的海报，也可以不设计诱导语，直接写附启。

（3）附启。写明需向公众交代清楚的各项要素，如活动时间、地点、内容、要求、主办、承办、协办单位及鸣谢单位等。如属于商业活动，还要写明票价。有的最后还署上日期。

三、几点说明

（1）启事与海报不仅在使用范围和内容结构上有很多不同，所用语体也大不一样。启事使用事务语体，语言平实，行文朴素，不需要煽情性的文字，只要清楚地叙述、简洁地说明即可。海报兼用文艺语体，语言生动活泼，尤其是诱导语的设计，写作者要运用形象思维，充分驰骋想象力，使写出来的话语既能灵动地表现活动本身的亮点，又能够切中公众的心理欲求。海报的语段形式也比较灵活，每行文字可以是一句话，也可以是一组或数组词或短语。（诱导语的设计更是如此。）

（2）启事与海报的制作形式也有很大区别。启事一般只用文字来叙述或者说明，除寻人启事可附照片外，一般不配以图案、图画等内容，字体也不做过多的艺术化处理。海报十分注意对公众视觉的冲击力，文字以富于表现力和宣传性为基本追求，特别讲究形式上的参差错落、跳跃活泼，字体上非常注重艺术化处理。绝大多数海报都配以图案、图画、花边等内容，图文并茂，相得益彰。这些美术装饰的构图和色彩要突出醒目而又简洁明快，力求有新颖的形式美和装饰美，以引人注目。

（3）启事和海报在发布方法及发布者等方面也有区别。启事以在公共场所张贴为主，也可以向公众散发，还可以在报刊杂志上刊登，通过广播电视播出，甚至通过电脑网络传播，发布方法比较灵活。海报的发布方法也以在公共场所张贴为主，近年来也有见诸报刊，但由于海报无法诉诸口头表达，广播电视等现代传媒不适合海报的发布，其发布方法较为单一。此外，启事的发布者可以是组织也可以是个人，而海报的发布者一般是组织而非个人，在这一点上二者也有不同。

（4）有一些启事为了引人注意并给人留下深刻印象，在内容周全、格式正确的前提下也讲究思维方法的创新和写作技巧的活用，如内容灵活安排，结构有所变化，用语或直率或委婉或不乏幽默。实践证明，独具匠心的启事比机械呆板的启事更容易打动人心。当然，多数启事并不宜这样做，尤其是内容较严肃的启事。

【例文 9-6】招聘启事

××供电车辆维修中心经营者招聘启事

××供电车辆维修中心（以下简称车修中心）是一家注册资金×××万元的集体所有制二类维修企业，能提供除大修外的年保、三保、美容等机动车辆维修服务，现有全民员工×人，临时员工×人，营业面积×××平方米，新建有一条较为先进的年检检测线。现车修中心公开招聘经营者，具体事项如下：

一、2008 年至 2011 年 10 月份车修中心的经营情况及 2012 年预测值

（表略）

二、应聘人员基本条件

1. 应为××电业局在册职工（全民或集体身份）；

2. 具有必要的市场经济知识、相关工作经验和本岗位所要求的管理能力，有较强的市场开拓意识；

3. 遵纪守法，勤奋敬业，能依法经营并有安全生产意识；

4. 具备高中及以上学历；

5. 年龄在 50 周岁以下。

三、经营者的权利与义务

1. 作为本中心安全生产第一责任人，加强安全生产管理，保证场所、资产、设备等财产安全。

2. 负责车修中心的日常经营业务，必须依法经营。

3. 有权根据承包合同及实际业绩获得相应的报酬，待遇实行年薪制。

4. 对车修中心现有人员应予聘用，但有权根据实际工作需要对员工重新进行岗位安排，有权制定并实行内部员工考核、分配办法，有权根据经营需要决定员工的报酬（但全民员工的基础薪金、岗位薪金应予保证）。

5. 有权根据经营需要招聘其他工作人员，但应将招工条件及工资标准报服务总公司批准。

6. 必须严格执行《会计法》，负责提供合法、真实的会计核算资料，不得有虚列或隐瞒收入，虚列、多列、不列或少列费用成本，私设小金库及其他违反财经纪律的行为。

四、薪酬待遇

（略）

五、招聘程序

1. 参加报名：由应聘者本人填写《××供电车辆维修中心经营者应聘报名表》一式两份，于 2011 年 12 月 13 日（星期二）前交局人力资源部。报名表详见附表。

2. 资格审查：由局人力资源部对应聘人员进行资格审查，提交资格审查意见，并根据审查结果决定入围人员名单。

3. 入围通知：由人力资源部通知入围人员准备面试。

4. 聘任面试：由局人力资源部通知入围人员参加面试时间、地点。面试时，应聘者应提交《经营设想》10份，就中心的经营设想进行说明并接受考评组的提问。

5. 聘任上岗：考评组根据面试结果确定聘任对象，办理相应岗位变动手续后，签定聘任合同。

附表：××供电车辆维修中心经营者应聘报名表（略）

××电业局人力资源部（章）

2011 年 12 月 6 日

【例文 9-7】征文启事

"我与企业共发展"征文启事

今年是我局建局 45 周年和××有电 95 周年。回顾××电力发展 95 周年的风雨历程，缅怀电力系统先辈们的丰功伟绩，对于继承和发扬××电力的优良传统，弘扬先进文化，在新的历史起点上全面落实科学发展观，建设坚强电网，把××电力事业不断推向前进，更好地服务于社会主义和谐社会和全面建设小康社会，具有重大的现实意义和深远的历史意义。

为了更好地纪念建局 45 周年和××有电 95 周年，弘扬企业精神，本报和政工处、局工会、办公室共同举办"我与企业共发展"征文。

一、征文内容：一是反映××有电 95 周年的光辉历程；二是结合电力事业快速发展的实际，反映职工和企业共同发展的感想；三是回忆建局 45 周年来个人所亲历的具有纪念意义的企业重大事件。

二、征文范围：××电力局系统范围全体职工，包括离退休职工。

三、征文体裁：散文、杂谈、随笔、小故事等。

四、评选办法：由《××电力报》统一组织相关的专家和领导对来稿进行评审，评选出一、二、三等奖，同时设组织奖若干名，并给予获奖作者和单位颁发荣誉证书和一定的物质奖励。

五、征文方式：来稿请寄《××电力报》编辑部，邮编：×××××。Email：×××××××@jxep.com.cn，注明"我与企业共发展征文"字样。来稿请注明单位、姓名、邮编和联系电话。

六、截止时间 2007 年 10 月 30 日。

××电力局新闻中心
2007 年 4 月 3 日

【例文 9-8】海报（文字稿）

海　报

让一枝枝明亮的蜡烛，点燃我们心灵深处的夜晚！

兹定于 2012 年 12 月 8 日 18 时在厂员工俱乐部卡拉 OK 厅举办第 19 期月光书会，特邀我省著名作家×××解读诺贝尔文学奖获得者莫言的小说《生死疲劳》。请全体读书会会员准时出席，欢迎热爱文学的其他员工、员工家属参加。

××热电厂团委、百草读书会
2012 年 12 月 1 日

第三节　专用书信

书信是人们在学习、工作和生活中普遍使用的一种用于沟通感情、联络工作、传播信息的应用文书，可分为一般书信和专用书信两类。亲人、朋友、同学、同事之间往来的信件为一般书信；根据某种特定需要而写、具有某种专门作用的书信就是专用书信。专用书信的种类很多，常见的专用书信有介绍信、证明信、推荐信、求职信、应聘信、表扬信、感谢信、贺信、慰问信、报捷信、申请书、倡议书、保证书、检讨书、呼吁书、辞职书、聘书、请柬等数十种。

专用书信的基本格式包括标题、称呼、正文、结语、署名和日期六个部分，与一般书信的写法基本一致。不同之处是：

（1）专用书信有标题，注明专用书信的名称；一般书信没有。

（2）一般书信在称呼之后有问候语；专用书信除了求职信、应聘信、贺信、感谢信、慰问信等常有问候语外，大多不用。

（3）专用书信的正文部分内容比较单一；一般书信的内容则没有限制，十分宽泛。

（4）以机关、单位名义写作的专用书信，通常要在署名处加盖公章。

（5）介绍信、证明信、聘书、请柬等专用书信往往事先按规范格式印制好空白件，使用时逐项填上有关内容即可。

以下根据电力企业员工工作生活实际，简要介绍两种常用的专用书信的写法：

一、申请书

申请书是个人或集体向上级组织或有关部门表达愿望、提出请求时使用的一种专用书信，常用的有入党、入团、困难补助等申请书。

1. **正文的写法**

申请书的正文是申请书的主要内容。申请能否达到目的，主要看这一部分写得怎么样，因此要下功夫写好。一般说来，正文要写清四点：

（1）申请人的基本情况。要抓住要点，简明扼要。

（2）申请的理由。这是提出申请的重要依据，要写得清楚而充分，便于组织或领导了解和把握申请者的意愿和动机。

（3）申请的事项。明确表示自己的愿望，提出自己的请求，表达要清晰、准确而又简洁。

359

（4）保证或承诺。围绕所申请的事项，作出相应的保证或承诺，感情要真挚，态度要坦诚。

2. 注意事项

（1）一事一书。申请书中只能写一件事，这样才便于批准。

（2）考虑周到。申请书是让有关组织或领导看的，必须从这一特定的对象出发来确定申请书的内容和文字。对方已经了解的事情要少说或干脆不说；对方不太了解而又有必要说明的地方，要尽量说清楚。如果是再次写申请，就不一定重复上次申请的内容，可以在原有申请的基础上强调、补充或者修正；但必须在正文的开头说明以前的申请时间和事项。

（3）用语得体。语言要平实、简洁、谦和，不要使用生僻、深奥的语言文字，切忌浮泛冗长、东拉西扯、故弄玄虚和过分渲染。

（4）格式规范。首行居中写"申请书"或"××申请书"，字体略大；第二行顶格写收受申请书的单位或领导，后加冒号；第三行空两格写正文，可分段，结尾有"请批准""望予批准"等习惯用语；正文结束后换行写祝颂语，要注意空格或顶格；最后在右下方署名（有时还要写明联络电话和电子信箱）。如果是手写稿，文面要整洁，字迹要工整，书写要规范，给人以严肃、郑重之感。

二、感谢信

感谢信是为了感谢某个单位或个人的关心、支持或帮助而写的一种表示感激、敬意的书信。信的正文必须写明：在什么时候、因为什么事情得到了对方的哪些支持和帮助，自己的感激之情，要怎样表示感激（如向其学习）等。信的内容要具体、真实，感情要真挚，语言要充满激情。在格式和写作注意事项方面，感谢信与申请书基本相同。

感谢信是文明的使者。一封好的感谢信不仅要有真情，而且要有个性。【例文9-9】是广东省韶关教育学院中文系赴广东省乐昌县坪石镇金鸡中学的教育实习队在实习结束前夕写给金鸡中学的感谢信，就写得饱含深情又颇具个性。一开头，寻找对方独特的东西，并活用白居易的《忆江南》词，使全文的感情抒发在时令特征和地域特色中得到了渲染和烘托。后面行文中的"金鸡""列车""坪石"等词，都抓住地域特色并融入双关含义，力求少说"普通话"而尽量写出个性和真情。正文的第二段，运用议叙结合、虚实相生的写法和排比的修辞手法，具体而又简洁地写明了对方在各个方面的支持与关怀，也抒发了自己的感激之情；既避免了材料的罗列，又增加了一点理性色彩，使"感谢"的主题得到了有力的拓展。第三段则进一步在地理人文中挖掘对方的办学特色，用"咱们学校""分享"等词，使感情的抒发更为亲切和融洽。由于前面一系列的铺垫和蓄势，结尾之前的"让我们深深地道一声——感谢你们！"就自然而然地抒发出来，使感情在富有个性与文采的语言表述中得到了强化。结尾部分，又紧扣"京广线""金鸡""坪石"，化"祝颂"的抽象为具体，化客套为亲切，全文的感情进一步升华。

【例文 9-9】

转 正 申 请 书

尊敬的公司领导：

　　我是检修电气班的×××，于××××年×月××日成为公司的试用员工，到今天已经有三个月，试用期已满。在这段时间里，我工作努力，表现突出，完全能够胜任工作，根据公司的规章制度，现申请转为正式员工。

　　在这段时间里，我主要的工作是对电厂设备的检修与维护，通过锻炼，我熟悉了机组大修相关实验的整个操作流程。除此之外参加了红崩河电力线路改造，新宿舍楼电力线路架设敷设，参加两次 35kV 电缆头制作等。在工作中，我一直严格要求自己，认真及时做好领导布置的每一项工作，电厂设备与电力线路不懂的问题虚心向同事学习请教，不断提高充实自己，希望能尽早独当一面，为公司做出更大的贡献。

　　当然，初入检修电气班，难免出现一些小差小错需要领导指正，但前事不忘，后事之师，这些经历也让我不断成熟，在处理各种问题时考虑得更全面，以杜绝类似失误的发生。在此，我要特地感谢公司领导和同事对我的入职指引和帮助，感谢大家对我工作中出现的失误给予提醒和指正。

公司宽松融洽的工作氛围，团结向上的企业文化，使我在较短的时间内适应了这里的工作环境，同时让我很快与同事们成为了很好的工作伙伴。经过这三个月，我现在已经能够独立处理本职工作。当然我还有很多不足的地方，处理问题的经验有待丰富，团队协作能力也需要进一步增强，需要不断继续学习以提高自己的能力。

检修电气班的工作虽然繁多纷杂，但我很喜欢这份工作，感觉很充实。这三个月来我学到了很多，感悟了很多。看到公司的迅速发展，我深深地感到骄傲和自豪，也更加迫切地希望以一名正式员工的身份在这里工作，实现自己的奋斗目标，体现自己的人生价值，和公司一起成长。

在此我提出转正申请，恳请各位领导给我继续锻炼自己、实现理想的机会。我会用谦虚的态度和饱满的热情做好我的本职工作，为公司创造价值，同公司一起展望美好的未来！

申请人：检修电气班××

××××年××月××日

（选自 http://wenku. baidu. com/view/
fa8b502cbd64783e09122b2b. html）

【例文 9-10】

感 谢 信

金鸡中学全体师生：

日出金鸡红似火，春来武水绿如蓝。在这大好春光的日子里，我们踏着春的旋律，和着京广线上列车的节奏，来到了地灵人杰的金鸡中学练兵。

"金鸡"的翅膀保护着我们这些刚刚学步的"小鸡"。一个月来，我们的教育实习工作得到了你们的大力支持和关怀。教育，需要一定的物质条件作保证，尊敬的领导和工友为我们创造了很好的生活、工作条件；教学，是"教"和"学"的双边活动，亲爱的同学们密切地配合了我们；教艺，是永远遗憾的艺术，敬爱的指导老师不厌其烦地对我们悉心指导；班主任工作，是培养人的全方位的系统工程，各班主任老师亲切地教我们如何"施工"……如果说，我们取得一点点成绩的话，那都是与你们的支持和关怀分不开的。

一个月来，我们深深地感到咱们学校具有名实相符的"金鸡"特色——注重磨砺师生红的政治思想、硬的业务翅膀、敢啼敢鸣的学风、不断抓食的进取精神以及吃的是糠、是泥，生的是蛋、是生命的精华的奉献品格。我们在这里，分享到了幸福，也受到了陶冶。

我们多么想再在"金鸡"的翼护下学习、生活和工作啊！但京广线上列车的汽笛又呼唤我们归队，奔赴新的征途。在这依依惜别之际，让我们深深地道一声——感谢你们！现在乃至将来，我们都会说：我们教师生涯的列车的第一站是从"坪石"开出！以后，我们还会托北上的列车捎来我们对你们的问好和祝福——

祝全体师生的人生旅途像京广线一样通畅！

祝咱们学校与金鸡齐鸣（名），共坪石长寿！

韶关教育学院中文系赴金鸡中学教育实习队
××××年×月×日

（选自《应用写作》2003 年第 7 期，作者罗俊华。）

第四节　演讲稿

演讲又叫演说，是在特定场合借助有声语言和态势语言等艺术手段，面对听众就某个问题发表意见、阐述事理或抒发感情的一种说话形式。演讲是传授知识的手段、宣传鼓动的方式，更是社会交际的一项重要技能。现代社会激烈的竞争和频繁的社交活动，要求人们具有良好的口头表达能力，演讲便是这种能力的集中体现。竞选、竞职或竞争上岗时一般要通过演讲一比高低，担任某一领导职务后也往往要发表就职演说，这些社会生活中常见的例子都说明了演讲的重要作用。因此，许多用人单位已把演讲能力作为合格人才的衡量标准之一。

演讲稿是演讲前准备的文稿。它可以梳理演讲者的思路，提高演讲的质量，控制演讲的时间，并在演讲进行中提示演讲的内容。因此，演讲稿是演讲成功与否的重要因素。

演讲稿最突出的特点，在于它必须符合口头表达的需要，既让人听得懂，又让人记得住。此外，演讲稿还应具有针对性、鼓励性、真实性、逻辑性和艺术性，既让人爱听，又让人信服。

演讲是门既博且深的大学问（仅就技巧而言，便有语言技巧、态势技巧、临场应变技巧等），古今中外关于演讲和演讲稿写作的论著汗牛充栋，当代社会这方面的刊物与研究文章更是多如牛毛。要想成为演讲好手，必须具备多方面素质，不断提高自己的思想境界、道德修养和知识水平——这只有靠自己平时锲而不舍地学习和锻炼。

为帮助初学者掌握演讲稿的一般写作方法，以下就演讲稿写作的两个主要问题作些简要介绍：

一、写作要求

1. 了解听众情况

写演讲稿要有的放矢，从实际对象与演讲目的出发。要了解听众的年龄、文化、职业、思想倾向、兴趣爱好、愿望与要求、当前最关心的问题以及在什么场合演讲等情况，然后有针对性地确定演讲稿的内容（最好是听众关注的热点话题）、演讲的风格以及写作方法等，这样才能缩短双方的心理距离，形成感情、思想的交流。

2. 主题鲜明深刻

演讲稿要中心突出，表现一个明确的观点，这样才能多层次、多角度地将问题讲深讲透。要从演讲的目的与效果出发（有时还要根据演讲主办单位的要求），反复酝酿主题，特别要注意捕捉那些人无我有的主题。主题不仅要正确，还要力求做到深刻、有新意。要紧紧围绕主题展开论述，主张什么、反对什么，肯定什么、批评什么，都要毫不隐晦地说清楚。要注意"主题句"的提炼。"主题句"是整篇演讲稿的灵魂和统帅，一般放在文稿的开头和结尾。好的主题句往往成为警句名言。要注意演讲时的自然环境，善于把自然因素引入演讲内容，既自然切入主题又丰富了内容，还显出机智和文采。此外，与演讲内容、环境有关的历史背景也要善于运用，这样能够使演讲纵横捭阖，增强内容的厚重感。

3. 结构清晰严密

口头语言有一听即过的特点，因此演讲稿的思路以简洁清晰为宜，以使听众易于理解和接受演讲的内容。演讲稿的结构基本上按"提出问题—分析问题—解决问题"的顺序展开，但不能像议论文那样说理太多，要通过典型事例来说明抽象的道理，而且可穿插一些描写、抒情来增强表达效果。因此，要采用清晰、单一的结构形式，才能让听众迅速跟上演讲者的思路，有兴趣地听下去。此外，演讲稿的开头、主体和结尾之间必须环环紧扣，一气呵成；文章主体的各个层次之间也要结构紧密，做到逻辑谨严，无懈可击。

4. 例证翔实生动

演讲不能靠空洞的说教，必须有令人信服的例证，尽量以事实打动听众，寓理于实，寄情于实，以实取胜。演讲稿选用的材料要真实、典型、新颖、生动，对观众的情感有影响力，例如典型事例、名言警句、寓言故事、统计数字等。材料不在多而在精和新，要尽量选取那些能够有力地证明主题并且鲜为人知的材料和信息，或者从全新的角度来利用人们熟知的材料，这样才能更

365

好地吸引、感染与说服听众。

5. 感情真挚热烈

"感人心者，莫先乎情。"演讲者要和听众的心理互相沟通，首先就要做到感情上的沟通，要善于用真挚深厚的情感去感染人，打动人。而演讲者如果没有真情，自己没有受到所讲内容的感动，那也就不可能感动听众。因此，演讲者写作时只有怀着真挚而热烈的感情，才能达到理想的效果。其次，在表达上要注重感情色彩，营造浓郁的情感氛围。要善于选择那些富有情感色彩的词汇，使它们能够准确、到位地表情达意；要根据抒情的需要选择恰当的句式，如设问句、反问句、感叹句等；尤其要注意整句的运用（整句往往适合表达作者最强烈的感情，出色的整句会在文章的关键之处发挥重要作用，使全文大大增色）。此外，还可以巧妙地使用修辞手法（尤其是排比、比喻和顶真等），使作者的思想和情感以新颖、灵动的方式表达出来，激发听众的情绪。

6. 语言通俗生动

演讲稿的语言风格多样，有时慷慨激昂，有时平易亲切，有时庄重严肃，有时风趣幽默。采用什么风格要根据演讲的内容、演讲者的身份、演讲场合和听讲的对象来确定。但不论采用哪一种语言风格，都要做到通俗、生动。要尽量运用贴近大众的生活语言，避免使用那些过于雕琢和修饰、文绉绉的词语；因为生活语言读起来朗朗上口，生动流畅，听众听了觉得亲切自然。要多用短句子，注意长短句搭配合理。要少用那些空洞的词语，尤其要少用那些生僻的名词术语和别扭难懂的句式，也不要随便使用缩略语。对抽象、复杂的道理，可用举例、打比方等办法把它化为具体生动的形象，做到化难为易。要恰当运用风趣幽默乃至诙谐的语言，运用比喻、拟人、夸张等修辞手法，句式富于变化，使整个演讲生动活泼，让听众在轻松愉快中得到艺术美的享受和人生真谛的启迪。要多使用有动作色彩的词语，给演讲时的形体动作留下一定的表演空间，让形体语言与有声语言有机地结合起来，达到"此时无声胜有声"的效果。此外，还要尽量追求语言的音韵美，包括音调铿锵、节奏和谐、整散结合、平仄搭配等，读的时候"上口"，听的时候"入耳"。要少用单音词，避免同音不同义或容易混淆的词语。为了方便聆听，有些标点符号还要用文字代替，如顿号改为"和"，破折号改为"是"，引号表示否定时加"所谓"，括号补充另用文字说明等。

二、格式与写法

1. 巧拟标题

标题是传递给听众的第一信息，必须贴切、简明、新颖、醒目，而且一般要体现演讲的主旨。具体拟写时，可以明确提出中心论点（如《人格是最高的学位》），可以提出带有启发性的问题（如《我们的后代喝什么?》），可以使用适当的格言、警句（如《"人啊，认识你自己!"》），还可以运用生动形象的比喻（如《填没互不了解的大洋》）……不一而足。

2. 精制开头

演讲稿是一种非常讲究开头艺术的文体。卡耐基指出，任何形式的演讲，开头总是关键。在演讲开始后的几分钟或者几秒钟内，听众通常就可决定是否接受演讲，是否听下去。"良好的开端是成功的一半"，演讲的开头是演讲者留给听众的第一印象，对演讲的成功与否至关重要。如果在开头的一两分钟内不能引起听众的兴趣，那么这次演讲就失败了一半。因而，开头技巧就显得十分重要。

演讲稿开头的理想效果是先声夺人，寥寥数语就能立刻把听众的情绪调动起来。这需要解决三个问题：一是要明确听众的心理期待，即根据听众的具体实际，找准他们的"精神兴奋点"，这样才有望收到一种"一触即发"的共鸣效应；二是要精选开头内容，即选择那些真切、新颖且具有"亲和力"的内容，这样既能给听众以新奇感，又能迅速"点燃"听众的生活经验，一下子拉近了演讲内容和听众情感的距离；三是要巧妙安排开头方式，即选用那些最适合开头的内容而又最富吸引力的方式来开头。

首先，对听众的称谓要贴切、亲切、有礼貌并力求新颖，一开始就把听众的兴趣调动起来。（除开头外，演讲过程中也应适当穿插几次称谓，以提醒听众注意；或强调某一重点；或表明进入一个新的层次。）

称谓之后具体的开头方式，常见的有：

（1）开门见山式。直奔演讲目的，直接提出论题。

（2）连续发问式。可以马上把听众推进思考的激流，使听众在演讲者连续问句的攻势面前不由自主地紧跟演讲者的思路。

（3）巧设悬念式。以一个与主题相关的设问开头，并通过恰当的烘托渲染，使听众急欲了解答案，带着悬念去关注下面的内容。

（4）引用名言式。引用名人名言、诗词、格言、成语以及谚语、歇后语等现成语言材料开头，如果引用得宜，可使演讲效果倍增。

（5）叙述故事式。可以叙述寓言、故事、轶闻，也可以叙述某个故事性较强的典型事例，通过曲折有趣的故事情节来吸引听众，阐明主旨。

（6）自我介绍式。可以满足听众急于了解演讲者的愿望，但语言要尽量风趣、活泼。

（7）反向切入式。脱离听众所熟知的视角和普遍共有的想法，反向切入，独树一帜，启发听众的求异思维，耐人寻味，引人入胜。

（8）抒发情感式。可以用对偶、衬托、排比、反复等修辞手法，直抒胸臆，以情动人；也可以用真挚热烈、活泼风趣的语言，表达对观众的善意与好感，感染观众。

总之，演讲稿的开头必须既有针对性，又有灵活性、生动性，尤其要在新颖独特方面多下功夫。它的总体原则是只要不脱离中心，越与众不同越好，越鲜活越好，越精练越好。

3. 妥撰主体

主体是演讲稿的核心部分，直接关系到演讲的成败，要围绕主题，说透问题，逻辑严密，层次清晰，有情有理，扣人心弦。写作这部分时应注意以下几点：

（1）结构严密紧凑。根据演讲主题和内容，选择适当的结构方式，或并列式（把中心论点分解为几个分论点，从不同角度、不同侧面说明论证），或递进式（由表及里、由浅入深地分析问题，层层推进，最终得出结论），或融合式（把具体事例和道理融汇在一起，寓理于事，夹叙夹议），或对比式（在批驳谬论的基础上提出自己的主张并加以论证，从正、反的鲜明对比中肯定正确观点，否定错误观点），如此等。主体部分的各个层次要分明，可以用"首先""其次""再次""最后"等表述次序的词语来交代层次，也可以用设问句提示要讲的几个问题，或者用明显的过渡语句来表示层次的推进。每个层次都要紧扣中心，不要把笔宕得太远。要努力造成一种逻辑关系上的推进之势，形成一种"文势如泻"的效果，脉络清晰而且酣畅淋漓。

（2）节奏张弛有致。只张不弛会使听众疲劳，只弛不张会使听众情绪松懈，所以要张弛相兼，恰如其分。一般说来，议论抒情时需要张，叙述基本事实和典型事例时则需要弛。要做到张与弛的恰当搭配，首先必须做到客观事实和作者主观感受的巧妙搭配，事实一般要多于主观感受，其位置分配要充分体现夹叙夹议的特征。其次，要科学地调控情感，在需要直接抒情议论时要让情感火山爆发般地喷射出来，在叙述事实时则要让情感小河流水般地自然流露出来，从而形成情感上的波澜起伏。再次，要恰当地控制语言节奏，使语言的句式长短、急缓程度、表达力度及审美风格等服务于不同内容与情感的表达。特别要重视把握张和弛的分寸。有的典型事例本身很有吸引力，但也不宜讲得太长，要适可而止，否则就会使听众失去耐心。有的演讲稿抒情议论成分偏多，大段大段地抒发主观感受，不仅内容显得空洞，而且给人以做作之感，使听众产生逆反心理。因而，有经验的演讲者总是能准确地把握听众的"临界"状态，让听众在即将懈怠时能立刻打起精神，在即将紧张过分时能得到及时的放松，造成一种"紧张—放松—紧张"的有序循环，既不让听众疲劳，又不至于让听众走神。这样的演讲波澜起伏，节奏多变，起伏跌宕，张弛有致，自然能取得理想的效果。

（3）自然推向高潮。高潮是演讲稿中最感人、最深刻、最具鼓动性的部分，没有高潮的演讲不可能是成功的演讲。演讲高潮要通过感人的内容、真挚的情感、生动的语言收到这样的理想效果：使听众的感情提升起来，精神振奋起来，斗志昂扬起来，眼泪流下来，掌声响起来。一篇演讲稿至少应设置一处高潮，长一点的演讲稿最好设置多处高潮，使整个演讲过程高潮迭起，始终牵动着听众的心弦。对此，李燕杰教授曾这样论述："一次演讲，怎么达到高潮？这需要演讲者在感情上一步一步地抓住听众，在理论上一步一步地说服听众，在内容上一步一步地吸引听众，使听众内心的激情逐渐燃烧起来，演讲将自然推向高潮。"（《演讲美学》）要对演讲稿所用材料的本质内涵加以分析、概括、提炼、延伸，并通过富于理性色彩的语言点拨、渲染，将听众的思维引向一个更深邃、更崇高的境界，使演讲主题得以升华；或运用充满感情的语言，为听众创造一个真切动人的意境；或是通过精当、透辟的议论，使听众折服。总之，要以简洁得体的语句、恰切自然的方式，生动有力地将演讲推向高潮。

（4）恰当把握篇幅。演讲太短，难以表达较为丰富、有说服力的演讲内容，也难以展示演讲者的才能。演讲太长，听众就会产生厌倦感。除了特殊情况（如主持演讲的单位有硬性规定），一般的演讲为 10 分钟左右，不少于 5 分钟，不长于 15 分钟，而 7 分钟左右最为适宜。广播台播音的速度是每分钟 180～200 字，所以演讲稿的篇幅最好在 1000～1500 字之间，一般不超过 1500 字。

4. 妙写结尾

演讲稿的结尾同样举足轻重。一个精彩的结尾，可以将一个一般的演说变成很成功的演说；而一个平淡无奇的结尾，则可能把一次很有分量的演说变得索然无味。因此，在写作演讲稿时同样要以充沛的激情与丰富的想象去写结尾部分，切不能用那些陈词滥调。

　　演讲的结尾要干净利索，不能拖泥带水。好的结尾"当如撞钟，清音有余"，在听众兴味未尽时戛然而止，这样可产生余味无穷的效果。要以积极的语气结束演讲，要能够给听众启迪和享受，使之还想继续听下去，或者产生"听这样的演讲机会难得"的感受。

　　具体的结尾方法因文而异：可以用精警有力的语言总结全文，加深读者印象；可以用发人深思的语言催人思考，给听众以启迪；可以用名言、诗句作结，给听众以美好的遐想与回味；可以用热情洋溢的话语表示殷切期望和祝愿，激励听众情绪并使之行动起来；还可以用幽默、诙谐的手法作结，让听众在愉快的笑声中听完演讲……不管采用何种方法结尾，都要为演讲的内容和目的服务，做到精辟有力、清新隽永。

371

【例文 9-11】

防汛抗洪展风采　创先争优立新功

尊敬的各位评委、亲爱的朋友们：

　　大家好！我是来自华电福建公司的×××，今天为大家演讲的题目是《防汛抗洪展风采　创先争优立新功》。

　　如果您要问我在面对自然灾害和艰难困苦时，福建公司的广大共产党员是如何充分发挥先锋模范作用，我首先想到的就是发生在去年夏天的那一场防汛抗洪斗争。

　　2010 年 6 月 18 日，一场特大暴雨袭击了闽西北地区，顷刻间，溪流暴涨，山洪咆哮，山崩田毁，桥塌屋倒……

　　暴雨覆盖了闽江、汀江、九龙江等诸多流域，横扫南平、三明、龙岩及周边地区，引发多起地质灾害，造成县城乡村受淹、铁路公路受阻、供电供水通信中断、水利设施严重损毁，有 400 多万百姓受灾！

这个时候，摆在福建公司干部职工面前的只有一个选择，那就是——迎难而上，背水一战！

地处闽西北泰宁县境内的池潭水电厂，是福建省金溪干流的龙头电厂。在"6·18"这个惊心动魄的日子，泰宁县暴雨如注，20毫米、40毫米、60毫米……降雨量不断攀升，短短8小时，金溪流域平均降雨78毫米，新桥乡单站过程雨量高达303毫米。池潭水库水位在短时间内迅速上涨，超出了警戒水位，惊涛骇浪，汹涌澎湃！

暴雨引发库区多处山洪和泥石流灾害，洪水像脱缰的野马横冲直撞，秀美山川化为泽国，大小街巷一片汪洋，许多住户被淹，无数房屋倒塌……池潭电厂告急，泰宁县城告急，金溪流域各电站告急！

灾情就是集结号，灾区就是战场！当肆虐的洪水冲进池潭水电厂小区大门，面对突如其来的洪灾，电厂的党员、职工和家属们迅速集结，跟洪魔抗争，跟时间赛跑，展开了一场殊死大决战，堵沙包，清淤泥，抢救物资，转移车辆，最大限度地保护了国家财产安全。

党员叶文辉的家是重灾户，小楼浸泡在水里十几个小时。当洪水漫上二楼时，家人无奈地逃到楼顶等待救援。老母亲打电话向正在厂区上班的儿子求救，坚守在抗洪一线的叶文辉强忍着焦急，对母亲说："妈，您别急，一切都会好起来的。这儿的工作很重要，我真的走不开。你们一定要小心，注意安全，耐心等待救援啊！"

沧海横流方见英雄本色，洪峰肆虐更显壮怀激烈！灾难面前，磨炼的是共产党员的坚强意志，展示的是华电员工的奉献精神，提升的是领导干部的责任意识和应急处变能力。这一天，池潭水电厂的干部、职工不仅在保卫电厂、保卫家园、保卫国家财产的斗争中经受住严峻的考验，而且通过精确计算、科学调度、削峰错峰等技术，一次又一次地击退洪峰，为上、下游人民和财产的安全转移赢得了宝贵时间，最大限度地减轻了灾害带来的巨大损失。

不仅仅是在池潭水电厂，从 6 月 18 日起，福建公司在闽西北区域的每一座大坝、每一座水电厂，以及每一个泥石流易发区、每一个有急难险重任务的地方，都能看到共产党员坚守一线的身影。他们在大坝厂房日夜巡查，在危险地段排除险情，安危不顾，风雨无阻……面对突发的自然灾害，广大华电干部职工挺身而出，把抗洪抢险斗争作为创先争优活动的最大实践，筑起了一道道坚不可摧的钢铁长城。

在这场特大暴雨灾害中，金湖公司北溪电站党支部书记陈世贵，强忍着刚刚失去亲人的悲痛，顾不上自家房屋被淹，冒着随时可能发生山体滑坡和各种灾害的危险，奔波于各电站之间，奋力指挥抢险，尽最大努力把损失降到最低；闽兴公司共产党员梁长胜、陈春生，在峡阳水电厂对面的 110kV 26 号电杆出现山体滑坡的情况下，冒着倾盆大雨艰难地爬上海拔 300 多米的山顶，抢修临时排水沟，保住了电杆；贡川水电公司共产党员刘金星手术后刚出院没几天，为抢修防汛备用电源的跨河电杆，在泥水中连续工作，直到第二天凌晨 4 点……

没有惊天动地的豪言壮语，只有争先踊跃的战斗身姿，无数个感人的瞬间，定格在福建公司系统抗洪救灾的每一个战场。在灾害面前，一颗颗丹心，一腔腔热血，彰显的是党旗的鲜红亮色与共产党员的人格力量！

我们都知道，汛期对于水电厂来说，是一把双刃剑，既是灾害频发的时期，又是水电厂发电的黄金季节。2010 年福建省汛期来得早，主汛期出现了时间长、强度大、受灾面积广的持续强降雨，台风集中爆发，气象情况为历年所罕见，洪灾达到百年一遇。华电福建公司与政府防汛部门保持密切联系，全力抗洪减灾，公司系统 27 座水库全部实现安全泄洪，6 大龙头水库充分发挥调蓄功能，调洪削峰，大大减轻下游防洪压力。同时，福建公司以"创造可持续价值"为导向，变防汛为迎汛，积极抢发电量，在安全生产的前提下全面提升盈利能力。2010 年，福建公司实现全年发电量 238 亿千瓦·时（其中主汛期节水增发 9 亿千瓦·时），实现利润 7 亿元，均创历史新高。

带着抗洪救灾取得重大胜利的欣慰和喜悦，带着福建公司120 多个基层党组织、2000 多名共产党员的满腔赤诚，我们以2010 年防汛和发电的"双丰收"，洋洋洒洒地书写下福建公司创先争优的壮美诗篇！在这里我们可以自豪地说：在华电福建公司，一个共产党员就是一面鲜红的旗帜，一级基层组织就是一个坚强的堡垒！

我的演讲完毕，谢谢大家！

（本演讲于 2011 年华电集团公司"为党旗添光彩，为华电做贡献"演讲比赛中获奖）

第五节 竞聘演说词

随着用人机制改革的不断深入，电力企业的许多单位和部门都广泛地采用竞聘上岗这种方式来选拔人才，特别是一些重要的管理岗位。这种方式既可以充分体现管理的科学化、民主化，增加管理的透明度，又可以最广泛地发现人才、选拔人才，为大批有德有才之士提供最广阔的用武之地。人才需要自我推销，需要参与竞争，否则便难以得到社会的承认，也难以谋得理想的职业和岗位。如何从众多的竞争对手中脱颖而出，是每一位参与竞聘者必须认真对待的问题。

竞聘演说词，是竞聘者为谋取某一职位而使用的，用来介绍竞聘者情况、表达竞聘意愿的一种应用文。它以介绍说明为主要表达方式，阐述竞聘者的主要情况，表达竞聘者的竞聘意愿，展示竞聘者的能力才华，为竞聘者谋取理想的职务或岗位服务。同时，它也是招聘者了解掌握竞聘者的情况，从而决定对其聘用与否的重要依据。

竞聘演说词是演讲稿的一种，其写作要求、格式与写法等与其他演讲稿基本相同；同时，作为一个使用频率越来越高的文种，竞聘演说词也有自己鲜明的特点，在内容、结构及写作方法、注意事项上也有其独特之处。以下做一些简介：

一、竞聘演说词的特点

1. 指向的明确性

竞聘演说词要讲清自己竞聘哪一个具体的岗位，如某企业总会计师，或某某部门经理等。这种明确的目的指向，为领导和群众提供了一个非常明确的权衡标准。每一个岗位都有对其任职人员政治素质、智能素质、才干素质的要求，领导和群众就可以据此来对竞聘者进行考察和衡量。如果竞聘演说词的目的指向不明确，竞聘者究竟想干什么都说不清楚，竞聘自然不可能取得成功。

2. 内容的具体性

竞聘演说不是作政治报告、学术报告，如果光说一些空洞的大道理，只会令人听而生厌。只有联系实际，内容具体，才有较强的说服力，才会赢得听众（领导和群众）的信任。所以，竞聘演说词在组织内容的时候总是紧紧围绕某一具体的岗位去谈自己的情况、认识、想法。讲自己的学识水平要用具体的学业成果（如科研成果、论文等的获奖情况）来说明，讲自己的工作能力要用具体的事例（如以往工作中创多少利税、发现和解决了多少问题等）来说明，讲自己应聘后的设想也总是结合具体工作去谈。

3. 形式的简洁性

在形式上，竞聘演说词要充分体现演说的特点，简明、客观、准确，用有限的篇幅传达出大量的有用信息，方便招聘者进行权衡比较，以获取招聘者的赏识。同时，演说时间的限定性（一般是 10 分钟）也决定了竞聘演说词必须形式简洁。此外，听众的注意力集中的时间是有限的，如果形式不简洁，听众注意力分散，讲得再多也不会有好的效果。所以，在竞聘演说词中，竞聘者总要把握住关键点，采用简洁明了的形式，条理清晰、重点突出地把自己的情况、打算、意愿等说清楚。

4. 表述的论说性

竞聘演说的目的是为了说服招聘者聘用自己，因此竞聘演说

375

词虽以简明的介绍为主，但不是一般性的说明文体，更强调议论、说服的作用。要始终围绕"我最适合担任这一职务"进行论述，不管是说明自己的基本条件，还是说明自己竞聘的有利条件，或是被聘用后的打算和设想，都要从多方面、多角度、有理有据地进行议论和阐述，以雄辩有力的论说去争取招聘者的认同。

5. 语言的谦诚性

这是竞聘演说词在语言表达上最主要的特点。竞聘演说词的语言既要谦和有礼，又要诚恳平实。一方面，竞聘演说词要尽量展示出自己的优势、长处，以充分阐明自己竞聘的有利条件，要充满自信，不能过于自谦；另一方面，竞聘演说词又要给人谦和有礼、诚恳平实的感觉。所以，竞聘演说词十分讲究语言的艺术，既不能曲意逢迎，又不能趾高气扬；既要生动有文采，打动人心，又要谦虚诚实，真挚可信。

二、竞聘演说词的内容与结构

竞聘演说词主要由标题、称谓、正文、希望和结语、落款和附件五部分构成。

1. 标题

根据竞聘演说词的具体内容而确定，可以直接标明"关于竞聘××职务的演说词"，也可以采用主副标题的形式，主标题说明自己的打算、设想等，副标题标明竞聘的职务（如"以人为本，制度为先——关于竞聘×××的演讲"）。

2. 称谓

一般是招聘单位名称或招聘人员称呼，既要得体，又不能有遗漏，顶格写在开篇第一行。如："××单位领导、同志们："各位领导、各位评委、各位同志："。

3. 正文

正文是竞聘演说词的主体部分，由以下内容构成：

（1）祈请语或致谢词。如用"感谢……给予机会让我参加竞聘演说，恳请评委和与会同志指教"之类的礼节性语言，以引起招聘者的体恤之情，使其能卒读其文、卒听其词，并由此导入正题。

（2）竞聘人基本情况。要简洁而翔实地介绍竞聘者的姓名、性别、年龄、民族、政治面貌、文化程度、职务、职称、简历等基本情况。在介绍自己的简历时，对自己与竞聘岗位有密切关系的工作经历和资历，要详细、具体、系统地写明，这样有利于招聘者对照岗位的要求去权衡竞聘者的情况。

（3）竞聘的职位名称、理由和资格。直接提出竞聘者所要竞聘的职务或岗位的名称，简要地说明一下自己的理由和资格（阐明自己是否具备该职位所需的学历、资历、能力、水平等）。这部分实际上是全文的总论点部分，所以只需简要地提出观点来，详细的阐述在下文。理由和资格的说明要在实事求是的基础上尽可能说出自己的长处，摆出自己优于别人的条件，以此增强自己的竞争力。

（4）竞聘者的各种素质与业务能力。这是竞聘者能否成功的重要因素，从这部分可以看出竞聘者是否具备相应的任职条件。各种素质中重点要写好竞聘者的政治素质，包括对党的方针政策的认识程度、在重大历史时期的表现、工作的责任心、遵纪守法等情况。业务能力指竞聘者所具有的观察、分析、认识和解决业务问题的能力，可结合竞聘者以前的工作业绩（如科研成果、突出贡献、获奖情况等）来写，以证明竞聘者具有招聘岗位所应具备的业务素质。

（5）被聘后的设想和打算。这也是竞聘者取得成功的重要因素。主要写竞聘者所设想的被聘任后对所任职务的工作目标及措施，粗线条地表明竞聘者的"施政纲领"和态度。一般写两方面内容：一是基本目标。写一旦被聘担任该职务后所要达到的目标，所应完成的主要任务。目标要具有客观性、现实性和先进性，要定性定量结合，能量化的尽量量化，以使招聘者进行比较评议；要围绕人们对竞聘岗位关注的热点、难点和重点而明确提出，不宜太多太杂。二是实现目标的措施。确定了目标，还要有

377

相应的具体措施来保证。措施要有的放矢，有可操作性，实事求是，切实可行。这部分一定要说明清楚，主次分明，具体翔实。可以举例说明，如针对某项工作或某次任务，你的计划、方法、方式等；也可以巧妙结合对招聘者的评价和称赞来写。

4. 希望与结语

对聘任单位或领导提出希望或请求。如"希望你们能为我提供一个展示才华的舞台""希望您给我一次机会"等。用词要准确，情感要真实。要适可而止，不可啰唆，更不要苛求对方。

结语写表示祝颂的话，要另起一行，空两格写"祝领导、同志们工作顺利、身体健康！"等祝颂的话语，但不必过多客套，以免画蛇添足。

5. 落款和附件

落款包括竞聘者的姓名和写竞聘演说词的日期，写在文末右下方，姓名在上，日期在下。姓名前不必加谦称限定语，以免有阿谀之嫌。日期要年月日俱全。

附件是对竞聘者评价的凭证，在竞聘演说结束后领导进一步权衡、定夺时起着重要的参考、说明作用，是竞聘演说词不可忽视的组成部分。附件可在文末注明。如："附件 1. 获奖复印件 5份；2. 科研成果复印件 6 份；3. 学历、职称复印件 2 份……"同时把附件订在一起，附于竞聘演说词后一起呈交。附件贵精不贵多，必须有分量，足以证明竞聘者的能力才华。

三、竞聘演说词的写作注意事项

竞聘演说词的写作质量不仅反映竞聘者的文字水平，更是竞聘者的理论水平、思想觉悟、业务能力等诸多素质的综合反映。因此，写好了竞聘演说词，也就迈出了成功的第一步。在营构竞聘演说词时，必须注意以下几点：

1. 有的放矢，突出针对性

竞聘者要针对竞聘的目标去权衡自身条件，介绍自己的情况，谈自己的设想、打算。在自我介绍中，姓名、年龄、文化程度等基本情况要简明准确，与竞聘岗位有关的工作经历与资历等则要系统翔实地具体说明。如竞聘公关部长，应详细介绍自己的身材、容貌、性格、口才、交际能力、应变本领及有关公关业绩等；而如果竞聘电脑维修师，上述介绍则关系不大，而电脑专业知识水平、操作经历和维修业绩等便不可忽视。

2. 扬长避短，显现竞争性

竞聘演说词是给招聘者最好的"介绍信"，只有充分展示自己的能力才华，才能引起招聘者的注意和兴趣。当然，人无完人，每个人都有自己的优点，也都有自己的弱点。竞聘演说词要善于扬长避短，尽可能把自己的长处、优势展示出来，把自己优于别人的东西亮出来，以增强自己的竞争力。新英格兰金融集团前副总经理帕克·库勒说过："你的实力如何，自信心怎样？你的体力、精力是否充沛，是否全神贯注？办事果断否？成熟老练否？反应灵敏否？其实这一切我们都想了解。你要用你工作中或在校时的具体事例来证明自己的才干。"因为这些东西才是用人单位最为关心的。

3. 知己知彼，突出感染性

要想使竞聘演说打动招聘者，感情上的贴近是不可忽视的重要方面。行之有效的方法是对你应聘的单位了如指掌，如数家珍，这样可以大大拉近你与用人单位的感情距离，使他们对你有"相见恨晚"的感觉，甚至把你当成他们的"自己人"，为你赢得竞争的胜利创造先机。这就需要你对招聘单位做充分的调查研究，否则很难有好效果。竞聘演说词写作还要体现出竞聘者很高的思想境界和对工作的明确认识。虽然竞聘演说词不是议论文，不必长篇累牍地论述某一职业或岗位的意义作用和竞聘者的思想觉悟，但是对所应聘的岗位没有认识，或只为了"挣钱多""待遇好""轻闲自在""能出国"……是不能被聘用的。任何一个招聘者，都希望聘用思想境界高、愿意竭诚为单位效力、具有奉献精神的人。

4. 实事求是，增强可信性

竞聘演说词必须恰当地展示自己的实力，用自己优于别人的

379

条件服人，用自己竞得岗位后高于别人的思路与措施服人。但这里有一个必须遵循的基本原则就是实事求是。不论是介绍情况，还是说明设想打算，都得实事求是。如果夸大自己的成就和业绩，甚至无中生有，或者以诽谤和贬低他人的方式来树立自己的形象，往往适得其反，很容易失去招聘者的信任，并因此失去受聘的机会。竞争固然无情，但德行更为重要。参与竞争的过程中，有些细节如礼貌地谦让、诚恳的举止等也不可不注意，很可能评委就是从这些细节中来考察你的素质。只有以实事求是的态度去参与竞争，竞聘演说词才会具有可信性。

5. 长短适宜，注重可听性

演说是"一次过"的艺术，写作竞聘演说词时必须考虑听众。听众注意力集中的时间是有限的，所以竞聘演说词的长短要适宜，要在听众注意力最集中的时候，把最需要讲的、最重要的、最有影响力的东西讲清楚。写得太短，难以清楚地介绍自己和表达自己的认识和感情，同时也显得不够认真，不够郑重，给人留下草率行事的不良印象。但如果写得太长，又会花费太多时间，使人听得腻烦生厌。因此，竞聘演说词要言简意赅，文约事丰，长短适宜，以 2000～3000 字为好。有些内容，如发表的论文、获奖情况等，可另附表、附文，以使竞聘演说词简洁明快。

【例文 9-12】

胸怀大局　脚踏实地
奋力开创局长工作部工作新局面
—— ××电业局局长工作部主任竞职报告

（×××，2001 年 2 月 4 日）

各位领导、各位评委：

　　大家好！

　　这次局党委决定在全局范围内对局属中层干部进行公开竞聘，是贯彻省公司改革发展战略部署的重要举措，必将激起我局深化干部人事制度改革、加快干部队伍建设的一个新浪潮。在风起云涌的改革浪潮面前，作为一个新时代的电业青年，只有勇敢面对、顽强搏击，从中磨炼自我，才是最佳的选择。

我竞聘的岗位是局长工作部主任。多年的秘书工作经历，使我对局长工作部要求之高、任务之重有了较深的认识；它位居企业管理的枢纽，工作千头万绪、繁杂琐碎，但又必须脉络清晰、主次分明；参与政务、办理事务、搞好服务，是它的三大基本任务；围绕企业中心工作，以管理为主线，以服务为宗旨，以信息沟通为渠道，以协调督促为手段，以处理事务为基础，为领导服务，为领导决策服务，为全局职工服务，是它的主要职能。

面对激烈的竞争，面对严峻的挑战——

扎实的根基，使我信心增倍

四年电力专业的苦读，五年经济管理专业的求学，两年秘书知识的自修，构筑了我比较丰富、扎实的知识结构；近十年秘书工作的辛勤笔耕，十余载书法艺术的长期熏陶，我练就了敏捷犀利的笔锋，养成了严谨踏实的风格，培养出"守口如瓶"的纪律性；建设工地与供电企业的紧张工作，使我能够吃苦耐劳；多年党支部委员和工程扫尾工作组组长的工作经历，使我具有了较高的政治素质和较强的协调能力。以 94 分优秀成绩取得的"全国高级秘书职业资格证书"，是我"执证上岗"的硬件；多次厂、局"先进工作者"和省局授予的"福建××电厂投产功臣"荣誉称号，更是对我勤奋工作的充分肯定。此外，融洽和谐的人际关系，投身文秘工作的恒久热情，也使我对参与局长工作部主任的竞聘增添了几分自信。

假如我的竞聘能取得成功，我会以清晰的思路、加倍的努力，胸怀大局，脚踏实地，奋力开创局长工作部的崭新工作局面——

清晰的思路，是做好工作的引航明灯

大地回春，万象更新。新世纪、新形势、新任务，要求局长工作部应该有新思路、新举措、新面貌。如果竞聘成功，在局领

导的关心和指导下，在部门全体职工的支持和帮助下，我将着重从以下两方面开展工作：

首先是"围绕中心工作，真诚做好服务；热情答疑解难，树立良好形象"。

2001年是国电公司"电力市场整顿和优质服务年"，又是省公司实施"双满意"工程的关键之年。优质服务，是企业的生存之本、竞争之道，也是局长工作部永恒的宗旨。因此，只有紧紧围绕企业中心工作，密切了解局长的工作动态，想领导之所想，急领导之所急，高效率地办理日常事务，最大限度地为领导解除"琐事"之烦，并力求考虑周详，让领导"放心"，才能赢得自己的"安心"。由此延伸，要把实践"双满意"工程化作为广大职工、为广大客户的优质服务，接待来电来访要热情礼貌，帮助答疑解难要有始有终，要以真诚的付出，把局长工作部建成××电业良好形象的"明亮之窗"。

第二方面工作是"突出议题管理，提高会议效率；梳理公文运转，减轻领导负担"。

公文、会议，是管理之据、议事之道。但"浩如烟海"的会议，"堆积如山"的公文，常使领导身心疲惫，无法专心思考企业经营发展大计。局长工作部应该责无旁贷地承担起服务之责，"减负"之任。

对于会议要规范管理。要做好"每周会议安排"，进行协调精减，使领导心中有数，事先安排好工作；要加强会议的议题管理，事先征求会议的讨论事项，进行整理归纳，形成规范的问题和文本提交会议讨论，以提高会议效率。

对于公文则应重点把好两个"关口"（来文的"拟办"关和发文的"核稿"关），仔细梳理加工，减少领导阅文数量，提高质量。收文"拟办"要认真、详细地写出意见，区分缓急，明确主次，便于领导批阅。发文"核稿"要以必要、高效为原则，认真做好文字上的"初加工"，力求符合规范、表达准确、简洁明了，减轻领导签发时的"再加工"工作量。

虽然任务已明，思路已清，但唯有付出艰辛的劳动，才能摘取甘甜的果实。因此——

刻苦学习，是提高服务水平的迫切要求

要不断加强党的路线、方针、政策和"三个代表"重要理论的学习，坚定信念，增加信心，增强奋进的动力；要潜心于国电公司和省公司发展战略和管理理论的学习，做到明方向、识大局；同时更应该加强企业管理、市场运营、电力专业、科学技术等方面的专业知识学习，汲取营养，锻炼素质，提高能力，以求在工作中干出更佳的实效，做出更多的业绩。

总之，对这次参加公开竞聘，我的态度是：面对挑战，重在参与，完善自我，把握机遇。只要努力付出了，不论竞聘是否成功，我都将坦然以对。

谢谢大家！

383

第十章
"深度写作"

在应用文写作中，我们都会遇到诸如综合性总结、调查报告、演讲稿、毕业论文、专业技术论文以及公文中的综合性报告这样一些篇幅长、分量重、要求高、难度大而又对自己意义重大的"重头文章"。谁都想把它们写好，但并非谁都能如愿。借用新闻报道稿中"深度报道"的提法，我们姑且把对这类"重头文章"的写作称为"深度写作"，再围绕它谈几个问题。

第一节 深化主题

我们都知道，写文章立意要深刻。也就是说，作者对事物的理解和感觉的程度要深，文章要显示出作者对时代、社会、人生的深刻认识和领悟。要达到立意深刻，必须依靠我们的"思想力"和"感悟力"。"思想力"是德、才、胆识的集中表现，思想的穿透力越强，文章就越有深度，正所谓"涉深水者见蛟龙，涉浅水者见泥沙"。"感悟力"则是将自己的感受上升到感悟（亦即理性认识阶段）的能力。只沉溺于自己的感受，文章可能会有新意，但不一定有深意。如果将感受上升至感悟，文章也就深了一层。因此，我们平时就要有意识地锻炼与培养"思想力"和"感悟力"（对此本书第一章第八节已有论述）。在写作构思时，则要反复多思，以求达到"开掘要深"（鲁迅语）的境界。下面介绍深化主题的两种具体方法。

一、元朝文学家戴表元的"三番来者"说

元朝文学家戴表元，字师初，是南宋咸淳年间的进士，名重江南。他的文章工于立意，精深雅洁。其创意造言，皆不相师前

人。即使是别人作烂的题目，在他的笔下也可翻出新意。所以，人称其文可"化陈腐为神奇"。关于作文立意，戴表元有这样一段名言："凡作文发意，第一番来者，陈言也，扫去不用；第二番来者，正语也，停止不可用；第三番来者，精语也，方可用之。"（载于元人陈绎曾的《文说》）

这段话十分精辟，概括了作文立意的一般规律：大凡我们落笔之前首先想到的意思，是最容易想到的意思，是你能想到别人也能想到的意思，也一定是你以前见过、听过的东西，所以多是大路货、老一套，没有什么新意（"陈言也"），应该抛开不用。第二番想到的意思就会比较深入了，称为"正语"。正，是合乎标准的意思；正语，也就是合乎一般文章标准的意思。但是不能到此为止，对"第二番来者"要"停止不可用"，必须进一步深入想下去。经过这样一而再、再而三的思考，最后想到的意思就不是停留在事物表层的东西，而是深入到事物本质里的"精语"，即精彩独到的见解了。

例如，某人要写一篇关于企业改革的报道，需要拟定标题，这时他的大脑屏幕上会显示出一些有关这个标题的词句。这些词句都是以往他有意识或无意识输入大脑的，一旦他需要某些信息时，神经纤维便开始搜索储存这些信息的神经元，通向这些信息的"开关"一个一个被打开，根据指令信号就筛选出相关的词句来。这样，他最初想到的标题是"××公司企业改革工作成效显著"。当他发现这个标题比较一般化时，发出补充或修正的信号，就触发了更大范围的信息连锁反应，有关标题的写作理论和写作技巧等方面的信息也参与进来，接着开始高一层次的信息处理。在一连串分析、比较、筛选之后，符合大脑修正信号的又一个标题被提取出来："××公司企业改革工作取得阶段性进展"。这个标题比第一个标题更切实、更准确，但仍然不够理想。这时，如果他的大脑储存的信息足够多，就会又一次引发信息连锁反应，他过去所学的写作知识、平时积累的文学知识以及其他相关理论知识都被调动起来，进行综合、归纳等创造性活动，直至提取出他认可的标题来（如"××公司企业改革取得三大突破"等）。

戴表元的"三番来者"说，实质上就是大脑思维逐步深入的过程，完全符合人类大脑思维的特点。自他点破这个道理后，文人学者皆有同感，纷纷转引阐述。"三番来者"之说，从此成为深化文章主题的诀窍之一。

二、朱光潜教授的"自由联想"法

朱光潜教授是我国现当代著名的美学家和文艺理论家。他在《作文与运思》里写道："在定了题目之后，我取一张纸条摆在面前，抱着那题目四方八面地想。想时全凭心理学家所谓'自由联想'，不拘大小，不问次序，想得一点意思，就用三五个字的小标题写在纸条上，如此一直想下去，一直记下去，到当时所能想到的意思都记下来了为止。这种寻思的工作做完了，我于是把杂乱无章的小标题看一眼，仔细加一番衡量，把无关紧要的无须说的各点一齐丢开，把应该说的选择出来，再在其中理出一个线索和次第，另取一张纸条，顺这个线索和次第用小标题写成一个纲要。这纲要写好了，文章的轮廓已具。每个小标题成为一段的总纲。于是我依次第逐段写下去。"

朱光潜教授的这一番经验之谈，对我们在"深度写作"中如何深化主题同样有很大的借鉴意义。在立意的时候，围绕着作文题目，先运用发散思维法，不带框框、不受拘束地展开联想，让思维海阔天空地纵横驰骋（心理学上也叫"头脑风暴法"），有得便记载，有悟便留痕。如此拉杂写下的东西，正是作者思想最热烈、思维最活跃时的点滴成果。然后，运用聚敛思维法，适时收束思维的缰绳，以命题要求与"求深、求新、求精"为标准，斟酌各项，合并同类，删削芜杂，剔除低劣，推敲观点，形成理念亦即主题。

戴表元的"三番来者"说与朱光潜教授的"自由联想"法提法不同，具体运思方法与思维方向也可能有所差异，但实质完全一样，均强调立意时的多思、善思。只要我们平时严格要求自己，努力增强"思想力"和"感悟力"，写作时在立意上多下工夫，那么在深化主题方面就完全可以达到一个比较理想的境界。

第二节 思维方法

应用文的写作过程是一个从现实生活中获得材料，经过构思酝酿，然后借助语言文字记录下来的过程。其中，酝酿构思是整个写作过程的核心环节。而这一过程，实质就是一个复杂的思维过程，是人的感情、情绪、想象、判断、推理等在人的脑海中运作的过程。在思维过程中，传统的思维方式往往具有很强的"定势"，习惯会驱使人们舍异求同，极易导致作者思路受到约束。尝试跳出封闭性、习惯性的思维模式，进行多种方式思维，往往能够发现新方法，开拓新领域。

在"深度写作"中，思维的方式应该是多种多样的，有逻辑思维和形象思维、单向思维和多向思维、模式思维和创造思维等。同时，具体的思维方法也有很多。以下择要介绍几种。

一、发散思维法

发散思维法指充分发挥人的想象力，从一点向四面八方想开去，通过不同方向、不同途径、不同角度的展开式思考，对同一个问题探求不同的特异答案。发散思维是开放性、多向性的思维方法，有拓宽人的思维的功能，可以帮助我们多视点、多角度、多侧面地去思考问题，寻求解决问题的最佳方案。实践证明，善于运用发散思维法的作者，他的思维视野就开阔，写出的文章往往富有新意。对此，上文介绍的朱光潜教授的"自由联想"法就是典型范例。

创造性思维的突破性、求异性等特征，决定其思维方式首先是发散的、扩张的、开放的，因此发散思维是创造性思维的最基本、最普遍的方法。知识和信息是创造的基础和原材料，大量接受知识和信息是进行发散思维的前提条件；没有足够的积累，发散思维便无法启动。因此，拓展知识面，丰富信息储备，是造就发散思维的关键，也是通过应用写作培养创造力的核心环节。应用文作者应努力学习，积累丰厚的文化修养、扎实的理论基础及精深的业务知识。

二、聚敛思维法

聚敛思维法又叫收敛思维法，是一种以问题为中心，按一定模式有序地组织材料和整合材料的思维方法。它通过分析、综合、比较、组合等方法，对某个问题的不同认识（不同答案）从整体上加以整合，最终形成整体性、系统性的认识，得到最有价值、最令人满意的答案。在创新思维过程中，发散思维与聚敛思维是相辅相成、缺一不可的。单靠发散思维往往难以获得实际的创新成果，还必须依靠聚敛思维来求得终极的结果。一般的做法是，在充分进行发散思维之后，再进行聚敛思维。朱光潜教授的"自由联想"法就是这样做的。又如，在科研选题时，先用发散思维提出各种设想，然后通过调研，用聚敛思维最后确定一个最佳研究课题。再如科技论文写作，"讨论"部分多用发散思维，"结论"部分则用聚敛思维。

三、逆向思维法

逆向思维法是沿着他人或自己原有思路相反的方向去思考问题的方法，又称反向思维法。它是超常的、非习惯性的思维，与既有的思维规范相左，也与顺向思维的思路相反，往往能突破思维定势，引发重大的、突破性的创新成果。与顺向思维法相比，逆向思维法具有以下特点：①否定性。否定认识的绝对化，不囿于现有结论，不迷信教条，也不盲从于任何权威。对通常认为没有疑义的既有结论，从相反的方向加以思考。②独特性。它追求的是开拓、创新、独到，目的是求得与众不同的新认识。③灵活性。几乎没有固定的思维程式，而是在多种可能中摸索、试探，以求得对客体的全新认识。写作时善于运用逆向思维法的人，一般目光敏锐，思维敏捷，不墨守成规，不人云亦云，敢于标新立异、弃旧图新，因此文章常常取得出奇创新的效果。

四、辩证思维法

辩证法认为，事物永远处在不断运动、变化和发展之中，是对立面的统一。因此，我们在思考问题时不能静止地、孤立地思考，而应从事物的发展性和对立统一中去思考，从事物的全面性和各个侧面的辩证关系中去思考。例如，某作者针对当前干部选用实践中存在的认识误区进行辩证思考，提出既要重视文凭，又不能唯文凭论；既要反对伸手要官，又要提倡毛遂自荐；既要提倡干部交流，又要注意流向的合理性；既要重视岗前考核，又要重视岗上监督……在此基础上形成了一篇获奖论文《关于当前选用干部的几个问题的辩证思考》，就是在应用写作中运用辩证思维法的成功例证。

五、超前思维法

超前思维法是面向未来的思考，是对事物的发展趋势、潜在问题等的思考。它发生于问题出现之前，如果运用得当，可以产生先见之明的作用。在科研上，超前思维法可以发人之未发，见人之未见，从而使科研选题、科研成果富于新颖性、开创性、预见性。例如关于加入WTO后我国农业、电信、汽车、金融等行业所面临的挑战和对策研究，关于我党面临社会各阶层的新变化所带来的挑战和对策研究等，就是运用超前思维法的范例。当然，运用超前思维法必须有充分的依据，必须依据事物的发展规律，这样预测出来的结果才有价值。

六、移植思维法

移植思维法是把某一领域的研究成果运用到其他领域的一种思维方法。尽管不同研究领域各有自己的特点，但是它们之间往往又有共同的规律，一些基本原理常常是相通的。"他山之石，可以攻玉"，在近现代科技发展史上，运用移植一门或几门学科的科学原理去研究另外一个学科的研究对象，已经成了广泛运用的方法。在人文科学研究中，移植思维法也得到越来越广泛的运用，例如运用心理学、公共关系学的原理去研究思想工作的方法和艺术，运用统计学的原理去研究人才的成长规律等。事实证明，移植思维法是捕捉富于创新课题、写出具有独到见解的文章、多出成果的好办法。当然，移植不是简单的相加或拼凑，必须注意各研究对象之间内在的必然联系，注意所要移植的原理与所要研究的内容的有机结合，融会贯通。要防止生拉硬扯、牵强附会，避免非科学的标新立异。

第三节 分析技巧

理性的思考是一种技能，而且是写作行为的最为基础的技能。在"深度写作"中，不仅要运用多种思维方法，还必须具体掌握一些常用的分析技巧。这里介绍最常用的两种。

（**编者注**：以下"矛盾分析法""比较分析法"两部分内容，基本上采自《应用写作》杂志 2004 年第 5 期何琦的《分析的常用技巧——矛盾分析》及 2004 年第 6 期何琦的《分析的常用技巧——比较分析》，略有改动。）

一、矛盾分析法

矛盾分析又叫辩证分析，是从事物的矛盾入手来认识事物本质的分析方法，也是人们理性思维中最基础的技巧之一。任何事物都存在矛盾，矛盾是事物发展变化的动力。矛盾分析正是直接针对事物产生、存在及发展的动因，在对立的思考中找到其统一的核心，而基本上不考虑事物的非本质因素。因此，对事物进行矛盾分析也就是对事物的本质认识。正是在这个意义上，列宁认为对立统一是辩证法的本质或核心，恩格斯更是直接把辩证法称为矛盾分析法。

具体说来，矛盾分析是将事物一分为二，站在彼此对立的角度来审视，使对事物的思考更为全面。在"深度写作"过程中，矛盾分析技巧的运用大致有以下三种情况：

1. 问题导入式的矛盾分析

在写作实践中，最常见的一个难题就是无话可说。而矛盾分析能快速地引导我们进入论题。它摆出或介绍相互对立的道理，由此而辨析出各观点的适用范围或价值分量。因此，最简便的矛盾分析，便是引用矛盾的概念作为话题，直接把握论题的中心。例如对"创新"这一人人熟悉的论题，就可以运用这种技巧进行分析论述：

"创新通常与守旧相对而言。不能说凡旧的东西都不好，不然，我们就没法生活了。包括旧的观念、生活方式和习惯等，都是前人创造且经过实践检验，才得以流传下来，成为我们基本生存所必不可少的东西……"

在这里，欲谈创新，先谈守旧；讲什么是创新之理，先讲什么是守旧之理。这就是运用矛盾分析来直接进入说理的技巧。这种说理不依赖原有理论，不借用前人成果，只要具有对生活常理常识的体悟，就能分析论题，讲出众人大体公认的基本事理来。可见写作中要想打破僵局，做到有话可说，且所说之话合情合理，矛盾分析是大有可为的。

2. 逻辑结构中的矛盾分析

上文所讲的主要针对文章的开头，即如何运用矛盾分析进入论题。而逻辑结构中的矛盾分析，则是文章主体部分（总体思路）的矛盾分析。仍以《创新》为例：

"人无疑应该在一种有序的环境中生活，起居有时，饮食有节，在一定的时间后形成大体有规律的生活节奏。习惯就是秩序，就是和谐。显然，如果没有相对的平静和稳定，人反倒会不习惯。可见，所谓旧的秩序和大体的稳定，为我们生活所必需。然而永久的不变也是无理的，毕竟世上一切事物都在变化，包括人自身的新陈代谢，只有'变化'不变。创新，就是变化，虽说是主动求变，却也吻合（或应该吻合）事物发展的规律……"

这段话分为两个部分：一部分讲出守旧即维护正常秩序的道理，从大的框架限制了创新的范围，避免那种一提及创新就否定一切的幼稚思考；后一部分再谈创新的基本道理——万物皆变，完成了论题的第一步要求，即"为什么要创新"的问题分析。这样将两种互相冲突的道理展示出来，由"变与不变"统一在一起，对人们把握创新的度有利。

回答了"为什么要创新"的问题，不过是关于论题的第一层解说，还要进一步思考下去，比如"创新的难点在哪里"或"如何创新"等问题，都应该作出分析，以便于人们全方位地认识"创新"这一概念。这时仍可运用矛盾分析的技巧（当然也可运用其他分析技巧）：

> "人天生就好奇，也天生有惰性。好奇会萌发创造的欲望，而惰性又会扼杀任何创新。一般人是这样，杰出人物也殊难例外。历史上许多新制度的创造者，同时又是旧制度的维护者，当后人要对创新者所制定的制度进行再创新时，他们又变成了守旧者。我们对自己耗费心血所得来的成果有一种本能的庇护欲，毕竟，我们付出了。当我们否定了前人成果的同时，却又担心自己被后人否定，由此，我们也就站到了创新的对立面。可见，超越前人的创新并不难，难的是超越自我……"

通过这段话的分析，我们也就不难明白"为什么创新说起来很轻松，做起来却沉重"的道理了。不需要列举具体的事例，也不必要引经据典，分析中只要紧紧扣住"矛盾"二字，思考就能一步步深入下去，达到由浅入深、理顺事明的效果。随着矛盾的一个个被展开，论题得以深化，逻辑思维的魅力通过矛盾分析得以体现。

3. 寻求结论时的矛盾分析

辩证法认为，真理是相对的。我们平时所谓的合理，并非合绝对客观之理，而不过是合人的主观之理。因此，任何文章的结论都只有相对合理性，对其进行分析也就是理所当然的了。而矛盾分析，同样是分析结论时最为简便的技巧之一。

例如《老子》中"祸兮福之所倚，福兮祸之所伏"这一名言，如果作为一种结论，我们不妨进行一番深入分析：祸患给人带来痛苦，使人悲愤，促人警醒，由此而来，人可能学会躲避它，而无祸也就是福了，故祸与福之间是可以互相转化的。这就是"祸兮福之所倚"的道理（对"福兮祸之所伏"也可以这样分析）。然而，这仅仅是一种可能（或然），而不是一种必然。因此，这话并不严谨，值得深入分析，而不可将其看作"祸就是福，福就是祸"的简单判断。不然，辩证法就成为诡辩论了。

通过对老子这一思想的简单分析，从或然与必然的矛盾双方进行解说，我们的认识便超出了祸福的范围。也许得出的结论不甚鲜明，但是我们却不再为祸福所困扰，对人生境界的感悟有了更为宽泛的拓展。显然，对结论的矛盾分析可以避免思想的绝对化和思维的浅显化。

总之，矛盾分析是一种有效的分析技巧，它能打破平静的现象思考，将人的思维引向深入，从中找到某一概念和事物的本质规律。当然，如果仍然用矛盾分析来认识这一分析技巧本身，就不难发现它自己也存在某些局限性。无论是形式逻辑的非此即彼，还是辩证逻辑的一分为二与合二为一，都不过是人类认识世界的诸种方式之一，实在难以囊括认识中的无限丰富的世界。矛盾分析的两点论无疑比一点论更能提高人的认识能力，但在思维层次上有时就不如多点论。所以，认识世界有时候要一分为二，有时候要一分为三，或一分为四，等等。如果我们固守着一分为二或合二为一不变，这本身就是一种非辩证思维，也极不利于人类思维的不断创新与发展。

二、比较分析法

比较，是对两种或两种以上事物进行辨析，可以拿相同、相似的事物来比较（同中求异），也可以取不同的事物来比较（异中求同）。人的认识能力的形成，一刻也离不了比较这一思维方式。在"深度写作"中，更是经常运用比较分析这一分析技巧。

比较离不开联想，尤其是横向比较。经常有意识地用联想去寻找两个概念间的联系，是提高联想能力十分有效的方法。例如面对新问题、新情况时，不是沿着单一线索去思考，而是广伸触角——本地的外地的、本行业和其他行业的、国内的国外的，等等，力求通过联想，开阔思路，找到解决问题的办法。

在比较分析里，人们最为习惯的还是纵向比较和横向比较。

纵向比较通过与过去的比较，可发现事物在时间演变过程中的某些轨迹，以此而推之于未来，使人们的思考既有总结性，又有预测性，有利于人们认识规律，为有序的生活提供帮助。纵向比较因为对象具有同一性，且被时间检验过，所以具有较强的说服力。"实践是检验真理的唯一标准"这一名言，从某个角度来看就是纵向比较：实践检验过的，也就是时间证明过的，因而是可靠的；反之，未经过历史性的比较，人们就会认为不可信。因此，文章要想让人信服，纵向比较分析就不可轻易放弃。

横向比较是在一绝对时间段里拿两种或两种以上事物进行比较。横向比较容量大，视野开阔，可以深入各种事物的相互关系和各种联系中去探寻其理，从而启发人们的思想。横向比较的具体表现方式极为丰富，可以是整体与整体比较，也可以是部分与部分比较；可以是各事物的结构比较，也可以是各事物的功能比较；可以比较事物的量，也可以比较事物的质，等等。不过，横向比较也是有利有弊：只考虑即时性或同时性的事物，而不顾及事物发生和演变的历史性，容易导致人们的认识绝对化。因此，运用比较分析最好是纵横结合，既追随事物变化的历史轨迹，又顾及其他相似事物的联系，这样思维的局限性将大为减少。

比较分析的作用很多，主要体现在以下三点：①积累知识。无论是经验知识还是书本知识，它们的获得均与比较思维有关。同时，比较的时间越长，比较的对象越多，知识的可信度就越大。所谓人类的共同财富，指的就是这种具有普遍性的知识。而随着人们认识的深入，知识积累的日益丰厚，原有的知识（包括基础知识）会有所修正和完善，这也是比较的结果。②发现问题。世上万物各有所长，互相比较则自显其短。俗话说："不怕不识货，就怕货比货。"无论是相似之物的比较还是相异之物的比较，相比之物总会显现出长短优劣，自然就容易发现问题。

③启发灵感。比较分析中的类比分析是选取相似的事物进行比较。现代科技里的仿生学、模拟实验等，都离不开类比。科学的发展有赖于灵感，而人类的灵感往往来自于类比或比较。因此，比较分析能够启发人们的创新思维。

比较分析拓展了人们的思想，打开了人们的想象世界，其在写作中的作用不可低估。但是，从逻辑的可靠性来说，演绎大于归纳，归纳大于类比，这是我们在运用比较分析这一思维技巧时应该考虑的。所以，比较分析所得结论的可靠性，还得借助其他思维方式和技巧方可确立。

第四节 贵在出新

人人都知道，有新意的文章才是好文章。"深度写作"更是贵在出新，包括立意新、材料新、角度新、结构新、语言新等。例如写一篇经验总结，就要力求做到选用的材料新、概括的观点新、总结的经验新、提出的要求新、探索的规律新、给人的启示新。为此，我们平时就要注意培养自己的"思想力""感悟力"及政治敏感性，重视学习并运用各种思维方法与思维技巧；写作时要有敢于创新的精神，敢于选择别人未曾选用的主题，敢于揭示别人未曾揭示的规律，敢于提出别人未曾提出的见解。而这其中最重要的，是要重视培养创新思维的能力。

创新思维又叫创造性思维，是指在揭示事物本质和内在联系的基础上，创造出新颖的、独特的、有价值的思维成果的思维形式。它是人类的高级心理活动，是写作者必须具备的重要心理品质。创造性思维的"创造性"是由其提供的创造物决定的。创造物必须具有两个特点：一是新颖性，即新颖独特，前所未有，因为不新就无所谓创造；二是价值性，即对人类社会有一定的作用，价值越大，其创造性水平也就越高。

根据美国学者吉尔福特的研究，创造性思维的构成因素有如

395

下八条：第一，对问题的敏感性，即具有敏锐的发现问题的能力；第二，观念的流畅性，即在短时间内迅速产生大量观念的能力，包括语义流畅性、联想流畅性、表达流畅性；第三，思维的灵活性，即具有随机应变的思维能力；第四，观念的新奇性，即提出新奇观念的能力；第五，综合能力和分析能力，即把一些观念组织成一种较大的、包摄性更广阔的观念形式，在综合之前，又处处离不开分析能力；第六，重新界说的能力，即根据物体的用途重新界定物体的能力；第七，观念结构的广度，即在思考问题时常常能记住一系列的变量、条件和关系，并给予适当的联系；第八，评价能力，即对创造性成果作是非、好坏的评价，评价有利于选择，有利于求新、求优、求佳。

在应用文写作中，创新思维具体体现为独特、求异、多向。独特是指写作过程的思维活动新颖而富有个性，写作者能够对知识经验及现有材料进行高度的概括，并做出灵活的迁移或新颖组合，以产生出不同于以往、不同于他人的思维成果。许多应用文写作能否成功，与思维活动是否具有独特性关系很大。例如，新闻报道的价值及其产生的效益，常常取决于获取信息的独特眼光和传达信息的独特角度；而广告是否能极大地刺激受众的消费欲望，也往往与广告创意是否独特关系密切。求异是指在写作活动中对现有材料或已成定论的观点提出质疑或挑战。应用文写作的主要价值，在于能否发现新问题或新课题并加以研究，提出新的见解或新的理论。作者只有具备了独特的眼光，在对传统定论继承与批判的基础之上，才能树立新异的理论观念。多向是指思维不在一个地方转圈，而是进行着正向与逆向、纵向与横向以及辐射型的运动，通过多向拓展来寻求最佳的角度。比如写一则广告，可以按常规正向地宣传商品的优点，也可以打破常规，逆向地列举商品的"不足"之处，写作"反面广告"。又如构想一篇市场调查报告，既可以纵向地考察某一市场的历史变化，跟踪追究其产生的深层原因，又可以横向地比较它在不同环境中的状况，找出其间的内在联系。创造思维的多向性，不仅能帮助作者求新、求异，而且能较好地反映事物的复杂性。

总之，创新思维是旨在突破旧概念旧框框，孕育新概念、新架构的一种思维方法。它不是一种简单的思维技巧，而是一个系统的思维科学体系。它对某个具体问题的思考不是就事论事，而是对这个具体问题进行系统、全面的思考。在思考过程中，往往要综合运用多种思维方法。不仅要运用逻辑思维、形象思维这些传统的思维方法，也要运用灵感思维、幻想思维这类新的思维方法；不仅要用分析思维、综合思维、发散思维、聚敛思维、顺向思维、逆向思维等这些常用的创造性思维技巧，也要运用网状思维、极限思维、联想思维、群体思维、头脑风暴思维等新的创造性思维技巧。多种思维方法的相互作用、相互影响、相互渗透、相互促进，才是创新思维的最大特色，才能最终实现创新的目的。

由于本章的二、三两节已经介绍了部分常见的创新思维方法，下面仅再补充介绍几种。

一、逻辑思维与形象思维

逻辑思维是科学领域，特别是数理领域最常用的思维方法，如运用归纳、演绎、抽象、概括、论证等方法，以实现对客观事物的深刻揭示和准确认识。对应用写作主要运用逻辑思维以及逻辑思维在创新思维中的作用，人们一般没有疑义。而对形象思维，不少人有一种误解，以为那是文艺工作者的思维方法，搞理工的人很少用到。其实不然。形象思维，无论是想象、直觉还是联想，由于它有很强的直观性和灵活性，带有浓厚的感情色彩，不像逻辑思维那样客观、冷静、严谨，因而显得更加灵动、活跃，赋予思维主体以更多的创造活力，更容易实现创新。如DNA双螺旋结构的提出、苯环的发现和响尾蛇导弹的构想等，都闪耀着形象思维的光辉。在应用文写作中，逻辑思维与形象思维相互渗透，相互促进，形象思维促进逻辑思维去开拓新的领域，逻辑思维常常借助形象思维而取得发现和突破，并借助形象思维来表达逻辑思维的内容，使之更广泛地传播和被人接受。

二、灵感思维与幻想思维

灵感思维与幻想思维均属潜意识的思维活动，都是在长时间苦思冥想中不得其解，无意之中受到某种信息或梦境的刺激，突然茅塞顿开，恍然大悟，使问题迎刃而解，实现认识上的飞跃和创造的产生。例如苯环的发现就是如此。德国化学家凯库勒在对苯的研究中，已得出苯分子的组成是 6 个碳原子和 6 个氢原子，但其结构式怎么也想像不出来。夜以继日的思考使他精疲力尽，坐在壁炉前昏昏欲睡，脑子里无数条化学键幻化成无数条蛇在空中飞舞，突然一条蛇首尾相接，形成环状，一下子促发他想到苯的结构是闭合的碳环，终于解开了苯环结构之谜。

三、群体思维（群体讨论法）

创新是十分艰难的，难就难在如何运用已有的知识又不受其束缚，如何克服思维定势找到解题的钥匙。这就如同创新过程中存在一个阈值，靠一个人的思考，往往很难突破这个阈值。但如果一群人在一起自由地讨论，思想的碰撞产生火花，往往一下子就可能突破阈值，实现创新。这就是群体讨论法的奇妙之处，科学发展史上这样的例子屡见不鲜。这也是自由讨论式的学术沙龙之所以受到科学家们欢迎的原因。

要培养、提高我们的创新思维能力，除了学习并应用思维科学的基本知识，注重相关知识的积累之外，特别要注意培养独立思考的习惯。"深度写作"需要创新思维，而独立思考是创新思维的必要前提。创新是智慧的结晶，是勇敢的化身，是对传统的极大挑战，往往需要一种过人的意志与胆识。从这个意义上讲，创新是一种品格。没有对常规的挑战，就没有创新。而对常规挑战，就必须有独立思考的能力，有敢于提出问题的勇气，有大胆怀疑和批判的精神。正如爱因斯坦所说："提出一个问题往往比解决一个问题更重要。因为解决问题也许仅是一个数学上或实验上的技能而已。而提出新的问题、新的可能性，从新的角度去看旧的问题，却需要创造性的想像力，而且标志着科学的真正进步。"因此，我们要高度重视独立思考习惯的培养，提高独立思考的能力；要消除自卑心理，克服从众心态和中庸之道，改变旧的思维习惯和思维定势；要敢于质疑书本和权威，敢于标新立异；要善于拓展思路，多角度、多方向、多层面地开展思考。唯有如此，才能在科学研究和"深度写作"中有所发现，有所创造，有所前进。

第十一章
初稿的修改

刀不磨不快，文章不改不好。文章写作能否成功，很大部分取决于修改。而评价一个人的写作能力，也往往从能写、善改两方面去考虑。无论应用文作者写作经验如何丰富，才思如何敏捷，写作中总有思虑不周、疏漏失误之处。特别是初稿，绝大多数只能说是毛坯，必须进一步精雕细刻才能成章。应用文的实用性、政策性、业务性、时效性都很强，更应该重视修改这一环节。除了一些简单的文种（如条据、启事、专用书信、周知性通知等）、例行报表文书以及"两票"、异动申请、工作联系单等简单的电力生产管理应用文，在写成后一般认真审读一两遍即可，其他较复杂、篇幅较长的应用文，都应反复推敲，再三修改润色。

毛泽东同志曾多次批评一些人写文章不做认真修改的草率作风："文章写好之后，也不多看几遍，像洗脸之后再照照镜子一样，就马马虎虎地发表出去。其结果，往往是'下笔千言，离题万里'，仿佛像个才子，实则到处害人。"（《反对党八股》）鲁迅在《答北斗杂志社问》一文中也写道："写完后至少看两遍，竭力将可有可无的字、句、段删去，毫不可惜。"他们的这些论述，可使我们进一步认识修改的重要性与必要性。

在应用文写作方面只有"业余水平"的大多数电力企业员工，对待初稿的修改更应持有严肃认真的态度。首先，要抱着挑剔的态度来审视自己的"成果"，养成每写文章必修改的良好习惯。其次，不要抱太多的成就感，要经得起批评与自我批评。有的作者对自己的文章特别偏爱，不愿听旁人的意见，更经不起别人的批评修改，也懒得自己去修改，这是不可取的。第三，修改时要细心，更要有耐心。要循序渐进，"心平气和"，不可急于求成。有的作者在修改时抱着完成任务的观点，从头到尾看一遍就完事了，修改的理念还是在原来的"辙印"中，这样就不可能站在旁人的角度来审视一篇"新作"，也就不可能完成真正意义上的修改。另外还须强调的是，修改文章时不能抛开全局。"捡了芝麻，丢了西瓜"，这是要不得的。有些人在修改时常会出现这样的错误，只对字词句、语言技巧等方面修修补补而忘了其他。诚然，精美晓畅的语言给读者以良好的感觉，而且也是一篇文章不可或缺的"血肉"，但文章的灵魂更在于它的主旨和结构，修改时要从文章整体出发，围绕中心，照顾全局。

第一节 修改的范围

　　修改应用文的初稿同修改其他文章一样，也是从内容和形式两方面进行，内容包括主题、观点、材料，形式包括结构、语言、标点。下面分别介绍：

一、主题要明确、集中

　　修改应用文时，首先要审查文稿想说明和解决的主要问题是否清楚。如果中心不突出，目的不明确，或者提出解决问题却没有具体措施，让人看了不得要领，那就说明这个文稿还远不成熟，需要动较大的手术。

　　这方面常见的毛病及其修改方法有：

　　（1）文稿缺乏针对性。文章的材料虽然比较丰富，但缺乏提炼概括，没有形成明确的贯穿全文的主题思想。其原因除缺乏写作经验外，主要是对文稿要着重解决的问题没有形成明确的概念。必须根据写作目的、领导意图、材料实际、文种要求等各方面情况，先为文稿提炼出一个明确、集中的主题，使全文能够围绕这一主题展开，有的放矢，解决问题。

　　（2）主次不分。在一篇文稿中什么问题都想解决，或面面俱到都想说清，结果在有限的篇幅里，什么都不突出，或者什么都说不充分。对此同样要根据写作目的、领导意图、文种特点等具体实际，删节次要部分，留下主要部分，经过大刀阔斧的删改，使主题突出。

（3）缺乏科学的分析。对具体事例分析不够，使得文稿中的事例自成体系，在整体上没有紧扣要论证的观点；或者对文稿中的重要观点尤其是某些有争议的观点，缺乏有针对性的分析论证。其结果，或者是文章的内容松散，主题不鲜明；或者只提出问题而不分析、解决问题，削弱了文章的说服力。修改时，必须站在更高的角度，对表达主题的观点和材料进行深入开掘，然后紧扣主题，对文中的重要观点和具体事例展开充分的分析论证（如辩证分析、比较分析、因果分析、条件分析等），使主题与材料达到高度的和谐统一。

二、观点要正确、辩证

一篇文稿，尤其是重要的应用文，如果观点有错误，或是观点片面，必然会影响文章的应用效果，有时甚至产生严重的后果。因此，对文稿中阐明的观点要以极大的注意力反复推敲，并设置对立面予以检验，做到持之有故、言之成理、立论有据、辩驳不倒。具体修改可从以下几方面进行：

（1）要注意文稿的基本观点是否符合马克思主义的基本原理，有没有违背辩证唯物主义的地方。涉及政治、立场的问题，必须严格把关。考虑问题要从人民大众的根本利益出发，不要掺杂个人的私心杂念和狭隘的民族、地域观念。要努力学习辩证法，对所写的问题加以全面的分析研究，既要看到好的一面，也要看到不足的一面，切忌片面性、绝对化；特别是结论性观点，更要注意正确、全面，掌握好分寸，尽可能做到恰如其分。

（2）要注意文稿的基本精神和各项措施是否同国家的法令法规、党的方针政策相一致，同上级单位和有关部门的规定有没有矛盾。要了解与所写问题有关的法令条文与方针政策，不熟悉的地方要进行必要的查询。要注意法规文件的规范性，不规范或过时的文件不能成为依据。对有关方针政策要有尽可能系统的了解，尤其对一些地方、行政法规和部门规章，要注意其不一致甚至互相"打架"之处，使自己所写的观点与内容更为合理、合法，合乎方针政策，所提的措施更为切实可行。

（3）要注意文稿本身的观点是否始终如一，有没有自相矛盾的地方。这方面常见的错误有：两个矛盾的观点，在同一文稿中都被肯定；某个观点前面肯定了，后面又被否定；要肯定的观点没有足以服人的例证和论述，而与此相对立的观点却写得十分生动具体，压倒了正面的内容，客观上形成反客为主的局面，造成了对正面观点的否定；证明观点的事例之间有矛盾，互相抵消，以及统计口径不一致（如前面讲全厂，后面又变成某些部门）等。对所有这些初稿中常见问题，都必须认真检查、修改。除此之外，还要注意文稿的观点是否和自己以前所发文稿的观点相一致，以避免朝令夕改、自相矛盾。如果以前文稿的观点错了，要在此次文稿中明确指出并予纠正。

三、材料要可靠、典型

材料是观点存在的根据和基础，二者的关系是观点统率材料，材料证明观点。应用文中使用的材料，必须能够很好地为主题服务，充分、有力地证明文中所阐述的观点。

在一份应用文初稿中有观点而缺少材料，或材料不能说明观点，这两种显而易见的错误虽然也有，但毕竟是少数。更多的情况是材料不真实、不典型，不能充分支持作者的主张。其原因主要有：①掌握的材料太少，只好将就使用，结果造成以次充好；②没有对材料进行科学的鉴别分析，分不清主次轻重，结果取舍失当，拣了芝麻丢了西瓜；③看不到材料的本质，仅凭表面现象就当作真实典型的材料使用；④由于了解情况不全面或者缺乏有关专业知识，对材料进行"合理想象""添枝加叶"等人为加工，使写出来的东西与事实不符。

针对上述问题，修改时可以从以下几方面着手：

（1）检查文中所用材料是否充足、有力，不足的予以补充，与主题关系不大的予以调换。如果掌握的材料不敷使用，应进行必要的查询与调查，以尽可能充分占有材料，修改时有更大的选择余地。如果在修改过程中发现某些材料仍不如意，或者另外发现了更加新鲜生动的材料，就要果断地更换不如意的或陈旧的材料，以求最佳效果。

（2）对所用材料再次进行分析鉴别，坚决删掉那些对表达主题毫无价值或不可靠的材料。应用文中容不得冗赘材料的存在，选择材料越精越好，能够以一当十、见微知著的新鲜材料则更好。要毫不留情地去掉那些空话、套话或者好听但不切实际的"材料"。即使是与思想观点有关，甚或很生动的材料，也要精选其中最典型的。三个材料可以说明问题，绝不用四个五个。这样才能使文章既主题鲜明，又精辟有力。

（3）检查材料的可靠性。首先看材料的来源——是自己调查得来，还是从文件资料上摘引的。是亲自调查得到的，要注意自己对事物的了解是否全面、深入，材料是否符合生活逻辑，情节是否合理，细节是否真实等；如果是从文件资料上抄来的，要看是正式文件还是一般资料，正式文件的内容一般经过了反复核定，比较可靠，而一般资料最好再核实一下，不能轻信。对那些基本可靠但不完善的材料，要加以调整、充实。凡是没有把握而又限于时间和条件难以核实的，宁可更换或删掉，也不要凑合，以免成文后造成不良后果。

（4）对自己不熟悉的情况和问题，要查询有关部门、有关资料或有关专业人员，不要偷懒怕烦，随意敷衍，使材料露出破绽或贻笑大方。材料中出现的人名、地名、单位名称，必须确凿无疑；涉及的专门知识与专有名词，必须核实无误。特别是要否定或肯定某些单位或个人时，不仅要注意材料是否可靠，而且要从总体上分析这种否定或肯定是否妥当，尽量避免知其一不知其二、只见局部不见整体的毛病。

四、结构要适宜、严谨

结构好比文章的形体，每一篇文章的结构都必须合适、严谨。同时，应用文的不同文种又有不同的格式，不能任意变动。

因此，修改结构应该包括两方面内容：使格式正确、规范，使结构完整、严密。

首先检查所用文种是否合适。要根据行文方向、写作目的与不同文种的适用范围，再次认定所用文种确实无误。对公文要特别注意区别相近文种，以杜绝误用文种现象。（具体可参阅本书第二章公文写作部分。）

其次检查文章格式是否正确、规范。对于公文来说，这一点显得尤其重要。要按照《党政机关公文格式》的规范要求，对文稿中各要素进行认真检查，以免遗漏必需要素。各要素的编排及行款也要合乎规范格式，不能随意。

第三，对正文的具体结构进行检查，看是否完整、严密、得当。不同文种正文的写法，都有不同的结构要求；同一文种的由于内容不同，具体结构也不会完全一样（例如同是通知，会议通知、批转类通知、事务性通知等不同类通知的写法就不一样）。因此，对那些结构不合适、表达不清楚的文稿，要进行必要的修改。同时，还要注意正文是否层次清楚，条理分明；是否文脉清晰，文气贯通；要不要增加必要的过渡照应，要不要删去结构上的旁枝逸出。如果觉得某一方面还不妥贴、顺畅，就要继续修改。

五、语言要精确、得体

对应用文初稿进行语言上的修改意义重大，关系到文章的质量与应用效果，即使是个别字眼的改动，有时也会带来截然相反的结果。因此，修改时一定要字斟句酌，一丝不苟。

首先是改正错别字和不规范的字，尤其是别字。用字正确，这是对语言最基本的要求。

其次是修理词句，务使通顺。凡是拗口的、不符合语言习惯的都得增删调整，使语言通顺流畅，能够清晰准确地表达文章内容。

再次是删繁就简，力避重复。应用文的语言一定要简明扼要，必须直陈其事，不要兜圈子、绕弯子。对脱离实际需要的内容，重复多余的字、词、句、段，一定要大刀阔斧地砍掉。对于各种修饰语，要推敲其是否必要、有否错用。有时考虑换种说法、换个句式或者调换一下词序，也能使长话短说，更为精粹。对多次重复出现的语词，更要考虑是否改换以免重复。

最后是再三推敲，务使用词准确、精当、得体。要反复锤炼字句尤其是关键词，看文稿的概念是否确切地表达了作者的思想，各项陈述是否准确、清楚、无歧义，对是非的判断用语是否确切。不要有文白夹杂、生造词语、语意含混、概念混淆、拖泥带水、故作高深、轻率浮夸、语气失当等毛病。对标题也要再认真推敲一遍，看是否符合要求。要使修改后的文稿，在语言表达上进入一个比较高的境界。

六、标点要正确、规范

标点符号是写文章不可缺少的辅助工具，是一篇文章必要的组成部分，不仅表示句子的停顿和语气，还可起到表情达意的作用。标点符号要用得恰到好处，这是对所有文章的要求。写应用文更要注意标点的用法，因为有时候少用或误用一个标点，意思就会截然相反，可能造成比较严重的后果。也正因为如此，修改应用文的初稿，除了注意前文所述五个方面之外，也要检查、斟酌标点的用法，精心修改。

修改的前提条件是熟练掌握 17 种标点符号的用法（参见本书附录六）。一定要结合写作实践，认真学习国家标准的有关规定，使自己对各种标号、点号的用法、写法了然于心。

修改时可用普通话朗读或默读，按文稿中的标点停顿并尽可能读出语气，以判断点号用得正确与否。对顿号、逗号、分号、句号的使用有时还要反复揣摩，根据句子、短语之间意义联系的紧密程度选择合适的符号。同时，也要认真检查各个标号是否用得准确。

标点符号的书写形式、书写位置及占格多少在国家标准中也有明确的规定。写作者平时就应严格要求自己，按规范书写和占格。对应用文初稿中的标点符号进行检查和修改时，同样要注意书写的规范。

我们知道，处理任何事物都自有其程序。这程序，实际上包含对事物规律的认识。顺之则善则成，违之则谬则败。修改初稿也是同样道理，必须先总后分，由大而小；不能只看树木，不见森林，只管枝叶，不顾主干。修改的时候要着眼全局，从整体出发，首先抓住思想内容，检查和解决带有根本性的大问题，诸如主旨怎样，观点如何。在此前提下，再考虑结构安排、表达方式、语言文字等具体内容。内容与形式，虽然都不可忽视，但两者位置不同，作用不同，分量不同。在这一组关系内，是前者决定后者，后者为前者服务；是以纲统目，以总驭分。修改中，倘若倒转程序，就可能事倍功半，甚至前功尽弃。苏联作家法捷耶夫曾谈过教训：边写边改，结果改得很细的局部，用功颇多，而最后放到全局衡量，却被整个地删除了。这种苦头，我们在修改初稿时应尽量避免。

第一节 修改的方式

修改应用文初稿的方式及其具体方法有很多，这里简要介绍几种。

一、自己修改

这是修改初稿最主要的方式。一篇文章为什么要这样写，这个材料或这种结构有什么好处，说到底还是撰稿者本人最清楚，特别是在时间紧、催稿急的情况下，自己修改更有着别人修改所不能替代的长处。但是，修改时一定要严肃认真，要真正认识修改的意义和作用，从上述几方面仔细推敲，决不能匆匆巡视一遍就了事。具体方法有：

（1）诵读法。如果条件允许，修改时最好用普通话放声朗读。这样可以凭语感发现默读所不易察觉的毛病，如思路不畅、文气不顺、词不达意、语句不通、不易听懂、声调不谐以及丢词缺字、书写颠倒等问题，就可以一一修改。叶圣陶先生认为"声人心通"，就是这个道理。

（2）冷却法。假如初稿完成后仍有较长的时限，可以先"冷处理"——放一放，然后一方面征求他人意见，另一方面看看有关参考材料，过一段时间后再来修改。人们写文章时总是处于兴奋状态，想问题也容易形成思维定势，一些主观片面的东西在当时就不容易发现。一旦冷静下来，又受到他人意见或新鲜材料的启发，就能够比较客观、全面地去分析研究问题。这时回头审视初稿，便会发现当初未曾发现的问题，更能保证修改稿的质量。

二、请别人改

由于思想、业务、写作等各方面水平和眼界、知识面的局限，撰稿者自己修改往往很难使文章在总体上升华到更高层次。因此，只要条件允许，较重要、容量较大的应用文稿，都要请有关同志帮忙修改。上文我们已提到，作者因为偏爱自己的文章，修改时摆脱不了原来的思维，也就不能"大刀阔斧"地进行操作。旁人则能比较客观地对文章进行评点，而其中有的内容恰恰是作者疏漏或不知的。当然，在请别人阅改前，作者最好能把文章的主旨、意图、结构和目的等内容大致解释一下，以免修改者误解。现在，机关里重要的公文和事务文书，一般都采取逐级修改、逐级把关的办法，就是为了避免错漏，使文章达到较高的水平。即使按规定不必逐级修改的文稿，只要有必要而且可能，最好也要主动征求别人的修改意见。

在请别人修改时，还要注意三点：一是请有识之士（即可能帮助你改好文章的人）改；二是要有虚怀若谷的气量，能够认真听取别人的意见，哪怕是尖刻的批评；三是对别人的意见也要分析鉴别，既要从善如流，也要有自己的主见，特别是在几方面意见不一致时，不要被搅得莫衷一是，无所适从。

三、讨论修改

这是重要文章的修改方式。初稿打印出来之后，召集各方面领导和有关人员，集中在一起，针对文章内容各抒己见，从而取长补短，将文章改得更好。进行这种修改，一般要求撰稿人要仔细倾听发言，认真做好必要的记录，对不清楚之处可以发问，以求弄清发言人的真实意见。其次，还要求撰稿人要善于归纳综合各家所言之长，统一权衡，然后进行修改。此外，采用这种修改方式事先要发出通知与讨论稿，使与会人员早有准备，避免冷场；讨论时要避免不必要的争论，尤其不要争论无关的问题，要把大家的思想统一到怎样修改好文章上来。

相关链接

部分常用易错词的辨析

1. "关于""对于"和"对"

这三个词都是介词。"关于"引进某种事物的关系者；"对于"引进对象或事物的关系者；"对"的用法跟"对于"基本相同，但是"对"所保留的动词性较强，因此有些用"对"的句子不能改用"对于"。这三个词各自组成介词短语后，或者作定语（后面要加"的"），或者作状语（后面不加"的"）。

"关于"跟"对于"有以下不同：①表示关联、涉及的事物，用"关于"；指出对象，用"对于"。②"关于……"作状语，只能用在主语前；"对于……"作状语，用在主语前后都可以。③用"关于"组成的介词短语可以作文章的标题，用"对于"组成的介词短语则不可以。（见《现代汉语规范词典》）

由于公文标题中的介词绝大多数是关涉事情内容的，再由于两可情况下人们往往选择"关于"，而且有时候"对"也可以换用"关于"，所以公文中"关于"出现的频率极高。应予注意的是："关于"和"对"一般不能同时连用。如《××公司关于对王××同志的处分决定》，应改为《××公司关于王××同志的处分决定》或《××公司对王××同志的处分决定》。

2. "反应"与"反映"

"反应"有两种用法，都是名词：①有机体受到刺激而产生的相应活动，或者物质发生化学变化或物理变化的过程，如"过敏反应""化学反应""热核反应"。②事情发生后在人们中间引起的意见或行动，如"反应良好"。

"反映"既可作动词又可作名词。作动词的用法是：①反照出人或物体的形象，比喻显现出客观事物的本质，如"湖面反映出宝塔的倒影""这部电视剧反映了当前的社会现实"。②向上级或有关部门报告情况或问题，如"把意见反映给政府"。作名词的用法则是：①哲学上指客观事物作用于人的感官引起的感觉、知觉、表象以及在此基础上产生的思维、认识过程，如"心理是人脑对客观现实的反映"。②心理学上指有机体接受和回答客观事物影响的机能，如"这种能揭示刺激物的信号意义的反映形式是心理的反映形式"。

3. "权利"与"权力"

"权利"也叫"权益"，是公民或法人依法行使的权力和享受的利益（跟"义务"相对），强调的除了权力更有利益；"权力"是政治上的强制力量或职责范围内的支配力量，单指强制力和支配力，不包括利益。

4. "制定"与"制订"

"制定"是定出（法律、规程、政策等），强调的是法规等的定型、定案；"制订"是创制拟定，强调的是方案、计划等的形成过程。"制定"涉及的事务重大些，使用面更广。如"制定宪法"与"制订小组作息时间表"，二者中的"制定"与"制订"便不可互换。此外，"制定"是依据一定基础或既有材料定出，常常需要集体讨论决定；"制订"多指一种构想或草案，可以是单个人的行为。

5. "记取"与"汲取"

"记取"是记住（教训、嘱咐等），强调强记；"汲取"是吸取，强调在加工、提高的基础上吸收取得。二者适用的对象有所不同：对自己的、内部的事或现成的经验教训，多用"记取"；对他人的、外部的经验教训、营养精华等，则用"汲取"。

6.“检察”与“监察”

“检察”是检举核查或考察；“监察”是监督各级国家机关和机关工作人员的工作并检举违法失职的机关或工作人员。二者的区别有三：①方式不同，一个是检举审查，一个是监督；②对象不同，一个是被检举的违法犯罪事实，一个是机关或工作人员的日常活动；③主体不同，一个是司法机关，一个不是。

7.“截止”与“截至”

“截止”是到一定期限为止或停止，强调的是“止”，即在计时点上所进行的事情已经完结或基本完结；“截至”是截止到某个时候，强调的是计时点上的事态，而不是事情的完结。

8.“急待”与“亟待”

“急待”是紧急待办，强调时间的紧迫性；“亟待”是急迫（极须）待办，除强调时间紧迫外还强调意义的重要性，含有问题的严重性已达极点之意，因此“亟待”语意更重。

9.“决不”与“绝不”

“决不”是决心不，是对言者自身而言，强调的是意志上的控制，多用于表示决心或心愿；“绝不”是绝对不，可适用于言者自身，但更多用于对其他对象作出限制规定，而且不局限于主观意志方面，因此使用范围更广。

10.“以至”与“以致”

“以至”有两种用法：一是表示在时间、数量、程度、范围上的延伸（如“这种形式循环往复以至无穷”）；二是用在下半句话的开头，表示由于前半句话所说的动作、情况的程度很深而形成的结果（如“形势的发展十分迅速，以至使很多人感到惊奇”），这种用法也说“以至于”。“以致”只有一种用法：用在下半句话的开头，表示下文是上述的原因所形成的结果，且多指不好的结果（如“他没有充分调查研究，以致做出了错误的结论”）。二者区别主要在于：“以至”强调事物程度的升级，“以致”强调原因导致了后果。

11.“亲自”

在总结、报告、简报、新闻稿等应用文里，写到领导同志的活动与言论时，有些作者常反复使用"亲自"一词，以强调领导的重视、事情的重要。实际上，除了个别确实需要使用的场合，多数情况下不用"亲自"照样可以强调领导的重视与事情的重要。例如"在落实知识分子政策中，各部门党组织的主要负责人都主持研究方案，开会部署动员，并召开知识分子座谈会，参加谈心活动"这一段话，不用一个"亲自"，同样很好地表达了领导的态度。因此，写作应用文时要慎用"亲自"。

12."问题"

"问题"一词在公文类、事务类应用文中使用最多，也有滥用的现象。一般说来，在任何一个具体事情、具体矛盾、具体概念上冠以"问题"二字，都是比较轻松容易的事；但这样也就使得文章失于平庸、浮泛。因此，必须对要写的事物进行认真、深入的分析和思考，找到事物的本质与规律，用准确、明晰、贴切的语言把它揭示出来，少用笼而统之的"……问题"。要讲究修辞，多掌握一些句式与词汇，对"问题"一词该用则用，该舍则舍，该变通则变通，免得重复、啰唆、落套，破坏了文章的语言美。

13."进行"

"进行"也是许多应用文喜欢使用以至滥用的一个词。"进行"是"从事（某种活动）"的意思，但应该用在持续性的和正式、严肃的行为，短暂性的或日常生活中的行为不能使用。例如可以说"进行讨论""进行教育和批评"，不能说"进行午睡""进行叫喊"。在应用文写作中，许多地方是可以用"进行"，但用得太多又显得滥而不美，因此要予以变通。一般情况下，用了"对……"这一介词短语，后面总少不了"进行"这个词，如"同志们对他的发言进行了讨论"。所以，为了少用"进行"，有必要变换句式，不用"对"字。（如上例可改说成"同志们讨论了他的发言"。）总之，只要认真对待，精心推敲，滥用"进行"同样可以避免。

14. "要"

"要"在应用文中可说是用得最普遍的一个词，很多地方不能省，有时也不好换别的词。但必须注意：在报告、请示等上行公文中，多属申明、叙事、期请性内容，只能用计划、打算、商讨、请示性的语气来写（如"拟""准备"等），不宜用论断句式，因而也不宜随便用"要"字，更忌讳使用"必须""应该""一定"等命令式语气的词。

15. "拟"

"拟"字不仅有谦敬之义，而且还包含职责权限的意思。下级对某一事件只有表态权而无决定权，因此在"同意"或"不同意"之前要加一"拟"字。上级机关或有关负责人有最后决定权的，则不必加"拟"字。（有时需要运用模糊语言除外。）

W 相关链接

413

部分常见别字的辨析（按音序排列）

A

按步就班 应为按部就班

B

笔划 应为笔画
辩论、辩证法是辩，分辨、辨别是辨
拨乱返正 应为拨乱反正
布署 应为部署

C

成份 应为成分
筹画 应为筹划
出谋画策 应为出谋划策
辞令、修辞、辞谢是辞，用词、诗词、词章是词

"窜改"指文字上的改动；"篡改"不仅文字改动且手段卑劣，是贬义词，也指曲解原意

D

耽心、耽忧　应为担心、担忧

担搁　应为耽搁

雕敝、雕零、雕落、雕谢　应为凋敝、凋零、凋落、凋谢

跌交　应为跌跤

"叠"指重叠或折叠，故"层见叠出""叠床架屋"是叠；"迭"指交替或屡次，故"一迭连声""高潮迭起"是迭

定单、定户、定婚、定货、定阅　应为订单、订户、订婚、订货、订阅

赌搏　应为赌博

渡口、渡过、飞渡是渡，欢度、度假、度日是度

断章取意　应为断章取义

F

发人深醒　应为发人深省

份量、份内、份外　应为分量、分内、分外

忿忿不平　应为愤愤不平

丰富多采　应为丰富多彩

赋于　应为赋予

付主任　应为副主任

G

"秆"是禾茎，故"麦秆""高粱秆子"是秆；"杆"是木杆，故"枪杆""秤杆""电线杆"是杆

各行其事　应为各行其是

勾划　应为勾画

股分　应为股份

关怀倍至　应为关怀备至

光采　应为光彩

过份　应为过分

H

寒伧　应为寒碜

好高鹜远　应为好高骛远（或好高务远）

喝采　应为喝彩

哄动　应为轰动

宏扬　应为弘扬

宏亮　应为洪亮

红通通　应为红彤彤

弘论　应为宏论

弘图、鸿图　应为宏图

混水摸鱼　应为浑水摸鱼

J

畸型　应为畸形

籍贯、书籍是籍，杯盘狼藉是藉

即是就，故即使、即刻是即；既是已经，故既然、既……又……是既

己是自己，又天干第六位；已是已经；巳是地支第六位

佳是美，故佳节、十佳是佳；嘉是善，故嘉言、嘉宾是嘉

茄克　应为夹克

架式　应为架势

坚如盘石　应为坚如磐石

简炼　应为简练

叫化子　应为叫花子

精采　应为精彩

俱乐部、俱全、俱到是俱，家具、具体、具备是具

K

刻划　应为刻画

刻期、刻日　应为克期、克日

L

辣手是狠毒之意，棘手是困难之意

蓝球　应为篮球

兰色　应为蓝色

厉行节约、严厉、再接再厉是厉，利害得失、吉利、锋利是利，励精图治、鼓励、奖励是励

连贯、连接、连绵、连缀是连，联结、联袂、联翩（如"浮想联翩"）是联

练习、老练、训练是练，炼钢、锻炼、炼句是炼

零丁　应为伶仃

留连　应为流连

卤莽　应为鲁莽

录相、录象　应为录像

M

谩骂是谩，傲慢、怠慢是慢，浪漫、散漫、弥漫是漫

门坎　应为门槛

名列前矛　应为名列前茅

模仿、模拟是模，摹写是摹

模形　应为模型

磨拳擦掌　应为摩拳擦掌

谋画　应为谋划

N

凝炼　应为凝练

钮扣　应为纽扣

O

沤心沥血　应为呕心沥血

P

傍徨　应为彷徨

披星带月　应为披星戴月

漂泊、漂流是漂，飘零、飘摇是飘

Q

气喘嘘嘘　应为气喘吁吁

前扑后继　应为前仆后继或前赴后继

清彻　应为清澈

劝戒　应为劝诫

R

热呼、热呼呼　应为热乎、热乎乎

人材　应为人才

日蚀　应为日食

融汇贯通　应为融会贯通

如法泡制　应为如法炮制

S

伸展、伸张、延伸是伸，申辩、申明、申诉、申雪、申冤是申

神彩　应为神采

师付　应为师傅

始终不逾　应为始终不渝

书柬　应为书简

书声朗朗　应为书声琅琅

死心踏地　应为死心塌地

肆意、放肆是肆，肄业是肄

松驰　应为松弛

T

挺而走险　应为铤而走险

图象　应为图像

W

歪风斜气　应为歪风邪气

委曲求全　应为委屈求全

五采缤纷　应为五彩缤纷

X

洗炼　应为洗练

贤慧　应为贤惠

陷井　应为陷阱

相形见拙　应为相形见绌

像貌　应为相貌

（"像"除了"跟某事物相同或相似"这一常用意义外，又指以模仿、比照等方法制成的人或物的形象，也包括光线经反射、折射而形成的与原物相同或相似的图景，如"画像""录像""偶像""人像""神像""塑像""图像""肖像""绣像""遗像""影像""摄像"等，都是人工做成的。"象"除了"大象""象形""象声词"等常见词外，又指自然界、人或物的形态、样子，如"表象""病象""形象""脉象""气象""旱象""景象""幻象""天象""意象""印象""星象""假象""险象""物象""万象更新"等，都是自然表现出来的。"相"有两种读音、多种意义，与"象""像"上述意义易混的有：指人的容貌、外表，如"相貌""长相""扮相"等；指人的姿势、样子，如"站相""坐相""吃相""睡相"等）

消声匿迹　应为销声匿迹

小题大作　应为小题大做

须是要、应该，故必须、务须、无须是须；需是欲望或要求、应有或必须有，故需要、必需品是需

喧哗是喧，寒暄是暄

训戒　应为训诫

Y

严竣　应为严峻

言简意骇　应为言简意赅

一股作气　应为一鼓作气

一如即往　应为一如既往

影象　应为影像

尤其、效尤、怨天尤人是尤，犹豫、犹如、记忆犹新是犹

鱼具、鱼网、鱼歌　应为渔具、渔网、渔歌

圆满、圆珠笔、团圆是圆，园地、园艺是园，原因、原则、

原始是原，缘由、缘故、缘起是缘

Z

颤栗　应为战栗

涨潮、水涨船高是涨，膨胀、发胀是胀

账本、借账是账，帐篷、蚊帐是帐

燥是干，故干燥、枯燥是燥；躁是急，故烦躁、戒骄戒躁
是躁

折断、曲折是折，拆开、拆借是拆

真像大白　应为真相大白

振奋、振作是振，震荡、震撼是震

直捷了当　应为直截了当

指手划脚　应为指手画脚

装璜　应为装潢

姿式　应为姿势

座标、座落　应为坐标、坐落

419

第十二章
初稿修改实例评析

第 一 节 主题、观点、语词等方面的修改

一、××电业局《关于落实行风测评中用户反馈意见的整改措施报告》首、尾部分的修改

该报告初稿的开头部分为：

市纠风办：

多年来，我局的行风建设得到了市政府及纠风办的大力支持和关心，提出了许多宝贵的意见和建议，使我局的行风建设不断有新突破、新发展。但成绩只属于过去，作为公益性服务部门的行风建设将是一个长期的系统工程，特别在电力需求不足、市场不旺的今天，市纠风办向我们提出了这样三个宝贵的"重点整改问题"，使我们进一步加深了对深化电力优质服务和行风建设的紧迫感认识。下面就对提出的问题，谈谈我局将采取的具体措施以作答复：

这个开头存在不少问题：①第一句的后两个分句缺主语，因为这两个分句与第一个分句不是同一主语，不能承前省略。②"使我局的行风建设不断有新突破、新发展"一句，"突破"调门太高，有夸饰之嫌；"发展"语义较泛，又显得太虚。③第二句的后面几个分句（"特别在……认识。"），或脱离主题，或是套话、空话，不能真正体现对行风建设、群众监督的正确认识，且"加深了……的紧迫感认识"是病句，"宝贵的"一词重复。④最后一句语言欠精练（如"谈谈""以作答复"就纯属多余），

表述也不完整。

经过核稿的有关领导修改，再经过拟稿人的推敲，这份报告的开头部分最后定稿如下：

市纠风办：

多年来，市政府及纠风办对我局的行风建设给予了大力支持和关心，提出了许多宝贵的意见和建议，使我局的行风建设不断取得新的成效。但成绩只属于过去，作为公益性服务部门，行风建设将是一个长期的系统工程，是企业的生存之本、发展之本、效益之本。要把行风建设确有成效地开展下去，除了企业本身的努力以外，还必须有市纠风办和群众的监督与支持。我局将根据纠风办和行风评议组提出的三个重点整改问题，制定整改措施，加大行风建设力度，提高优质服务水平。

我局拟采取的具体整改措施，以及对"××东区居民反映增容费已交但未落实"与"交费时限"二问题的答复，分述于下：

该报告的初稿，结尾部分也不理想：

我局的行风建设的任务是艰巨的，但相信在市政府及市纠风办的指导关怀下，振作精神、共同努力、强化责任、扎实工作，我局的行风建设一定能提到更高的档次。

这个结尾，除了语句不够通顺、中间一个分句缺主语等语法方面问题外，还存在着责任主体定位模糊（要双方"共同努力"）、表态的力度不够、最后一句较为"落套"以及标点误用等不足。经有关领导与拟稿人反复修改，最后的定稿基本上去除了上述弊端：

我局行风建设的任务是长期、繁重和艰巨的，但我们有决心在市政府及市纠风办的指导关怀下，认清形势，振作精神，迎难

421

而上，强化责任，扎实工作，使我局的行风建设朝着规范化服务的更高层次推进和发展。

二、××电业局《公用摩托车拍卖实施方案》部分条款的修改

该方案的具体条款经过了有关领导及拟稿人反复增删、修改。改动较多的部分条款，其初稿如下：

二、拍卖范围：

用局公款购置（含各种开支渠道）的摩托车；但生产、抢修、抄表公用车辆除外。

三、拍卖对象：

本局范围内全体在职全民职工（1999 年 8 月 1 日以后在册）。

七、一旦竞买成功不可反悔，如反悔者将一律不退返保险金，上缴局财务科。

八、摩托车如无人竞买者，将改为生产抢修等公用车辆配置。

十、定于下列时间按上班地点分片区集中摩托车，请××市资产拍卖行实施评估：

（略）

十二、每个职工参加竞买，最后只能成交壹部。

这些条款存在的主要问题有：

第二条，括号内文字应在"购置"之前；分号应改为逗号；"生产"即包含了"抢修""抄表"，大、小概念不能并列；"公"字多余。

第三条，"拍卖对象"一般的理解是"被拍卖的东西"，因此宜改为"竞买者范围"；"范围内全体"五字纯属多余；"1999 年 8 月 1 日以后在册"界定不科学，连拍卖前一天调入单位的人也可以竞买。

第七条，第二个分句既不通顺又不简练，最后一个分句缺主语，"保险金"应为"保证金"。

第八条，前半句表述文理不通，且"者"一般指代人，不指代物；后半句"抢修等公"四字应去掉，原因见第二条之评析，"辆配置"也要去掉。

第十条，"摩托车"前还是需要加上"要拍卖的"几字，以体现表述的严密；后面也应该再增加一句对有关部门、人员的要求。

第十二条，"每个职工""参加竞买"前后词序颠倒，意思大不一样，且表述也不简练；"壹部"不必大写，因为是打印文，不可能添改；后面也应加上"摩托车"三字，表达才完整。

上述条款经过如此推敲，最后定稿如下：

二、拍卖范围：

用局公款（含各种开支渠道）购置的摩托车，但生产用车除外。（详见附表）

三、竞买者范围：

本局在职全民正式职工。（1999 年 7 月 31 日在册）

七、一旦竞买成功不可反悔，否则其保证金一律不退，上缴局财务科。

八、无人竞买的摩托车，将改为生产用车。

十、按下列时间、地点分片区集中要拍卖的摩托车（有关部门、人员应按时交付车辆），请××市资产拍卖行实施评估：

（略）

十二、竞买者每人只限成交一部摩托车。

第 二 节 格式、文字、数字等方面的修改

一、××电业局《关于申请"××35kV 线路升压改造工程"的项目建议书》几处错误的改正

该文件初稿的标题及开头部分如下:

关于申请"××35kV 线路
升压改造工程"的项目建议书

省电力工业局:

　　从 98 年起,××燃气发电厂基本处于闲置状态。99 年 7 月 29 日,××市电力投资发展总公司发文市政府、市国资局、××电业局,告知该公司已开展燃气轮机设备的转让工作,并请示将燃气发电厂解除备用。

　　这部分内容存在好几个问题,经有关领导核稿,作了以下几点改动:

　　(1)"项目建议书"不是公文文种,改为"请示",标题中的"申请"二字同时去掉。

　　(2)公文标题中非确实需要,一般不用标点符号,因此标题中的引号去掉。

　　(3)"98 年"、"99 年"的表述不规范,改为全称的"1998年""1999 年"。

　　(4)"发文"应改为"行文"("发文给"之意)。

　　(5)"请示"是"(向上级)请求指示"之意。文中"请示"一词用得不妥,改为"申请"。

　　二、××电业局《关于转报××市××35kV 输变电工程建设项目的请示》部分不规范表述的改正

　　该请示的标题及开头部分如下:

关于转报××市××35kV 输变电工程建设项目的请示

省电力工业局:

　　××市××岛是东南沿海的一个小岛,占地面积×.××平方公里,该岛距陆地×公里,距金门××岛×.××公里,共有居民约×万人,主要从事海洋捕捞与加工业。由于受供电设备条

件所限，99 年全年用电量为×××万千瓦·时，其中约有一半是靠柴油机发电的，年均增长率为×.×％。因受自然条件限制，××市电力公司在制订"九五"电网规划及上报 99 年 35kV 及以上输变电工程项目时，将该岛忽略了，在这次农网"两改一同价"改造工作中，我们发现××岛潜藏的电力市场不能忽视，（以下略）

上述内容中有多处文字表述不规范，应予改正：

（1）"公里"是"千米"的俗称，在公文中应使用法定计量单位"千米"。但"平方公里"可不必改动，因为法定土地面积计量单位为"平方米""公顷""平方千米（平方公里）"三级，"平方千米"与"平方公里"均可使用。

（2）公文中计量单位的表述不但要规范而且要统一。在同一篇文章中，原则上统一使用中文的单位名称，不能既有中文又有英文。因此，题目及正文中的"kV"应改为"千伏"，以跟文中的"平方公里""千米""万千瓦·时"相统一。

（3）时间表述应用全称。文中两处"99 年"均应改为"1999 年"。

此外，上述引文还有几个小毛病：第一句的"占地""该岛""共有"都应删去；第二句的"其中约有一半是靠柴油机发电的"应改为"其中约有一半靠柴油发电机组供电"；第三句的"自然条件"宜改为"地理条件"，"将该岛忽略了"宜改为"未将该岛考虑在内"，后面的逗号宜改为句号；最后的"在这次农网'两改一同价'改造工作中"应改为"在这次农电'两改一同价'工作中"，"潜藏"宜改为"潜在"。

三、××电厂《关于♯41、♯42 职工住宅立项的请示》版头格式及部分表述的改正

这份公文的第 1 页如下所示：

××省××电厂

×电企〔1999〕101号

关于♯41、♯42职工住宅立项的请示

省电力工业局：

在省局及有关部门的关心和支持下，我厂住房建设取得较快进展，截止九九年七月，已竣工住宅可解决九七年全部已婚职工住房问题。但我厂青工多，近年来又处结婚高峰期，仅九八年结婚职工 29 户，九九年 1—6 月结婚职工 12 户共四十一户申请住房，为此我厂拟申请在扩建端♯39、♯40 楼后建设♯41、♯42 职工住宅，解决新婚职工住房问题，该项目不需征地，已具备三通一平条件，套用原♯39 住宅图纸，计划投资×××万元，建筑面积×××米²，框架结构。资金来源：企业自筹×××万元，职工集资×××万元，省局补助×××万元，计划开竣工时间 99 年 9 月—2000 年 9 月。（下为第 2 页，略）

上面所引的该公文首页，在格式、文字、数字的规范化等方面均有问题，须改正的地方主要有：

（1）发文机关部分应加上"文件"二字，即"××省××电厂文件"。

（2）发文字号中的发文年度，必须用六角括号括入，不能用方括号。因为是上行文，发文字号应居左空 1 字，同时居右空 1 字署签发人姓名。

（3）标题中顿号可去掉。标题及正文中的"♯41""♯42""♯39""♯40"，均应改为"41 号""42 号"……

（4）时间表述要全称，统一用阿拉伯数码。引文中"九九年 1—6 月结婚职工 12 户共四十一户"这种汉字、阿拉伯数字混用的情况，尤其不能出现。因此，文中多处时间表述文字均应改正。

（5）"截止"是"（到一定期限）停止"，后面无法带宾语"九九年七月"，应改为"截至"（"截止到〔某个时候〕"之意）。

（6）"仅九八年……申请住房"一句，表述不通顺，有些字眼应去掉或改换，标点也要有所改动。

（7）这份请示本身就已在申请立项，故"拟申请"的"申请"二字纯属多余，应去掉。

（8）后面几句，除了删去"原"，"开竣工时间"改为"工期"等文字修改外，还要增加一个冒号，改两个逗号为句号，"米^2"也要改规范。

经过修改，该请示的首页应该如下：

××省××电厂文件

×电企〔1999〕101号　　　　　　　　　　签发人：×××

关于我厂 41 号 42 号职工住宅建设立项的请示

省电力工业局：

在省局及有关部门的关心和支持下，我厂住房建设进展较快，截至 1999 年 7 月，已竣工住宅可解决 1997 年以前已婚职工住宅问题。但我厂青工多，近年来又处结婚高峰期，1998 年结婚职工 29 户，1999 年 1—6 月结婚职工 12 户，这 41 户职工均申请住房。为此，我厂拟在宿舍区扩建端 39 号、40 号楼后建设 41 号、42 号职工住宅，解决新婚职工住房问题。该项目不需征地，已具备三通一平条件，套用 39 号住宅图纸，计划投资×××万元，建筑面积××××平方米，框架结构。资金来源：企业自筹×××万元，职工集资×××万元，省局补助×××万元。计划工期：1999 年 9 月—2000 年 9 月。

第三节　同一内容的两份请示件的比较评析

先看××县电力公司报送××电业局的一份请示件的全文

（部分语句下的横线为编者所加）：

关于我县Ⅱ回110kv输电线路架设投运后小水电就地平衡问题意见的请示

××电业局：

××县<u>地处南亚热带</u>，全县总面积×××km²，<u>辖××乡镇</u>，人口×××万人，<u>境内山川明秀</u>，水力资源可开发××万kw，到98年底，<u>小水电站联县电网×××处</u>，总装机容量××.×万kw。

××县电网于89年9月与省电网的××变联网，现已有110kv变电站×座，主变总容量×××MvA，<u>35kv变电站×座（其中在建×座），主变总容量×××.×MvA</u>，10kv配变总容量×××MvA；110kv线路×××.×km，35kv线路×××.×km，10kv线路×××km，低压线路×××km，<u>已形成110kv与35kv为主网架，内联所有乡镇</u>。预计98年县电网售电量×.×亿kw.h，其中购省电网电量×.××亿kw.h。

"八五"期间，××年均用电增长××.××％，"九五"期间前三年年均用电增长××％。县电网最高负荷达×万kw，<u>枯水期省电网输入最高负荷×.×万kw</u>，考虑到我县近几年用电增长率，原建成的××110kv输电线路近期将满载。为适应××电力发展的需求，急需架设××Ⅱ回110kv输电线路，我县于97年12月上报该工程项目建议书，省电力工业局以×电计（1998）××××号文批复同意建设。可是，两条110kv输电线路从技术上论证尚不可能并列送电，经与贵局总工和设计所人员拟定，××Ⅱ回110kv输电线路架设直送××110kv变电站，架设投运后，由于不能电磁环网，将形成我县南半部由220kv×××变供电，北半部由220kv××变供电的局面，因此我县内部小水电余缺难以自行调剂。加上我县小水电站地域分布多数在北半部，北半部用电负荷又较轻，南半部县小水电装机容量仅1万多kw，南半部用电负荷3万多kw。因此，会造成我县北半部的小水电

428

倒供省电网，南半部又需依靠省电网供电。若按照现行省电网的供电政策，倒送省电网电量不能互抵的话，我公司经济上将承受不住，难以生存。为此，恳请贵局根据上述的具体情况，从帮助××经济发展出发，给予××两条110kv输电线路供电的电量互为抵扣的政策扶持。

以上意见当否，请予批示。

××县电力公司（章）

一九九八年十二月十七日

××电业局在接到××县电力公司这份请示件后，就该问题向省电力工业局发文请示，全文如下：

关于××县Ⅱ回110kV输电线路
投运后小水电就地平衡问题的请示

××省电力工业局：

××县为我局趸售县，地处××市行政区域西部，原为全省最大的贫困县，全县面积××××平方公里，人口×××万人。该县有一定水力资源，已开发小水电装机容量为××.×万kW。现有110kV变电站×座，主变总容量××.×万kVA。1997年对该县趸售电量×.××××亿kW·h，1998年则为×.××××亿kW·h，最高负荷×万kW。

该县原来经济基础较薄弱，但进入九十年代后，经济发展速度较快，1998年全县国民经济生产总值为××.××亿元。"八五"期间县电网售电量年均增长率××.××%，"九五"前三年年均售电量增长率为××%，县电网最高负荷×万kW。因此，原由220kV××变至110kV××城关变、长60余千米的线路单回供电，不但供电能力不足，供电可靠性差，且不能确保电能质量。为此，该县1997年已向省局上报投建自220kV××变出线的第Ⅱ回110kV线路，省局以×电计〔1998〕×××号文批复，同意投建。

由于该县两回 110kV 线路不能电磁环网，由 I 回供电的北半部小水电装机 9 万 kW，负荷却较轻，由 II 回供电的南半部小水电装机仅 1 万 kW，负荷却又较大，结果是北半部小水电倒送省电网，而南半部又需靠省电网供电，南北小水电不能就地平衡。若倒送省电网电量不能对抵，该县电力公司经济上将难以承受。

鉴于上述情况，为满足该县用电需求及合理计费，我局建议给予该县电力公司两回 110kV 馈线出口电能计量表当月同时段电量对抵。

以上请示当否，请批示。

××省××电业局（章）

一九九九年元月十一日

比较以上两份文稿可以看出，第二份请示在主题提炼、材料取舍、词语锤炼、文字规范及标点运用等方面明显高于前者：

（1）第二份请示的标题去掉了"架设""意见"二词，更为准确、精练。

（2）第一份请示中编者画上横线的那些句子，均与主题无关，故第二份请示全部舍去。（另，"已形成 110kV 与 35kV 为主网架，内联所有乡镇"一句缺宾语，是病句。）

（3）在陈述背景、说明理由时，第一份请示显得比较啰唆。经过改写，第二份请示既表达清楚，又简明扼要。

（4）第一份请示的许多计量单位符号打印不规范，如"kv""kw""MvA"，其中的"v""w"均应大写，"MvA"也宜换算为与"kW·h"一致的"万 kVA"；又如"kw.h"，规范的写法应为"kW·h"。第二份请示改掉了上述所有不规范写法。（计量单位的表述原则上应使用汉字，因此第二份请示的这些单位符号最好还是改为"千伏""千瓦""万千伏·安""千瓦·时"，将更为规范。）

（5）数值与单位符号之间应空出 1/4 字距，第一份请示全部没空（如"110kv""35kv"等）。第二份请示打印规范。

（6）在时间的表述上第一份请示同样不规范。第二份请示均改为规范的全称。

（7）第一份请示在标点使用上也欠斟酌，不少该用句号的地方用了逗号。第二份请示标点用得较为准确。

第四节 对一份"申请报告"的评改

某电力公司输变电工程部的一份"申请报告"原文如下：

关于××110KV输变电工程增加投资的申请报告

××电力公司：

我局农网二期建设改造工程，××110KV输变电工程项目，为与××城市总体规划相配套，市政府及市规划土地管理局要求该站110KV进线自北塔路北侧以110KV电缆入地至变电站内，长度约580米，由此引起该站投资较原科研报告投资增加284万元（110KV电缆价格330元/米，电缆头6万元/个），请予批复。

附件：投资估算表

××电力公司输变电工程部（章）
二〇〇二年七月二十四日

这份公文存在着不少问题，主要有：

（1）标题欠严谨，文种用错。该标题事由"××110KV输变电工程增加投资"一语，可缩写为"工程增加投资"，而"工程"作为主语明显不妥。因正文内容是说在原科研报告的基础上增加投资的，故可以改为"追加××110kV输变电工程投资"。从公文内容上看，其目的是请求上级批准追加投资的，显然是一份请示。该用请示却用报告，并且生造出"申请报告"这样的文种来，这是很不应该的。

（2）正文表达混乱，语气生硬失当。通篇就一个长句，把请示的理由、事项和结尾混在一起，给人的印象不清不楚。请示的事项是请示件的重要内容，应从理由中剥离并用明确、简练的语言表述出来。请示应该用谦恭的语气，而本文"由此引起……，请予批复"语气不当，有点借地方政府要求或权威压自己领导就范的味道。作为一份请示，这种语气的使用不当是非常忌讳的。

（3）格式有误，打印不规范。有些文件的结束语可以省略；但请示的期复性和上行文的语气在结束语上显示得很充分，所以结束语不能省略，而且一般要单独占一行。该文虽有结束语，但没有单独占一行。此外，表示 10^3 的"k"应该小写，而该文都打印错了；附件标识应为正文下空 1 行，该文没有空行。

（4）原文括号内的注解，在附件《投资估算表》中会有相关内容，所以应该省去。

综上所述，该文可改为：

432

关于追加××110kV 输变电工程投资的请示

××电力公司：

××110kV 输变电工程属我局农网二期建设改造项目，原计划投资为××万元。最近××市政府及市规划土地管理局要求该项目必须与××市总体规划相配套，明确××110kV 进线自北塔路北侧以 110kV 电缆入地至变电站内，长度约 580 米，导致该项目投资较原计划增加 284 万元。为此，请求公司再追加 284 万元，以保证工程顺利进行。

妥否，请批示。

附件：投资估算表

××电力公司输变电工程部（章）

二○○二年七月二十四日

（以上内容选自《应用写作》2004 年第 2 期，作者杨桂芳。

选用时略有修改。）

第 五 节 对一份病误公文的两次评改

《应用写作》杂志 2008 年 11 期刊登的《公文写作应准确、恰当、讲究逻辑性——评改一篇报告》（作者为渤海大学中文系的韩雪松）一文，对一份病误公文作了详细评改。该公文原文如下：

关于××县××乡××屯发生石山崩塌
造成严重损失情况的报告

××副省长：

今年七月十日下午两点多，我市××县××乡××屯后面的石山发生崩塌，塌下山石九千九百立方米，造成的损失无法估量。受灾的有十多户、近百人；死亡十余人，受伤九人；倒塌房屋七十多间；压死生猪二十多头；损失粮食六千多公斤。

灾情出现后，我市委、市政府和××县委、县人民政府高度重视，坚决贯彻以人为本的理念，马上组织抢险救灾工作组赴现场抢险救灾，当即发给受灾群众每人大米七点五公斤，面条一点五公斤，食油零点五公斤，洗衣粉两包（一公斤），以及日常生活用品等十九种。并组织民兵应急小分队三百多人投入抢险救灾。灾民的吃、穿、住、行已得到初步安排。并计划每人安排两个月的口粮。灾民情绪稳定，××县广大干部、职工发扬"一方有难、八方支援"的精神，共捐献衣物××多件，帐篷××顶，人民币××多元。这些款物均已及时发到灾民手中。目前，救灾各项工作正在有组织、有秩序地进行中。

××市政府

二〇〇×年×月×日

韩雪松先生评析，该公文存在的问题主要有如下几点：

1. 主送机关不当。《国家行政机关公文处理办法》明确规定："除上级机关负责人直接交办的事项外，不得以机关名义向上级机关负责人报送'请示''意见''报告。'"本文的内容显然不属于"上级机关负责人直接交办的事项"，却主送该省副省长，不符合行文规则。

2. 概念不准确。"无法估量""十多户""十余人"等，这些概念都有失准确，没有将能够说清楚的内容说出来。损失可能很大，但也并非"无法估量"，这样写有夸大之嫌。即使暂时无法准确统计出具体损失情况，可以用"造成重大损失"这样的模糊语言概括。受灾户及因灾死亡者的数量应该不难统计，却没有写出准确数字，用"受灾十余户""死亡十余人"这样的表述会使上级机关、领导对发文机关的工作作风产生不良印象。另外，"死亡"这一概念也欠准确，应改为"因灾死亡"。

3. 判断欠妥当。"塌下山石九千九百立方米"这判断貌似精确，其实并不准确，不如改为"近万立方米"更稳妥。另外，"灾民的吃、穿、住、行已得到初步安排"之说也欠考虑，文中多处语言确能体现出"吃、穿、住"得到了初步安排，但说"行"的问题也得到了初步安排却显牵强。大难刚过，人民群众迫切需要解决的无疑是事关生存的生活必需品问题，对于"行"的需要弱于"吃、穿、住"。而且，文中并未涉及道路毁坏情况的内容，此处突然冒出"行"得到初步安排，这一结果就缺乏必要的前因。

4. 逻辑顺序不尽合理。对这类救灾事件的报告，一般的逻辑思路可以这样展开：灾情交代—行动措施—较好结果—现状描述（有时也可将结果提前概括一下，然后再分述）。该文也大致按照这一逻辑顺序展开，但个别地方不尽通畅。如"并组织民兵应急小分队三百多人投入抢险救灾"似放在"马上组织抢险救灾工作组赴现场抢险救灾"之后更合情理；"灾民情绪稳定"一句放在最后一句"救灾各项工作正在有组织、有秩序地进行中"之前更加合乎逻辑。另外，"灾民的吃、穿、住……"一句宜提前

434

叙述，使收文单位能够尽快了解灾后人民群众的生活状况，使心中的石头落地。

5. 略带八股腔。文中"高度重视，坚决贯彻以人为本的理念"一句，固然没有什么语病，也能反映出发文单位的态度，但用在此处，在这样的语境中，总有一点画蛇添足之感。灾情紧急，公文不应再"穿靴戴帽"。不写这句，直接说出自己采取的相应行动和措施，不也能够说明"高度重视，坚决贯彻以人为本的理念"吗？而且效果会更好。

综合上述，韩雪松先生对该公文试作修改，改后全文如下：

关于××县××乡××屯发生石山崩塌
造成严重损失情况的报告

××省政府：

今年7月10日下午2时30分，我市××县××乡××屯后面的石山发生崩塌，塌下山石近万立方，造成重大损失。受灾的有16户、96人；死亡13人、受伤9人；倒塌房屋72间；压死生猪25头；损失粮食6050公斤。

灾情出现后，我市委、市政府和××县委、县人民政府马上组织抢险救灾工作组赴现场抢险救灾，并组织民兵应急小分队300多人投入抢险救灾。灾民的吃、穿、住已得到初步安排，当即发给受灾群众每人大米7.5公斤，面条1.5公斤，食油0.5公斤，洗衣粉2包（1公斤），以及日常生活用品等19种。并计划每人安排2个月的口粮。××县广大干部、职工发扬"一方有难、八方支援"的精神，共捐献衣物××多件，帐篷××顶，人民币××多元。这些款物均已及时发到灾民手中。目前，灾民情绪稳定，救灾各项工作正在有组织、有秩序地进行中。

××市政府
二〇〇×年×月×日

2009年2期的《应用写作》杂志又刊登湖南省娄底市人民政府办公室刘德斌的《文章不厌百回改——对一份报告的再评改》，认为韩雪松先生修改的公文还有继续进行评改的必要性，主要有以下三个方面：

1. 语言文字的准确性、简洁性。该文的标题欠简洁。"××县××乡××屯"是具体的灾情发生地点，作为向省政府发送的公文，标题中没有必要如此精确（如果是向该县政府报告则有不同）；如果该石山有名称（该原文一直没有提到石山名称，核文人员应当向起草单位核实准确），则可以进一步精炼文字；而"造成严重损失"就是崩塌事故的具体情况，既是发生了事故，领导当然会重视，故而可以省略此六字；此外，根据一般的矿山安全事故应急预案，死亡10人以上的属于特大事故，应予标明，这样在显现事故的灾害程度上比"造成严重损失"要规范得多。综上，标题可以改为：《关于××县××石山特大崩塌事故情况的报告》。

其次，"马上组织抢险救灾工作组赴现场抢险救灾，并组织民兵应急小分队300多人投入抢险救灾"这一个句子中，连用三个"抢险救灾"不简洁，可改为："马上组织工作组赶赴现场，并投入民兵应急小分队300多人抢险救灾"。

再次，同一公文中有关名词要统一。如"灾情出现后，我市委、市政府和××县委、县人民政府……"，很显然，"市政府"与"县人民政府"之间不统一；又如原文标题中"造成严重损失"，而在文中又变成了"造成重大损失"。

再如，"灾情出现后"中的"出现"一词似乎改为"发生"更为准确。"出现"一词更多地指原来就存在的事物"显露出来"，如"小谊出现在他父亲面前"；而"发生"一词则指"原来不存在的事情出现了"，如"发生事故"。此外，"发扬'一方有难、八方支援'的精神"在这个紧急报告中也属于"八股腔"，理当删除。

2. 逻辑顺序的协调性与严谨性。如"造成重大损失。受灾

436

的有 16 户、96 人；死亡 13 人，受伤 9 人；倒塌房屋 72 间；压死生猪 25 头；损失粮食 6050 公斤。"按照影响的重大性，应当把死亡与受伤的人数放在最前面，这也是上级领导最关注的内容。同时，文中没有明确受灾的 16 户共 96 人中是否包括了死亡者，这是不严谨之处。又如"洗衣粉 2 包（1 公斤），以及日常生活用品等"也不严谨，因为洗衣粉也属于日常生活用品之列。

3. 汇报内容的全面性。上一级领导得知发生了灾情以后，不仅想知道已经采取了哪些措施，还想知道下一步准备采取哪些措施，但这些内容在文中没有体现出来。这次事故造成了人员伤亡，对这些伤亡的人员采取了什么样的抢救、处理措施，在文中只字未提，这也是欠妥当的。

评改之后，刘德斌先生将该报告又修改如下：

关于××县××石山特大崩塌事故情况的报告

××省人民政府：

今年 7 月 10 日下午 2 时 30 分，位于我市××县××乡××屯的××石山发生特大崩塌事故，塌下的近万立方米山石造成 13 人死亡、9 人受伤（其中×人重伤），另有××户共××人受灾，倒塌房屋 72 间，压死生猪 25 头，损失粮食 6050 公斤。

灾情发生后，我市委、市政府和××县委、县政府马上组织工作组赶赴现场，并投入民兵应急小分队 300 多人抢险救灾。9 名受伤者已送××医院集中治疗，13 名死亡者遗体已得到妥善处理。发给受灾群众每人大米 7.5 公斤、面条 1.5 公斤、食油 0.5 公斤，洗衣粉 2 包（1 公斤）及其他日常生活用品等共××种。××县广大干部、职工共捐献衣物××多件，帐篷××顶，人民币××多元并已及时送到灾民手中。目前，灾民吃、穿、住已得到初步安排，情绪稳定。下一步，工作组计划给灾民每人安排 2 个月的口粮，其他各项救灾工作正在有组织、有秩序地进行中。

(××市政府印章)

二〇〇×年×月×日

（**编者注**：公文应使用法定计量单位，因此刘先生文中的五个"公斤"均应改为规范用词"千克"。）

韩雪松、刘德斌两位先生的修改涉及应用文写作的材料、结构、主旨等诸多方面，但更多的是语言表达上存在的问题。两位先生对这份报告的反复修改，不仅让我们明了"文章不厌百回改"的道理，更使我们真切地体会到要写好一份公文，写作者应具备多方面的良好素质，包括公文写作基础知识、较强的分析与综合能力以及严谨细致、一丝不苟的敬业精神与富有条理、精密敏捷的思维能力等。

第 六 节　某份总结的前言 "几易其稿" 例析

驻西藏某军分区要求政治部写一份关于近几年来该部开展科学文化教育活动的总结。这份总结第一稿的开头是这样的：

像跃出东海的一轮红日，像喜马拉雅山傲然盛开的雪莲，像茫茫戈壁上悠然而现的清泉，像草原上铺锦刺绣的格桑，在科技强国、科技强军的号角感召下，我们迎来了部队科学文化教育的明媚春光……

稿子交上去之后，很快被打回来。虽然文辞十分优美，充满诗情画意，却不符合总结的写作要求。不同文种只有采用适当的语言表达方式，才能准确有效地表达。总结的语言要求就是切合文体、实话实说、平直浅易，多用说明、记叙，少用比喻、形容等文学性语言，一般不用抒情性描写。因此，第一稿明显不合要求。

第二稿是：

五年来，我分区科学文化教育工作在中央军委总部和军区党委机关的正确领导下，在军区政治部的直接帮助下，在分区党委和司政后机关的高度重视下，认真贯彻党的十一届三中全会以来的各项方针政策，以全军政治工作会议精神为动力，经过部队各级党委和广大指战员的共同努力，取得了很大成绩……

这一稿无论在语体运用、文字通顺，还是在逻辑关系上似乎没有什么错误，但说了半天，全是些不着边际的大话、空话、套话，没有任何实际内容。所以稿子交上去之后，还是没有通过，再次重写。

经过这样几易其稿，最后的定稿是这样的：

我分区下属各部驻守在喜马拉雅山麓××××公里的边防线上，这里平均海拔4500多米，空气稀薄，气候寒冷，许多地方曾被地质学家判为"永冻层"，被生物学家划为生命禁区。然而，正是在这样艰苦的环境里，在科技强国、科技强军的号角感召下，在总部和司政后党委的高度重视下，科学文化教育活动兴旺发达。各基层单位普遍建立学习俱乐部，开设军地两用人才培训班××个，并举办×届战士高考补习班……永冻层上热气腾腾，生命禁区里生机盎然。分区文化活动多次受到军区表彰，19××年被评为××先进单位，受到三总部通令嘉奖。我们的主要做法如下：……

最后这一稿就是比较成功的总结前言。与前两稿比较，它有以下优点：

（1）概括性强。总结的前言需要用高度概括的方法，把全文主要内容用很简练的语言集中进行叙述，使开头部分成为全文的"窗口"。在这则前言里，交代了工作环境、工作概况、成绩、评价及意义，内容复杂，如果不进行归纳概括，就很难用少而精的语言将其准确地表达出来。这则前言在高度概括中，既注意全面，又突出重点，如对艰苦环境的介绍就用了较多的笔墨。这样

第十二章 初稿修改实例评析

既给人总体印象，又突出重点，很有说服力。

（2）具有特色。前言的目的，主要是把工作的情况作大致的介绍，使上级了解你所要总结的工作背景、时间、内容、措施及取得的成绩。所以在说明的时候，就要抓住能反映工作全貌、对理解总结有指导意义的内容，尤其是要针对本单位的具体情况。在本例前言中，"驻守在喜马拉雅山麓××××公里的边防线上，这里平均海拔 4500 多米，空气稀薄，气候寒冷"这些都是本单位最具特色的地方。正是在这种艰苦的条件下，所取得的成绩才更引人注目。

（3）层次清晰。总结的前言部分通常含有几个方面的内容：背景、内容、成绩、意义、评价、转接。即要写明总结所涉及的实际事务的实施对象是什么，在什么样的背景下实施的，有哪些主要的做法，取得的成绩如何，进行该项实际事务的目的和意义，由前言部分转到主体部分的承上启下语等。该前言部分的第一句话，讲明总结所涉及事务的实施环境；第二句话以"然而"进行转接，通过对比，阐明工作的现状、意义及指导思想，仍然属于工作背景部分。从"各基层单位"开始，介绍工作的主要做法，其中"永冻层上热气腾腾，生命禁区里生机盎然"既是总结，更是与前文的呼应对照。其后，"多次受到军区表彰……"是工作所取得的成绩及评价。最后，"我们的主要做法如下："为前言部分向主体部分过渡的转接语。整个前言部分层次非常清晰。

（4）内容具体。总结因为年年写，许多人形成了一套固定的模式："在……领导下，全面贯彻……精神（指示），取得了很大成绩。"这种前言模式不是不能写，只是这样写毫无特色，千篇一律，最多也只能写出前面所述第二稿的水平。最后的定稿，就较少空话、套话。

（以上内容选自《应用写作》2003 年第 1 期，作者张雪梅。选用时略有修改。）

党政机关公文处理工作条例

（中办发〔2012〕14 号）

第一章 总 则

第一条 为了适应中国共产党机关和国家行政机关（以下简称党政机关）工作需要，推进党政机关公文处理工作科学化、制度化、规范化，制定本条例。

第二条 本条例适用于各级党政机关公文处理工作。

第三条 党政机关公文是党政机关实施领导、履行职能、处理公务的具有特定效力和规范体式的文书，是传达贯彻党和国家方针政策，公布法规和规章，指导、布置和商洽工作，请示和答复问题，报告、通报和交流情况等的重要工具。

第四条 公文处理工作是指公文拟制、办理、管理等一系列相互关联、衔接有序的工作。

第五条 公文处理工作应当坚持实事求是、准确规范、精简高效、安全保密的原则。

第六条 各级党政机关应当高度重视公文处理工作，加强组织领导，强化队伍建设，设立文秘部门或者由专人负责公文处理工作。

第七条 各级党政机关办公厅（室）主管本机关的公文处理工作，并对下级机关的公文处理工作进行业务指导和督促检查。

第二章 公 文 种 类

第八条 公文种类主要有：

（一）决议。适用于会议讨论通过的重大决策事项。

（二）决定。适用于对重要事项作出决策和部署、奖惩有关单位和人员、变更或者撤销下级机关不适当的决定事项。

（三）命令（令）。适用于公布行政法规和规章、宣布施行重大强制性措施、批准授予和晋升衔级、嘉奖有关单位和人员。

（四）公报。适用于公布重要决定或者重大事项。

（五）公告。适用于向国内外宣布重要事项或者法定事项。

（六）通告。适用于在一定范围内公布应当遵守或者周知的事项。

（七）意见。适用于对重要问题提出见解和处理办法。

（八）通知。适用于发布、传达要求下级机关执行和有关单位周知或者执行的事项，批转、转发公文。

（九）通报。适用于表彰先进、批评错误、传达重要精神和告知重要情况。

（十）报告。适用于向上级机关汇报工作、反映情况，回复上级机关的询问。

（十一）请示。适用于向上级机关请求指示、批准。

（十二）批复。适用于答复下级机关请示事项。

（十三）议案。适用于各级人民政府按照法律程序向同级人民代表大会或者人民代表大会常务委员会提请审议事项。

（十四）函。适用于不相隶属机关之间商洽工作、询问和答复问题、请求批准和答复审批事项。

（十五）纪要。适用于记载会议主要情况和议定事项。

第三章　公　文　格　式

第九条　公文一般由份号、密级和保密期限、紧急程度、发文机关标志、发文字号、签发人、标题、主送机关、正文、附件说明、发文机关署名、成文日期、印章、附注、附件、抄送机关、印发机关和印发日期、页码等组成。

（一）份号。公文印制份数的顺序号。涉密公文应当标注份号。

（二）密级和保密期限。公文的秘密等级和保密的期限。涉密公文应当根据涉密程度分别标注"绝密""机密""秘密"和保密期限。

（三）紧急程度。公文送达和办理的时限要求。根据紧急程度，紧急公文应当分别标注"特急""加急"，电报应当分别标注"特提""特急""加急""平急"。

（四）发文机关标志。由发文机关全称或者规范化简称加"文件"二字组成，也可以使用发文机关全称或者规范化简称。联合行文时，发文机关标志可以并用联合发文机关名称，也可以单独用主办机关名称。

（五）发文字号。由发文机关代字、年份、发文顺序号组成。联合行文时，使用主办机关的发文字号。

（六）签发人。上行文应当标注签发人姓名。

（七）标题。由发文机关名称、事由和文种组成。

（八）主送机关。公文的主要受理机关，应当使用机关全称、规范化简称或者同类型机关统称。

（九）正文。公文的主体，用来表述公文的内容。

（十）附件说明。公文附件的顺序号和名称。

（十一）发文机关署名。署发文机关全称或者规范化简称。

（十二）成文日期。署会议通过或者发文机关负责人签发的日期。联合行文时，署最后签发机关负责人签发的日期。

（十三）印章。公文中有发文机关署名的，应当加盖发文机关印章，并与署名机关相符。有特定发文机关标志的普发性公文和电报可以不加盖印章。

（十四）附注。公文印发传达范围等需要说明的事项。

（十五）附件。公文正文的说明、补充或者参考资料。

（十六）抄送机关。除主送机关外需要执行或者知晓公文内容的其他机关，应当使用机关全称、规范化简称或者同类型机关统称。

443

（十七）印发机关和印发日期。公文的送印机关和送印日期。

（十八）页码。公文页数顺序号。

第十条 公文的版式按照《党政机关公文格式》国家标准执行。

第十一条 公文使用的汉字、数字、外文字符、计量单位和标点符号等，按照有关国家标准和规定执行。民族自治地方的公文，可以并用汉字和当地通用的少数民族文字。

第十二条 公文用纸幅面采用国际标准 A4 型。特殊形式的公文用纸幅面，根据实际需要确定。

第四章　行 文 规 则

第十三条 行文应当确有必要，讲求实效，注重针对性和可操作性。

第十四条 行文关系根据隶属关系和职权范围确定。一般不得越级行文，特殊情况需要越级行文的，应当同时抄送被越过的机关。

第十五条 向上级机关行文，应当遵循以下规则：

（一）原则上主送一个上级机关，根据需要同时抄送相关上级机关和同级机关，不抄送下级机关。

（二）党委、政府的部门向上级主管部门请示、报告重大事项，应当经本级党委、政府同意或者授权；属于部门职权范围内的事项应当直接报送上级主管部门。

（三）下级机关的请示事项，如需以本机关名义向上级机关请示，应当提出倾向性意见后上报，不得原文转报上级机关。

（四）请示应当一文一事。不得在报告等非请示性公文中夹带请示事项。

（五）除上级机关负责人直接交办事项外，不得以本机关名义向上级机关负责人报送公文，不得以本机关负责人名义向上级机关报送公文。

（六）受双重领导的机关向一个上级机关行文，必要时抄送另一个上级机关。

第十六条　向下级机关行文，应当遵循以下规则：

（一）主送受理机关，根据需要抄送相关机关。重要行文应当同时抄送发文机关的直接上级机关。

（二）党委、政府的办公厅（室）根据本级党委、政府授权，可以向下级党委、政府行文，其他部门和单位不得向下级党委、政府发布指令性公文或者在公文中向下级党委、政府提出指令性要求。需经政府审批的具体事项，经政府同意后可以由政府职能部门行文，文中须注明已经政府同意。

（三）党委、政府的部门在各自职权范围内可以向下级党委、政府的相关部门行文。

（四）涉及多个部门职权范围内的事务，部门之间未协商一致的，不得向下行文；擅自行文的，上级机关应当责令其纠正或者撤销。

（五）上级机关向受双重领导的下级机关行文，必要时抄送该下级机关的另一个上级机关。

第十七条　同级党政机关、党政机关与其他同级机关必要时可以联合行文。属于党委、政府各自职权范围内的工作，不得联合行文。

党委、政府的部门依据职权可以相互行文。部门内设机构除办公厅（室）外不得对外正式行文。

第五章　公　文　拟　制

第十八条　公文拟制包括公文的起草、审核、签发等程序。

第十九条　公文起草应当做到：

（一）符合国家法律法规和党的路线方针政策，完整准确体现发文机关意图，并同现行有关公文相衔接。

（二）一切从实际出发，分析问题实事求是，所提政策措施和办法切实可行。

（三）内容简洁，主题突出，观点鲜明，结构严谨，表述准确，文字精练。

（四）文种正确，格式规范。

（五）深入调查研究，充分进行论证，广泛听取意见。

（六）公文涉及其他地区或者部门职权范围内的事项，起草单位必须征求相关地区或者部门意见，力求达成一致。

（七）机关负责人应当主持、指导重要公文起草工作。

第二十条　公文文稿签发前，应当由发文机关办公厅（室）进行审核。审核的重点是：

（一）行文理由是否充分，行文依据是否准确。

（二）内容是否符合国家法律法规和党的路线方针政策；是否完整准确体现发文机关意图；是否同现行有关公文相衔接；所提政策措施和办法是否切实可行。

（三）涉及有关地区或者部门职权范围内的事项是否经过充分协商并达成一致意见。

（四）文种是否正确，格式是否规范；人名、地名、时间、数字、段落顺序、引文等是否准确；文字、数字、计量单位和标点符号等用法是否规范。

（五）其他内容是否符合公文起草的有关要求。

需要发文机关审议的重要公文文稿，审议前由发文机关办公厅（室）进行初核。

第二十一条　经审核不宜发文的公文文稿，应当退回起草单位并说明理由；符合发文条件但内容需作进一步研究和修改的，由起草单位修改后重新报送。

第二十二条　公文应当经本机关负责人审批签发。重要公文和上行文由机关主要负责人签发。党委、政府的办公厅（室）根据党委、政府授权制发的公文，由受权机关主要负责人签发或者按照有关规定签发。签发人签发公文，应当签署意见、姓名和完整日期；圈阅或者签名的，视为同意。联合发文由所有联署机关的负责人会签。

第六章　公文办理

第二十三条　公文办理包括收文办理、发文办理和整理归档。

第二十四条　收文办理主要程序是：

（一）签收。对收到的公文应当逐件清点，核对无误后签字或者盖章，并注明签收时间。

（二）登记。对公文的主要信息和办理情况应当详细记载。

（三）初审。对收到的公文应当进行初审。初审的重点是：是否应当由本机关办理，是否符合行文规则，文种、格式是否符合要求，涉及其他地区或者部门职权范围内的事项是否已经协商、会签，是否符合公文起草的其他要求。经初审不符合规定的公文，应当及时退回来文单位并说明理由。

（四）承办。阅知性公文应当根据公文内容、要求和工作需要确定范围后分送。批办性公文应当提出拟办意见报本机关负责人批示或者转有关部门办理；需要两个以上部门办理的，应当明确主办部门。紧急公文应当明确办理时限。承办部门对交办的公文应当及时办理，有明确办理时限要求的应当在规定时限内办理完毕。

（五）传阅。根据领导批示和工作需要将公文及时送传阅对象阅知或者批示。办理公文传阅应当随时掌握公文去向，不得漏传、误传、延误。

（六）催办。及时了解掌握公文的办理进展情况，督促承办部门按期办结。紧急公文或者重要公文应当由专人负责催办。

（七）答复。公文的办理结果应当及时答复来文单位，并根据需要告知相关单位。

第二十五条　发文办理主要程序是：

（一）复核。已经发文机关负责人签批的公文，印发前应当

447

对公文的审批手续、内容、文种、格式等进行复核；需作实质性修改的，应当报原签批人复审。

（二）登记。对复核后的公文，应当确定发文字号、分送范围和印制份数并详细记载。

（三）印制。公文印制必须确保质量和时效。涉密公文应当在符合保密要求的场所印制。

（四）核发。公文印制完毕，应当对公文的文字、格式和印刷质量进行检查后分发。

第二十六条 涉密公文应当通过机要交通、邮政机要通信、城市机要文件交换站或者收发件机关机要收发人员进行传递，通过密码电报或者符合国家保密规定的计算机信息系统进行传输。

第二十七条 需要归档的公文及有关材料，应当根据有关档案法律法规以及机关档案管理规定，及时收集齐全、整理归档。两个以上机关联合办理的公文，原件由主办机关归档，相关机关保存复制件。机关负责人兼任其他机关职务的，在履行所兼职务过程中形成的公文，由其兼职机关归档。

第七章 公 文 管 理

第二十八条 各级党政机关应当建立健全本机关公文管理制度，确保管理严格规范，充分发挥公文效用。

第二十九条 党政机关公文由文秘部门或者专人统一管理。设立党委（党组）的县级以上单位应当建立机要保密室和机要阅文室，并按照有关保密规定配备工作人员和必要的安全保密设施设备。

第三十条 公文确定密级前，应当按照拟定的密级先行采取保密措施。确定密级后，应当按照所定密级严格管理。绝密级公文应当由专人管理。

公文的密级需要变更或者解除的，由原确定密级的机关或者其上级机关决定。

第三十一条　公文的印发传达范围应当按照发文机关的要求执行；需要变更的，应当经发文机关批准。

涉密公文公开发布前应当履行解密程序。公开发布的时间、形式和渠道，由发文机关确定。

经批准公开发布的公文，同发文机关正式印发的公文具有同等效力。

第三十二条　复制、汇编机密级、秘密级公文，应当符合有关规定并经本机关负责人批准。绝密级公文一般不得复制、汇编，确有工作需要的，应当经发文机关或者其上级机关批准。

复制、汇编的公文视同原件管理。复制件应当加盖复制机关戳记。翻印件应当注明翻印的机关名称、日期。汇编本的密级按照编入公文的最高密级标注。

第三十三条　公文的撤销和废止，由发文机关、上级机关或者权力机关根据职权范围和有关法律法规决定。公文被撤销的，视为自始无效；公文被废止的，视为自废止之日起失效。

第三十四条　涉密公文应当按照发文机关的要求和有关规定进行清退或者销毁。

第三十五条　不具备归档和保存价值的公文，经批准后可以销毁。销毁涉密公文必须严格按照有关规定履行审批登记手续，确保不丢失、不漏销。个人不得私自销毁、留存涉密公文。

第三十六条　机关合并时，全部公文应当随之合并管理；机关撤销时，需要归档的公文经整理后按照有关规定移交档案管理部门。

工作人员离岗离职时，所在机关应当督促其将暂存、借用的公文按照有关规定移交、清退。

第三十七条　新设立的机关应当向本级党委、政府的办公厅（室）提出发文立户申请。经审查符合条件的，列为发文单位，机关合并或者撤销时，相应进行调整。

449

第八章 附 则

第三十八条 党政机关公文含电子公文。电子公文处理工作的具体办法另行制定。

第三十九条 法规、规章方面的公文，依照有关规定处理。外事方面的公文，依照外事主管部门的有关规定处理。

第四十条 其他机关和单位的公文处理工作，可以参照本条例执行。

第四十一条 本条例由中共中央办公厅、国务院办公厅负责解释。

第四十二条 本条例自 2012 年 7 月 1 日起施行。1996 年 5 月 3 日中共中央办公厅发布的《中国共产党机关公文处理条例》和 2000 年 8 月 24 日国务院发布的《国家行政机关公文处理办法》停止执行。

（中共中央办公厅、国务院办公厅 2012 年 4 月 6 日印发）

450

国家电网公司公文处理办法

(国家电网办〔2012〕1000 号)

第一章 总 则

第一条 为加强国家电网公司(以下简称公司)公文处理工作的规范化、制度化和标准化建设,不断提升公文处理的质量和效率,更好地服务公司科学发展,根据《党政机关公文处理工作条例》(中办发〔2012〕14 号)、《党政机关公文格式》(中华人民共和国标准 GB/T 9704-2012) 等有关要求,结合公司实际,特制定本办法。

第二条 公司各类公文(包括电报、签报,下同),是公司在管理过程中形成的具有特定效力和规范体式的文书,是传达贯彻党和国家方针政策,发布规章制度,指导、布置和商洽工作,请示和答复问题,报告、通报和交流情况等的重要工具。

第三条 公文处理工作是指公文拟制、办理、管理等一系列相互关联、衔接有序的工作。

第四条 公文处理工作应当坚持实事求是、准确规范、精简高效、安全保密的原则。

第五条 公文处理必须严格执行国家保密法律、法规和公司保密制度,确保国家秘密和企业秘密安全。

第六条 办公厅是公司负责公文处理的职能部门,负责归口处理公司公文,并对总部各部门、各分部、公司各单位的公文处理工作进行管理和指导。

第七条 总部各部门、各分部和公司各单位应当配备专职人员或设立文秘部门负责公文处理工作。

451

第二章 公文种类和形式

第八条 公司常用公文文种主要包括:

(一)决定。适用于对重要事项作出决策和部署、奖惩有关单位和人员、变更或撤销下级单位不适当的决定事项。

(二)命令(令)。适用于宣布施行重大措施、嘉奖有关单位和人员。

(三)意见。适用于对重要问题提出见解和处理办法。

(四)通知。适用于发布、传达要求下级单位执行和有关单位周知或执行的事项,批转、转发公文。

(五)通报。适用于表彰先进、批评错误、传达重要信息或情况。

(六)报告。适用于向上级单位汇报工作、反映情况,答复上级单位的询问或交办事项,上报有关材料等。

(七)请示。适用于向上级单位请求指示、批准。

(八)批复。适用于答复下级单位请示事项。

(九)函。适用于不相隶属单位之间商洽工作、询问和答复问题、请求批准和答复审批事项。

(十)纪要。适用于记载会议主要情况和议定事项。

第九条 按照发文单位不同,公司常用公文主要包括以下几类:

(一)国家电网公司党组公文,简称"公司党组公文"。以国家电网公司党组为发文单位,由公司党组负责人签发,加盖公司党组印章。

(二)国家电网公司公文,简称"公司公文"。以国家电网公司为发文单位,由公司领导签发,加盖公司印章。

(三)中央纪委驻国家电网公司纪检组公文,简称"驻公司纪检组公文"。一般以驻公司纪检组与公司监察局联合行文方式发文,由驻公司纪检组组长签发,加盖驻公司纪检组印章及公司监察局印章。

（四）国家电网公司办公厅公文，简称"办公厅公文"。以国家电网公司办公厅为发文单位，由公司领导或办公厅主任签发，加盖公司办公厅印章。

（五）国家电网公司总部部门公文，简称"总部部门公文"。以国家电网公司总部部门（办公厅除外）为发文单位，由部门领导签发，加盖部门印章。

（六）国家电网公司分部党组公文，简称"分部党组公文"。以国家电网公司分部党组作为发文单位，由分部党组负责人签发，加盖分部党组印章。

（七）国家电网公司分部公文，简称"分部公文"。以国家电网公司分部作为发文单位，由分部领导签发，加盖分部印章。

（八）国家电网公司各单位党组（委）公文，简称"各单位党组（委）公文"。以国家电网公司各单位党组（委）作为发文单位，由各单位党组（委）负责人签发，加盖各单位党组（委）印章。

（九）国家电网公司各单位公文，简称"各单位公文"。以国家电网公司各单位作为发文单位，由各单位领导签发，加盖各单位印章。

（十）其他公文。包括公司直属党委公文、工会公文、团委公文，各分部及公司各单位纪检组（纪委）公文、直属机关党委公文、工会公文、团委公文，各分部及公司各单位办公室公文、本部部门公文、下属单位各类公文等。

第十条 公司系统常用各类公文主要包括以下四种形式：

（一）文件式公文。适用于重要公文以及普发性公文。

（二）信函式公文。适用于一般性且非普发性公文，主要用于上级单位对下级单位，或两个不相隶属的单位之间使用。

（三）便函式公文。适用于临时性事务行文，用印但不编文号。

（四）特殊形式公文。如：适用于印发纪要的办公通报，适用于印发领导讲话的内部情况通报，适用于公司内部向领导请示和报告工作、反映情况、答复询问和对重要事项提出建议及处理办法的签报等。

第三章 公 文 格 式

第十一条 公文一般由份号、密级和保密期限、紧急程度、发文单位标志、发文字号、签发人、标题、主送单位、正文、附件说明、发文单位署名、成文日期、印章、附注、附件、版记、页码等组成。

（一）份号。公文印制份数的顺序号。涉及国家秘密的公文应该标注份号。

（二）密级和保密期限。公文的秘密等级和保密的期限。涉及国家秘密、公司商业秘密和工作秘密的公文，应根据涉密程度标注密级和保密期限。

1. 国家秘密的密级包括"绝密""机密""秘密"，保密期限使用阿拉伯数字标注，如"秘密★1年"，保密期限与国家相关保密规定最长期限一致的，可不标注。

2. 商业秘密的密级包括"商密一级""商密二级"，保密期限使用阿拉伯数字标注，如"商密一级·1年"，保密期限与公司相关保密规定期限一致的，可不标注。

3. 涉及工作秘密的公文标注为"内部事项"，保密期限标注方式与商业秘密相同。

（三）紧急程度。公文送达和办理的时限要求。根据紧急程度，紧急公文应当分别标注"特急""加急"，电报应当分别标注"特提""特急""加急""平急"。

标注"特急"的公文，应在3个工作日内办毕；标注"加急"的公文，应在5个工作日内办毕。

标注"特提"的电报，应随到随办；标注"特急"的电报，应在3个工作日内办毕；标注"加急"的电报，应在5个工作日内办毕；标注"平急"的电报，应在7个工作日内办毕。

发文单位对紧急公文有明确办理时限要求的，以要求的时限为准。

（四）发文单位标志。文件式公文的发文单位标志由发文单位全称或者规范化简称加"文件"二字组成，其他形式的公文可省略"文件"二字。联合行文时，发文单位标志可以并用联合发文单位名称，也可单独使用主办单位名称。

（五）发文字号。由发文单位代字、年份、发文顺序号组成。联合行文时，使用主办单位发文字号。

（六）签发人。上行文应当标注签发人姓名。多单位联合制发的上行文，应标注所有联合发文单位的签发人姓名，其中主办单位签发人的姓名放在第一位。

（七）标题。由发文单位名称、事由和文种组成。发文单位名称可用发文单位全称或规范化简称。公文标题一般不使用标点符号，仅在特定情况下可以使用引号、括号、顿号、书名号、破折号等。

（八）主送单位。公文的主要受理单位，应当使用单位全称、规范化简称或标准化统称。

（九）正文。公文的主体，用来表述公文的内容。

1. 公文首页必须显示正文。主送单位过多导致首页无法显示正文时，应将主送单位移至版记。

2. 公文用语应使用规范汉语表述。需要使用外国语言文字的，应在文中首次出现时以括注形式标注准确的汉语注释。民族自治地方的公文，可以并用汉字和当地通用的少数民族文字。

3. 公文中未经注释，不得使用非规范化简称及缩略语。

4. 公文中出现的数字、标点符号、计量单位等，应严格按照国家标准书写、使用。

5. 正文的结构层次，一般不超过四层，层级序数依次按照"一、""（一）""1.""（1）"标注，其中第一层使用黑体字，第二层使用楷体字，第三层和第四层使用仿宋体字。当公文结构层次只有两层时，第二层序号可使用"（一）"或"1."。

（十）附件说明。公文如有附件，应标注附件说明。附件说明应包括附件顺序号（阿拉伯数字）及附件名称，附件只有一个时，不编顺序号。

（十一）发文单位署名。公文应当标注发文单位署名，使用发文单位全称或规范化简称。联合发文的所有发文单位均应依序逐一署名。

特殊文种如"纪要""命令（令）"，特殊公文形式如"办公通报""内部情况通报"等，不署发文单位名称。

（十二）成文日期。公文应当标注成文日期，署会议通过或领导签发的日期。联合发文时，署最后签发单位的签发日期。日期中的数字使用阿拉伯数字，不编虚数。

（十三）印章。公文有发文单位署名的，应当加盖发文单位印章，并与署名单位相符。"命令（令）"应当加盖签发人签名章。

特殊文种如"纪要"，特殊公文形式如"办公通报""内部情况通报"，不加盖印章。

（十四）附注。上行文应在附注处注明联系人及联系方式。下行文应在附注处注明印发传达范围。

（十五）附件。公文正文的说明、补充或参考资料。附件与正文具有同等效力，应在版记之前编排，并与正文一起装订，格式、文字等要求与正文相同。特殊情况下附件不与正文一起装订，需要另发的，应在附件说明处标注。

批转、转发、印发类公文，被批转、转发、印发的内容不按附件处理，在公文正文中不加附件说明，直接在正文后另页编排，首页不标注"附件"及顺序号。

（十六）版记。版记一般包括分隔线、抄送单位、印发机关和印发日期等。

抄送单位指除主送单位外需要执行或知晓公文内容的其他单位，应当使用单位全称、规范化简称或标准化统称。

印发机关指公文的印制主管部门，一般为发文单位的办公厅（室）或文秘部门；发文单位没有专门文秘部门的，发文单位即为印发机关。印发日期即为公文的送印日期。

信函式公文的版记不标注分隔线、印发机关和印发日期。如有抄送单位，以及特殊情况下需在版记处标注主送单位时，标注抄送单位、主送单位，标注方式同文件式公文。

（十七）页码。公文页数顺序号。公文的附件与正文一起装订时，页码应当连续编排。信函式公文首页编排但不显示页码，从第二页开始标注。

第十二条 公文的版式按照《党政机关公文格式》（GB/T 9704－2012）及公司相关要求执行。

第四章 行 文 规 则

第十三条 行文应当确有必要，讲求实效，注重针对性和可操作性。

凡党和国家的法规、法律已有明确规定的，不得再制发文件。凡现行文件规定仍然适用的，不得再发文。

第十四条 行文关系依据隶属关系和职权范围确定。

除党政联合行文等特殊情况外，原则上不得党、政交叉行文。

公文应按照行政隶属或业务管辖关系逐级行文，特殊情况下必须越级行文时，应抄送被越过的单位。

第十五条 同级或不相隶属的单位可联合行文。联合行文应明确主办单位。上下级单位不得联合行文。同一单位内的不同部门原则上不联合行文。

第十六条 向上级单位行文时，应遵循以下规则：

（一）原则上主送一个上级单位，根据需要可同时抄送相关上级单位和同级单位，但不得抄送下级单位。

（二）文种可使用"请示""报告"或"意见"。

（三）"请示"应一文一事。下级单位报来的请示事项，如需以本单位名义向上级单位请示，应当提出倾向性意见，不得原文转报。

"报告"不得夹带请示事项。

（四）除领导直接交办事项外，不得以本单位名义向上级单位领导报送公文，不得以个人名义向上级单位报送公文。

第十七条　向平级或不相隶属的单位行文时，应遵循以下规则：

（一）公司系统内平级或不相隶属的单位之间的重要行文，应抄送共同的上级单位。

（二）文种可使用"函""意见"或"纪要"。

（三）同一单位的部门之间，一般不相互行文，可通过工作联系单或使用协同办公系统中的"任务协作"功能等方式商洽工作。

第十八条　向下级单位行文时，应遵循以下规则：

（一）对本单位所属下级单位的重要行文，应抄送本单位的上级单位。

（二）文种可使用"决定""命令（令）""通知""通报""批复""意见"或"纪要"。

（三）未经本单位批准，部门不得以部门文件向下级单位发布指示（令）性公文，不得要求下级单位转发其所发公文。

第十九条　除上级单位或领导有明确指示外，原则上禁止转发上级公文。确需转发的文件，应严格按照来文注明的印发传达范围转发。

第二十条　公司主要公文类型行文规则如下：

（一）"公司党组公文"。对内适用于就党的重大、全局性事项，向总部各部门党组织、各分部及公司各单位党组（委）行文。对外适用于就党的重大事项向上级党组织，以及与公司党组不相隶属的党组织行文。

（二）"公司公文"。对内适用于就公司重大、全局性事项，向总部各部门、各分部及公司各单位行文。对外适用于就重大事项，向公司上级单位或与公司不相隶属的单位行文。

（三）"驻公司纪检组公文"。对内适用于就党风廉政建设重大事项，向总部各部门党组织、各分部及公司各单位党组（委）、纪检组（纪委）行文，以及按上级要求转发中央纪委、国资委纪委等重要来文。对外适用于就党风廉政建设方面的重大事项，向中央纪委、国资委纪委等上级纪检组织行文。

（四）"办公厅公文"。对内适用于就公司较为重大的综合性事项，向总部各部门、各分部及公司各单位行文。对外适用于就较为重大的综合性事项，向上级单位办公厅（室）或与公司不相隶属的单位及其办公厅（室）行文。

（五）"总部部门公文"。适用于就部门职权范围内事项向各分部、公司各单位行文，具有专项管理职能的部门可在其业务范围内对其他总部部门行文。总部部门公文不得用于对系统外单位行文。

（六）"分部党组公文"。适用于向公司党组，各分部及公司各单位党组（委），以及分部内设处室党组织、下属单位党组织行文，不得对系统外党组织行文。

（七）"分部公文"。适用于向总部各部门、各分部、公司各单位，以及分部内设处室、下属单位行文，不得对系统外单位行文。

（八）"各单位党组（委）公文"。对内适用于向国家电网公司党组、公司直属党委，各分部及各单位党组（委），以及本单位所属各部门（单位）党组织行文。对外适用于就本单位党务事项向地方党委等相关党组织行文。

（九）"各单位公文"。对内适用于向国家电网公司、总部各部门、各分部、公司各单位，以及本单位本部部门、下属单位行文。对外适用于就本单位相关业务向地方政府、企（事）业单位等行文。

（十）"其他公文"。由总部有关部门、各分部及公司各单位根据本办法自行制定相关规则。

459

第五章 发 文 办 理

第二十一条 发文办理指制发公文的过程。包括起草、会签、审核、签发、缮印、用印、登记、核发等程序。

第二十二条 除涉及国家秘密的公文外，公司各类公文均应在公司协同办公系统上完成发文办理工作。涉及商业秘密、工作秘密的公文，可以使用公司公文安全传输系统进行联网分发。

第二十三条 涉及国家秘密的公文以纸质文件流转、分发，使用专用保密设备拟稿、排版、打印，手工用印后，可通过机要交通、邮政机要通信、城市机要文件交换站或单位机要收发人员进行传递，也可通过密码电报、普通密码传真系统（仅限发送机密级和秘密级文件）或符合国家保密规定的计算机信息系统进行传输。

第二十四条 公文起草应做到：

（一）符合国家法律法规和党的路线方针政策，贯彻公司重大决策部署，完整准确体现发文单位意图；

（二）一切从实际出发，所提政策措施和方法切实可行；

（三）内容简洁，主题突出，观点鲜明，结构严谨，表述准确，文字精练；

（四）文种正确，公文形式恰当，格式规范；

（五）深入调查研究，充分进行论证，广泛听取意见。

第二十五条 涉及其他部门职权范围内的事项时，公文主办部门应事先征求相关部门意见，取得一致意见后方可正式行文。如不能取得一致意见，主办部门应及时将相关意见报本单位领导裁定。

第二十六条 公文起草完毕后，拟稿部门应进行审核；需报送本单位领导签发的，还应由办公厅（室）复核。

（一）拟稿部门审核重点

1. 格式内容。包括密级及紧急程度的确定和标注，文种、公文形式、主（抄）送单位、体例格式、文字表述、标点符号等内容是否正确，专业术语是否规范，专业数据是否准确；

2. 相关流程。包括应会签部门有无遗漏，会签部门领导是否核签，对会签意见是否达成一致等。

（二）办公厅（室）复核重点

1. 公文内容是否符合党和国家的法律法规及重要方针政策；

2. 公文主旨是否与公司重大决策部署一致，相关表述是否完整、准确；

3. 所涉事项是否超出拟稿部门权限，应当会签其他部门的是否已履行会签程序并取得一致意见；

4. 公文的主（抄）送单位、体例格式、文种、公文形式等是否正确；

5. 内容是否精练；

6. 附件是否齐全、准确等。

第二十七条　公文在报领导签发前，拟稿部门应按照办公厅（室）复核意见对公文进行修改。对审核意见存在异议的，应主动与办公厅（室）进行沟通协商，未达成一致意见前，不得越过办公厅（室）违规报送领导签发。

第二十八条　公文应由发文单位领导审批签发。重要上行文应由本单位主要领导签发；平行文及下行文，可由本单位相关业务分管领导签发。签发人签批公文，应当签署意见、姓名和完整日期；圈阅或者签名的，视为同意。

"内部情况通报"由讲话领导签发。

"办公通报"由主持会议的领导签发。

第二十九条　已经签批的公文正式印发前，主办部门应对公文的审批手续、内容、文种、格式等进行印前检查和校核，需作实质性修改的，应当报签批人复审。

第三十条　需以纸质文件印发的公文，必须确保印制的质量和时效。分发前，公文管理部门应当对公文的文字、格式和印制质量进行检查、确认。

第三十一条　涉密公文应在符合保密要求的场所印制。涉密

461

公文分发前应对公文的发文字号、分送范围及对象、印制份数及编号等进行登记。

第六章　收文办理

第三十二条　收文办理指对收到文件的办理过程，包括签收、登记、审核、拟办、批办、承办、催办等程序。

第三十三条　文秘部门负责收文签收。非国家秘密纸质文件应扫描为电子文件。

（一）协同办公系统收文，工作日当日完成文件签收；非工作日，紧急文件随到随收，一般文件应在下一工作日内完成签收。

（二）纸质收文由文秘部门检查、核对来文单位、件数、密封情况，确认无误后签收。参会带回的会议文件，应交文秘部门作收文处理。

第三十四条　收文登记应采用统一编号。涉及国家秘密和有特殊要求的文件，单独编号，纸质流转。

第三十五条　文秘部门应当对收文进行审核。审核重点是：是否应由本单位办理；是否符合行文规则；文种使用、公文格式是否规范；内容是否准确恰当。

第三十六条　经审核通过的公文，文秘部门应当及时提出拟办意见，送领导批示或交有关部门办理。需要两个及以上部门办理的应明确主办部门，紧急公文应当明确办理时限。对审核未通过的公文，应退回来文单位并说明理由。

第三十七条　批办公文时，对有具体请示事项的，主批人应当明确签署意见、姓名和审批日期，其他审批人圈阅视为同意；没有请示事项的，圈阅表示已阅知。

第三十八条　承办部门收到公文后应及时办理，不得延误、推诿。紧急公文应当按时限要求办理，确有困难无法按时办毕的，应说明原因。重要或有领导明确批示的公文，要先经部门领导阅批，再交承办人办理或传阅。对不属于职权范围内或不宜由

462

本部门办理的，应及时退回文秘部门并说明理由。

第三十九条　收文办理中如遇涉及其他部门职权的事项，主办部门应主动与有关部门协商，仍不能取得一致意见时，应报请本单位主管领导裁定。

第四十条　送领导批示或者交有关部门办理的重要紧急公文，文秘部门要负责催办，做到紧急公文跟踪催办，重要公文重点催办，及时了解办理进展情况，督促承办部门按时办结。

第七章　公文归档

第四十一条　公文办理完毕后，应当根据《中华人民共和国档案法》和公司有关规定，及时整理归档。

个人不得保存应归档的公文。

第四十二条　归档范围内的公文，应当遵循形成规律，保持有机联系，区分不同价值，以件为单位进行装订、分类、排列、编号、装盒和编目。要保证归档公文的齐全完整，能正确反映本单位（部门）主要工作情况，便于保管和利用。

第四十三条　联合办理的公文，主办单位（部门）负责整理、归档原件，协办单位（部门）保存公文复制件或其他形式副本。

第四十四条　兼任其他单位（部门）职务，在履行所兼职务职责过程中形成的公文，由兼职单位（部门）归档。

第四十五条　具有永久或定期（30年）保存价值的电子文件，须将电子文件与相应的纸质文件一并归档。未制成纸质文件的，必须制成纸质文件。

第八章　公文管理

第四十六条　公文由文秘部门或专职人员统一管理。机要文件管理，应按有关保密规定配备工作人员和必要的工作场所、安全保密设施设备。

第四十七条　公文确定密级前，应当按照拟定的密级先行采取保密措施。确定密级后，应当按照所定密级严格管理。绝密级公文应当由专人管理。公文的密级需要变更或解除的，由原确定密级的单位或其上级单位决定。

第四十八条　涉密公文应严格按照保密规定进行复制、汇编。绝密级公文未经发文单位或其上级单位批准，不得复制、汇编。机密级、秘密级公文，经本单位领导批准后，可按照相关保密规定进行复制、汇编。

复制、汇编的公文视同原件管理。复制件应当加盖复制单位戳记。翻印件应当注明翻印的单位名称、日期。汇编本的密级按照编入公文的最高密级标注。

公文复印件作为正式公文使用时，应当加盖复印单位证明章。

第四十九条　公文的印发传达范围应当按照发文单位的要求执行；需要变更的，应当经发文单位批准。

第五十条　经批准公开发布的公文，同发文单位正式印发的公文具有同等效力。涉密公文公开发布前应当履行解密程序，公开发布的时间、形式、渠道由发文单位确定。

第五十一条　公文被撤销和废止，由发文单位、上级单位或相关权力部门根据职权范围和有关法律法规决定。公文被撤销的，视为自始无效；公文被废止的，视为自废止之日起失效。

第五十二条　不具备归档和保存价值的公文，经鉴定和主管领导批准后，可以销毁。

第五十三条　涉密公文应当按照发文单位要求和有关规定进行清退或销毁。销毁涉密公文必须严格按照有关规定履行审批登记手续，应当到指定场所由 2 人以上监销，确保不丢失、不漏销。个人不得私自销毁、存留涉密公文。

第五十四条　单位（部门）合并时，全部公文应当随之合并管理。单位（部门）撤销时，需要归档的公文经整理后应按有关规定移交档案管理部门。工作人员离岗离职时，所在单位应当督促其将暂存、借用的公文按照有关规定移交、清退、归档。

第五十五条 新设立的单位（党组织）应当向上级党组（委）、单位的办公厅（室）提出发文立户申请。经审查符合条件的，列为发文单位，单位（党组织）合并或撤销时，相应进行调整。

第五十六条 电报由办公厅（室）指定人员签收，集中分办、管理，注明"亲收"的"绝密"和指人译电报，必须由收电人或收电人指定的人亲自启封；发电由公司（部门）领导签发后，统一登记发出。

第五十七条 草拟发电稿，应坚持一事一电、密来密复、明来明复的原则，不得明密混用。做到主旨清晰，内容准确，简明扼要。

第五十八条 密码电报是采用密码加密译发的公文。其使用和管理按照有关规定执行。

第九章 附　　则

465

第五十九条 公司各类公文含电子公文。电子公文处理工作的具体办法另行制定。

第六十条 涉及规章制度、企业标准方面的公文，依照公司有关规定处理。外事方面的公文，按照外事主管部门的有关规定办理。

第六十一条 本办法适用于公司总部、各分部、公司各单位的公文处理工作。

第六十二条 本办法由国家电网公司办公厅负责解释并监督执行，自发布之日起施行。原《国家电网公司公文处理办法》（国家电网办〔2011〕1265号）同时废止。

（国家电网公司办公厅 2012 年 10 月 8 日印发）

编者按 新修订的《中国华电集团公司公文处理办法》于 2012 年 11 月 15 日由中国华电集团公司发布。因其内容与《国家电网公司公文处理办法》大同小异，为避免累赘，以下仅节选与《国家电网公司公文处理办法》有所不同的章节，相同或没有明显差异的部分即予省略。此外，中国华电集团公司办公厅于 2012 年 11 月 1 日印发了《中国华电集团公司公文格式细则》，该细则与（GB/T 9704—2012）《党政机关公文格式》也有些微差别，故也节选相关章节于后。

中国华电集团公司公文处理办法（节选）

第二章 公文种类及形式

第七条 公司常用公文种类主要包括：

（一）决定。适用于对重要事项作出决策和部署、奖惩有关单位和人员、变更或撤销下级单位不适当的决定事项。

（二）意见。适用于对重要问题提出见解和处理办法。

（三）通知。适用于发布、传达要求下级单位执行和有关单位周知或执行的事项，批转、转发公文。

（四）通报。适用于表彰先进、批评错误、传达重要信息或情况。

（五）报告。适用于向上级单位汇报工作、反映情况，答复上级单位的询问或交办事项、上报有关材料等。

（六）请示。适用于向上级单位请求指示、批准。

（七）批复。适用于答复下级单位请示事项。

（八）函。适用于不相隶属单位之间商洽工作、询问和答复问题、请求批准和答复审批事项。

（九）纪要。适用于记载会议主要情况和议定事项。

第八条　按照发文单位不同，集团公司常用公文主要包括以下几类：

（一）中国华电集团公司党组公文，简称"集团公司党组文件"。以中国华电集团公司党组为发文单位，由公司党组负责人签发，加盖公司党组印章。

（二）中国华电集团公司公文，简称"集团公司文件"。以中国华电集团公司为发文单位，由公司领导签发，加盖公司印章。

（三）中国华电集团公司纪检组公文，简称"纪检组文件"，由公司纪检组组长签发，加盖公司纪检组印章。

（四）中国华电集团公司办公厅公文，简称"集团公司办公厅文件"。以中国华电集团公司办公厅为发文单位，由公司领导或办公厅主任签发，加盖公司办公厅印章。

（五）中国华电集团公司总部各部门公文，简称"总部部门文件"。以中国华电集团公司总部各部门为发文单位，由部门领导签发，加盖部门印章。

（六）其他公文。包括公司直属党委公文、工会公文、团委公文等。

第九条　集团公司常用各类公文主要包括以下四种形式：

（一）文件式公文。适用于重要公文以及普发性公文。

（二）信函式公文。适用于一般性且非普发性公文，主要用于上级单位对下级单位，或两个不相隶属的单位之间使用。

（三）便函式公文。适用于临时性事务行文，用印但不编文号。

（四）特殊形式公文。如：各类会议纪要，适用于印发领导讲话的内部情况通报，适用于公司内部向领导请示和报告工作、反映情况、答复领导询问和对重要事项提出建议及处理办法的签报等。

第三章　公　文　格　式

第十条　公文一般由份号、密级和保密期限、紧急程度、发文单位标志、发文字号、签发人、标题、主送单位、正文、附件说明、发文单位署名、成文日期、印章、附注、附件、版记、页码等组成。

（二）密级和保密期限。公文的秘密等级和保密的期限。涉及国家秘密、公司商业秘密的公文，应根据涉密程度标注密级和保密期限。

1. 国家秘密的密级包括"绝密""机密""秘密"，保密期限使用阿拉伯数字标注，如"秘密★1年"，保密期限与国家相关保密规定最长期限一致的，可不标注。

2. 商业秘密的密级包括"商密""核心商密"，保密期限使用阿拉伯数字标注，如"商密·1年"，保密期限与公司相关保密规定期限一致的，可不标注。

3. 涉及工作秘密的公文标注为"内部信息"，保密期限标注方式与商业秘密相同。

第十一条 公文的版式按照《党政机关公文格式》（GB/T 9704—2012）及《中国华电集团公司公文格式细则》相关要求执行。

第四章 行 文 规 则

第十七条 向下级单位行文时，应遵循以下规则：

（一）对本单位所属下级单位的重要行文，应抄送本单位的上级单位的相应主管部门。

（二）文种可使用"决定""通知""通报""批复""意见"或"纪要"。

（三）未经本单位批准，部门不得以部门文件向下级单位发布指示（令）性公文，不得要求下级单位转发其所发公文。

第十八条 除上级单位或领导有明确指示外，原则上禁止转发中央、国务院文件。确需转发的文件，应严格按照来文注明的印发传达范围转发。

第十九条 公司主要公文类型行文规则如下：

（一）"公司党组文件"。对内适用于就党的重大、全局性事项，向总部各部门党组织、集团公司所属各单位党组（委）行文。对外适用于就党的重大事项向上级党组织，以及与公司党组不相隶属的党组织行文。

（二）"公司文件"。对内适用于就公司重大、全局性事项，向总部各部门、各分部及公司各单位行文。对外适用于就重大事项，向公司上级单位或与公司不相隶属的单位行文。

（三）"纪检组文件"。对内适用于就党风廉政建设重大事项，向总部各部门党组织、公司各单位党组（委）、纪检组（纪委）行文，以及按上级要求转发中央纪委、国资委纪委等重要来文。对外适用于就党风廉政建设方面的重大事项，向中央纪委、国资委纪委等上级纪检组织行文。

（四）"办公厅文件"。对内适用于就公司较为重大的综合性事项，向总部各部门、各分部及公司各单位行文。对外适用于就较为重大的综合性事项，向上级单位办公厅（室）或与公司不相隶属的单位及其办公厅（室）行文。

（五）"总部部门文件"。适用于就部门职权范围内事项向公司各单位行文，具有专项管理职能的部门可在其业务范围内对其他总部部门行文。总部部门文件不得用于对系统外单位行文。

第五章　公　文　拟　制

第二十条　公文拟制包括公文的起草、审核、签发等程序。

第二十一条　公文起草应做到：

（一）符合国家法律法规和党的路线方针政策，贯彻公司重大决策部署，完整准确体现发文单位意图，并同现行有关公文相衔接。

（二）一切从实际出发，实事求是，所提政策措施和方法切实可行。

（三）内容简洁，主题突出，观点鲜明，结构严谨，表述准确，文字精练。

（四）文种正确，格式规范。

（五）深入调查研究，充分进行论证，广泛听取意见。

（六）涉及其他部门职权范围内的事项时，公文主办部门应事先征求相关部门意见，取得一致意见后方可正式行文。如不能取得一致意见，主办部门应及时将相关意见报本单位领导裁定。

第二十二条　公文起草完毕后，拟稿部门应进行审核；需报送本单位领导签发的，还应由办公厅（室）复核。审核重点是：

（一）拟稿部门审核重点

1. 格式内容。包括密级及紧急程度的确定和标注，文种、公文形式、主（抄）送单位、体例格式、文字表述、标点符号等内容是否正确，专业术语是否规范，专业数据是否准确。

2. 相关流程。包括应会签部门有无遗漏，会签部门领导是否核签，对会签意见是否达成一致等。

（二）办公厅（室）复核重点

行文理由是否充分，行文依据是否准确。

1. 公文内容是否符合党和国家的法律法规及重要方针政策。

2. 公文主旨是否与公司重大决策部署一致，相关表述是否完整、准确。

3. 所涉事项是否超出拟稿部门权限，应当会签其他部门的是否已履行会签程序并取得一致意见。

4. 文种是否正确，格式是否规范。人名、地名、时间、数字、段落顺序、引文等是否准确。文字、数字、计量单位和标点符号等用法是否规范。主（抄）送单位是否正确，是否与所选择的发送单位一致。

5. 附件是否齐全，标注是否准确等。

第二十三条　公文在报领导签发前，拟稿部门应按照办公厅（室）复核意见对公文进行修改。对审核意见存在异议的，应主动与办公厅（室）进行沟通协商，未达成一致意见前，不得越过办公厅（室）违规报送领导签发。

第二十四条　公文应由发文单位领导审批签发。重要上行文应由本单位主要领导签发；平行文及下行文，可由本单位相关业务分管领导签发。签发人签批公文应当签署意见、姓名和完整日期；圈阅或者签名的，视为同意。"内部情况通报"由讲话领导签发。

第九章　附　　则

第六十条　本办法适用于公司总部的公文处理工作，集团公司所属系统各单位参照执行。

第六十一条　本办法由中国华电集团公司办公厅负责解释并监督执行，自发布之日起施行。原《中国华电集团公司公文处理办法》（中国华电办制〔2011〕716号）同时废止。

中国华电集团公司公文格式细则（节选）

第三章　公　文　格　式

第十一条　上行文（包括请示、报告、意见）必须标注签发人姓名。签发人由"签发人"三字加全角冒号和签发人姓名组成，居右空一字，编排在发文机关标志下空二行位置。"签发人"三字用3号仿宋体字，签发人姓名用3号楷体字，签发人姓名为2个字时，中间空1字。

如有多个签发人，签发人姓名按照发文机关的排列顺序从左到右、自上而下依次均匀编排，一般每行排两个姓名，回行时与上一行第一个签发人姓名对齐。

第十二条　公文标题由发文单位名称、事由和文种组成。标题一般用2号小标宋体字，编排于红色分隔线下空二行位置，分一行或多行居中排布；4个以上（含）单位联合行文时，标题中发文单位名称可以简略；回行时，要做到词意完整，排列对称，长短适宜，间距恰当，标题排列应当使用梯形或菱形；标题一般不超过 50 个字，不超过三行。标题中除了法规、规章名称要加书名号之外，一般不用其他标点符号。

第十九条　转发国务院或国家各部委办文件时，被转发的公文，应当隐去其发文机关标志和版记，在标题下一行标明其发文字号，在该公文的落款处写上其单位名称。

第二十条　被批转或转发的集团公司的公文或文字材料，应当隐去原发文机关标志和版记，其标题一般不冠单位名称，在标题下一行加圆括号注明单位名称，日期用阿拉伯数字标注。

第二十二条　印发单位和印发日期一般用 4 号仿宋体字，编排在末条分隔线之上。印发单位统称中国华电集团公司办公厅，印发日期以公文付印日期为准，用阿拉伯数字将年、月、日标全，年份应当标全称，月、日不编虚位（即 1 不编为 01），后加"印发"二字。印发机关左空一字，印发日期右空一字。

版记中如有其他要素，应当将其与印发机关和印发日期用一条细分隔线隔开。

版记应当编排在公文最后一面。如果附件是公文，该公文后面也有版记，应当隐去被转载公文的原版记。正式公文应当标识自己的版记。如公文的最后一页不是封底，在版记与正文或附件之间，允许插入空白页。

第二十五条　纪要标志由"××××××纪要"组成，居中排布，上边缘至版心上边缘为 35mm，使用红色小标宋体字。在标志下方第三行用仿宋 3 号字体居中标注纪要期数。在标志下方第四行用仿宋 3 号字体居左标注印发部门，居右标注印发日期。在印发部门和印发日期下方 2mm 处，印一条高 0.5mm 的红色分隔线，线长 156mm，居中排布。专题会议纪要一般要有反映会议内容的标题，置于分隔线之下、正文之上。

标注出席人员名单，一般用 3 号黑体字，在正文或附件说明下空一行编排"出席"二字，后标全角冒号，冒号后用 3 号仿宋体字标注出席人姓名，必要时标注单位，回行时与冒号后的首字对齐。

标注请假和列席人员名单，除依次另起一行并将"出席"二字改为"请假"或"列席"外，编排方法同出席人员名单。

用 4 号仿宋字体标注版记部分。版记不加印发部门和印发日期、分割线，位于公文最后一面版心内最下方。纪要不分主送单位、抄送单位，只设"分送"，分送标注方法同抄送单位。

如需标注份号、密级和保密期限、紧急程度，应当顶格居版心左边缘编排在版心左上角，按照份号、密级和保密期限、紧急程度的顺序自上而下分行排列。

纪要不加盖印章。

第二十六条 "内部情况通报"，居中排布，上边缘至版心上边缘为 35mm。发文字号用"第××期"。分隔线之上的左侧印公文印制单位，右侧印成文时间。标题置于分隔线下空一行，领导讲话时间用阿拉伯数字标注，在标题下一行加圆括号。如需加按语，应当编排在正文之上、标题之下。按语用楷体，两端各空两字。

"内部情况通报"不加盖印章。

分送标注方法同抄送单位。

第四章 附 则

第二十七条 本细则自印发之日起执行，2011 年中国华电集团公司办公厅印发的《中国华电集团公司公文排版、印制格式规范》同时废止。

【附录四】

编者按 新修订的《中国大唐集团公司公文处理办法》于2012 年 12 月 1 日发布。因其内容与《国家电网公司公文处理办法》也是大同小异，为避免累赘，以下同样仅节选与《国家电网公司公文处理办法》有所不同的章节，相同或没有明显差异的部分即予省略。又，该《办法》附件 3《中国大唐集团公司公文格式要素编排规则》与 GB/T 9704—2012《党政机关公文格式》完全一致，直接执行国家标准（与《国家电网公司公文处理办法》的规定一样）。

中国大唐集团公司公文处理办法（节选）

474

第二章 公 文 种 类

第九条 集团公司常用的公文种类有：

（一）决议。适用于会议讨论通过并要求贯彻执行的重大决策事项。

（二）决定。适用于对重要事项作出决策和部署、奖惩有关单位及人员、变更或者撤销系统各单位不适当的决定事项。

（三）命令。适用于依照有关行政法规和规章，宣布施行集团公司重大强制性措施、嘉奖有关企业及人员。

（四）意见。适用于对某项工作提出改进措施和建设性意见；答复对方征求对某项工作的意见。

（五）通知。适用于传达上级领导部门或领导的指示；部署工作；发布管理制度；批转下级单位或转发上级单位和不相隶属单位的公文；发布、传达要求下级单位执行和有关单位周知或者执行的事项；任免和聘用集团公司管理人员等事项。

（六）通报。适用于介绍工作经验和典型事例；表彰先进；

处罚违章违纪行为；传达领导重要讲话、重要会议精神和告知重要情况等。

（七）报告。适用于向上级单位汇报工作、反映情况，回复上级单位的询问。

（八）请示。适用于向上级领导单位请求指示、批准事项。各分、子公司向集团公司行文时，凡属请求指示或批准事项的，用"请示"。

（九）批复。适用于答复各分、子公司请示事项。

（十）函。适用于不相隶属单位之间商洽工作和联系业务、询问和答复问题、请求批准和答复审批事项。

（十一）纪要。适用于记载会议主要情况和议定事项。

第三章 公文格式

第十条 公文由份号、密级和保密期限、紧急程度、发文单位标志（文头）、发文字号、签发人、标题、主送单位、正文、附件说明、发文单位署名、成文日期、印章、附注、附件、抄送单位、印发单位和印发日期、页码等组成。

（二）密级和保密期限。公文的秘密等级和保密期限。涉及党和国家秘密以及集团公司商业秘密的公文，应根据涉密程度分别标注"绝密""机密""秘密""核心商秘""普通商秘"和保密期限，其中，"绝密""机密""秘密""核心商秘"级公文应当标明份数序号。

（七）标题。标题由发文单位名称、事由和文种组成。标题应当确切、简明扼要地概括行文内容。标题中除法规、规章名称加书名号外，一般不用标点符号。

（十）附件说明。公文附件的顺序号和名称。附件若为文件，可以省略书名号和文号。附件名称后不加标点符号。

（十三）印章。公文中有发文单位署名的，应当加盖发文单位印章，并与署名单位相符。有特定发文单位标志的普发性公文和电报可以不加盖印章。联合下发的公文，联合发文的单位都应分别署名并加盖印章。

（十四）附注。公文印发传达范围等需要说明的事项。"请示"公文必须在附注处注明联系人姓名和电话。

第四章　行　文　规　则

第十三条　行文关系根据隶属关系和职权范围确定。集团公司向上级主管部门请示、报告和商洽工作，集团公司对各分、子公司部署重要工作和对重要事项的批复，以及印发集团公司规章制度等规范性文件和转发党中央、国务院及其所属国家机关有关文件，发集团公司文件。

涉及面较窄或一般事务性工作，不便以集团公司名义发文的，可以部门文件形式发文。发文应坚持精简的原则，凡可当面请示、报告、商洽的事项和可通过电话、现场办公等方式处理的问题，一般不要行文。

第五章　公　文　拟　制

第二十条　公文会签

（一）集团公司发文涉及总部多个部门职责范围的，应当进行会签。主办部门应送各相关部门会签意见一致后，再送核稿、集团公司领导签发。

（二）会签文件要急件急办。一般会签文件应在 3 个工作日内会签完毕，逾期要向主办部门说明原因。

（三）对会签文件应注明会签意见。如在文稿上修改，应同时注明修改部门，并在发文稿纸中注明会签时间和退文时间。

（四）会签时，若文件内容未协商一致，一般不得行文。

（五）集团公司与外单位联合行文，由主办单位办理发文程序。如集团公司主办，由总部主办部门送交相关的外单位核签。办公厅秘书处要积极协助。如外单位主办，集团公司收到会签文稿，一律经办公厅秘书处登记后，送有关部门提出审核意见，最后再连同部门的审核意见，送主管领导核签。

第二十一条　公文审核

（一）核稿程序

凡以集团公司名义发文（干部任免及案件办理等内容除外），在送集团公司领导签发之前，都应经过办公厅秘书处核稿；党组文件应经过党组秘书核稿、办公厅主任复核；董事会文件应经董事会秘书核稿。总部各部门负责人和处室负责人要对本部门草拟的文件进行审核。

（二）核稿要求

核稿主要包括审核文件制发是否必要、文件各组成部分是否完整、文件内容是否准确和文字的表述是否妥当等方面。以发集团公司文件为例：

1. 主办部门主要负责核查文稿数据、事实是否准确；所提要求、办法、意见和措施是否切实可行；文件是否需要有关部门会签；所要说明的问题是否全面清楚等。

2. 办公厅秘书处主要核查是否需要行文；文件内容是否符合国家的政策法规和集团公司的有关规定；文种使用、文字表达、公文格式是否准确、规范等。

3. 签发人主要从总体上审查办文的必要性，文件内容是否正确地反映了集团公司议定的原则、意见等。

（三）需要发文单位审议的重要公文文稿，审议前由发文单位办公厅（室）进行初核。

（四）经审核不宜发文的公文文稿，应当退回起草单位并说明理由；符合发文条件但内容需作进一步研究和修改的，由起草单位修改后重新报送。

第八章　附　　则

第四十一条　外事方面的公文，依照集团公司外事主管部门的有关规定处理。集团公司办公自动化系统（OMIS）的公文处理原则上按本办法执行。

第四十二条　本办法由集团公司办公厅负责解释。

第四十三条 本办法自 2012 年 12 月 1 日起执行。原《中国大唐集团公司公文处理办法》（大唐集团制〔2005〕111 号）停止执行。

478

中华人民共和国国家标准

GB/T 9704—2012

党政机关公文格式

1 范围

本标准规定了党政机关公文通用的纸张要求、排版和印制装订要求、公文格式各要素的编排规则，并给出了公文的式样。

本标准适用于各级党政机关制发的公文。其他机关和单位的公文可以参照执行。

使用少数民族文字印制的公文，其用纸、幅面尺寸及版面、印制等要求按照本标准执行，其余可以参照本标准并按照有关规定执行。

2 规范性引用文件

下列文件对于本标准的应用是必不可少的。凡是注日期的引用文件，仅所注日期的版本适用于本标准。凡是不注日期的引用文件，其最新版本（包括所有的修改单）适用于本标准。

GB/T 148 印刷、书写和绘图纸幅面尺寸

GB 3100 国际单位制及其应用

GB 3101 有关量、单位和符号的一般原则

GB 3102（所有部分）量和单位

GB/T 15834 标点符号用法

GB/T 15835 出版物上数字用法

3 术语和定义

下列术语和定义适用于本标准。

3.1 字 word

标示公文中横向距离的长度单位。在本标准中，一字指一个汉字宽度的距离。

3.2 行 line

479

标示公文中纵向距离的长度单位。在本标准中，一行指一个汉字的高度加 3 号汉字高度的 7/8 的距离。

4　公文用纸主要技术指标

公文用纸一般使用纸张定量为 $60g/m^2 \sim 80g/m^2$ 的胶版印刷纸或复印纸。纸张白度 80%～90%，横向耐折度≥15 次，不透明度≥85%，pH 值为 7.5～9.5。

5　公文用纸幅面尺寸及版面要求

5.1　幅面尺寸

公文用纸采用 GB/T 148 中规定的 A4 型纸，其成品幅面尺寸为：210mm×297mm。

5.2　版面

5.2.1　页边与版心尺寸

公文用纸天头（上白边）为 37mm±1mm，公文用纸订口（左白边）为 28mm±1mm，版心尺寸为 156mm×225 mm。

5.2.2　字体和字号

如无特殊说明，公文格式各要素一般用 3 号仿宋体字。特定情况可以作适当调整。

5.2.3　行数和字数

一般每面排 22 行，每行排 28 个字，并撑满版心。特定情况可以作适当调整。

5.2.4　文字的颜色

如无特殊说明，公文中文字的颜色均为黑色。

6　印制装订要求

6.1　制版要求

版面干净无底灰，字迹清楚无断划，尺寸标准，版心不斜，误差不超过 1mm。

6.2　印刷要求

双面印刷；页码套正，两面误差不超过 2mm。黑色油墨应当达到色谱所标 BL100%，红色油墨应当达到色谱所标 Y80%、M80%。印品着墨实、均匀；字面不花、不白、无断划。

6.3 装订要求

公文应当左侧装订，不掉页，两页页码之间误差不超过 4mm，裁切后的成品尺寸允许误差±2mm，四角成 90°，无毛茬或缺损。

骑马订或平订的公文应当：

a）订位为两钉外订眼距版面上下边缘各 70mm 处，允许误差±4mm；

b）无坏钉、漏钉、重钉，钉脚平伏牢固；

c）骑马订钉锯均订在折缝线上，平订钉锯与书脊间的距离为 3mm～5mm。

包本装订公文的封皮（封面、书脊、封底）与书芯应吻合、包紧、包平、不脱落。

7 公文格式各要素编排规则

7.1 公文格式各要素的划分

本标准将版心内的公文格式各要素划分为版头、主体、版记三部分。公文首页红色分隔线以上的部分称为版头；公文首页红色分隔线（不含）以下、公文末页首条分隔线（不含）以上的部分称为主体；公文末页首条分隔线以下、末条分隔线以上的部分称为版记。

页码位于版心外。

7.2 版头

7.2.1 份号

如需标注份号，一般用 6 位 3 号阿拉伯数字，顶格编排在版心左上角第一行。

7.2.2 密级和保密期限

如需标注密级和保密期限，一般用 3 号黑体字，顶格编排在版心左上角第二行；保密期限中的数字用阿拉伯数字标注。

7.2.3 紧急程度

如需标注紧急程度，一般用 3 号黑体字，顶格编排在版心左上角；如需同时标注份号、密级和保密期限、紧急程度，按照份

481

号、密级和保密期限、紧急程度的顺序自上而下分行排列。

7.2.4　发文机关标志

由发文机关全称或者规范化简称加"文件"二字组成，也可以使用发文机关全称或者规范化简称。

发文机关标志居中排布，上边缘至版心上边缘为35mm，推荐使用小标宋体字，颜色为红色，以醒目、美观、庄重为原则。

联合行文时，如需同时标注联署发文机关名称，一般应当将主办机关名称排列在前；如有"文件"二字，应当置于发文机关名称右侧，以联署发文机关名称为准上下居中排布。

7.2.5　发文字号

编排在发文机关标志下空二行位置，居中排布。年份、发文顺序号用阿拉伯数字标注；年份应标全称，用六角括号"〔〕"括入；发文顺序号不加"第"字，不编虚位（即1不编为01），在阿拉伯数字后加"号"字。

上行文的发文字号居左空一字编排，与最后一个签发人姓名处在同一行。

7.2.6　签发人

由"签发人"三字加全角冒号和签发人姓名组成，居右空一字，编排在发文机关标志下空二行位置。"签发人"三字用3号仿宋体字，签发人姓名用3号楷体字。

如有多个签发人，签发人姓名按照发文机关的排列顺序从左到右、自上而下依次均匀编排，一般每行排两个姓名，回行时与上一行第一个签发人姓名对齐。

7.2.7　版头中的分隔线

发文字号之下4mm处居中印一条与版心等宽的红色分隔线。

7.3　主体

7.3.1　标题

一般用2号小标宋体字，编排于红色分隔线下空二行位置，分一行或多行居中排布；回行时，要做到词意完整，排列对称，长短适宜，间距恰当，标题排列应当使用梯形或菱形。

7.3.2　主送机关

编排于标题下空一行位置，居左顶格，回行时仍顶格，最后一个机关名称后标全角冒号。如主送机关名称过多导致公文首页不能显示正文时，应当将主送机关名称移至版记，标注方法见7.4.2。

7.3.3　正文

公文首页必须显示正文。一般用3号仿宋体字，编排于主送机关名称下一行，每个自然段左空二字，回行顶格。文中结构层次序数依次可以用"一、""（一）""1.""（1）"标注；一般第一层用黑体字，第二层用楷体字，第三层和第四层用仿宋体字标注。

7.3.4　附件说明

如有附件，在正文下空一行左空二字编排"附件"二字，后标全角冒号和附件名称。如有多个附件，使用阿拉伯数字标注附件顺序号（如"附件：1.×××××"）；附件名称后不加标点符号。附件名称较长需回行时，应当与上一行附件名称的首字对齐。

7.3.5　发文机关署名、成文日期和印章

7.3.5.1　加盖印章的公文

成文日期一般右空四字编排，印章用红色，不得出现空白印章。

单一机关行文时，一般在成文日期之上、以成文日期为准居中编排发文机关署名，印章端正、居中下压发文机关署名和成文日期，使发文机关署名和成文日期居印章中心偏下位置，印章顶端应当上距正文（或附件说明）一行之内。

联合行文时，一般将各发文机关署名按照发文机关顺序整齐排列在相应位置，并将印章一一对应、端正、居中下压发文机关署名，最后一个印章端正、居中下压发文机关署名和成文日期，印章之间排列整齐、互不相交或相切，每排印章两端不得超出版

483

心，首排印章顶端应当上距正文（或附件说明）一行之内。

7.3.5.2　不加盖印章的公文

单一机关行文时，在正文（或附件说明）下空一行右空二字编排发文机关署名，在发文机关署名下一行编排成文日期，首字比发文机关署名首字右移二字，如成文日期长于发文机关署名，应当使成文日期右空二字编排，并相应增加发文机关署名右空字数。

联合行文时，应当先编排主办机关署名，其余发文机关署名依次向下编排。

7.3.5.3　加盖签发人签名章的公文

单一机关制发的公文加盖签发人签名章时，在正文（或附件说明）下空二行右空四字加盖签发人签名章，签名章左空二字标注签发人职务，以签名章为准上下居中排布。在签发人签名章下空一行右空四字编排成文日期。

联合行文时，应当先编排主办机关签发人职务、签名章，其余机关签发人职务、签名章依次向下编排，与主办机关签发人职务、签名章上下对齐；每行只编排一个机关的签发人职务、签名章；签发人职务应当标注全称。

签名章一般用红色。

7.3.5.4　成文日期中的数字

用阿拉伯数字将年、月、日标全，年份应标全称，月、日不编虚位（即 1 不编为 01）。

7.3.5.5　特殊情况说明

当公文排版后所剩空白处不能容下印章或签发人签名章、成文日期时，可以采取调整行距、字距的措施解决。

7.3.6　附注

如有附注，居左空二字加圆括号编排在成文日期下一行。

7.3.7　附件

附件应当另面编排，并在版记之前，与公文正文一起装订。"附件"二字及附件顺序号用 3 号黑体字顶格编排在版心左上角第一行。附件标题居中编排在版心第三行。附件顺序号和附件标题应当与附件说明的表述一致。附件格式要求同正文。

如附件与正文不能一起装订，应当在附件左上角第一行顶格编排公文的发文字号并在其后标注"附件"二字及附件顺序号。

7.4　版记

7.4.1　版记中的分隔线

版记中的分隔线与版心等宽，首条分隔线和末条分隔线用粗线（推荐高度为 0.35mm），中间的分隔线用细线（推荐高度为 0.25mm）。首条分隔线位于版记中第一个要素之上，末条分隔线与公文最后一面的版心下边缘重合。

7.4.2　抄送机关

如有抄送机关，一般用 4 号仿宋体字，在印发机关和印发日期之上一行、左右各空一字编排。"抄送"二字后加全角冒号和抄送机关名称，回行时与冒号后的首字对齐，最后一个抄送机关名称后标句号。

如需把主送机关移至版记，除将"抄送"二字改为"主送"外，编排方法同抄送机关。既有主送机关又有抄送机关时，应当将主送机关置于抄送机关之上一行，之间不加分隔线。

7.4.3　印发机关和印发日期

印发机关和印发日期一般用 4 号仿宋体字，编排在末条分隔线之上，印发机关左空一字，印发日期右空一字，用阿拉伯数字将年、月、日标全，年份应标全称，月、日不编虚位（即 1 不编为 01），后加"印发"二字。

版记中如有其他要素，应当将其与印发机关和印发日期用一条细分隔线隔开。

7.5　页码

一般用 4 号半角宋体阿拉伯数字，编排在公文版心下边缘之下，数字左右各放一条一字线；一字线上距版心下边缘 7mm。单页码居右空一字，双页码居左空一字。公文的版记页前有空白页的，空白页和版记页均不编排页码。公文的附件与正文一起装订时，页码应当连续编排。

8 公文中的横排表格

A4 纸型的表格横排时，页码位置与公文其他页码保持一致，单页码表头在订口一边，双页码表头在切口一边。

9 公文中计量单位、标点符号和数字的用法

公文中计量单位的用法应当符合 GB 3100、GB 3101 和 GB 3102（所有部分），标点符号的用法应当符合 GB/T 15834，数字用法应当符合 GB/T 15835。

10 公文的特定格式

10.1 信函格式

发文机关标志使用发文机关全称或者规范化简称，居中排布，上边缘至上页边为 30mm，推荐使用红色小标宋体字。联合行文时，使用主办机关标志。

发文机关标志下 4mm 处印一条红色双线（上粗下细），距下页边 20mm 处印一条红色双线（上细下粗），线长均为170mm，居中排布。

如需标注份号、密级和保密期限、紧急程度，应当顶格居版心左边缘编排在第一条红色双线下，按照份号、密级和保密期限、紧急程度的顺序自上而下分行排列，第一个要素与该线的距离为 3 号汉字高度的 7/8。

发文字号顶格居版心右边缘编排在第一条红色双线下，与该线的距离为 3 号汉字高度的 7/8。

标题居中编排，与其上最后一个要素相距二行。

第二条红色双线上一行如有文字，与该线的距离为 3 号汉字高度的 7/8。

首页不显示页码。

版记不加印发机关和印发日期、分隔线，位于公文最后一面版心内最下方。

10.2 命令（令）格式

发文机关标志由发文机关全称加"命令"或"令"字组成，

居中排布，上边缘至版心上边缘为 20mm，推荐使用红色小标宋体字。

发文机关标志下空二行居中编排令号，令号下空二行编排正文。

签发人职务、签名章和成文日期的编排见 7.3.5.3。

10.3　纪要格式

纪要标志由"××××××纪要"组成，居中排布，上边缘至版心上边缘为 35mm，推荐使用红色小标宋体字。

标注出席人员名单，一般用 3 号黑体字，在正文或附件说明下空一行左空二字编排"出席"二字，后标全角冒号，冒号后用 3 号仿宋体字标注出席人单位、姓名，回行时与冒号后的首字对齐。

标注请假和列席人员名单，除依次另起一行并将"出席"二字改为"请假"或"列席"外，编排方法同出席人员名单。

纪要格式可以根据实际制定。

11　式样

A4 型公文用纸页边及版心尺寸见图 1；公文首页版式见图 2；联合行文公文首页版式 1 见图 3；联合行文公文首页版式 2 见图 4；公义末页版式 1 见图 5；公文末页版式 2 见图 6；联合行文公文末页版式 1 见图 7；联合行文公文末页版式 2 见图 8；附件说明页版式见图 9；带附件公文末页版式见图 10；信函格式首页版式见图 11；命令（令）格式首页版式见图 12。

487

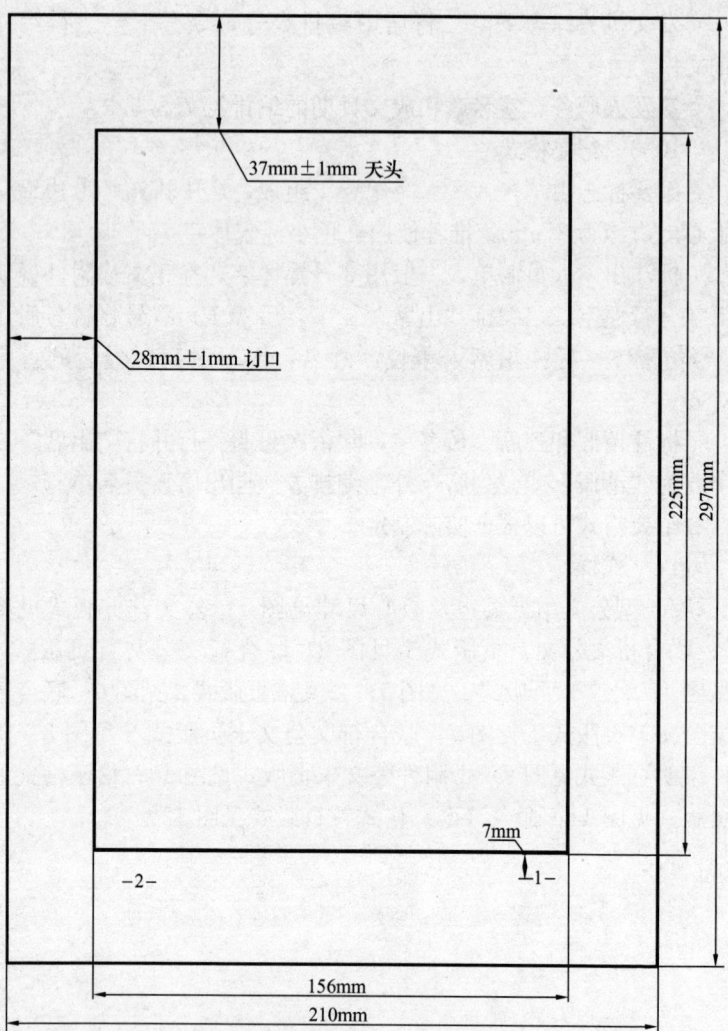

37mm±1mm 天头

28mm±1mm 订口

225mm

297mm

7mm

−2−

−1−

156mm

210mm

图1　A4型公文用纸页边及版心尺寸

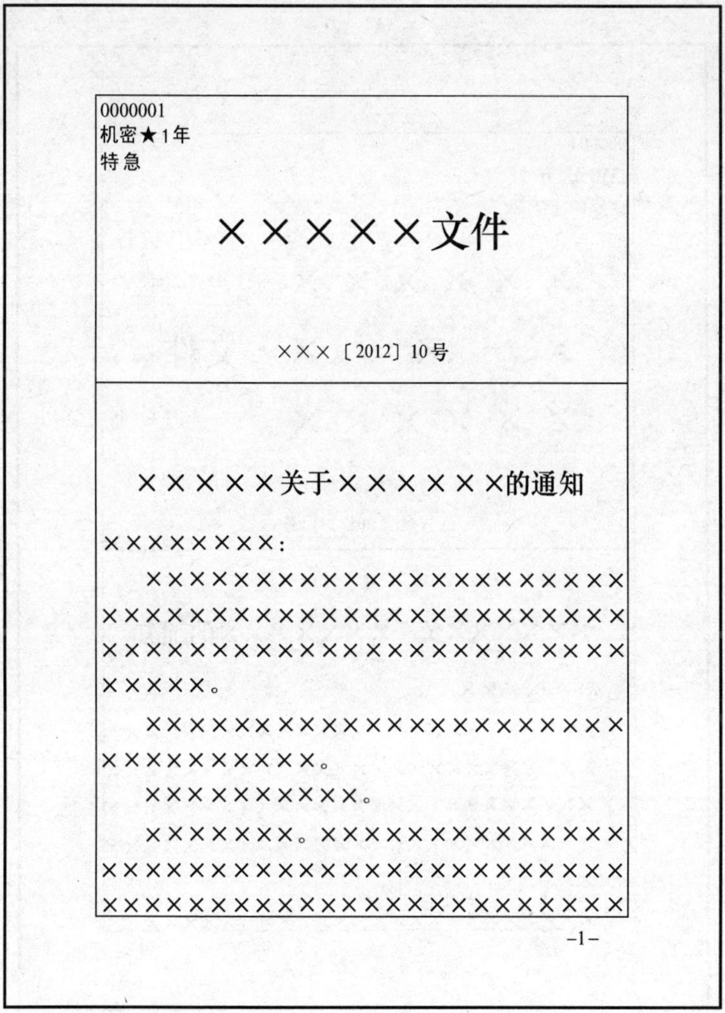

图2　公文首页版式

注：版心实线框仅为示意，在印制公文时并不印出。

000001

机密★1年

特 急

$$\times \quad \times \quad \times \quad \times \quad \times$$

$$\times \qquad \times \qquad \times \qquad \text{文件}$$

$$\times \quad \times \quad \times \quad \times \quad \times$$

×××〔2012〕10号

××××××关于×××××××的通知

×××××××××:

　　××××××××××××××××××××××××。

　　×××××××××××××××××××××××××

××××××××××××××××××××××××××××

×××★。

　　××××××××××××××××××××××××

图3　联合行文公文首页版式1

注：版心实线框仅为示意，在印制公文时并不印出。

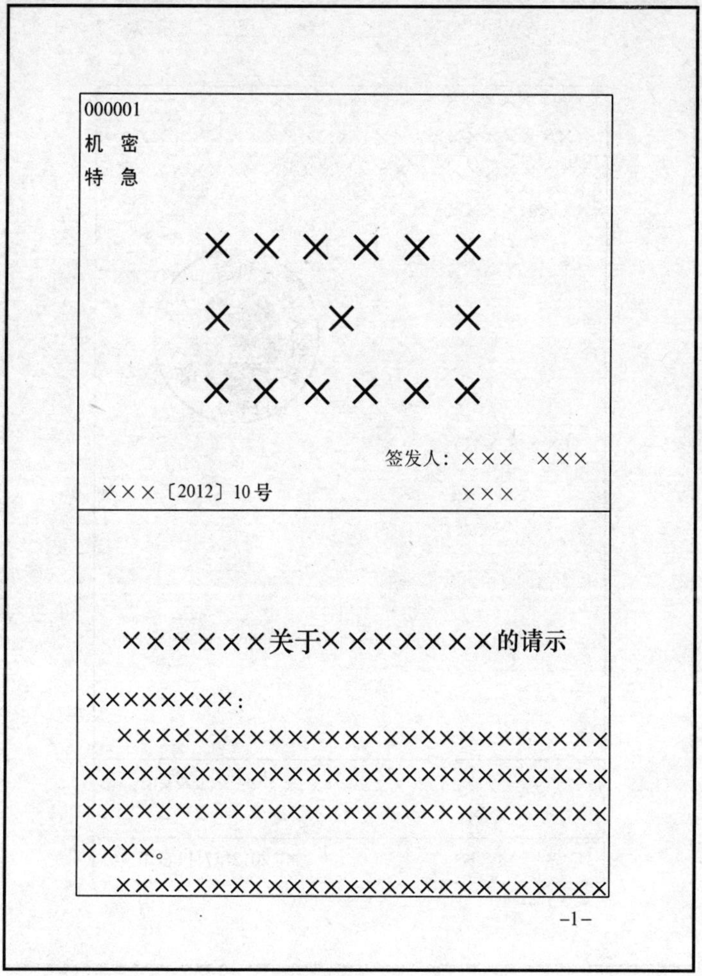

```
000001

机  密
特  急

        × × × × ×

        ×     ×     ×

        × × × × ×

                签发人：×××  ×××
××× 〔2012〕10 号              ×××


        ×××××关于×××××××的请示

×××××××：
        ×××××××××××××××××××××××××××
××××××××××××××××××××××××××××××××××
×××××××××××××××××××××××××××××××××××
××××。
        ××××××××××××××××××××××××
                                    —1—
```

图 4 联合行文公文首页版式 2

注：版心实线框仅为示意，在印制公文时并不印出。

××××××××××××××××。
　××××××××××××××××××××××
××××××××××××××××××××××
××××××××××。

中华人民共和国×××
×××部×章
2012年7月1日

(×××××)

抄送：×××××××，×××××××，×××××，×××××，
×××××。

×××××××××　　　　　　　　　2012年7月1日印发

— 2 —

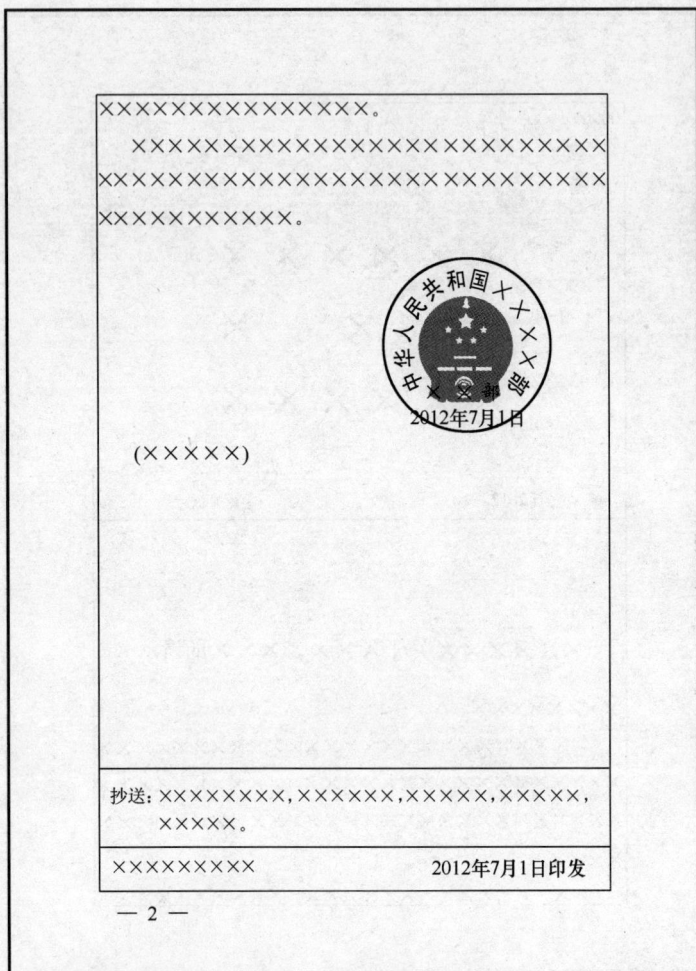

图5　公文末页版式1
注：版心实线框仅为示意，在印制公文时并不印出。

×××××××××××××××。
　×××××××××××××××××××
×××××××××××××××××××××
×××××××。

　　　　　　　　×××××××××
　　　　　　　　2012年7月1日

(××××)

抄送：×××××××，×××××××，×××××，×××××，
　　　×××××。

×××××××××　　　　　　2012年7月1日印发

图6　公文末页版式2

注：版心实线框仅为示意，在印制公文时并不印出。

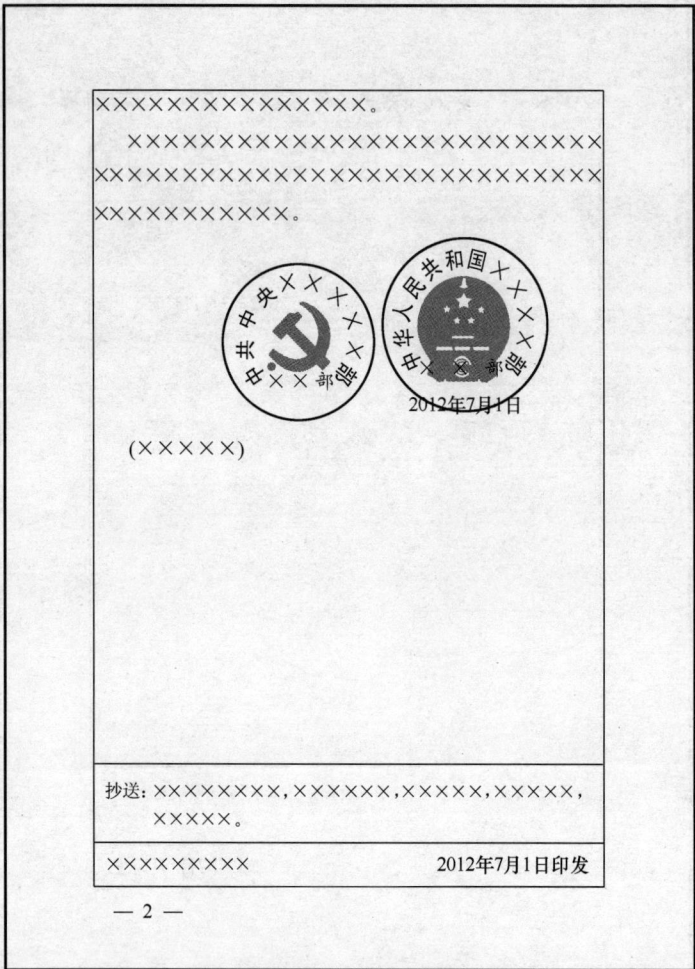

XXXXXXXXXXXXXXX。
　　XXXXXXXXXXXXXXXXXXXXX
XXXXXXXXXXXXXXXXXXXXXXXX
XXXXXXXXX。

2012年7月1日

（XXXXX）

抄送：XXXXXXXXX，XXXXXXX，XXXXX，XXXXX，
XXXXX。

XXXXXXXXXX　　　　　　2012年7月1日印发

— 2 —

图 7　联合行文公文末页版式 1

注：版心实线框仅为示意，在印制公文时并不印出。

××××××××××××××。
　××××××××××××××××××××
××××××××××××××××××××××
××××××××××。

中华人民共和国×××××

中华人民共和国×××××

中华人民共和国×××××

中华人民共和国×××××

中华人民共和国×××××
2012年7月1日

(×××××)

抄送：×××××××××，×××××××，×××××，×××××，
　　　×××××。

×××××××××　　　　　　　2012年7月1日印发

— 2 —

图 8　联合行文公文末页版式 2

注：版心实线框仅为示意，在印制公文时并不印出。

×××××××××××××。
　　××××××××××××××××××××××
×××××××××××××××××××××××
××××××××××。

　　　附件: 1. ×××××××××××××××××
　　　　　　　×××××
　　　　　　2. ×××××××××××

　　　　　　　　　　　　　×××××××
　　　　　　　　　　　　×　×　×
　　　　　　　　　　　　2012 年 7 月 1 日
(×××××)

— 2 —

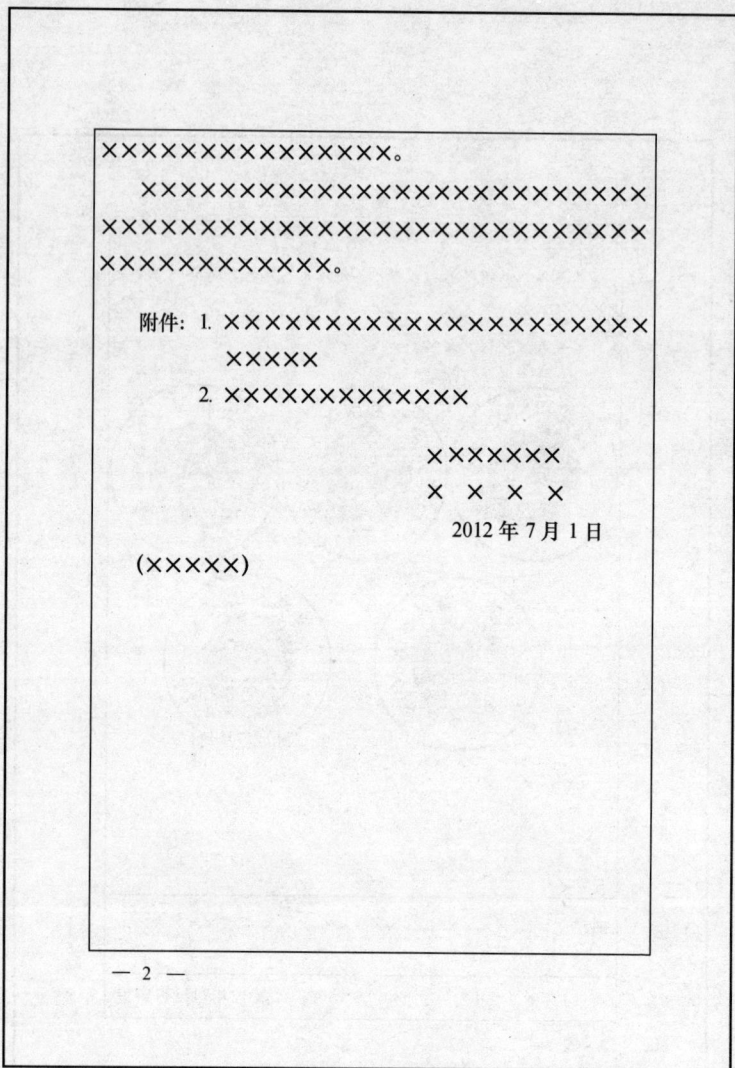

图 9　附件说明页版式

注：版心实线框仅为示意，在印制公文时并不印出。

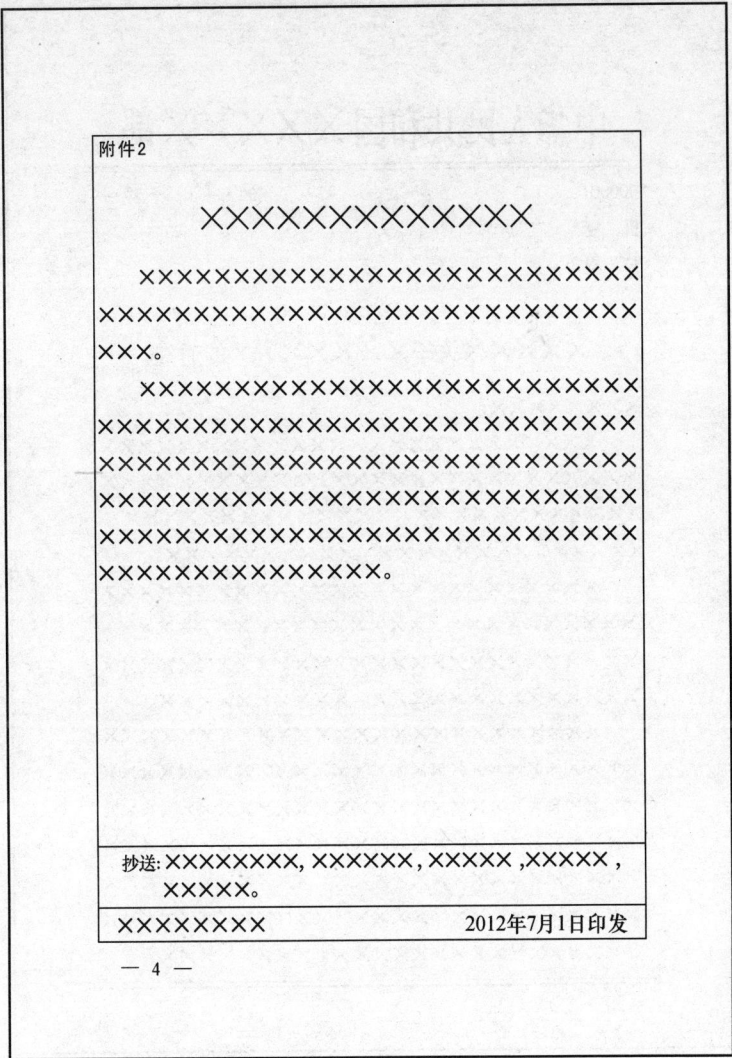

附件2

XXXXXXXXXXX

XXXXXXXXXXXXXXXXXX
XXXXXXXXXXXXXXXXXX
XXX。
　XXXXXXXXXXXXXXXXX
XXXXXXXXXXXXXXXXXX
XXXXXXXXXXXXXXXXXX
XXXXXXXXXXXXXXXXXX
XXXXXXXXXXXXXXXXXX
XXXXXXXXXXXX。

抄送：XXXXXXXX，XXXXXX，XXXXX，XXXXX，XXXXX。

XXXXXXXX　　　　　　2012年7月1日印发

— 4 —

图10　带附件公文末页版式

注：版心实线框仅为示意，在印制公文时并不印出。

中华人民共和国×××××部

000001   ×××〔2012〕10号

机　密

特　急

×××××关于×××××××的通知

×××××××××：

　　×××××××××××××××××××××××××
×××××××××××××××××××××××××××××
×××××××××××××××××××××××××。
　　×××××××××××××××××××××××××××
×××××××××××××××××××××××××××××
××××××××××××××××××××。
　　×××××××××××××××××××××××××××
×××××××××××××××××××××××××××××
×××××××××××××××××××××××××××××
×××××××××××××××××××××××××××××
×××××××××××××××××××××××××××××
××××××××××××××××××××。

图11　信函格式首页版式

注：版心实线框仅为示意，在印制公文时并不印出。

×××××令

第×××号

×××××××××××××××××××××××××
×××××××××××××××××××××××。
×××××××××××××××××××××××××
×××××××××××××××××××××××。

部 长 ×××

2012年7月1日

— 1 —

图 12 命令（令）格式首页版式

注：版心实线框仅为示意，在印制公文时并不印出。

中华人民共和国国家标准

GB/T 15834—2011

标 点 符 号 用 法（节选）

3 标点符号的种类

3.1 点号

点号的作用是点断，主要表示停顿和语气。分为句末点号和句内点号。

3.1.1 句末点号

用于句末的点号，表示句末停顿和句子的语气。包括句号、问号、叹号。

3.1.2 句内点号

用于句内的点号，表示句内各种不同性质的停顿。包括逗号、顿号、分号、冒号。

3.2 标号

标号的作用是标明，主要标示某些成分（主要是词语）的特定性质和作用。包括引号、括号、破折号、省略号、着重号、连接号、间隔号、书名号、专名号、分隔号。

4 标点符号的定义、形式和用法

4.1 句号

4.1.1 定义

句末点号的一种，主要表示句子的陈述语气。

4.1.2 形式

句号的形式是"。"。

4.1.3 基本用法

4.1.3.1 用于句子末尾，表示陈述语气。使用句号主要根据语段前后有较大停顿、带有陈述语气和语调，并不取决于句子的长短。

示例1：北京是中华人民共和国的首都。

示例2：（甲：咱们走着去吧?）乙：好。

4.1.3.2 有时也可以表示较缓和的祈使语气和感叹语气。

示例1：请您稍等一下。

示例2：我不由地感到，这些普通劳动者也同样是很值得尊敬的。

4.2 问号

4.2.1 定义

句末点号的一种，主要表示句子的疑问语气。

4.2.2 形式

问号的形式是"?"。

4.2.3 基本用法

4.2.3.1 用于句子末尾，表示疑问语气（包括反问、设问等疑问类型）。使用问号主要根据语段前后有较大停顿、带有疑问语气和语调，并不取决于句子的长短。

示例1：你怎么还不回家去呢?

示例2：难道这些普通的战士不值得歌颂吗?

示例3：（一个外国人，不远万里来到中国，帮助中国的抗日战争。）这是什么精神? 这是国际主义的精神。

4.2.3.2 选择问句中，通常只在最后一个选项的末尾用问号，各个选项之间一般用逗号隔开。当选项较短且选项之间几乎没有停顿时，选项之间可不用逗号。当选项较多或较长，或有意突出每个选项的独立性时，也可每个选项之后都用问号。

示例1：诗中记述的这场战争究竟是真实的历史描述，还是诗人的虚构?

示例2：这是巧合还是有意安排?

示例3：要一个什么样的结尾：现实主义的? 传统的? 大团圆的? 荒诞的? 民族形式的? 有象征意义的?

示例4：（他看着我的作品称赞了我。）但到底是称赞我什么：是有几处画得好? 还是什么都敢画? 抑或只是一种对于失败者的无可奈何的安慰？我不得而知。

示例5：这一切都是由客观的条件造成的？还是由行为的惯性造成的？

4.2.3.3　在多个问句连用或表达疑问语气加重时，可叠用问号。通常应先单用，再叠用，最多叠用三个问号。在没有异常强烈的情感表达需要时不宜叠用问号。

示例：这就是你的做法吗？你这个总经理是怎么当的？你怎么竟敢这样欺骗消费者？

4.2.3.4　问号也有标号的用法，即用于句内，表示存疑或不详。

示例1：马致远（1250？—1321），大都人，元代戏曲家、散曲家。

示例2：钟嵘（？—518），颍川长社人，南朝梁代文学批评家。

示例3：出现这样的文字错误，说明作者（编者？校者？）很不认真。

4.3　叹号

4.3.1　定义

句末点号的一种，主要表示句子的感叹语气。

4.3.2　形式

叹号的形式是"！"。

4.3.3　基本用法

4.3.3.1　用于句子末尾，主要表示感叹语气，有时也可表示强烈的祈使语气、反问语气等。使用叹号主要根据语段前后有较大停顿、带有感叹语气和语调或带有强烈的祈使、反问语气和语调，并不取决于句子的长短。

示例1：才一年不见，这孩子都长这么高啦！

示例2：你给我住嘴！

示例3：谁知道他今天是怎么搞的！

4.3.3.2　用于拟声词后，表示声音短促或突然。

示例1：咔嚓！一道闪电划破了夜空。

示例2：咚！咚咚！突然传来一阵急促的敲门声。

4.3.3.3　表示声音巨大或声音不断加大时，可叠用叹号；表达强烈语气时，也可叠用叹号，最多叠用三个叹号。在没有异常强烈的情感表达需要时不宜叠用叹号。

示例1：轰!! 在这天崩地塌的声音中，女娲猛然醒来。

示例2：我要揭露! 我要控诉!! 我要以死抗争!!!

4.3.3.4　当句子包含疑问、感叹两种语气且都比较强烈时（如带有强烈感情的反问句和带有惊愕语气的疑问句），可在问号后再加叹号（问号、叹号各一）。

示例1：这么点困难就能把我们吓倒吗?!

示例2：他连这些最起码的常识都不懂，还敢说自己是高科技人材?!

4.4　逗号

4.4.1　定义

句内点号的一种，表示句子或语段内部的一般性停顿。

4.4.2　形式

逗号的形式是“，”。

4.4.3　基本用法

4.4.3.1　复句内各分句之间的停顿，除了有时用分号（见4.6.3.1），一般都用逗号。

示例1：不是人们的意识决定人们的社会存在，而是人们的社会存在决定人们的意识。

示例2：学历史使人更明智，学文学使人更聪慧，学数学使人更精细，学考古使人更深沉。

示例3：要是不相信我们的理论能反映现实，要是不相信我们的世界有内在和谐，那就不可能有科学。

4.4.3.2　用于下列各种语法位置：

a）较长的主语之后。

示例1：苏州园林建筑各种门窗的精美设计和雕镂功夫，都令人叹为观止。

b）句首的状语之后。

示例 2：在苍茫的大海上，狂风卷集着乌云。

c）较长的宾语之前。

示例 3：有的考古工作者认为，南方古猿生存于上新世至更新世的初期和中期。

d）带句内语气词的主语（或其他成分）之后，或带句内语气词的并列成分之间。

示例 4：他呢，倒是很乐意地、全神贯注地干起来了。

示例 5：（那是个没有月亮的夜晚。）可是整个村子——白房顶啦，白树木啦，雪堆啦，全看得见。

e）较长的主语中间、谓语中间或宾语中间。

示例 6：母亲沉痛的诉说，以及亲眼见到的事实，都启发了我幼年时期追求真理的思想。

示例 7：那姑娘头戴一顶草帽，身穿一条绿色的裙子，腰间还系着一根橙色的腰带。

示例 8：必须懂得，对于文化传统，既不能不分青红皂白统统抛弃，也不能不管精华糟粕全盘继承。

f）前置的谓语之后或后置的状语、定语之前。

示例 9：真美啊，这条蜿蜒的林间小路。

示例 10：她吃力地站了起来，慢慢地。

示例 11：我只是一个人，孤孤单单的。

4.4.3.3　用于下列各种停顿处：

a）复指成分或插说成分前后。

示例 1：老张，就是原来的办公室主任，上星期已经调走了。

示例 2：车，不用说，当然是头等。

b）语气缓和的感叹语、称谓语或呼唤语之后。

示例 3：哎哟，这儿，快给我揉揉。

示例 4：大娘，您到哪儿去啊？

示例 5：喂，你是哪个单位的？

c）某些序次语（"第"字头、"其"字头及"首先"类序次语）之后。

示例 6：为什么许多人都有长不大的感觉呢？原因有三：第一，父母总认为自己比孩子成熟；第二，父母总要以自己的标准来衡量孩子；第三，父母出于爱心而总不想让孩子在成长的过程中走弯路。

示例 7：《玄秘塔碑》所以成为书法的范本，不外乎以下几方面的因素：其一，具有楷书点画、构体的典范性；其二，承上启下，成为唐楷的极致；其三，字如其人，爱人及字，柳公权高尚的书品、人品为后人所崇仰。

示例 8：下面从三个方面讲讲语言的污染问题：首先，是特殊语言环境中的语言污染问题；其次，是滥用缩略语引起的语言污染问题；再次，是空话和废话引起的语言污染问题。

4.5　顿号

4.5.1　定义

句内点号的一种，表示语段中并列词语之间或某些序次语之后的停顿。

4.5.2　形式

顿号的形式是"、"。

4.5.3　基本用法

4.5.3.1　用于并列词语之间。

示例 1：这里有自由、民主、平等、开放的风气和氛围。

示例 2：造型科学、技艺精湛、气韵生动，是盛唐石雕的特色。

4.5.3.2　用于需要停顿的重复词语之间。

示例：他几次三番、几次三番地辩解着。

4.5.3.3　用于某些序次语（不带括号的汉字数字或"天干地支"类序次语）之后。

示例 1：我准备讲两个问题：一、逻辑学是什么？二、怎样学好逻辑学?

示例2：风格的具体内容主要有以下四点：甲、题材；乙、用字；丙、表达；丁、色彩。

4.5.3.4　相邻或相近两数字连用表示概数通常不用顿号。若相邻两数字连用为缩略形式，宜用顿号。

示例1：飞机在6000米高空水平飞行时，只能看到两侧八九公里和前方一二十公里范围内的地面。

示例2：这种凶猛的动物常常三五成群地外出觅食和活动。

示例3：农业是国民经济的基础，也是二、三产业的基础。

4.5.3.5　标有引号的并列成分之间、标有书名号的并列成分之间通常不用顿号。若有其他成分插在并列的引号之间或并列的书名号之间（如引语或书名号之后还有括注），宜用顿号。

示例1："日""月"构成"明"字。

示例2：店里挂着"顾客就是上帝""质量就是生命"等横幅。

示例3：《红楼梦》《三国演义》《西游记》《水浒传》，是我国长篇小说的四大名著。

示例4：李白的"白发三千丈"（《秋浦歌》）、"朝如青丝暮成雪"（《将进酒》）都是脍炙人口的诗句。

示例5：办公室里订有《人民日报》（海外版）、《光明日报》和《时代周刊》等报刊。

4.6　分号

4.6.1　定义

句内点号的一种，表示复句内部并列关系分句之间的停顿，以及非并列关系的多重复句中第一层分句之间的停顿。

4.6.2　形式

分号的形式是"；"。

4.6.3　基本用法

4.6.3.1　表示复句内部并列关系的分句（尤其当分句内部还有逗号时）之间的停顿。

示例1：语言文字的学习，就理解方面说，是得到一种知识；就运用方面说，是养成一种习惯。

示例2：内容有分量，尽管文章短小，也是有分量的；内容没有分量，即使写得再长也没有用。

4.6.3.2　表示非并列关系的多重复句中第一层分句（主要是选择、转折等关系）之间的停顿。

示例1：人还没看见，已经先听见歌声了；或者人已经转过山头望不见了，歌声还余音袅袅。

示例2：尽管人民革命的力量在开始时总是弱小的，所以总是受压的；但是由于革命的力量代表历史发展的方向，因此本质上又是不可战胜的。

示例3：不管一个人如何伟大，也总是生活在一定的环境和条件下；因此，个人的见解总难免带有某种局限性。

示例4：昨天夜里下了一场雨，以为可以凉快些；谁知没有凉快下来，反而更热了。

4.6.3.3　用于分项列举的各项之间。

示例：特聘教授的岗位职责为：一、讲授本学科的主干基础课程；二、主持本学科的重大科研项目；三、领导本学科的学术队伍建设；四、带领本学科赶超或保持世界先进水平。

4.7　冒号

4.7.1　定义

句内点号的一种，表示语段中提示下文或总结上文的停顿。

4.7.2　形式

冒号的形式是"："。

4.7.3　基本用法

4.7.3.1　用于总说性或提示性词语（如"说""例如""证明"等）之后，表示提示下文。

示例1：北京紫禁城有四座城门：午门、神武门、东华门和西华门。

示例2：她高兴地说："咱们去好好庆祝一下吧！"

示例3：小王笑着点了点头："我就是这么想的。"

示例4：这一事实证明：人能创造环境，环境同样也能创造人。

4.7.3.2　表示总结上文。

示例：张华上了大学，李萍进了技校，我当了工人：我们都有美好的前途。

4.7.3.3　用在需要说明的词语之后，表示注释和说明。

示例1：（本市将举办首届大型书市。）主办单位：市文化局；承办单位：市图书进出口公司；时间：8月15日—20日；地点：市体育馆观众休息厅。

示例2：（做阅读理解题有两个办法。）办法之一：先读题干，再读原文，带着问题有针对性地读课文。办法之二：直接读原文，读完再做题，减少先入为主的干扰。

4.7.3.4　用于书信、讲话稿中称谓语或称呼语之后。

示例1：广平先生：

示例2：同志们、朋友们：

4.7.3.5　一个句子内部一般不应套用冒号。在列举式或条文式表述中，如不得不套用冒号时，宜另起段落来显示各个层次。

示例：第十条　遗产按照下列顺序继承

第一顺序：配偶、子女、父母。

第二顺序：兄弟姐妹、祖父母、外祖父母。

4.8　引号

4.8.1　定义

标号的一种，标示语段中直接引用的内容或需要特别指出的成分。

4.8.2　形式

引号的形式有双引号""和单引号''两种。左侧的为前引号，右侧的为后引号。

4.8.3　基本用法

4.8.3.1　标示语段中直接引用的内容。

示例：李白诗中就有"白发三千丈"这样极尽夸张的语句。

4.8.3.2　标示需要着重论述或强调的内容。

示例：这里所谓的"文"，并不是指文字，而是指文采。

4.8.3.3　标示语段中具有特殊含义而需要特别指出的成分，如别称、简称、反语等。

示例1：电视被称作"第九艺术"。

示例2：人类学上常把古人化石统称为尼安德特人，简称"尼人"。

示例3：有几个"慈祥"的老板把捡来的菜叶用盐浸浸就算作工友的菜肴。

4.8.3.4　当引号中还需要使用引号时，外面一层用双引号，里面一层用单引号。

示例：他问："老师，'七月流火'是什么意思？"

4.8.3.5　独立成段的引文如果只有一段，段首和段尾都用引号；不止一段时，每段开头仅用前引号，只在最后一段末尾用后引号。

示例：我曾在报纸上看到有人这样谈幸福：

"幸福是知道自己喜欢什么和不喜欢什么。……

"幸福是知道自己擅长什么和不擅长什么。……

"幸福是在正确的时间做了正确的选择。……"

4.8.3.6　在书写带月、日的事件、节日或其他特定意义的短语（含简称）时，通常只标引其中的月和日；需要突出和强调该事件或节日本身时，也可连同事件或节日一起标引。

示例1："5·12"汶川大地震

示例2："五四"以来的话剧，是我国戏剧中的新形式。

示例3：纪念"五四运动"90周年

4.9　括号

4.9.1　定义

标号的一种，标示语段中的注释内容、补充说明或其他特定意义的语句。

4.9.2　形式

括号的主要形式是圆括号"（　）"，其他形式还有方括号"〔　〕"、六角括号"〔　〕"和方头括号"【　】"等。

4.9.3　基本用法

4.9.3.1　标示下列各种情况，均用圆括号：

a）标示注释内容或补充说明。

示例1：我校拥有特级教师（含已退休的）17人。

示例2：我们不但善于破坏一个旧世界，我们还将善于建设一个新世界！（热烈鼓掌）

b）标示订正或补加的文字。

示例3：信纸上用稚嫩的字体写着："阿夷（姨），你好！"

示例4：该建筑公司负责的建设工程全部达到优良工程（的标准）。

c）标示序次语。

示例5：语言有三个要素：（1）声音；（2）结构；（3）意义。

示例6：思想有三个条件：（一）事理；（二）心理；（三）伦理。

d）标示引语的出处。

示例7：他说得好："未画之前，不立一格；既画之后，不留一格。"（《板桥集·题画》）

e）标示汉语拼音注音。

示例8："的（de）"这个字在现代汉语中最常用。

4.9.3.2　标示作者国籍或所属朝代时，可用方括号或六角括号。

示例1：〔英〕赫胥黎《进化论与伦理学》

示例2：〔唐〕杜甫著

4.9.3.3　报刊标示电讯、报道的开头，可用方头括号。

示例：【新华社南京消息】

4.9.3.4　标示公文发文字号中的发文年份时，可用六角括号。

示例：国发〔2011〕3 号文件

4.9.3.5　标示被注释的词语时，可用六角括号或方头括号。

示例 1：〔奇观〕奇伟的景象。

示例 2：【爱因斯坦】物理学家。生于德国，1933 年因受纳粹政权迫害，移居美国。

4.9.3.6　除科技书刊中的数学、逻辑公式外，所有括号（特别是同一形式的括号）应尽量避免套用。必须套用括号时，宜采用不同的括号形式配合使用。

示例：〔茸（róng）毛〕很细很细的毛。

4.10　破折号

4.10.1　定义

标号的一种，标示语段中某些成分的注释、补充说明或语音、意义的变化。

4.10.2　形式

破折号的形式是"——"。

4.10.3　基本用法

4.10.3.1　标示注释内容或补充说明（也可用括号，见 4.9.3.1；二者的区别另见 B.1.7）。

示例 1：一个矮小而结实的日本中年人——内山老板走了过来。

示例 2：我一直坚持读书，想借此唤起弟妹对生活的希望——无论环境多么困难。

4.10.3.2　标示插入语（也可用逗号，见 4.4.3.3）

示例：这简直就是——说得不客气点——无耻的勾当！

4.10.3.3　标示总结上文或提示下文（也可用冒号，见 4.7.3.1、4.7.3.2）。

示例 1：坚强，纯洁，严于律己，客观公正——这一切都难得地集中在一个人身上。

示例 2：画家开始娓娓道来——

  数年前的一个寒冬，……

4.10.3.4　标示话题的转换。

示例："好香的干菜，——听到风声了吗?"赵七爷低声说道。

4.10.3.5　标示声音的延长。

示例:"嘎——"传过来一声水禽被惊动的鸣叫。

4.10.3.6　标示话语的中断或间隔。

示例 1:"班长他牺——"小马话没说完就大哭起来。

示例 2:"亲爱的妈妈，你不知道我多爱您。——还有你，我的孩子!"

4.10.3.7　标示引出对话。

示例:——你长大后想成为科学家吗?

  ——当然想了!

4.10.3.8　标示事项列举分承。

示例:根据研究对象的不同，环境物理学分为以下五个分支学科:

——环境声学;

——环境光学;

——环境热学:

——环境电磁学;

——环境空气动力学。

4.10.3.9　用于副标题之前。

示例:飞向太平洋

  ——我国新型号运载火箭发射目击记

4.10.3.10　用于引文、注文后，标示作者、出处或注释者。

示例 1:先天下之忧而忧，后天下之乐而乐。

  ——范仲淹

示例 2:乐浪海中有倭人，分为百余国。

  ——《汉书》

示例 3：很多人写好信后把信笺折成方胜形，我看大可不必。（方胜，指古代妇女戴的方形首饰，用彩绸等制作，由两个斜方部分叠合而成。——编者注）

4.11 省略号

4.11.1　定义

标号的一种，标示语段中某些内容的省略及意义的断续等。

4.11.2　形式

省略号的形式是"……"。

4.11.3　基本用法

4.11.3.1　标示引文的省略。

示例：我们齐声朗诵起来："……俱往矣，数风流人物，还看今朝。"

4.11.3.2　标示列举或重复词语的省略。

示例 1：对政治的敏感，对生活的敏感，对性格的敏感，……这都是作家必须要有的素质。

示例 2：他气得连声说："好，好……算我没说。"

4.11.3.3　标示语意未尽。

示例 1：在人迹罕至的深山密林里，假如突然看见一缕炊烟，……

示例 2：你这样干，未免太……！

4.11.3.4　标示说话时断断续续。

示例：她磕磕巴巴地说："可是……太太……我不知道……你一定是认错了。"

4.11.3.5　标示对话中的沉默不语。

示例："还没结婚吧?"

"……"他飞红了脸，更加忸怩起来。

4.11.3.6　标示特定的成分虚缺。

示例：只要……就……

4.11.3.7　在标示诗行、段落的省略时，可连用两个省略号（即相当于十二连点）。

513

示例 1：从隔壁房间传来缓缓而抑扬顿挫的吟咏声——

床前明月光，疑是地上霜。

·············

示例 2：该刊根据工作质量、上稿数量、参与程度等方面的表现，评选出了高校十佳记者站。还根据发稿数量、提供新闻线索情况以及对刊物的关注度等，评选出了十佳通讯员。

·············

4.12 着重号

4.12.1 定义

标号的一种，标示语段中某些重要的或需要指明的文字。

4.12.2 形式

着重号的形式是"．"，标注在相应文字的下方。

4.12.3 基本用法

4.12.3.1 标示语段中重要的文字。

示例 1：诗人需要表现，而不是证明。

示例 2：下面对本文的理解，不正确的一项是：……

4.12.3.2 标示语段中需要指明的文字。

示例：下边加点的字，除了在词中的读法外，还有哪些读法？

着急　子弹　强调

4.13 连接号

4.13.1 定义

标号的一种，标示某些相关联成分之间的连接。

4.13.2 形式

连接号的形式有短横线"-"、一字线"—"和浪纹线"～"三种。

4.13.3 基本用法

4.13.3.1 标示下列各种情况，均用短横线：

a）化合物的名称或表格、插图的编号。

示例 1：3-戊酮为无色液体，对眼及皮肤有强烈刺激性。

示例 2：参见下页表 2-8、表 2-9。

b）连接号码，包括门牌号码、电话号码，以及用阿拉伯数字表示年月日等。

示例 3：安宁里东路 26 号院 3-2-11 室

示例 4：联系电话 010-88842603

示例 5：2011-02-15

c）在复合名词中起连接作用。

示例 6：吐鲁番-哈密盆地

d）某些产品的名称和型号。

示例 7：WZ-10 直升机具有复杂天气和夜间作战的能力。

e）汉语拼音、外来语内部的分合。

示例 8：shuōshuō-xiàoxiào（说说笑笑）

示例 9：盎格鲁-撒克逊人

示例 10：让-雅克·卢梭（"让-雅克"为双名）

示例 11：皮埃尔·孟戴斯-弗朗斯（"孟戴斯-弗朗斯"为复姓）

4.13.3.2　标示下列各种情况，一般用一字线，有时也可用浪纹线：

a）标示相关项目（如时间、地域等）的起止。

示例 1：沈括（1031—1095），宋朝人。

示例 2：2011 年 2 月 3 日—10 日

示例 3：北京—上海特别旅客快车

b）标示数值范围（由阿拉伯数字或汉字数字构成）的起止。

示例 4：25～30g

示例 5：第五～八课

4.14　间隔号

4.14.1　定义

标号的一种，标示某些相关联成分之间的分界。

4.14.2　形式

间隔号的形式是"·"。

4.14.3　基本用法

4.14.3.1　标示外国人名或少数民族人名内部的分界。

示例1：克里丝蒂娜·罗塞蒂

示例2：阿依古丽·买买提

4.14.3.2　标示书名与篇（章、卷）名之间的分界。

示例：《淮南子·本经训》

4.14.3.3　标示词牌、曲牌、诗体名等和题名之间的分界。

示例1：《沁园春·雪》

示例2：《天净沙·秋思》

示例3：《七律·冬云》

4.14.3.4　用在构成标题或栏目名称的并列词语之间。

示例：《天·地·人》

4.14.3.5　以月、日为标志的事件或节日，用汉字数字表示时，只在一、十一和十二月后用间隔号；当直接用阿拉伯数字表示时，月、日之间均用间隔号（半角字符）。

示例1："九一八"事变　　"五四"运动

示例2："一·二八"事变　　"一二·九"运动

示例3："3·15"消费者权益日　　"9·11"恐怖袭击事件

4.15　书名号

4.15.1　定义

标号的一种，标示语段中出现的各种作品的名称。

4.15.2　形式

书名号的形式有双书名号"《　》"和单书名号"〈 〉"两种。

4.15.3　基本用法

4.15.3.1　标示书名、卷名、篇名、刊物名、报纸名、文件名等。

示例1：《红楼梦》（书名）

示例2：《史记·项羽本纪》（卷名）

示例3：《论雷峰塔的倒掉》（篇名）

示例 4：《每周关注》（刊物名）

示例 5：《人民日报》（报纸名）

示例 6：《全国农村工作会议纪要》（文件名）

4.15.3.2　标示电影、电视、音乐、诗歌、雕塑等各类用文字、声音、图像等表现的作品的名称。

示例 1：《渔光曲》（电影名）

示例 2：《追梦录》（电视剧名）

示例 3：《勿忘我》（歌曲名）

示例 4：《沁园春·雪》（诗词名）

示例 5：《东方欲晓》（雕塑名）

示例 6：《光与影》（电视节目名）

示例 7：《社会广角镜》（栏目名）

示例 8：《庄子研究文献数据库》（光盘名）

示例 9：《植物生理学系列挂图》（图片名）

4.15.3.3　标示全中文或中文在名称中占主导地位的软件名。

示例：科研人员正在研制《电脑卫士》杀毒软件。

4.15.3.4　标示作品名的简称。

示例：我读了《念青唐古拉山脉纪行》一文（以下简称《念》），收获很大。

4.15.3.5　当书名号中还需要书名号时，里面一层用单书名号，外面一层用双书名号。

示例：《教育部关于提请审议〈高等教育自学考试试行办法〉的报告》

4.16　专名号

4.16.1　定义

标号的一种，标示古籍和某些文史类著作中出现的特定类专有名词。

4.16.2　形式

专名号的形式是一条直线，标注在相应文字的下方。

4.16.3　基本用法

4.16.3.1　标示古籍、古籍引文或某些文史类著作中出现的专有名词，主要包括人名、地名、国名、民族名、朝代名、年号、宗教名、官署名、组织名等。

示例1：<u>孙坚</u>人马被<u>刘表</u>率军围得水泄不通。（人名）

示例2：于是聚集<u>冀</u>、<u>青</u>、<u>幽</u>、<u>并</u>四州兵马七十多万准备决一死战。（地名）

示例3：当时<u>乌孙</u>及西域各国都向<u>汉</u>派遣了使节。（国名、朝代名）

示例4：从<u>咸宁</u>二年到<u>太康</u>十年，<u>匈奴</u>、<u>鲜卑</u>、<u>乌桓</u>等族人徙居塞内。（年号、民族名）

4.16.3.2　现代汉语文本中的上述专有名词，以及古籍和现代文本中的单位名、官职名、事件名、会议名、书名等不应使用专名号。必须使用标号标示时，宜使用其他相应标号（如引号、书名号等）。

4.17　分隔号

4.17.1　定义

标号的一种，标示诗行、节拍及某些相关文字的分隔。

4.17.2　形式

分隔号的形式是"/"。

4.17.3　基本用法

4.17.3.1　诗歌接排时分隔诗行（也可使用逗号和分号，见4.4.3.1/4.6.3.1）。

示例：春眠不觉晓 / 处处闻啼鸟 / 夜来风雨声 / 花落知多少。

4.17.3.2　标示诗文中的音节节拍。

示例：横眉 / 冷对 / 千夫指，俯首 / 甘为 / 孺子牛。

4.17.3.3　分隔供选择或可转换的两项，表示"或"。

示例：动词短语中除了作为主体成分的述语动词之外，还包括述语动词所带的宾语和 / 或补语。

4.17.3.4　分隔组成一对的两项，表示"和"。

示例1：13/14 次特别快车

示例2：羽毛球女双决赛中国组合杜婧 / 于洋两局完胜韩国名将李孝贞 / 李敬元。

4.17.3.5　分隔层级或类别。

示例：我国的行政区划分为：省（直辖市、自治区）/ 省辖市（地级市）/ 县（县级市、区、自治州）/ 乡（镇）/ 村（居委会）。

5　标点符号的位置和书写形式

5.1　横排文稿标点符号的位置和书写形式

5.1.1　句号、逗号、顿号、分号、冒号均置于相应文字之后，占一个字位置，居左下，不出现在一行之首。

5.1.2　问号、叹号均置于相应文字之后，占一个字位置，居左，不出现在一行之首。两个问号（或叹号）叠用时，占一个字位置；三个问号（或叹号）叠用时，占两个字位置；问号和叹号连用时，占一个字位置。

5.1.3　引号、括号、书名号中的两部分标在相应项目的两端，各占一个字位置。其中前一半不出现在一行之末，后一半不出现在一行之首。

5.1.4　破折号标在相应项目之间，占两个字位置，上下居中，不能中间断开分处上行之末和下行之首。

5.1.5　省略号占两个字位置，两个省略号连用时占四个字位置并须单独占一行。省略号不能中间断开分处上行之末和下行之首。

5.1.6　连接号中的短横线比汉字"一"略短，占半个字位置；一字线比汉字"一"略长，占一个字位置；浪纹线占一个字位置。连接号上下居中，不出现在一行之首。

5.1.7　间隔号标在需要隔开的项目之间，占半个字位置，上下居中，不出现在一行之首。

5.1.8　着重号和专名号标在相应文字的下边。

5.1.9　分隔号占半个字位置，不出现在一行之首或一行之末。

5.1.10　标点符号排在一行末尾时，若为全角字符则应占半角字符的宽度（即半个字位置），以使视觉效果更美观。

5.1.11　在实际编辑出版工作中，为排版美观、方便阅读等需要，或为避免某一小节最后一个汉字转行或出现在另外一页开头等情况（浪费版面及视觉效果差），可适当压缩标点符号所占用的空间。

5.2　竖排文稿标点符号的位置和书写形式

5.2.1　句号、问号、叹号、逗号、顿号、分号和冒号均置于相应文字之下偏右。

5.2.2　破折号、省略号、连接号、间隔号和分隔号置于相应文字之下居中，上下方向排列。

5.2.3　引号改用双引号 " ﹁" " ﹂" 和单引号 " ﹁" " ﹂"，括号改用 " ︵" " ︶"，标在相应项目的上下。

5.2.4　竖排文稿中使用浪线式书名号 "＿"，标在相应文字的左侧。

5.2.5　着重号标在相应文字的右侧，专名号标在相应文字的左侧。

5.2.6　横排文稿中关于某些标点不能居行首或行末的要求，同样适用于竖排文稿。

（**编者注**：此标准由国家质量监督检验检疫总局、国家标准化管理委员会联合发布，2012 年 6 月 1 日起正式实施。）

【附录七】

中华人民共和国国家标准

GB/T 15835—2011

出版物上数字用法（节选）

4 数字形式的选用

4.1 选用阿拉伯数字

4.1.1 用于计量的数字

在使用数字进行计量的场合，为达到醒目、易于辨识的效果，应用阿拉伯数字。

示例1：−125.3　34.05％　63％～68％　1：500　97/108

当数值伴随有计量单位时，如：长度、容积、面积、体积、质量、温度、经纬度、音量、频率等，特别是当计量单位以字母表达时，应采用阿拉伯数字。

示例2：523.56km（523.56 千米）　346.87L（346.87 升）　5.34m^2（5.34 平方米）　567mm^3（567 立方毫米）　605g（605 克）100～150kg（100～150 千克）　34～39℃（34～39 摄氏度）　北纬 40°（40 度）　120dB（120 分贝）

4.1.2 用于编号的数字

在使用数字进行编号的场合，为达到醒目、易于辨识的效果，应采用阿拉伯数字。

示例：电话号码：98888

邮政编码：100871

通信地址：北京市海淀区复兴路 11 号

电子邮件地址：x168@186.net

网页地址：http：//127.0.0.1

汽车号牌：京 A00001

公交车号：302 路公交车

道路编号：10l 国道

公文编号：国办发〔1987〕9 号

图书编号：ISBN 978-7-80184-224-4

刊物编号：CN11-1399

章节编号：4.1.2

产品型号：PH－3000 型计算机

产品序列号：C84XB－JYVFD－P7HC4－6XKRJ－7M6XH

单位注册号：02050214

行政许可登记编号：0684D10004－828

4.1.3　已定型的含阿拉伯数字的词语

现代社会生活中出现的事物、现象、事件，其名称的书写形式中包含阿拉伯数字，已经广泛使用而稳定下来，应采用阿拉伯数字。

示例：3G 手机　MP3 播放器　G8 峰会　维生素 B_{12}　97 号汽油　"5·27"事件　"12·5"枪击案

4.2　选用汉字数字

4.2.1　非公历纪年

干支纪年、农历月日、历史朝代纪年及其他传统上采用汉字形式的非公历纪年等，应采用汉字数字。

示例：丙寅年十月十五日　庚辰年八月五日　腊月二十三正月初五　八月十五中秋　秦文公四十四年　太平天国庚申十年九月二十四日　清咸丰十年九月二十日　藏历阳木龙年八月二十六日　日本庆应三年

4.2.2　概数

数字连用表示的概数、含"几"的概数，应采用汉字数字。

示例：三四个月　一二十个　四十五六岁　五六万套　五六十年前　几千　二十几　一百几十　几万分之一

4.2.3　已定型的含汉字数字的词语

汉语中长期使用已经稳定下来的包含汉字数字形式的词语，应采用汉字数字。

示例：万一　一律　一旦　三叶虫　四书五经　星期五　四

522

氧化三铁　八国联军　七上八下　一心一意　不管三七二十一　一方面　二百五　半斤八两　五省一市　五讲四美　相差十万八千里　八九不离十　白发三千丈　不二法门　二八年华　五四运动　"一·二八"事变　"一二·九"运动

4.3　选用阿拉伯数字与汉字数字均可

如果表达计量或编号所需要用到的数字个数不多，选择汉字数字还是阿拉伯数字在书写的简洁性和辨识的清晰性两方面没有明显差异时，两种形式均可使用。

示例1：17号楼（十七号楼）　3倍（三倍）　第5个工作日（第五个工作日）　100多件（一百多件）　20余次（二十余次）　约300人（约三百人）　40左右（四十左右）　50上下（五十上下）　50多人（五十多人）　第25页（第二十五页）　第8天（第八天）　第4季度（第四季度）　第45份（第四十五份）　共235位同学（共二百三十五位同学）　0.5（零点五）　76岁（七十六岁）　120周年（一百二十周年）　1/3（三分之一）　公元前8世纪（公元前八世纪）　20世纪80年代（二十世纪八十年代）　公元253年（公元二五三年）　1997年7月1日（一九九七年七月一日）　下午4点40分（下午四点四十分）　4个月（四个月）　12天（十二天）

如果要突出简洁醒目的表达效果，应使用阿拉伯数字；如果要突出庄重典雅的表达效果，应使用汉字数字。

示例2：北京时间2008年5月12日14时28分

十一届全国人大一次会议（不写为"11届全国人大1次会议"）

六方会谈（不写为"6方会谈"）

在同一场合出现的数字，应遵循"同类别同形式"原则来选择数字的书写形式。如果两数字的表达功能类别相同（比如都是表达年月日时间的数字），或者两数字在上下文中所处的层级相同（比如文章目录中同级标题的编号），应选用相同的形式。反之，如果两数字的表达功能不同，或所处层级不同，可以选用不

523

同的形式。

示例 3：2008 年 8 月 8 日 二○○八年八月八日（不写为"二○○八年 8 月 8 日"）

第一章 第二章……第十二章（不写为"第一章 第二章……第 12 章"）

第二章的下一级标题可以用阿拉伯数字编号：2.1，2.2，……

应避免相邻的两个阿拉伯数字造成歧义的情况。

示例 4：高三 3 个班 高三三个班（不写为"高 33 个班"）

高三 2 班 高三（2）班（不写为"高 32 班"）

有法律效力的文件、公告文件或财务文件中可同时采用汉字数字和阿拉伯数字。

示例 5：2008 年 4 月保险账户结算日利率为万分之一点五七五零（0.015750％）

35.5 元（35 元 5 角 三十五元五角 叁拾伍圆伍角）

5 数字形式的使用

5.1 阿拉伯数字的使用

5.1.1 多位数

为便于阅读，四位以上的整数或小数，可采用以下两种方式分节：

——第一种方式：千分撇

整数部分每三位一组，以","分节。小数部分不分节。四位以内的整数可以不分节。

示例 1：624，000 92，300，000

        19，351，235.235767 1256

——第二种方式：千分空

从小数点起，向左和向右每三位数字一组，组间空四分之一个汉字，即二分之一个阿拉伯数字的位置。四位以内的整数可以不加千分空。

示例 2：55 235 367.346 23 98 235 358.238 368

注：各科学技术领域的多位数分节方式参照 GB 3101—1993 的规定执行。

5.1.2 纯小数

纯小数必须写出小数点前定位的"0"，小数点是齐阿拉伯数字底线的实心点"．"。

示例：0.46 不写为 46 或 0。46

5.1.3 数值范围

在表示数值的范围时，可采用浪纹式连接号"～"或一字线连接号"—"。前后两个数值的附加符号或计量单位相同时，在不造成歧义的情况下，前一个数值的附加符号或计量单位可省略。如果省略数值的附加符号或计量单位会造成歧义，则不应省略。

示例：$-36 \sim -8$℃ 400—429 页 100—150kg 12 500～20 000 元

9 亿～16 亿（不写为 9～16 亿）13 万元～17 万元（不写为 13～17 万元）

15%～30%（不写为 15～30%）$4.3 \times 10^6 \sim 5.7 \times 10^6$（不写为 $4.3 \sim 5.7 \times 10^6$）

5.1.4 年月日

年月日的表达顺序应按照口语中年月日的自然顺序书写。

示例 1：2008 年 8 月 8 日 1997 年 7 月 1 日

"年""月"可按照 GB/T 7408—2005 的 5.2.1.1 中的扩展格式，用"-"替代，但年月日不完整时不能替代。

示例 2：$2008-8-8$ $1997-7-1$ 8 月 8 日（不写为 $8-8$）2008 年 8 月（不写为 $2008-8$）

四位数字表示的年份不应简写为两位数字。

示例 3："1990 年"不写为"90 年"

月和日是一位数时，可在数字前补"0"。

示例 4：$2008-08-08$ $1997-07-01$

5.1.5 时分秒

计时方式既可采用 12 小时制，也可采用 24 小时制。

示例 1：11 时 40 分（上午 11 时 40 分）　21 时 12 分 36 秒（晚上 9 时 12 分 36 秒）

时分秒的表达顺序应按照口语中时、分、秒的自然顺序书写。

示例 2：15 时 40 分　14 时 12 分 36 秒

"时""分"也可按照 GB/T 7408—2005 的 5.3.1.1 和 5.3.1.2 中的扩展格式，用 "："替代。

示例 3：15：40　14：12：36

5.1.6　含有月日的专名

含有月日的专名采用阿拉伯数字表示时，应采用间隔号 "·"将月、日分开，并在数字前后加引号。

示例："3·15"消费者权益日

5.1.7　书写格式

5.1.7.1　字体

出版物中的阿拉伯数字，一般应使用正体二分字身，即占半个汉字位置。

示例：234　57.236

5.1.7.2　换行

一个用阿拉伯数字书写的数值应在同一行中，避免被断开。

5.1.7.3　竖排文本中的数字方向

竖排文字中的阿拉伯数字按顺时针方向转 90 度。旋转后要保证同一个词语单位的文字方向相同。

示例：（略）

5.2　汉字数字的使用

5.2.1　概数

两个数字连用表示概数时，两数之间不用顿号 "、"隔开。

示例：二三米　一两个小时　三五天　一二十个　四十五

六岁

5.2.2　年份

年份简写后的数字可以理解为概数时，一般不简写。

示例："一九七八年"不写为"七八年"

5.2.3　含有月日的专名

含有月日的专名采用汉字数字表示时，如果涉及一月、十一月、十二月应用间隔号"·"将表示月和日的数字隔开，涉及其他月份时，不用间隔号。

示例："一·二八"事变　"一二·九"运动　五一国际劳动节

5.2.4　大写汉字数字

——大写汉字数字的书写形式

零、壹、贰、叁、肆、伍、陆、柒、捌、玖、拾、佰、仟、万、亿

——大写汉字数字的适用场合

法律文书和财务票据上，应采用大写汉字数字形式记数。

示例：3，504元（叁仟伍佰零肆元）39148元（叁万玖仟壹佰肆拾捌圆）

5.2.5　"零"和"〇"

阿拉伯数字"0"有"零"和"〇"两种汉字书写形式。一个数字用作计量时，其中"0"的汉字书写形式为"零"，用作编号时，"0"的汉字书写形式为"〇"。

示例："3052（个）"的汉字数字形式为"三千零五十二"（不写为"三千〇五十二"）　"95.06"的汉字数字形式为"九十五点零六"（不写为"九十五点〇六"）　"公元2012（年）"的汉字数字形式为"二〇一二"（不写为"二零一二"）

5.3　阿拉伯数字与汉字数字同时使用

如果一个数值很大，数值中的"万""亿"单位可以采用汉字数字，其余部分采用阿拉伯数字。

示例1：我国1982年人口普查人数为10亿零817万5288人

527

除上面情况之外的一般数值，不能同时采用阿拉伯数字与汉字数字。

示例 2：108 可以写作"一百零八"，但不应写作"1 百零 8""一百〇8"

4000 可以写作"四千"，但不应写作"4 千"

（编者注：此标准由国家质量监督检验检疫总局、国家标准化管理委员会于 2011 年 7 月 29 日联合发布，2011 年 11 月 1 日起正式实施。）

中华人民共和国国家标准

GB 3102—1993

量和单位（节选）

1. 空间与时间

量的名称	量的符号	单位名称	单位符号
〔平面〕角	α，β，γ，θ，φ	弧度	rad
		度	(°)
		〔角〕分	(′)
		〔角〕秒	(″)
长度	l，L		
宽度	b		
高度	h		
厚度	d，δ	米	m
半径	r，R		
直径	d，D		
程长	s		
距离	d，r		
面积①	A，(S)	平方米，公顷	m^2，hm^2
体积	V	立方米	m^3
		升	L，(l)
时间，时间间隔，持续时间	t	秒	s
		分	min
		〔小〕时	h
		日，（天）	d
角速度	ω	弧度每秒	rad/s
速度	v，c，u，w	米每秒	m/s
加速度	a	米每二次方秒	m/s^2
周期	T	秒	s

①公顷的国际通用符号为 ha；"市亩"，从 1992 年 1 月起已停止使用。

529

2. 周期及其有关现象

量的名称	量的符号	单位名称	单位符号
频 率	f，ν	赫〔兹〕	Hz
旋转频率 （又称"转速"）	n	每秒 负一次方秒 转每分	s^{-1} r/min
角频率 （又称"圆频率"）	ω	弧度每秒 每秒负一次方秒	rad/s s^{-1}

3. 力学

量的名称	量的符号	单位名称	单位符号
质 量	m	千克（公斤）	kg
		吨	t
体积质量， 〔质量〕密度	ρ	千克每立方米 吨每立方米 千克每升	kg/m^3 t/m^3 kg/L
质量体积， 比体积	v	立方米每千克	m^3/kg
力	F	牛〔顿〕	N
重 量	W，(P,G)		
力 矩	M	牛〔顿〕米	N·m
力偶矩	M		
转 矩	M，T		
压力，压强	p	帕〔斯卡〕	Pa
正应力	σ		
切应力	τ		
〔动力〕粘度	η，(μ)	帕〔斯卡〕秒	Pa·s
运动粘度	γ	二次方米每秒	m^2/s
能〔量〕	E	焦〔耳〕	J
功	W，(A)		
势能，位能	E_p，(V)		
动 能	E_k，(T)		
功 率	P	瓦〔特〕	W
质量流量	q_m	千克每秒	kg/s
体积流量	q_V	立方米每秒	m^3/s

530

4. 热学

量的名称	量的符号	单位名称	单位符号
热力学温度	T, (Θ)	开〔尔文〕	K
摄氏温度	t, θ	摄氏度	℃
热，热量	Q	焦〔耳〕	J
热流量	Φ	瓦〔特〕	W
面积热流量，热流〔量〕密度	q, φ	瓦〔特〕每平方米	W/m^2
热导率（导热系数）	λ, (κ)	瓦〔特〕每米开〔尔文〕	$W/(m \cdot K)$
传热系数	K, (k)	瓦〔特〕每平方米开〔尔文〕	$W/(m^2 \cdot K)$
表面传热系数	h, (α)		
热阻	R	开〔尔文〕每瓦〔特〕	K/W
热扩散率	a	平方米每秒	m^2/s
热容	C	焦〔耳〕每开〔尔文〕	J/K
质量热容，比热容	c	焦〔耳〕每千克开〔尔文〕	$J/(kg \cdot K)$
质量定压热容，比定压热容	c_p	焦〔耳〕每千克开〔尔文〕	$J/(kg \cdot K)$
质量定容热容，比定容热容	c_V	焦〔耳〕每千克开〔尔文〕	$J/(kg \cdot K)$
质量热容比，比热〔容〕比	γ	—	1
等熵指数	κ	—	1
熵	S	焦〔耳〕每开〔尔文〕	J/K
质量熵，比熵	s	焦〔耳〕每千克开〔尔文〕	$J/(kg \cdot K)$
热力学能（也称为内能）	U	焦〔耳〕	J
焓	H	焦〔耳〕	J
质量热力学能，比热力学能	u	焦〔耳〕每千克	J/kg
质量焓，比焓	h	焦〔耳〕每千克	J/kg

531

5. 电学与磁学

量的名称	量的符号	单位名称	单位符号
电流①	I	安〔培〕	A
电荷〔量〕	Q	库〔仑〕	C
电场强度	E	伏〔特〕每米	V/m
电位,(电势)	V, φ	伏〔特〕	V
电位差, (电势差), 电压②	$U, (V)$	伏〔特〕	V
电动势③	E	伏〔特〕	V
电容	C	法〔拉〕	F
介电常数④, (电容率)	ε	法〔拉〕每米	F/m
磁场强度	H	安〔培〕每米	A/m
磁通势, 磁动势	F, F_m	安〔培〕	A
磁通〔量〕密度, 磁感应强度	B	特〔斯拉〕	T
磁通〔量〕	Φ	韦〔伯〕	Wb
自　感 互　感	L M, L_{12}	亨〔利〕	H
磁导率	μ	亨〔利〕每米	H/m
〔直流〕电阻	R	欧〔姆〕	Ω
电阻率	ρ	欧〔姆〕米	Ω·m
〔直流〕电导	G	西〔门子〕	S
电导率⑤	γ, σ	西〔门子〕每米	S/m
磁　阻	R_m	每亨〔利〕 负一次方亨〔利〕	H^{-1}

532

量的名称	量的符号	单位名称	单位符号
磁 导	Δ,(P)	亨〔利〕	H
频 率	f,ν	赫〔兹〕	Hz
角频率	ω	弧度每秒	rad/s
阻 抗 (复〔数〕阻抗)	Z	欧〔姆〕	Ω
〔交流〕电阻	R	欧〔姆〕	Ω
电 抗	X	欧〔姆〕	Ω
导 纳 (复〔数〕导纳)	Y	西〔门子〕	S
〔交流〕电导	G	西〔门子〕	S
电 纳	B	西〔门子〕	S
品质因数	Q	—	1
损耗角	δ	弧度	rad
〔有功〕功率	P	瓦〔特〕	W
视在功率	S,P_S	伏安	V·A
无功功率⑥	Q,P_Q	伏安	V·A
功率因数	λ	—	1
〔有功〕 电能〔量〕	W	焦〔耳〕, 瓦〔特〕〔小时〕	J W·h

①在交流电技术中，I 表示有效值（均方根值），i 表示瞬时值。
②在交流电技术中，U 表示有效值（均方根值），u 表示瞬时值。
③在交流电技术中，E 表示有效值（均方根值），e 表示瞬时值。
④介电常数，IEC 又称"绝对介电常数"，IEC 和 ISO 还称"电常数"。
⑤在电化学中用 K 表示。
⑥目前电力工程界仍习惯采用 var。

533

6. 物理化学

量的名称	量的符号	单位名称	单位符号
物质的量	$n, (\nu)$	摩〔尔〕	mol
摩尔质量	M	千克每摩〔尔〕	kg/mol
摩尔体积	V_m	立方米每摩〔尔〕	m^3/mol
B的质量浓度	ρ_B	千克每升	kg/L
B的质量分数	w_B	—	1
B的浓度, B的物质的 量浓度	c_B	摩〔尔〕每立方米	mol/m^3
B的摩尔分数	$x_B, (y_B)$	—	1
溶质B的摩尔比	r_B	—	1
B的体积分数	φ_B	—	1

7. 常见单位换算表

$1° = 0.0174533rad$	$1mmHg = 1.3332 \times 10^2 Pa$
$1ha = 10^4 m^2$	$1mmH_2O = 9.806375Pa$
1市亩 = $666.6m^2$	$1kgf/cm^2 = 9.80665 \times 10^4 Pa$
$1L = 10^{-3} m^3$	$1cal = 4.1868J$
$1kgf = 9.80665N$	$1kgf \cdot m = 9.80665J$
$1dyn = 10^{-5}N$	$1kW \cdot h = 3.6 \times 10^6 J$
$1bar = 100kPa$	$1T = 1 Wb/m^2 = 1V \cdot s/m^2$
$1at = 9.80665 \times 10^4 Pa$	$1H = 1 V \cdot s/A$
$1atm = 1.0133 \times 10^5 Pa$	1mol = 1 克分子 = 1 克原子
$1\Omega \cdot mm^2/m = 10^{-6} \Omega \cdot m$	1 马力 = 735.499W

8. 用于构成十进倍数和分数单位的词头

所表示的因数	词头名称	词头符号	所表示的因数	词头名称	词头符号
10^{18}	艾〔可萨〕	E	10^{-1}	分	d
10^{15}	拍〔它〕	P	10^{-2}	厘	c
10^{12}	太〔拉〕	T	10^{-3}	毫	m
10^9	吉〔咖〕	G	10^{-6}	微	μ
10^6	兆	M	10^{-9}	纳〔诺〕	n
10^3	千	k	10^{-12}	皮〔可〕	p
10^2	百	h	10^{-15}	飞〔母托〕	f
10^1	十	da	10^{-18}	阿〔托〕	a

中华人民共和国国家标准

GB/T 14706—1993

校对符号及其用法（节选）

1. 校对符号及用法示例

编号	符号形态	符号作用	符号在文中和页边用法示例	说　明
			一、字符的改动	
1		改正	增高出版物质量。提 改革开放　放	改正的字符较多，圈起来有困难时，可用线在页边画清改正的范围 必须更换的损、坏、污字也用改正符号画出
2		删除	提高出版物物质质量。	
3		增补	要搞好校对工作	增补的字符较多，圈起来有困难时，可用线在页边画清增补的范围
4		改正上下角	$16 = 4^2$ H_2SO_4 尼古拉·费欣 $0.25 + 0.25 = 0.5$ 举例：$2 \times 3 = 6$ $X : Y = 1 : 2$	

二、字符方向位置的移动

5		转正	字符颠<del>倒</del>要转正。	
6		对调	认真经验总结。 认真验结经总。	用于相邻的字词 用于隔开的字词
7		接排	要重视校对工作， 提高出版物质量。	
8		另起段	完成了任务。明年 ……	
9		转移	校对工作，提高出 版物质量要重视。	用于行间附近的 转移
			"以上引文均见中文 新版《 列宁全集》。	用于相邻行首末 衔接字符的推移
			编者　年　月 …… 各位编委：	用于相邻页首末 衔接行段的推移
10	 或	上下移	序号　名称　数量 01　显微镜　2	字符上移到缺口 左右水平线处 字符下移到箭头 所指的短线处
11	 或	左右移	⊢—要重视校对工作， 提高出版物质量。 3 4　5 6　5 欢呼 歌 唱	字符左移到箭头 所指的短线处 字符左移到缺口 上下垂直线处 符号画得太小时， 要在页边重标

537

【附录九】　校对符号及其用法（节选）

编号	符号形态	符号作用	符号在文中和页边用法示例	说　明
12		排齐	校对工作非常重要。 必须提高印刷质量，缩短印制周期。　国家标准	
13		排阶梯形	RH_2	
14		正图		符号横线表示水平位置，竖线表示垂直位置，箭头表示上方
			三、字符间空距的改动	
15	∨ ＞	加大空距	←一、校对程序→　∨ 校对胶印读物、影印书刊的注意事项：　＞	表示在一定范围内适当加大空距 横式文字画在字头和行头之间
16	∧ ＜	减小空距	二、校对程序　∧ 校对胶印读物、影印书刊的注意事项：　＜	表示不空或在一定范围内适当减小空距 横式文字画在字头和行头之间
17	＃ ＊ ＊ ＊	空1字距 空1/2字距 空1/3字距 空1/4字距	第一章校对职责和方法 1. 责任校对	多个空距相同的，可用引线连出，只标示一个符号
18	Ｙ	分开	Coodmorning!　Ｙ	用于外文

538

编号	符号形态	符号作用	符号在文中和页边用法示例	说　明
四、其　他				
19	△	保留	认真搞好校对工作。	除在原删除的字符下画△外，并在原删除符号上画两竖线
20	○=	代替	蓝色的程度不同，从淡蓝色到深蓝色具有多种层次，如天蓝色、湖蓝色、海蓝色、宝蓝色…… ○=蓝	同页内有两个或多个相同的字符需要改正的，可用符号代替，并在页边注明
21	°°	说明	改黑体 第一章　校对的职责	说明或指令性文字不要圈起来，在其字下画圈，表示不作为改正的文字。如说明文字较多时，可在首末各三字下画圈

539

应用文有关术语注释（按音序排列）

B

1. 颁布：即公布，如政府公布（发表）法令条例等。颁，音 bān（班）。

2. 颁发：指上级对下级发布（命令、指示等）或授予（奖状、文凭）。

3. 颁行：颁布施行。

4. 备查：供查考。备，有准备提供之意。

5. 备考：供参考。备考件一般为书册、文件、表格中供参考的附录或附注。

6. 备注：有两种使用方法：（1）作名词用，意指表格上为了附加必要的注解说明而留下的一栏，叫"备注栏"；（2）指在"备注栏"内所加的注解说明。

C

7. 参照：参考并仿照（某种办法、经验等），如"务希参照执行。"

8. 查收：指检查后收下，多用于"书信"和"条据"中。

9. 出席：本义是出现在席位上，引申为参加会议，出席者有发言权和表决权。

10. 此据：以这（个）作为凭据，常用于"条据""证明书"等应用文的结束语中。

11. 此致：即给予。表示把某种东西由此方交给彼方。"此致"后面应换行顶格书写收信人或单位的名称。如："此致 ××同志""此致 ××科（处）"等。

12. 存查：保存起来以备查考，多在批阅公文时使用，如

"某某处存查"。

D

13. 当局：特指政府、党派、学校中的领导者，如"政府当局""学校当局"。当，指当权。

14. 典礼：制度和礼仪。后指某些隆重的仪式，如"阅兵典礼""开学典礼""毕业典礼"。在"典礼"之后不应再加"大会"等字样。

15. 点收：接收货物或财产时一件一件地清点收下，如"请按清单点收"。

16. 调拨：调动拨付（多指某种物资）。如调拨款项，多用"划拨"。

17. 吊丧：到丧家祭奠死者。吊，意为"慰问丧家"。

18. 吊唁：祭奠死者并慰问家属。唁，音 yàn（晏），指慰问遭丧的人。

19. 定案：对案件、方案等所作的最后决定。

541

F

20. 烦交：烦劳（你）交给，表示一种带敬意的请托。

21. 讣告：作名词用，是向亲友报丧的书面通知，后面多附有死者生平事略和祭葬时日。讣，音 fù（付），报丧。

22. 讣闻：即讣告。

G

23. 诰：古代上对下的一种训诫勉励的文书。诰，音 gào（告）。

24. 告白：机关、团体或个人对公众发表的书面声明（或启事）。

25. 阁下：旧时对别人的尊称，也常用于书信中。原意是不敢直呼其人，只好呼在其阁下的侍从者而告语之。

26. 赓即：继续，接着就，如"赓即照办""赓即办理"。赓，继续、连续之意。

27. 恭候：即恭敬地等候，常用于请帖（请柬）中，如"恭候光临"。

28. 光临：称宾客来临的敬辞，谓宾客来临给主人以光荣。

H

29. 海报：面向四海而告之，意即让大家知道，现在指戏剧、电影等演出或球赛活动的招贴。

30. 行款：书写或排印文字的行列款式。行，音 háng（杭）。

31. 核准：审核之后加以批准。

32. 后记：又称为"跋"，指写在书籍（或文章）后面的短文，用以说明写作目的、经过或补充个别内容。

33. 惠存：请求对方保存（某种纪念品）的敬称，如"××惠存"，多用于赠品中的上款末尾。

34. 惠临：敬称对方到自己这里来，如"前日惠临，有失迎迓歉甚"。"惠"字在这里有恩赐之意，是有所求于人的词。

35. 获悉：得到消息从而知道某件事情。悉，知道。

J

36. 亟待：急迫地等待。亟，音 jí（及），急迫。

37. 即席：当座、当场（在集会或宴会上），如"即席赋诗"。即，就之意。

38. 嘉奖：表彰奖励。

39. 缄：封，常用于信封的发信单位名称或个人姓名的后面，如"南京××缄""上海××学校××缄"。

40. 鉴于：意指觉察到、考虑到，常用于表示关系的偏句中，前面一段不加主语，如"鉴于这个问题……"。鉴，铜镜，引申为儆戒或教训。

41. 届时：到时候（时间）。届，到。

42. 晋级：即提升等级。晋，升。

43. 就绪：指把事情安排妥当，如"此事已经就绪，希勿挂念"。就，趋于，归于。绪，丝头，引申为条理。

44. 就职：指正式到达工作岗位，担任某种职务（多指较高的职务）。

45. 钧鉴：旧时写信中用作对尊长或上级的敬词，常用于写信的开头，如"××钧鉴"。钧，古时 30 斤为一"钧"，引申为尊贵之意。鉴，明察。

46. 钧启：旧时多用在写给尊长或上级的书信的信封上，写在收信人后面。启，开拆之意。

K

47. 恳请：诚恳地邀请或请求，多用于书信或请帖中，如"恳请届时出席"等。

543

L

48. 莅临：到来，光临，多用于邀请贵宾的请帖（请柬）中。莅，音 lì（利），到，临。

49. 列席：参加（会议）而无表决权。

50. 落款：在书画、书信、礼品等上面题写上款和下款。款，钟鼎彝器上铸刻的文字称"款识（zhì 志）"，引申为书画上的题名。上款，指在上面（或右面）的题字；下款，指在下面（或左面）的题字。

M

51. 面洽：当面接洽，如"此事与来人面洽"。洽，商量，交换意见。

52. 明鉴：是对别人的观察、欣赏等行为的敬称之词。类似的词语尚有"雅鉴""大鉴""钧鉴""惠鉴"等。

P

53. 批示：上级对下级有所指示时，用于书面表示的意见。

Q

54. 签发：由主管人审核同意后签上名字，正式发出（公文、证件等）。签，动词，书写名字。

55. 签署：指在重要文件上正式签字。署，题写名字。

56. 乔迁：旧时用以比喻别人搬迁到好地方去住或提升官职（多用于祝贺）。

57. 切切：表示再三告诫之意，常用于政府布告结尾处。如"切切此布"，意思是必须遵守，不得违反。

58. 顷悉：指不久以前知道（或刚才知道）某件事或某个消息。顷，短时间，有"不久、方才"之意。

S

59. 丧礼：指有关丧事的礼节。

60. 擅自：对不在自己职权范围内的事情自作主张。擅，音shàn（善），意为独、专。

61. 申明：郑重说明。申，陈述，表达。

62. 声明：有两种用法：（1）作动词用，指公开表示态度或说明真相；（2）作名词用，指声明的文告。声，宣称。

63. 事宜：关于事情的安排、处理，大都用于公文、法令中。

64. 收讫、付讫、验讫：指某件事情已经完结。讫，音qì（气），完毕，终了。

65. 手札：特指亲笔写的信。札，本为古时写字用的小木片，后用以代指书信。

66．弹劾：检举揭发其罪状。劾，音 hé（核）。

67．特此：特别在这里，常用在动词前面，加强语气，表示行为的重要性，如"特此证明""特此请假"等。

68．为荷：指承受对方恩惠，甚为感激。荷，音 hè（贺）。

69．晤：见面。

70．膝下：旧时给父母或祖父母写书信时加在开头称呼的后面，以示尊敬，如"父（母）亲大人膝下"。

71．笑纳：请人收下礼物的客套话，多用于书信中。纳，接受。笑，是指礼物轻薄，请不要见笑之意。

72．谢忱：感谢的心意，真诚的感谢，多用于书信中，如"谨致谢忱"。忱，音 chén（沉），情意，真诚的心意。

545

73．信：按照惯用格式把要说的事情用书面表达出来给指定对象看的文字叫"信"。古代无"信"之名，往往用"书""简""笺""札""素""牍""尺牍""尺书"等名称来代替。

74．幸甚：书信中对某件事表示有希望，很可庆。甚，副词，极，很，补充说明形容词"幸"的程度。

75．雅正：常用于书画题款上的客套话，意谓对方高雅，请其指正。

76．业经：已经过，多用于公文中，如"业经调查属实"。

77．业已：已经，多用于公文中，如"业已准备就绪"。

78．一体：一律，如"一体知照""一体照办"。

79．一应：一切，如"一应俱全"（一切都准备齐全了）。

Z

80. 招贴：贴在街头或公共场所以达到宣传目的的文字、书画等。

81. 知悉：知道，如"来信知悉"。

82. 致以：致，动词，给予。以，介词，用，把。"致以"的意思是"把……给予（对方）"，后面接用表示礼节性的词语，并要换行顶格书写，如"致以 敬礼""致以 亲切的问候"。

83. 兹：这里（指示代词），常与其他动词组成固定用语，如"兹有""兹定于""兹证明"等。

84. 咨文：旧时用于同级（平行）机关的公文。咨，音 zī（兹），商量，咨询。

（摘引自国家电力公司办公厅编《国家电力公司办公系统工作手册》，中国电力出版社 1998 年版）

546

参 考 文 献

[1] 何建民编著. 新编电业应用文书写作[M]. 北京：中国电力出版社，2007.

[2] 张德实主编. 应用写作（第二版）[M]. 北京：高等教育出版社，2003.

[3] 周治南，桂裕胜，李卫光主编. 实用语文[M]. 北京：高等教育出版社，2001.

[4] 孙昕光主编. 大学语文[M]. 北京：高等教育出版社，2003.

[5] 牟宗荣，王文哲，李岷编著. 当代应用文写作实务[M]. 北京：化学工业出版社，2001.

[6] 国家电网公司办公厅编. 国家电网公司公文处理107个常见问题解答[M]. 北京：中国电力出版社，2011.

[7] 何建民，洪薇编著. 电业应用文写作120例[M]. 北京：中国电力出版社，2008.

[8] 何建民，何一澜编著. 电力科技论文写作[M]. 北京：中国电力出版社，2010.

[9] 何建民，何一澜编著. 电业政研论文写作[M]. 北京：中国电力出版社，2011.

[10] 何建民，刘珍杰主编. 应用写作（第二版）[M]. 北京：中国电力出版社，2011.

[11] 何建民，何应文主编. 应用文写作 [M]. 北京：中国电力出版社，2012.

[12] 何琦. 分析的常用技巧——矛盾分析[J]. 应用写作，2004，5：9～13.

[13] 何琦. 分析的常用技巧——比较分析[J]. 应用写作，2004，6：8～11.

[14] 杨桂芳. 评改一份报告. 应用写作[J]，2004，2：50.

547

[15] 韩雪松. 公文写作应准确、恰当、讲究逻辑性——评改一篇报告[J]. 应用写作，2008，11：49~50.

[16] 刘德斌. 文章不厌百回改——对一份报告的再评改[J]. 应用写作，2009，2：47~48.

[17] 张雪梅. 总结的前言部分写作例谈[J]. 应用写作，2003，1：19~20.

548

后　记

2001 年以来，由我编著、中国电力出版社出版发行的《电业应用文书写作》《新编电业应用文书写作》因为比较规范、实用、精练，受到电力行业许多单位及广大读者的欢迎，均印刷 10 次。从 2012 年 7 月 1 日开始，《党政机关公文处理工作条例》《党政机关公文格式》在全国施行，国家电网公司、华电集团公司等电力行业几大公司也相应地修订了各自的《公文处理办法》《公文格式细则》等规章。由于上述新的规章、标准比起原规章、标准有较大的变动，2007 年出版的《新编电业应用文书写作》公文部分的内容在规范性上受到了影响，必须与时俱进，及时修改。同时，新的《出版物上数字用法》《标点符号用法》也分别从 2011 年 11 月 1 日、2012 年 6 月 1 日起正式实施，应用文写作中数字、标点符号的用法规范相应也有一些改变。为了保证本书作为教材、工具书的规范性，也为了保持各文种相关例文的时新性，在中国电力出版社有关领导与赵鹏编辑的大力支持下，我用尽可能快的速度搜集了相关规定、标准及多篇时新例文，完成了本书的改版编写，并在"经济活动应用文"一章增加了四个文种。

在改写过程中我依旧参考了大量文献（尤其是《应用写作》杂志），除文末列出的之外，还有一些文献因涉及量较少而没有列出。为保持行文一致并力求精练，书中除采自他人文献的例文有注明出处外，其余均不一一注明参考文献或引言的出处。在此，谨向上述所有文献的编著者，致以深切的谢意。

对本书的改写与出版，华电集团公司的王元生、华能福州电厂的傅锦龙、福建省泉州电业局的庄志民、浙江省电力培训中心的骆晓飞以及我们学院的张建波、陆利民、张双喜等同志均给予我很大帮助，学院有关领导提供了许多方便，我女儿何一澜帮助完成了大量案头工作，中国电力出版社的有关领导与责任编辑更是给予了许多支持，谨此一并表示我衷心的感谢！

　　由于时间较紧，加上个人水平有限，改版后的本书谬误仍在所难免。敬请系统内的领导、员工及其他读者多提宝贵意见，使本书能不断臻于完善。

福建电力职业技术学院　何建民

2012年12月